Uni-Taschenbücher 886

UTB

Eine Arbeitsgemeinschaft der Verlage

Birkhäuser Verlag Basel und Stuttgart
Wilhelm Fink Verlag München
Gustav Fischer Verlag Stuttgart
Francke Verlag München
Paul Haupt Verlag Bern und Stuttgart
Dr. Alfred Hüthig Verlag Heidelberg
Leske Verlag + Budrich GmbH Opladen
J. C. B. Mohr (Paul Siebeck) Tübingen
C. F. Müller Juristischer Verlag – R. v. Decker's Verlag Heidelberg
Quelle & Meyer Heidelberg
Ernst Reinhardt Verlag München und Basel
K. G. Saur München · New York · London · Paris
F. K. Schattauer Verlag Stuttgart · New York
Ferdinand Schöningh Verlag Paderborn
Dr. Dietrich Steinkopff Verlag Darmstadt
Eugen Ulmer Verlag Stuttgart
Vandenhoeck & Ruprecht in Göttingen und Zürich

Paul-Ludwig Völzing

Begründen, Erklären, Argumentieren

Modelle und Materialien zu einer Theorie der Metakommunikation

Quelle & Meyer · Heidelberg

CIP-Kurztitelaufnahme der Deutschen Bibliothek

Völzing, Paul-Ludwig:
Begründen, Erklären, Argumentieren: Modelle u. Materialien zu e. Theorie d. Metakommunikation/ Paul-Ludwig Völzing. — Heidelberg: Quelle und Meyer, 1979.
(Uni-Taschenbücher; 886)
ISBN 3-494-02100-7

Printed in Germany.
Satz und Druck: Druckerei Keller KG, Heidelberg.
Umschlagentwurf: Alfred Krugmann, Stuttgart.

Inhaltsverzeichnis

Materialien zur Argumentationsanalyse

Einleitung

Ein Buch wie das vorliegende kann sein Thema auf mindestens zwei Arten angehen. Auf der einen Seite kann man von der bisher vorhandenen Fachliteratur ausgehen, man kann sie diskutieren, gegeneinander abwägen und hier und da Verbesserungsvorschläge machen.

Oder man kann vom Text ausgehen, von Argumentationen im Alltagsleben, und daran dann in einer Analyse das an Theorie einholen, was zum Verstehen dieser Beispiele notwendig ist.

Beide Möglichkeiten können bestimmte Vorteile für sich geltend machen; bei beiden muß man aber auch gewisse Nachteile in Kauf nehmen.

Ein geschlossener theoretischer Überblick bringt oft keinerlei Nutzen für die Praxis: die Theorie eines (sozial)wissenschaftlichen Problems ist meist so komplex, der Einstieg so schwierig und langwierig, daß man von ihr aus oft gar nicht zu praktischen Problemen kommt oder aber bei der Analyse solcher Probleme ein Großteil der Theorie vergessen darf oder sogar muß.

Auf der anderen Seite führt eine Analyse, die von der Praxis ausgeht, die also wie in unserem Fall argumentative Texte bearbeitet und evtl. an ihnen ihre Theorie entwickelt, oft oder meistens dazu, daß es dieser Theorie an Allgemeinheit fehlt: schon der nächste zu erklärende Text kann zeigen, daß die Arbeitsmittel doch zu grob waren und dringend eines weiteren theoretischen Unterbaus bedürfen.

Dieses hier beschriebene Dilemma ist für den Autor eines Buches, das sich als »Arbeitsbuch« versteht, unhintergehbar. Ihm bleibt nur die Versicherung, hier eine Synthese beider Richtungen versucht zu haben in der Meinung, daß nur eine solche Verklammerung von Theorie und Praxis dem Gegenstand adäquat ist und nur so ein optimaler Erfolg im praktischen Umgang mit Argumentationen angestrebt werden kann.

Inhaltlich werden Argumentationen in diesem Buch in fast traditionell zu nennender Weise angegangen, hat doch schon Aristoteles in seiner »Topik« den Weg vorgezeichnet, indem er eine ideale Argumentationstherie zusammen mit einer weniger hehren, dafür aber praktikableren, entwarf. Die ideale Argumentationstheorie setzt auf der einen Seite den Maßstab, wie praktische Argumentationen eigentlich auszusehen hätten, in der Praxis geht es eher darum, eigene Vorstellungen verbal zu verwirklichen, den Gegner oder Kommunikationspartner, wie man ihn auch immer nennen will, von der Richtigkeit der eigenen Argumente zu überzeugen, notfalls auch mit einigen Winkelzügen.

Um die Beschreibung dieser Art von Argumentationen hat die Wissenschaft in den meisten Fällen bisher immer einen Bogen gemacht, obwohl es nicht zu leugnen ist, daß in der Praxis Argumentationen dieses Typs weitaus häufiger sind als solche, in denen eine ideale Sprechsituation gegeben ist und nur der zwanglose Zwang zum besseren Argument herrscht, wie es Habermas 1971 für ideale Argumentationen postulierte. Gerade strategische Argumentationen, wie man sie vielleicht nennen könnte, unterliegen aber auch gewissen Regeln und nicht (nur) der Willkür, schon allein deshalb, weil zumindest eine Partei in ihnen vermeiden muß, den Anschein zu erwecken oder den Verdacht aufkommen zu lassen, daß hier strategisch gehandelt wird. Auch müssen strategische Argumentationen verbal ausgetragen werden, und direkter Zwang muß zumindest solange ausgeschlossen sein, wie man sich in der Argumentation befindet. Daß die Grenze zu Scheinargumentationen gerade hier fließend ist, daß also lange darüber diskutiert werden kann, was direkter Zwang ist und was nicht, muß eigentlich nicht betont werden.

Methodisch soll so vorgegangen werden, daß erst eine Argumentationstheorie vorgestellt wird, die bestimmten idealen Vorstellungen entspricht, die dem Leser wie auch dem Argumentierenden die moralischen oder auch nur konstitutiven Regeln an die Hand gibt, um eine strategische Argumentation erst einmal als solche erkennen, aber sie auch, etwa durch den Grad ihrer Abweichung vom Idealfall, bewerten zu können.

An strategischen Argumentationen soll — nach einem historischen Abriß — verdeutlicht werden, wie verbal Wirkungen zu erreichen sind. Vorrangig wird das Ziel von Argumentationen diskutiert, das Beeinflussung von Einstellung und/oder Handeln des Kommunikationspartners sein kann, wobei verschiedene Möglichkeiten von Beeinflussung, nämlich Bekräftigung, Abschwächung, Neubildung, Bestätigung und Umkehrung zu betrachten sind.

An der Ontogenese argumentativer Fähigkeiten wird dann gezeigt, wie und in welchem Alter Argumentationsstrukturen und -fähigkeiten erworben werden. Die These, die hier vertreten wird, ist, daß argumentative Fähigkeiten, zumindest zu einem großen Teil, nicht gelernt werden müssen,wie man Fahrrad fahren lernt oder höfliche Umgangsformen, sondern daß der Mensch mit dem Erwerb der Sprache im Handlungszusammenhang begründen und damit implizit auch argumentieren lernt, was bedeutet, daß Sprache nicht nur als Mittel, Informationen zu übermitteln oder Handlungen auszuführen und zu initiieren, gesehen werden kann, sondern daß alle diese Funktionszusammenhänge nur unter der Bedingung gleichzeitigen Vorhandenseins argumentativer Fähigkeiten, also Einsicht in Begründbarkeit und Erklärbarkeit, dem Warum und Wozu eines Sprechaktes oder einer gegenständlich-praktischen Handlung, erworben und aufrechterhalten werden können.

Zum Schluß bleibt noch etwas zum Charakter dieses Buches zu sagen. Auf keinen Fall soll es ein Forschungsbericht zum Thema »Argumentieren« sein. Insofern ist darauf verzichtet worden, systematisch Literatur zu den unterschiedlichen Themenbereichen einzuarbeiten. Das wäre auch in diesem Rahmen unmöglich gewesen, füllt doch die Fachliteratur, etwa zur »Reasons-Causes-Debatte«, zur (antiken) Rhetorik oder zur normativen Basis von (sprachlichen) Handlungen schon kleine Bibliotheken.

Das Ziel dieses Buches dagegen ist die Erarbeitung des Problemkreises »Begründen, Erklären, Argumentieren«. Es soll auch dazu anregen, sich mit diesem Thema weiterzubeschäftigen, selbst an Beispielen die Nützlichkeit und Anwendbarkeit von theoretischen Erkenntnissen und praktischen Hinweisen aus dieser Arbeit zu überprüfen und weiterzuentwickeln.

Zur Entstehung dieses Buches haben viele Freunde und Kollegen beigetragen. Bei ihnen, besonders bei Marie-Luise Fenner, Birgit Jochens, Elfriede Kaul, Gabi Uchtmann, Gerhard Augst, Henner Hörning, Lutz Huth und Armin Stöhr, bedanke ich mich für die langen Diskussionsrunden. Daß es dabei nicht mit allen über alle inhaltlichen Probleme zu einem Konsens kam, daß etwa Dissens bei der Interpretation der Schön- und Dregger-Beispiele besteht, wird wohl keinen Leser erstaunen. Insofern soll dieser Text nur Partitur zu eigener Betrachtungsweise sein. Dabei erhebe ich allerdings den Anspruch, den formalen Ablauf von Argumentationen und Interpretationsschritten stringent beschrieben zu haben. Nur wer formal gültig in diesem Sinne argumentiert (was wir im Alltag, ohne daß es uns bewußt ist, normalerweise auch tun), wer entweder seine Argumentationsschritte in der hier vorgestellten Art und Weise expliziert oder sie jedenfalls dem Kommunikationspartner als impliziert zu verstehen geben kann, wird erfolgreich, was nicht immer heißt, mit dem größtmöglichen Nutzen für die eigene Person, argumentieren können.

Ganz besonders möchte ich mich bei denen bedanken, die freiwillig die nicht immer leichte Aufgabe übernommen hatten, meine Handschrift in ein lesbares Manuskript zu übersetzen: Ulrike Daubig, Ute Echterdiek, Margrit Völzing, Otti Willers und Werner Kilb. Dabei hatte ich allerdings nicht wie sonst das Gefühl, daß einer etwas geschrieben hatte und es die anderen nur abtippten; denn die Diskussionen während des Schreibens waren zahlreich und auch oft nicht unerheblich für die inhaltliche Gestaltung mancher Textstellen. Insofern schulde ich den Genannten zwei Arten von Dank.

O. Zur Funktion von Argumentationen

Beginnt man mit jemandem zu kommunizieren, den man nicht oder nicht gut kennt, befindet man sich immer wieder im Dilemma, ein geeignetes Thema zu suchen, über das man sich unterhalten will und kann. Die Kenntnisse, die man von seinem Kommunikationspartner hat oder Rückschlüsse, die man aus seinem Aussehen, Auftreten und Benehmen zieht, genauso wie Erfahrungen, die man in solchen oder ähnlichen Kommunikationssituationen gemacht hat, ermöglichen oder erleichtern zumindest diese Wahl.

In einer Diskothek wird man seiner Tanzpartnerin oder seinem Tanzpartner nicht gleich beim ersten Tanz etwas über den Unterschied von Gründen und Ursachen erzählen, einer älteren Dame, die einem im Zug gegenüber sitzt, nicht gleich etwas über die neueste LP von Eric Burdon, und einem Professor, den man zum ersten Male in dessen Sprechstunde aufsuchen muß, erst einmal nichts über den letzten Urlaub in Apulien. Man kann in einem Gespräch zwar praktisch zu jedem beliebigen Thema kommen, muß diese Themen zumindest aber vorbereiten. Deshalb fängt eine Unterhaltung in der Regel mit dem an, was man als kleinste gemeinsame Wissensgrundlage voraussetzen oder erwarten kann: man tauscht Begrüßungsformeln aus, macht Bemerkungen über das Wetter, den klimatischen Zustand des Raumes, in dem man sich befindet, das Woher und Wohin, läßt einige Fakten der eigenen Lebensgeschichte durchblicken und kommt dann vielleicht zum Thema.

Nachdem ein wenig nun — anstelle eines Mottos oder einer Anekdote — über die Schwierigkeiten anzufangen räsoniert wurde, soll damit angefangen werden, das zur Debatte stehende Thema vorzustellen, es ein- und abzugrenzen und seine Wichtigkeit zu diskutieren.

Zuerst sollte man sich vielleicht über die Funktion von Argumentationen im Alltagsleben klar werden, weil daraus auch der Stellenwert der Behandlung des Fragenkomplexes »Argumentieren« für die Wissenschaft deutlich werden kann. Es genügt deshalb, nur über Argumentationen zu reden, da Begründungen und Erklärungen in Argumentationen eingeschlossen sind und somit das, was hier zur Funktion von Argumentationen gesagt wird, auch für Begründungen und Erklärungen, wenn auch vielleicht nicht immer in vollem Umfange, gilt.

Es ist die *Funktion von Argumentationen,* in Konflikten dazu zu dienen, gegenteilige Meinungen oder Ansichten herauszuarbeiten, per Kompromiß oder Konsens Lösungsmöglichkeiten anzubieten, aber auch Potential zur Verschärfung eines Konflikts bereitzuhalten. Argumentieren ist zwar nicht das einzige Mittel, einen Konflikt zu bewältigen, aber letztendlich das einzige auf lange Sicht erfolgversprechende, weil am wenigsten gewaltlose. Wir werden später in Kap. 2 sehen, daß nur gewaltlose Lösungen dauerhaft sind, daß nur so tatsächlich Einstellungsänderungen, wie es ein Ziel von Argumentationen ist, zu erreichen sind. Man kann einen Konflikt auch

Funktion von kooperativen Argumentationen ist es auch, Handlungen zu begründen und zu erklären und dadurch den Sinn von Handlungen in einer bestimmten Situation (wobei hier »Situation« im weitesten Sinne gemeint ist) offenzulegen. Nur Handlungen, für die die Kommunikationspartner angeben können, warum und wozu sie ausgeführt wurden, haben einen Sinn.

In *Begründungen*, in denen nach dem Warum gefragt wird, ist dabei der Grund oder das Motiv des Handelnden (P) für die Handlung (H), in *Erklärungen* die Absicht des Handelnden oder das Interesse (der Zweck oder das Ziel) (Z), das der Handelnde mit der Handlung verfolgt, thematisch.

An dieser Stelle kann man nun lange darüber diskutieren, wie das »und« in der Überschrift dieses Abschnittes aufzufassen ist. Zweifellos kann man sich darauf einigen, daß zur Sinnfindung nur das Erkennen von Gründen *oder* Absichten allein genügt, und tatsächlich gibt es im alltäglichen Sprechen und Handeln Beispiele dafür, daß man nur aus einem bestimmten Grund *oder* einer Absicht handelt und daß trotzdem diese Handlung sinnvoll ist und auch als sinnvoll von den Kommunikationspartnern interpretiert werden kann. Am folgenden Beispiel soll dieser Gedankengang einmal durchgespielt werden:

(1) Julia (3;0) und Paul (30;6) sind früh aufgestanden, Julia baut im Kinderzimmer mit Legosteinen, Paul hat sich sofort die Zeitung aus dem Briefkasten geholt, sitzt im Wohnzimmer und liest. Nach einiger Zeit kommt Julia und sagt: »Wir wollen mal das Spiel da spielen, Paulos.« Paul holt die Spielesammlung vom Regal und spielt mit Julia erst das Schloß- und dann das Blumenspiel. »Jetzt wollen wir das Vogelspiel spielen, muß du aber erst Bongong aus der Küche holen«, sagt Julia. Paul geht in die Küche und holt 3 Bonbons, die als Preis für den Sieger des Vogelspiels in das Nest in der Mitte des Spiels gelegt werden. Paul fragt nun Julia, welches Männchen sie haben wolle, Julia wählt das rote. Auf die Frage, welches Männchen (welchen Stein) Paul nehmen solle, antwortet Julia: »Paulos braucht kein Männchen. Julia will alleine spielen.« »Gut«, sagt Paul, »dann kuck ich zu.« »Paulos kuckt schön zu«, sagt Julia und nach einer Weile: »Paulos kann auch Zeitung lesen.« »Noch besser«, sagt Paul und macht sich wieder über seine Zeitung her. Julia beginnt zu würfeln und tut das so lange (ca. 5 min.), bis sie mit ihrem Stein das Nest erreicht hat, nimmt sich die 3 Bonbons heraus, ißt sie und kommt wieder zu Paul, den sie bittet, ihr etwas zu trinken zu geben. Paul schüttet ihr daraufhin Saft in ihr Fläschchen, was Julia aber zu großem Protest hinreißt, weil sie »aus dem großen Fläschchen trinken« will. Paul schüttet daraufhin den Inhalt des kleinen in das große Fläschchen. Julia ist zufrieden und trinkt das Fläschchen aus.

In diesem Beispiel, das sehr ausführlich eine ganze Kommunikations- und Handlungssequenz expliziert, sind mehrere Handlungen beschrieben, denen Gründe (G) und Absichten (Z) zugeordnet werden können. Julia ist aufgestanden, weil sie keine Lust mehr hatte, weiter zu schlafen (G), weil sie wach geworden ist (G bzw. U=Ursache), in der Absicht, mit den Legosteinen zu spielen, »Bächlein und Häufi« zu machen und etwas zu essen und zu trinken. Das Aufstehen war demzufolge nach der gegebenen Definition sinnvoll, was nicht heißen soll, daß Weiterschlafen nicht auch sinnvoll hätte sein können. Julia will spielen, weil sie Lust dazu hat (G), um sich zu unterhalten (Z), um etwas mit Paul zu machen (Z), Paul spielt mit, weil er Julia einen Gefallen tun will (G), um lautes Weinen von Julia zu verhindern (Z) und vielleicht auch noch um sich zu unterhalten (im doppelten Sinne) (Z).

Julia will das Vogelspiel alleine spielen, weil sie Lust auf Bonbons hat (G) und um die Bonbons auf jeden Fall zu bekommen (Z). Sie weiß, daß wenn Paul mitspielt und er gewinnt, er die Bonbons an sich nimmt und sie leer ausgeht (G). Paul läßt Julia allein spielen, weil er ihr die Bonbons gönnt (G), er lieber seine Zeitung liest (G) und um ihr eine Freude zu machen (Z). Julia bittet um etwas zu trinken, weil ihr Körper mehr als 0,5% seines Gewichts an Wasser verloren hat (U), weil ihre Extracellulärflüssigkeit abgenommen hat (U), weil sie Durst verspürt (G) und um diesen Durst zu stillen (Z).

Erst einmal fällt an allen diesen Beispielen auf, daß (G) und (Z) aus den entsprechenden Handlungen herausinterpretiert werden müssen. Man kann Gründe und Absichten weder direkt sehen, hören, schmecken, tasten oder riechen, sie somit auch nicht messen oder unmittelbar experimentell erfahrbar machen. Lediglich Anzeichen, also auch Ursachen für (G) und (Z) lassen sich evtl. ausmachen. Vielleicht hat Julia große Augen, wenn sie Lust auf etwas hat oder zusammengekniffene Lippen, wenn sie Durst hat. Ursachen sind keine mentalen Ereignisse, sondern Zustände, die getrennt von der Handlung beobachtet werden können. Sie sind also von der Handlung abgelöste und separat den Sinnen zugängliche Zustände. Unter bestimmten Bedingungen kann man sehen, daß ein Mensch mehr als 0,5% seines Körpergewichts an Wasser verloren oder an Extracellulärflüssigkeit abgenommen hat. Das allein aber erklärt nicht, warum Julia Paul um etwas zu trinken bittet. Sie könnte Paul auch um einen Apfel bitten, mit dem ja auch der Wasserhaushalt in Ordnung zu bringen ist. Und sie könnte Paul gegenüber überhaupt nicht reagieren, etwa weil sie ihn nicht leiden kann. Auf Ursachen folgt unter den gegebenen Bedingungen eine prompte Reaktion. Wer etwa 0,5% seines Körpergewichts an Wasser verloren hat, wird zwangsweise Durst verspüren, wenn die dieses Gefühl auslösenden Nerven funktionsfähig sind.

Ursachen können also das auslösen, was als Grund für eine Handlung bezeichnet werden kann; niemals jedoch können sie direkt Grund für eine Handlung sein. Es gibt also keine direkte kausale Verbindung von Ursachen zu Handlungen, wie es kausale Verbindungen von Ursachen zu Ereignissen gibt. Das Ereignis, daß jemand sich in einem starken Streß befindet, läßt sich ursächlich durch Erhöhung von adrenocorticotropen Hormonen erklären, das Ereignis der Implosion einer Fernsehbildröhre durch die Ursache eines Sprungs im Glas der Röhre.

Sind also schon bei den angezogenen Beispielen aus der Physiologie des Menschen Ursachen nicht als direkte Auslöser oder als Gründe von Handlungen verifizierbar, so lassen sich komplexere rationale Handlungen erst recht nicht durch ihre Ursachen, wenn sie überhaupt solche haben, beschreiben.

Geht jemand in die Kirche oder schreibt ein Buch, gibt es zwar Ursachen für einzelne Teilhandlungen dieser Handlungssequenzen, aber keine Ursachen für die Gesamthandlung. Insofern haben die Ansätze von Davidson 1975, S. 108 ff., Toulmin 1975, S. 99 ff. und Toulmin 1976, besonders in Abschnitt 7, keine Relevanz für die vorliegende Analyse. So sehr beide für die Naturwissenschaften Recht haben mögen, so bedenklich erscheint ihre Gleichsetzung von Natur- und Sozialwissenschaft.

Nur Gründe und Absichten rationalisieren also eine Handlung, und die Teilbeispiele aus (1) zeigen, daß uns Handlungen sinnvoller erscheinen, aus denen wir (G) *und* (Z) herausinterpretieren als solche, aus denen wir nur (G) oder (Z) entnehmen können bzw. bei denen uns (G) oder (Z) als fadenscheinig vorkommen. Der Grund Julias, aus dem großen Fläschchen zu trinken, war vielleicht die Tatsache, daß sie das große Fläschchen generell mehr schätzt als das kleine, vielleicht weil es längere Freuden gewährt. Ihre Absicht war, sich größeren Genuß zu verschaffen. Und da Kinder laut Piaget Mengen in unterschiedlichen Umgebungen nicht vergleichen können, sondern, wie in diesem Fall, meinen, daß in einer größeren Flasche auch mehr drin sein müsse, handelt Julia ihrer kindlichen Logik entsprechend. Für ihre geistigen Verhältnisse handelt sie sinnvoll, am Erwachsenenstandard gemessen nicht. Sinn ist also nicht nur eine monologische Kategorie, sondern eine im Grunde nur dialogisch festmachbare. Weil Paul Julia in ihrer Logik versteht (und weil er auch seine Ruhe haben will), gibt er Julia nach, interpretiert er seine und Julias Handlung als sinnvoll. Die Gründe und Absichten einer Handlung entscheiden also nicht direkt darüber, ob die Handlung sinnvoll ist oder nicht, sondern ob beide Kommunikationspartner sie für sinnvoll unter den gegebenen Bedingungen erachten. Dabei kann der Interpret durchaus zum Schluß kommen, daß »objektiv gesehen« Gründe oder Absichten des Handelnden einer rationalen Überprüfung nicht standhalten, trotzdem kann er sie unter Berücksichtigung der Kontextbedingungen Person, Institution und Situation für sinnvoll halten. Weil Julia (Person) erst 3 Jahre alt ist (Institution, die mit Familie, und Situation, die räumlich und zeitlich zu definieren wäre, spielen hier keine Rolle) und er Piaget in Anwendung bringt, gibt Paul nach, er versteht die Gründe und Absichten Julias. Er versteht auch die Gründe und Absichten, die Julia jeden Abend veranlassen, größere Teile ihres Badewassers zu trinken, trotzdem hält er das nicht für eine sinnvolle Handlung Julias, weil er meint, daß vor allem durch den Zusatz von Badeschaum, der nötig ist, um Julia einigermaßen zu säubern, der Genuß dieses Wassers nicht gerade gesundheitsfördernd ist. Die Handlung Julias mag also rational in bezug auf ihre Absicht sein, erscheint aber weniger oder gar nicht sinnvoll im allgemeinen, so z. B. unter Berücksichtigung des Gesundheitsrisikos. Als Definition sei deshalb eingeführt, daß wir Handlungen, die konsequent in bezug auf die Verfolgung der interpretierten Absicht oder auf das hinter der Absicht außerhalb der Handlung liegende Ergebnis sind, zweckrational nennen wollen, Handlungen dagegen, die in bezug auf ihren Sinn kooperativen Argumentationen aussetzbar sind, sinnvoll. Bestehen aber bleibt selbstverständlich, daß sinnvolle Handlungen begründbar und erklärbar sein müssen, daß als sinnvolle Handlungen nur solche mit (herauszuinterpretierenden) Gründen und Absichten infrage kommen. Daß und wie diese Gründe und Absichten noch weiter modifiziert werden müssen, um das Kriterium des sinnvollen Handelns zu gewährleisten, soll in Kapitel 1. weiter ausgeführt werden.

0.2. Enttäuschte Erwartungen: oder der Anlaß des Streits

Fragt man, was denn passiert, wenn einer der Kommunikationspartner nun einmal nicht versteht, was der andere mit seiner Handlung, sei es eine sprachliche oder gegenständlich-praktische, will, wenn der Rezipient (R) also den Sinn der Handlung des Produzenten (P) nicht einsehen kann oder wenn R meint, daß Sinn oder auch Absicht einer Handlung (H) gegen seine Interessen oder Ziele der Allgemeinheit gerichtet sind, kommt man zum Anlaß einer Argumentation. Diese folgt zwar nicht notwendig aus den soeben beschriebenen Daten, weil sie etwa strategische oder hierarchische Strukturen in der Beziehung von P zu R verhindern können, in einer unverzerrten Kommunikation dagegen ist nun eine argumentative Bewältigung des aufgetauchten Problems unausbleiblich.

Was zu einer Argumentation führt, zumindest aber zur Frage nach Begründung und Erklärung, sind enttäuschte Erwartungen. Luhmann 1972, Abschnitt II.2., unterscheidet kognitive von normativen Erwartungen, wobei kognitive Erwartungen so definiert sind, daß sie »im Falle der Enttäuschung an die Wirklichkeit angepaßt werden« (S. 42), während man normative Erwartungen »nicht fallenläßt, wenn jemand ihnen zuwiderhandelt.« (ebd.) Kognitive Erwartungen zeichnen sich insofern durch Lernbereitschaft aus, normative »dagegen durch die Entschlossenheit, aus Enttäuschungen nicht zu lernen.« (S. 43) Diese Unterscheidung Luhmanns erscheint mir zu holzschnitthaft. Tatsächlich halten wir im Alltagsleben manchmal an Erwartungen fest und ein andermal nicht. Das allein berechtigt aber nicht dazu, von zwei Erwartungstypen zu reden, muß es doch nicht immer derselbe Typ von Erwartung sein, den man aufgibt oder an dem man festhält.

Vielleicht sollte man Erwartungen eher danach unterscheiden, auf welche Art von Einstellung des Kommunikationspartners bzw. auf welchen Typ von Sprechakten sie sich beziehen. So könnte man Erwartungen oder Annahmen unterscheiden, die die Kommunikationspartner gegenseitig über

a) Wissen c) Meinungen
b) Wünsche d) Gefühle

des Anderen machen, also im Falle a) von kognitiven, b) von voluntativen, c) von normativen und d) von affektiven oder emotionalen Erwartungen oder Annahmen sprechen.

Sprechakte (aber auch gegenständlich-praktische Handlungen) transportieren immer Teile mit sich, die diesen vier Erwartungstypen entsprechen, entgegenlaufen oder sich neutral zu ihnen verhalten. In der Sprechakttheorie wurden bisher aber nur kognitive und normative Teile thematisiert, so jedenfalls die Interpretation von Habermas 1976, der dem propositionalen Teil (eher) den theoretischen und dem performativen Teil den praktischen Diskurs (S. 208, 215, 239, 246) zuordnet, wobei der theoretische Diskurs den kognitiven Sprachgebrauch zum Inhalt hat, während es im praktischen Diskurs um Fragen normativen Charakters in interpersonalen Beziehungen geht. Watzlawick et al. unterscheiden dazu noch eine Inhalts- von einer Beziehungsebene (besonders in Abschnitt 2.3), wobei von den Kommunikationspartnern auf der Inhaltsebene die kognitiven und auf der Beziehungsebene die emotional-affektiven Erwartungen zu erfüllen sind.

Voluntative Erwartungen beziehen sich auf die Appellfunktion des Sprechaktes (vgl. dazu Bühler 1965, § 2), auf sein konatives Element. (Vgl. Jakobson 1971, S. 149 ff.)

0.2.1 Warum und wozu man argumentiert

Man argumentiert, so wurde im vorangegangenen Abschnitt deutlich, wenn Erwartungen, ganz gleich welchen Typs, enttäuscht wurden. Nun geht aus Luhmanns Definition der kognitiven und normativen Erwartungen hervor, daß man die Sinnfrage eigentlich eher bei Enttäuschungen normativer Erwartungen stellen müßte, da man von Normen, die Luhmann 1972 als »kontrafaktisch stabilisierte Verhaltenserwartungen« (S. 43) definiert, schwerer abrücken kann als von Elementen des Wissens.

Handelt P also gegen eine von R akzeptierte Norm, muß R in einer unverzerrten Kommunikationssituation P auf die Auswirkungen seines Handelns hinweisen. P muß dann entweder im Sinne von R weiterhandeln oder den Vorwurf R's zurückweisen, indem er seine Handlung rechtfertigt. Was P darüber hinaus noch übrigbleibt, ist, R davon zu überzeugen, daß die von ihm ausgeführte Handlung (H) nicht mit der Handlung identisch ist, die R aus den beobachteten Daten interpretiert. P kann also von (2) behaupten, daß seine Frage nicht als Beleidigung, sondern eben nur als Informationsfrage zu verstehen sei.

(2) P: Sind das echte Perlen?
R: Willst du Streit mit mir?
P: Nein, ich wollte das nur wissen!

P hat mit der von ihm vielleicht tatsächlich als Informationsfrage intendierten Äußerung die affektiven Erwartungen von R enttäuscht und damit R auf emotionalem Gebiet angegriffen. R thematisiert diese Herausforderung, und P beteuert oder gibt vor, daß er eine ganz andere Handlung als die von R herausinterpretierte Beleidigung vollzogen habe oder vollziehen wollte, nämlich eine Informationsfrage.

Zurück aber zu den normativen Erwartungen, deren Enttäuschung zwar in unverzerrten Kommunikationssituationen immer Anlaß zu einer Argumentation sein müßte, in der Realität aber gerade oft nicht ist. Auf der einen Seite halten wir trotz Enttäuschung, wenn es nur irgend geht, an normativen Erwartungen fest, müßten also Enttäuschungen auf dem normativen Sektor einklagen, auf der anderen Seite hat aber dieses Festhalten aller den Effekt, daß Argumentationen auf normativer Ebene (und genau dasselbe gilt auch für affektive Erwartungen) selten einen Erfolg zeitigen, öfter sogar noch größere Verstimmungen, etwa auf der Beziehungsebene, hinterlassen. Wir haben uns deshalb angewöhnt, gerade hier äußerste Vorsicht walten zu lassen und solchen Argumentationen im Alltagsleben wenn irgend möglich aus dem Wege zu gehen. Ein glänzendes Beispiel für diese Haltung geben immer wieder Texttypen wie »Interview« und »Diskussion« in medialer Kommunikation ab. In Interviews, die im Prinzip dazu dienen, prominenten Leuten brisante Informationen zu entlocken, um diese der Öffentlichkeit zugänglich zu machen, das jedenfalls scheinen mir *die,* wenn auch nicht immer bewußten und hier absichtlich idealtypisch gesehenen Erwartungen an diesen Texttyp zu sein, gerade in Interviews also wird auf beiden Seiten oft viel geredet und wenig gesagt. In der Regel rüttelt der Interviewer schon gar nicht an Normen, Regeln oder Konventionen, und wenn er das schon einmal tut, bohrt er nie nach, sondern gibt sich oft mit ausweichenden Antworten des Prominenten zufrieden, wie ganz besonders am folgenden Interview zu sehen ist, in dem der Sportreporter Hans-Joachim Rauschenbach zwar mutig fragt, sich dann aber mit äußerst schlappen Antworten zufriedengibt.

(3) Interview Rauschenbach — Zewe

R: Ein enttäuschter, deprimierter Helmut Schön! Gerd Zewe, Sie wollen weiter in der Nationalmannschaft spielen, können Sie dann dennoch hierbei offen und ehrlich Rede und Antwort stehen, oder gibt es da möglicherweise eine Gefahr für Sie?

Z: Die Gefahr sehe ich nicht, außerdem bin ich also jetzt gerade in Argentinien 28 Jahre geworden und glaube, meine Meinung äußern zu können.

R: Herr Zewe, was war denn der beherrschende Eindruck bei Ihnen, warum ist denn aus Ihrer Perspektive heraus das Ganze nicht so wunschgemäß gelaufen, wie Sie es wollten und wie die vielen Fußballanhänger hier in Deutschland es gehofft hatten?

Z: Ich glaube, man muß eh eine Tatsache eh vor allem sehen, daß wir keine eh Ausnahmefußballer mehr in unseren Reihen haben, wie das in ihren in ihren Glanzzeiten Franz Beckenbauer und Gerd Müller z. B. eh darstellten, und von daher muß man, glaub' ich, auch innerhalb Deutschlands, den Erwartungshorizont etwas nach unten schrauben, was jetzt auch die Ländermannschaft angeht.

R: Wäre es also mit Beckenbauer, wenn man sich rechtzeitig um ihn bemüht hätte, mit Breitner und Stielike möglicherweise besser gewesen?

Z: Das kann man, glaub' ich, ohne weiteres sagen, daß ein Mann wie Franz Beckenbauer immer noch immer noch der absolute Mann in der Nationalmannschaft wäre.

R: Also war der Stoff schon mal nicht ganz so gut gewesen, wie er hätte sein können. Wie sah's denn dann mit dem Zuschnitt aus, mit der Aufstellung? Sie haben ja auf der Reservebank gesessen, wie war die Stimmung bei den Leuten, die da draußen saßen und von denen einige gesagt haben, die sind in Topform, warum spielen sie nicht?

Z: Es ist ja einfach so, daß 22 Leute nach Argentinien gefahren sind und nur 11 spielen können und 4 oder 5 Leute auf der Bank sitzen können, die anderen müssen halt, so weh das tut, auf die Tribüne. Und das ist eine Tatsache, um die man sich einfach nicht winden kann, und es werden Entscheidungen getroffen von von den Verantwortlichen, jetzt sprich: Trainern und die muß man als Spieler zunächst akzeptieren.

R: Es gab immer wieder einmal Nachrichten, die darauf hindeuteten, daß die Stimmung nicht zum besten sei. Ist denn genügend getan worden, um einem Lagerkoller — wochenlang hockt man zusammen — vorzubeugen? Hätten Sie sich z. B. eine andere Form der Freizeitbeschäftigung gewünscht?

Z: Ich meine, zum Trainingslager muß man sagen, daß es hervorragend war, als Trainingslager. Den einen Nachteil hatte es allerdings, daß es zu weit von Cordoba jezz weg war, wir mußten also immer, wenn überhaupt in die Stadt, eine Stunde hin, eine Stunde zurück fahren, und das eine, was vielleicht, was man vielleicht, best, was man bestimmt hätte besser machen können, das wäre gewesen, daß man vornherein sich klar machen mußte, wir sind 5 Wochen mit einem Troß von 35 oder 40 Leuten unterwegs, und zwar nicht als Tourist, man muß also immer wieder in Betracht ziehen, daß wir zur Weltmeisterschaft, zu Weltmeisterschaften fahren, aber man hätte das eine oder andere, um die Spieler auch mal vom Fußball abzulenken, unternehmen können.

R: Eh, hätte es vielleicht etwas genutzt, wenn es mal — wenn man ein gutes Omelett backen will, muß man Eier zerschlagen — wenn es mal einen Krach gegeben hätte, wenn mal man irgendwie versucht hätte, wie das ja bei anderen Weltmeisterschaften auch der Fall war, wenn man versucht hätte, durch eine, na durch eine kleine Explosion das Ganze doch noch zum Guten zu wenden, wenn der Spielführer, der Vogts z. B., der Berti Vogts, ein bißchen mehr die Initiative ergriffen hätte? Hat er das getan?

Z: (holt lange Luft): Es ist eh, ich meine, ich muß also sagen, daß der Abstand zu der ganzen Sache doch noch zu gering ist, als daß man jetzt, als daß man jetzt schon Urteile fällen kann oder fällen sollte.

R: Hmh. Es gibt nicht wenige Kritiker hier, die sagen, die Spieler sind zu satt, die deutschen Spieler da drüben, da ist die Leistungsspanne, die Steigerungsspanne zu gering geworden. Sie spielen zu sehr mit dem Kopf, vielleicht auch manchmal mit dem Gedanken ans Portemonnaie und zu wenig mit dem Herzen.

Z: Das, das das, dem muß ich also widersprechen, denn, eh, obwohl bei der Weltmeisterschaft Geld verdient wird, sind waren sich die Spieler alle im klaren, daß die Leistung honoriert wird und zunächst mal Leistung gebracht werden muß, um aner um anerkennt, um anerkannt zu werden, denn das andere ist, was nutzt mir Geld, wenn ich mir einen Namen kaputtmache und mich überall nicht mehr sehn darf, sehn lassen darf.

R: Haben Sie auch mal darüber gesprochen, sie, die Spieler, die ja alle Profis sind, daß dieses schlechte Abschneiden sich vielleicht auch auf die Bundesliga, auf den Zuspruch bei der Bundesliga, und damit auch direkt auf sie, auswirken kann?

Z: Darüber haben wir uns Gedanken gemacht, und wir sind uns auch im klaren, daß unter Umständen gewisse Konsequenzen haben wird, zum zumindest mal, was den Empfang der entsprechenden oder teilnehmenden Spieler in den Stadien bei ihren Auftritten angeht.

R: Sie können das Ganze wieder wettmachen oder überdecken, wenn sie gute Leistungen bringen. Was müßte denn jetzt nun geschehen, aus Ihrer Sicht heraus, um aus diesem Tief herauszukommen? Wie kann man die bitteren Erfahrungen in nützliche Konsequenzen umsetzen?

Z: Man sollte hier nach dieser Weltmeisterschaft einfach ne Zäsur machen und eh aus den Fehlern, die gemacht wurden, lernen, und einen Neuaufbau beginnen, denn man hat andererseits gesehen, daß die anderen Mannschaften auch nicht viel besser sind, denn das das Niveau in Argentinien war ja doch erschreckend schwach bisher.

R: Hätte man, zählt zu den Fehlern auch die Tatsache, daß man hätte anders oder besser oder schneller auswechseln sollen, gelegentlich?

Z: Das Auswechseln ist'ne Glücksache, vielleicht vielleicht hätte man das eine oder andere Mal hätte man mehr Mut gewünscht.

R: Mm. Das Endspiel bestreiten Holland und Argentinien. Wie ist Ihr Tip dazu, Herr Zewe?

Z: (erleichtert): Ja, ich glaube, daß die Argentinier vielleicht aufgrund des Heimvorteils leichter Favorit sind.

R: leitet zu einem Interview aus Argentinien mit dem Holländer Arie Haan über, fragt Zewe noch nach den Schußqualitäten Haans und spricht von den Qualitäten des argentinischen Publikums.

Rauschenbach thematisiert hier zwar die Norm oder den »Ehrenkodex« des DFB, nichts nach außen dringen zu lassen und Leute, die sich dieses Vergehens schuldig gemacht haben, nicht mehr für die Nationalmannschaft zu berücksichtigen (der Nationalspieler Hölzenbein hatte gerade zwei Tage vorher, wie in allen Zeitungen zu lesen war, mit dem Argument ausgepackt — und dabei einige Schuldige an dem schlechten Abschneiden bei der WM 78 in Argentinien genannt — er habe ja jetzt sein letztes Spiel gemacht, brauche keine Rücksichten mehr zu nehmen, was er, da er ja nie zu denen gehört hätte, die ohne Diskussion in das Aufgebot zu Länderspielen etc. genommen wurden, sonst immer hätte tun müssen).

Doch Rauschenbach geht auf letzteres nicht mehr ein. Er läßt fast jede Chance ungenutzt, das Gespräch zu vertiefen, seinen Partner einmal zu Hintergründen wirklich antworten zu lassen, indem er ihm Argumente auf dem normativen (aber auch auf dem kognitiven) Sektor abverlangt.

Zu sagen, daß »wir« keine Spielerpersönlichkeiten wie Beckenbauer und Gerd Müller mehr haben, mag zwar dem DFB gegenüber, der wohl mit beiden im Clinch liegt, ein Affront sein, reißt aber den Fernsehzuschauer, der gerade das in den Weltmeisterschaftstagen immer wieder von interviewten Trainern und Spielern, ja sogar vom Bundestrainer Schön gehört hatte, nicht gerade aus dem Sessel.

Kurz und an zwei anderen Beispielen verdeutlicht: mit seinem Vermieter darüber zu argumentieren, daß man die Straße nun nicht mehr jeden Samstag, sondern nur noch dann kehren werde, wenn sie nach dem Kehrbesen ruft, ist weitaus unangenehmer, weil dadurch oft Ärger entsteht, als mit ihm darüber zu reden, wie und wann man am besten Gras sät, jedenfalls solange das nicht zur normativen Frage erhoben wird. Man kann dabei verhältnismäßig offen Vor- und Nachteile der Frühjahrs- oder Herbstaussaat oder bestimmter Grassorten diskutieren und zu einem beide Parteien zufriedenstellenden oder sogar überzeugenden Ergebnis kommen.

Noch ein Wort zu den vier Erwartungstypen (vgl. S. 18f.): ihre Trennung erfolgte vor allem heuristisch, also zum Zwecke ihrer besseren Beschreibung. In der Wirklichkeit kommen sie nicht so fein säuberlich getrennt vor, man kann aber in etwa Tendenzen in einem Sprechakt zum einen oder anderen Typ hin wahrnehmen. So sind kognitive oder auch voluntative Erwartungen oft auch irgendwie normativ gebunden. Wer hat schon je einen Politiker in einer (wichtigen) Fernsehdiskussion erlebt, der einräumt, sich in diesem oder jenen Punkt geirrt zu haben? Mag er auch durch die Einwände seines Gegners überzeugt worden sein, er darf das nicht zugeben, weil er sonst als Dummkopf oder Umfaller dastehen könnte. Deshalb geht er auch gar nicht erst mit der Absicht in eine Fernsehdiskussion, den Gegenüber zu überzeugen oder sich von ihm überzeugen zu lassen, sondern sich selbst und das Programm seiner Partei als überzeugend für den Fernsehzuschauer darzustellen. Das Verfahren oder der Texttyp einer Fernsehdiskussion hat also eine so starke normative oder regelnde Kraft, daß z. B. Sprechakte, die eigentlich nur auf der kognitiven Ebene laufen, einen normativen Hintergrund bekommen. Eine Informationsfrage des Wirtschaftsministers an seinen Gegner aus der Opposition, ob denn nun die Lohnsummensteuer eine ertragsabhängige oder -unabhängige Steuer sei, ist unvorstellbar, weil sie Inkompetenz des Ministers und praktisch die Anerkennung, daß der Oppositionspolitiker »der bessere Mann« ist, signalisieren würde, obwohl auf der anderen Seite niemand von einem Wirtschaftsminister verlangen kann, über alle wirtschafts- und finanzwissenschaftlichen Fakten zu verfügen, dazu noch in einer Streßsituation, wie sie nun einmal eine Fernsehdiskussion darstellt. In der Praxis gibt es also keine Trennung der vier Ebenen, wie schon Watzlawick et al. feststellten, indem sie behaupteten, daß jegliche Kommunikation einen Inhalts- und Beziehungsaspekt habe (S. 53). Dennoch ist es gerade metakommunikativ möglich, einen dieser Aspekte zu thematisieren, nur auf einem Sektor (zumindest dem Anspruch nach) zu diskutieren. Daß gerade in strategischen Argumentationen etwa normative Fragen auf dem kognitiven Sektor diskutiert und entschieden werden, hat die Analyse des Beispiels aus der Fernsehdiskussion gezeigt.

Die Frage, wozu man argumentiert, ist nun für kooperative Argumentationen so zu beantworten, daß man es tut, um den Werten und

Zielen, von denen man glaubt, daß es nützlich und notwendig sei, sie zu erreichen oder zu beachten, Geltung zu verschaffen. Man argumentiert dabei so, daß man im Prinzip bereit ist, Werte und Ziele des Anderen zu tolerieren, ja sie sogar zu übernehmen, wenn es sich in der Diskussion herausstellen sollte, daß diese Ziele verfolgenswerter sind.

In einer strategischen Argumentation sind diese Ziele für beide Parteien festgeschrieben. In der Regel wird von ihnen um keinen Deut abgewichen — im Gegenteil, der Gegenüber soll mit allen erlaubten Mitteln, wobei auch eigentlich unerlaubte manchmal erlaubt sind, dazu gebracht werden, die »richtige Meinung« zu übernehmen.

Warum man argumentiert, was der auslösende Faktor ist, der jemanden dazu bringt, in einer konkreten Situation eine Tatsache zu einem Problem zu erheben, den Konsensus mit seinen Kommunikationspartnern aufzugeben, läßt sich vielleicht mit Festingers Theorie der kognitiven Dissonanz annähernd beschreiben. Zunächst einmal gilt nach wie vor, daß man dann in eine Argumentation eintritt, wenn Erwartungen gleich welcher Art enttäuscht wurden. Es ist aber im Verlaufe dieses Abschnitts gezeigt worden, daß die Motivation oder die Bereitschaft zu argumentieren, je nach Art der enttäuschten Erwartung, unterschiedlich ist. Diese Unterschiede nun erklären sich mit der These Festingers, daß der Mensch versucht, in Konsonanz mit sich und seiner Umwelt zu leben und daß er Dissonanzen nur bis zu einem gewissen Grad ertragen kann. Übersteigen Dissonanzen ein sicher je nach Kontextbedingungen (Person, Situation, Institution) unterschiedlich zu veranschlagendes Niveau, verursachen sie, so Festinger (S. 3), ein psychisches Unbehagen, das wiederum den Menschen zum Versuch motiviert, diese Dissonanzen zu verringern und Konsonanz herzustellen. Diese Versuche können nun verschieden aussehen. Festinger hat nachgewiesen, daß der Mensch aktiv Situationen und Informationen meidet, die Dissonanzen verstärken könnten. (ebd.) Andererseits kann man aber auch versuchen, die Umgebung der eigenen Einstellung anzupassen, indem man z. B. versucht, andere von der Wahrheit einer Proposition oder der Richtigkeit und Notwendigkeit einer Handlung zu überzeugen.
Wann aber tut man das?

Nehmen wir an, A wäscht immer mit »Blütenweiß« und ist überzeugt, daß es das beste Waschmittel auf dem Markt ist, B dagegen immer mit »Schneewittchen« in derselben Überzeugung. Treffen sich nun A und B beim Wäscheaufhängen und kommen über ihre unterschiedlichen Waschmittel ins Gespräch, ist es im Prinzip unvorstellbar — nur Werbefilmer können auf diese Idee kommen — daß sich A und B über die Güte ihrer Waschmittel in die Haare geraten könnten. Festingers erste Variable, das Ausmaß einer Dissonanz zu bestimmen, lautet somit:

a) Die Bedeutung einer Entscheidung bestimmt das Ausmaß der Dissonanz. (S. 37)

Dann ist es natürlich nicht ohne Einfluß auf das psychische Befinden, welche Alternativen zur Debatte stehen oder standen. Man legt sich eher mit jemandem an, den man nicht leiden kann und von dem man sowieso nichts Gutes zu erwarten hat, als mit jemandem, mit dem man sonst immer konform in der Meinung zu allen Problemen ging, der einem emotional etwas bedeutet und zu dem man irgendwie ein Zugehörigkeitsgefühl entwickelt hat. Argumentiert man in einer bestimmten, für alle wichtigen Situation gegen diesen »Freund«, muß Festingers Theorie zufolge ein beide oder zumindest den »Aggressor« stark beeindruckendes Problem vorliegen.
Festingers zweite Variable heißt deshalb:

b) Das Ausmaß einer Dissonanz hängt ab von der relativen Attraktivität der nicht gewählten oder in einer bestimmten Situation unwählbaren Alternative. (ebd.)

Schließlich berücksichtigt Festinger in seiner Theorie noch, daß man nur selten zwischen dem einen und dem anderen wählen kann, ohne daß X und Y sich irgendwie ähneln. Sehr oft müssen wir zwischen zwei Dingen wählen, die sich ähnlich sind, etwa wenn man zu entscheiden hat, ob man ein Buch von Böll oder Grass in seiner Freizeit liest. Bei der großen Überschneidung von Elementen in der Entscheidungssituation fällt einem einerseits die Wahl schwer, andererseits bereut man es selten, diese und nicht jene Alternative gewählt zu haben.
Festingers dritte Variable, die der kognitiven Überlappung, ist daher so definiert:

c) Je größer die kognitive Überlappung zwischen zwei Alternativen ist, je geringer die qualitativen Unterschiede der beiden Alternativen sind, desto geringer ist die Dissonanz nach der getroffenen Wahl. (S. 41)

Festingers Theorie als Entscheidungstheorie nennt nun mehrere Möglichkeiten, aufkommende Dissonanzen zu mindern oder aufzuheben, z. B. das Rückgängigmachen einer Entscheidung, sofern das möglich ist. Man kann eine Beleidigung nicht rückgängig machen, und man kann auch keine Ohrfeige, also gegenständlich-praktische Handlungen, zurücknehmen. Jede Gesellschaft hat aber vor allem verbale Strategien ausgebildet, die in solchen Fällen zumindest das Ärgste abzuwenden in der Lage sind, etwa wenn man seine Äußerung oder Tat bedauert, dem Gegner Genugtuung anbietet, sich mit ihm versöhnt, sich entschuldigt oder rechtfertigt. Das alles kann man tun, indem man zugibt, eine Fehlentscheidung getroffen zu haben, daß man sich nicht frei habe entscheiden können oder aufgrund widriger Umstände gehandelt habe, daß man diese Handlung eigentlich gar nicht habe ausführen wollen, sondern eine andere oder auch daß die Handlung nicht so gemeint war, wie sie R interpretiert hat. Gemäß Festingers Variablen a, b und c kann man also Enttäuschungen auch in der Art und Weise abarbeiten, daß man die Bedeutung der Entscheidung oder der

Handlung hinterher herunterspielt, kognitive Überlappungen herstellt, z. B. jemand anderes überzeugt oder sich selbst einredet, daß es in der verworfenen Alternative viele Elemente gibt, die identisch mit denen der gewählten sind usw.

Die üblichste Art allerdings, Dissonanzen nach einer Entscheidung zu verringern, ist die Änderung der kognitiven Elemente sowohl bei der gewählten Handlung als auch in der Alternative. (Vgl. S. 44 ff.) Man stellt die positiven Seiten der getroffenen Entscheidung oder seiner Handlung heraus und entdeckt negative Seiten der Alternative.

Es braucht nun nicht allzuviel Phantasie, um zu bemerken, daß die genannten Strategien ohne weiteres auch auf Argumentationen übertragen werden können. Am Beispiel der Interviews, die Ernst-Dieter Lueg mit Herbert Wehner in der Wahlnacht der Bundestagswahl vom 3. 10. 76 und Dieter Kürten mit Rainer Bonhof, Harald Konopka, Erich Ribbeck und Udo Lattek am 24. 6. 78 nach der Rückkehr aus Argentinien geführt haben, sollen einige Elemente der Festingerschen Theorie auf ihre Verwendbarkeit für unseren Zweck geprüft werden.

Die Interviews gleichen sich in einer Beziehung: alle Interviewten haben in irgendeiner Weise verloren, Wehner bzw. Wehners Partei Wählerstimmen, sie ist nicht mehr die mit den meisten Wählerstimmen, Bonhof, Konopka und letzten Endes auch Ribbeck, was noch viel schlimmer ist, die Weltmeisterschaft. Bonhof selbst hat zudem noch durch persönliches Versagen viel Kredit beim Zuschauer und damit auch an Marktwert verloren (man spricht von einer Million), Konopka dagegen wurde in Argentinien nicht eingesetzt, muß aber natürlich dadurch, daß er dabeigewesen ist, zumindest einen Teil der »Schuld« mittragen. Auch Ribbeck spielte eigentlich nur am Rande eine Rolle, ist aber zu dieser Runde als offizieller Vertreter des DFB (Ribbeck ist Assistent des derzeitigen Bundestrainers Derwall) eingeladen und muß ein Teil der Schuld auf sich nehmen, den sicher oder gerade auch der DFB am schlechten Abschneiden der Nationalmannschaft hat. Alle mußten also Dissonanzen mildern. Das allerdings, da diese Interviews ja im Fernsehem gesendet wurden, nicht nur bei sich, was sogar in diesem Zusammenhang vollkommen unwichtig ist, sondern sie müssen dem Fernsehzuschauer helfen, dessen eigene Dissonanzen abtragen zu können. Wehner will demzufolge die SPD-Wähler aufrichten oder trösten, Bonhof und Konopka sollten die bundesdeutschen Fußballfans aus dem Regen holen. Für alle drei gilt also, daß sie sich nur insoweit persönlich rechtfertigen müssen, wie das zur Dissonanzminderung beim Fernsehzuschauer beiträgt. Das genau unterscheidet auch mediale von direkter Interaktion.

(4) Interview Lueg-Wehner:

L: So jezz sind wir da. Eh, meine Damen und Herren, hier sind wir im Ollenhauer-
1 Haus, und Herbert Wehner, der Vorsitzende der SPD-Bundestagsfraktion, steht neben mir. Herr Wehner, vor 4 Jahren, an jenem 19. November, haben Sie mir damals auf meine Frage, was Ihr erster Kommentar gesei ge eh

sei, gesagt, dafür, für den damaligen Erfolg, hätten Sie 23 Jahre gearbeitet in dieser Partei. Was ist Ihr Kommentar heute abend, nachdem *zumindest* in den Hochrechnungen feststeht, daß die SPD, gemessen an dem letzten Bundestagswahlergebnis, etwa 3,4%, 3,5%, wenn sich das alles einstabilisiert, verloren hat?

W: Alle Ihre wenn sich wenn sich wenn sich einberechnet, sehr verehrter Herr Lueg: Sie fragen nach meinem Kommentar, heute zum Unterschied von 72. Wir haben unsere Stellung behauptet, und das liegt im Interesse unseres demokratisch-freiheitlich verfaßten Staates.

L: Wir, ist das die Sozialdemokratische Partei Deutschlands oder ist das die
3 Koalition?

W: In diesem Falle die Sozialdemokratische Partei Deutschlands mit dem Koa-
4 litionspartner.

L: Herr Wehner, es gibt Hinweise nicht nur, sondern auch schon arithmetische
5 Tatbestände etwa über Einbrüche, ich darf das mal so sagen, in Bayern, in München, eh, es gibt auch keine guten Ergebnisse im Land Hessen. Müssen Sie das zurückzuf zurückführen auf interne Querelen in der Sozialdemokratischen Partei Deutschlands?

W: Ich bin also in der schwierigen Lage, verehrter Herr *Lüg*, eh eh zu sagen, wo
6 hören Sie, wenn sie gleichzeitig fortgesetzt Leute interviewen, Informationen, die mehr . . .

L: (7) Ich hör' das hier über den Ohrwurm!

W: (8) die mehr sind als ich sie haben kann. Ich weiß *nichts* und Sie wissen *nichts* . . .

L: (9) Ich kenne die Hochrechnungen, ich kenne die Hochrechnungen!

W: (10) Ich kenne auch die Hochrechnungen über die wirklichen Ergebnisse in den Ländern

L: (11) nich, ich kenn nun auch Rechnungen über die regionalen Ergebnisse

W: werden Sie nicht ungeduldig. Wir beide kennen *nichts* über die einzelnen
12 Wahlkreise. Es gibt kein einziges Wahlkreisergebnis. Und dennoch reden wir hier, als ob wir schon alles wüßten. Ich sage Ihnen, die Hochrechnungen respektiere ich, mit den Fehlermargen, die die Leute selbst immer angeben, vorsichtigerweise, wie das klugen Verkäufern zukommt, und *im übrigen* habe ich gesagt, wir haben unsere Stellung behauptet, dies war schwer angesichts der Mobilisierung einer außerparlamentarischen Fanatisierungskampagne, mit der wir es zu tun bekommen hatten.

L: Darf ich *trotz* Ihr Ihrer Kritik an unserer Art, wie wir fragen, oder auf der, an
13 der Art der Grundlage, auf der wir fragen, folgende Frage stellen: Ist es nicht überraschend und erstaunlich, daß, auf der Basis der Hochrechnungen, und darüber kann ich nur reden, ein Teil oder vielleicht sogar alle derjenigen, die die SPD in an diesem Tag nicht wählen wollten, nicht zum freidemokratischen Koalitionspartner gegangen sind, sondern eh zur CDU. Wenn man so will, ich darf das noch mal salopp sagen, hat der Partnertausch innerhalb des sozialliberalen Lagers nicht stattgefunden?

W: (14) Entschul —

L: Das läßt sich herauslesen aus den Zahlen, die Ihnen und mir zur Verfügung
15 stehen!

W: Entschuldigen Sie, wenn Sie wüßten, wie sehr Sie damit diese Slogans, wie
16 man heute modisch sagt, der CSU/CDU ad absurdum führen. Denn es hat eh Wählertausch, wie Sie sagen, gegeben. Wir haben überhaupt keine Wähler gemietet, nich. *Sondern* jetzt fängt es an, interessant zu werden, für uns, für

die Sozialdemokraten, genau herauszufinden, welche Länder, welche Regionen, welche Wahlkreise welche Eigentümlichkeiten zeigen, und, das ahne ich jetzt schon, es gibt eine ganze Reihe Eigentümlichkeiten, es ist nicht ein gerader Schnitt in alle Regionen und durch alle Wahlkreise hindurch und *insofern* fängt dann die eigentliche Tätigkeit an. Ich seh' das also ohne Pessimismus mit dem Interesse eines, der viele Jahre den Vorzug hatte, organisatorisch-politisch tätig sein zu dürfen, und das war für mich immer ein Fest, nachzufassen, zu helfen. Und diesmal kommt dazu, in der parlamentarischen Situation und im parlamentarischen Kräfteverhältnis zu zeigen, daß wir wer sind, der arbeiten kann als Koalition.

L: Vielen Dank für diese Zwischenkommentierung, Herr *Wöhner,* auf der Basis
17 dessen, was uns allen hier in dieser Nacht zur Verfügung steht . . .«

(5) Interview Kürten, Ribbeck, Lattek, Konopka, Bonhof

Kürten stellt seine Interviewpartner vor. Bei Bonhof gibt er seiner Freude Ausdruck, daß gerade er gekommen ist »nach der herben Kritik, die er erfahren hat«.

Dann folgt die Programmvorschau und das Spiel um den 3. Platz der WM zwischen Italien und Brasilien.

K: »Ja, Erich Ribbeck, ich bin ganz sicher, eh Sie hätten sehr gern gesehen, wenn
1 die deutsche Mannschaft dieses Spiel um den dritten Platz mitbestritten hätte, sie war kurz davor, zweimal, sowohl im Spiel gegen die Holländer als auch gegen die Österreicher, das ist nun, sagen wir mal, hinten und vorn erörtert. Kritiker meinen nun, und auch die Kritiker in der eigenen Nationalmannschaft, es habe an der Konzeptionslosigkeit . . . in der deutschen Mannschaft . . . und im deutschen Trainerteam gelegen . . . Was sagen Sie dazu?

R: . . . Es sind sicher . . . viele Gründe zusammengekommen, wobei eh eh ich gar
2 nicht so sehr beurteilen kann, eh ob es an der Mannschaftsführung gelegen hat. Es hat sicherlich nicht an der Konzeptlosigkeit gelegen, denn ich glaube, es wäre falsch, wenn man Helmut Schön unterstellen würde, daß er plötzlich nach . . . ich möcht' fast sagen, Jahrzehnten von Erfolgen . . . eh kein Konzept gehabt hätte. Ich finde, da macht man sich eh die Sache zu einfach. Man ist als Trainer letztlich auf das angewiesen, was man vorfindet, das ist das Spielermaterial; das hört sich immer so sehr sachlich an.

K: (3) Das ist kein guter Ausdruck.

R: Das ist kein guter Ausdruck, aber man ist auf die Spieler angewiesen, die man
4 zur Verfügung hat. Eh, wir hätten sicherlich mit Glück mehr erreichen können, aber wenn man realist-stisch ist, dann muß man sagen, daß man nach den Spielern, die wir in der Vergangenheit gehabt haben, Spielerpersönlichkeiten, und eh ich hab' also vor der Weltmeisterschaft gesagt, es wird nach der Weltmeisterschaft wieder neue Spielerpersönlichkeiten geben, und ich muß also meine eh Prognose berichtigen: ich habe keine neuen Spielerpersönlichkeiten gesehen. Bei uns bestimmt nicht und eh bei den andern eh bei den andern Ländermannschaften auch nicht.

K: [. . .] Helmut Schön hat mit seiner destruktiven Taktik dem deutschen Fuß-
5 ball mehr Schaden zugefügt, als er im Moment absehen kann, sagt beispielsweise der FIFA-Programmdirektor Sepp Blatter, über dessen Schreibtisch die Analysen der offiziellen WM-Beobachter vom Schlage eines Rinus Michels oder Miljan Miljanic gehn. Blatter meinte, Deutschland stellt im Ausland die meisten

Trainer, weil es in spieltaktischer Hinsicht bisher die Richtung bestimmte. Bei der Weltmeisterschaft haben aber selbst kleine Verbände wie Tunesien aufgeschlossen, wenn nicht sogar überholt. Das ist ein enormer Image-Verlust.

R: . . . Ich glaub', das sind das sind harte Worte, die man sehr wahrscheinlich so
6 nicht eh beweisen kann und auch nicht aufrechterhalten kann. Die Taktik hat, eh leider möcht' ich sagen, nicht eh nur bei uns, sondern auch bei anderen Mannschaften einen sehr großen Einfluß gehabt auf die Spieler.

K: [. . .] Rainer Bonhof, Sie waren ja nun ein Mann, eh, der sehr heftig kritisiert wor-
7 den ist. Ihnen wurde unterstellt, eh das Mißverhältnis zwischen he eh hmm Bonhof und Flohe habe dazu geführt, daß vieles in dieser Mannschaft nicht geklappt habe. [. . .]

Dietrich Weise war am Mittwoch hier [. . .] Er hat auf die Frage, warum denn der Trainer, wenn er sieht, daß ein Mann wie Sie beispielsweise nicht im Vollbesitz seiner Kräfte ist offenbar oder der sich nicht wohlfühlt oder der nicht zurechtkommt, der jedenfalls nicht die Leistung bringt, die man von ihm gewohnt ist, warum man einen solchen Mann nicht austauscht. Dann hat der Dietrich Weise gesagt, das kann aber auch an dem Mann selbst liegen. Warum kommt ein solcher Mann denn nicht und sagt, Mensch, ich fühl' mich nicht im Vollbesitz meiner Kraft, können wir nicht was anderes machen, ich bin gerne bereit, jetzt mal zurückzustehen. Das klang wie ein Vorwurf an Sie!

B: Eh, da hat er nicht so unrecht. Nur . . eh sehn Sie, ich hab' mich 4 Jahre vorbe-
8 reitet auf die Weltmeisterschaft . . . und hab' eh . . . meines Erachtens eine sehr gute Saison hinter mir . . . und hatte gedacht, an diesen Leistungen anzuknüpfen . . das ist mir nich gelungen . . aus vielerlei Gründen . . ich bin also kurzfristig . . von der Vereinsführung . . . von Borussia Mönchen-Gladbach vor den Kopf gestoßen worden . . das plötzlich 3 Millionen Mark für mich als Ablösesumme in den Raum stellte, zumal man eben für 3 Millionen Mark eh Franz Beckenbauer und Uli Stielike zusammen kaufen kann, n ?... Das sind alles Aspekte gewesen, die ich mit habe rüber nehmen müssen . . und wo also lediglich die Telefonleitung bestand, um das wegzumachen . . Andererseits kennt mich, glaub' ich, die ganze Bundesliga und auch Herr Lattek . . eh daß ich einer bin, der immer noch hofft, der meines Erachtens von meiner Seite her zu überehrgeizig ist, in der Beziehung ... Ich wollte also ne große Weltmeisterschaft machen ... Ich hab' mir hier alle Sympathien kaputtgemacht eh ... eh wahrscheinlich wär's besser gewesen, ich wäre 2, 3 Tage später angereist und hätte klare Verhältnisse gehabt ... und hätte mich eben voll auf die Weltmeisterschaft eh konzentrieren können ... Aber nachher iss man immer schlauer, nur ... hmm während einer Weltmeisterschaft zu sagen, sich selbst einzugestehen, du hast keine Kraft und ...

K: (9) keine Stimmung vor allen Dingen, keine seelische Verfassung

B: keine kein eigentliches Gemüt, das iss also unheimlich schwierig, eh hmm eh so
10 selbstkritisch zu sein, das zu sagen, zumal man immer hofft, daß einem irgendwie 'n Tor oder 'n Freistoß oder 'n Eckball ... eh diesen Knacks wegnimmt, ne . . Und da hab' ich wahrscheinlich auch zu lange dran eh, eh probiert und rumgemacht .. das .. eh Harald weiß es [...] vielleicht hat der Herr Weise recht, indem er sagt .. ich .. wenn ich eben Persönlichkeit hätte oder was .. hätte hingehen müssen und sagen müssen, Trainer nehmen Sie mich raus, nehmen Se 'n andern Mann rein, ne . .

K: Ich find das eh bemerkenswert, eh daß Sie das so offen aussprechen, zumindest
11 die eh diese Vorlage akzeptiern. Eh, könnten Sie sich vorstellen, daß daß eh

sich ihre Verfassung, ihre negative Verfassung auf die gesamte Mannschaft übertragen hat oder zumindest auf Teile der Mannschaft und daß darunter das Spiel der deutschen Mannschaft gelitten hat, denn Sie wurden ja als ein Mann herausgestellt vor der Weltmeisterschaft, auf den man unter keinen Umständen verzichten sollte.

B: Eh, das ist richtig. Der Bundestrainer hat eh meines Erachtens .. so sehr auf mich
12 gebaut ... eh als Antreiber .. im Mittelfeld und als deckender Mann, und ich hab' ihn also dermaßen enttäuscht ... und ich kann das also selber nicht irgendwie wie erklärn ... daß ich da so deprimiert rumgelaufen bin. Wahrscheinlich hat es eben doch mit der Ablösesumme zu tun und den unklaren Verhältnissen in Deutschland ..

(.. oder ... bedeuten kürzere oder längere Sprechpausen)

Festingers Prinzip (a) wird in beiden Interviews sehr deutlich expliziert — allerdings auf verschiedene Art und Weise. Während Wehner Dissonanzen bei seinen Zuschauern dadurch abarbeiten will, indem er behauptet, es brauchten überhaupt keine zu entstehen, denn alles sei ja in bester Ordnung (W: Wir haben unsere Stellung behauptet [in (2)]), will Ribbeck Dissonanzen abarbeiten, indem er auf unglückliche Umstände hinweist und andere Schuldige als sich bzw. die Mannschaftsführung nennt. Er versucht, die Unzufriedenheit des Zuschauers (mit dem Ausgang der WM) von sich und der Gruppe, die er vertritt, abzulenken und jemand anderem in die Schuhe zu schieben. In (2) sagt Ribbeck sinngemäß, daß es nicht an der Mannschaftsführung und deren Konzeptionslosigkeit gelegen habe und begründet das (fadenscheinig oder nicht) mit den bisherigen Erfolgen Schöns. In (4) sagt er, worauf seiner Ansicht nach das Scheitern zurückzuführen ist: auf die Spieler, vor allem auf das Fehlen von Spielerpersönlichkeiten (auch in der deutschen Elf). Was er schon in (4) tut, setzt er auch in (6) fort: er antwortet auf Fragen, die die deutsche Nationalmannschaft betreffen, nicht direkt, sondern weicht ins Allgemeine aus, redet über generelle Probleme aller beteiligten Mannschaften. Wenn man so will, rechtfertigt sich Ribbeck bzw. weicht aus. Beides kann zur Abfuhr von Dissonanzen dienen, muß aber nicht. Wenn die Zuschauer (oder auch die jeweiligen Diskussionspartner) die Rechtfertigungen anerkennen bzw. die Ausweichmanöver nicht erkennen bzw. als gute (rechtfertigende) Argumente ansehen, werden tatsächlich Dissonanzen abgebaut, zumindest von der einen Person auf andere oder eben »unglückliche Umstände«, das Schicksal usw. projiziert. Bonhof geht einen anderen Weg, wenn er sich als Sündenbock hinstellt, aber mildernde Umstände in Anspruch nimmt, sich vor allem mit seiner unguten Lage durch den Vorstoß der Vereinsführung in puncto Ablösesumme entschuldigt (8 und 12). Dabei gelingt es Bonhof sehr gut, den Zerknirschten darzustellen, er spricht mit gesenktem Kopf, macht sehr oft kleine Pausen (im Text ausgedrückt durch Punkte ..) und spricht sehr leise. Ganz davon abgesehen, ob er nun wirklich so am Boden zerstört war oder nicht, dürfte der Eindruck auf den Zuschauer ungeheuer gewesen sein. Ein ansonsten selbstbewußter junger Mann, fast immer in strahlender Siegerpose zu sehen, nimmt alle Schuld auf sich. Diese fast märtyrerhafte Haltung mußte selbst den ärgsten Fanatiker, der nach dem verlorenen Spiel gegen Österreich, das das endgültige Ausscheiden bedeutete, den Fernsehapparat zum Fenster hinauswarf, sofern dieser durch einen neuen ersetzt wurde, versöhnen, also zur Herstellung von Konsonanz, das Problem Nationalmannschaft betreffend, führen.

Es soll hier jetzt auch nicht weiter darüber diskutiert werden, ob es Wehner und Ribbeck gelingen kann, Dissonanzen abzuarbeiten, zumal diese Frage nicht ganz einfach zu beantworten ist, da es vor allem von den in den Kontextbedingungen genannten Größen Person und Situation abhängen dürfte, ob dieses Vorhaben gelingt. Dafür soll zusammengefaßt werden, was man zur Reduktion von Dissonanzen tun kann.

Zuerst einmal muß auf die Möglichkeit hingewiesen werden, daß man Dissonanzen auch unterdrücken bzw. verdrängen kann, wenn man so will eine besonders radikale Form der Abarbeitung: man kann etwa aufhören, über eine bestimmte Sache nachzudenken.

Des weiteren kann man auch versuchen, mit den Dissonanzen (auch in ungemilderter Form) zu leben, sie etwa zugunsten eines Handlungszieles zu ertragen. (Vgl. Völzing 1979a)

Die dritte Möglichkeit ist dann das Abarbeiten. Dabei kann man

a) seiner Entscheidung oder dem vorliegenden Sachverhalt möglichst viele positive Seiten abzugewinnen bzw. der Alternative oder den alternativen Sachverhalten Negatives zuzuschreiben suchen.
Devise: Es ist doch ein Erfolg, unter die letzten Acht gekommen zu sein/ soviel Stimmen bekommen zu haben bzw. so konnte es ja auch nicht weitergehen, und vielleicht ist das für alle ein Warnsignal, so daß es in 4 Jahren besser wird;
b) widrige Umstände, Schicksal oder Repressionen Dritter für die Fehlentscheidung oder den zur Debatte stehenden Sachverhalt verantwortlich machen. Oft müssen auch inkompetente, böswillige oder unfähige Gegner herhalten, um einen Mißerfolg zu »erklären«.
Devise: schlechter Rasen, ungewohnter Ball, das Verletzungspech und die Formkrise mehrerer Spieler haben ein besseres Abschneiden verhindert. Diese »Argumente« waren alle und sind immer wieder nach einem sportlichen Mißerfolg zu hören. Bei Mißerfolgen, die aufgrund einer Entscheidung Dritter zustandegekommen sind, werden dagegen Verleumdungs- und Hetzkampagnen des Gegners (Wehner [12]) oder dessen Inkompetenz oder Unfähigkeit bemüht;
c) die Bedeutung der Entscheidung oder des vorliegenden Sachverhalts bzw. der Folgen, unter denen man jetzt zu »leiden« hat, herunterspielen.
Devise: Alles halb so schlimm, geht schon vorbei, und im übrigen geht's anderen noch viel schlimmer.

Alle diese Strategien lassen sich auch dann anwenden, wenn nicht die eigene

Dissonanz das Problem ist, sondern die Abarbeitung von Dissonanzen bei Dritten. Zusätzlich allerdings bekommt dabei die Sündenbock-Strategie einen noch größeren Stellenwert. Man kann zwar auch an sich selbst dadurch Dissonanzen abarbeiten, indem man reumütig vor sich selber bekennt, (alle) Fehler (selbst) gemacht zu haben, vor Zuschauern wird dieses Verhalten aber erst zu einer Strategie des tatsächlichen Dissonanzabbaus. Dem sich selbst Kasteienden wird in der Regel Absolution erteilt, und durch diesen Akt der Vergebung verschwinden auch beim Publikum, das die Rolle des Vergebenden spielt, Dissonanzen. Die Schuld liegt beim »Märtyrer«, alle anderen sind von der Schuld damit befreit, und durch den Akt der Vergebung qua Mitleid wird die Person der Sache vorgeordnet: das Dissonanzen erzeugende Ereignis verschwindet hinter der Person des »Märtyrers«. In der Diskussionsrunde in Beispiel (5) hat niemand mehr als der »Märtyrer« Bonhof dazu beigetragen, den Ärger der Zuschauer wegen der »verlorenen« Fußballweltmeisterschaft zu besänftigen. Beiträge wie die von Ribbeck oder Konopka, der etwa behauptete, daß nicht immer richtig trainiert wurde, verstärken dagegen Dissonanzen, denn der Fan muß erfahren, daß Leute, denen er immer vertraut hat, mögen sie nun Schön heißen oder Fischer, Müller und Abramczyk, Fehler (gemacht) haben, daß also gerade nicht widrige Umstände oder starke Gegner den Sieg verhinderten.

1. Zur Struktur von Argumentationen

Bis jetzt dürfte aus dem Gesagten deutlich geworden sein, daß es bestimmte Argumentationsstrukturen geben muß, weil Argumentationen nach Regeln ablaufen, deren Beachtung in der Praxis für die Kommunikationspartner von einiger Bedeutung ist, da Unklarheit in der Befolgung von Regeln oder der Regelauslegung auf alle Fälle einen echten Konsens verhindert. Die Kommunikationspartner müssen jedenfalls in groben Umrissen sich auf eine Argumentationsstruktur verlassen können, genauso wie sie auf gegenseitig in den Grundzügen bekannte und teilbare syntaktische und semantische Strukturen zurückgreifen.

Ganz gewiß sehen diese Strukturen in kooperativen und strategischen Argumentationen anders aus, ohne jedoch gewisse verbindende Gemeinsamkeiten zu verlieren. Eine davon ist die schon erwähnte Tatsache, daß man in strategischen Argumentationen so tun muß, als argumentiere man kooperativ und daß man demzufolge alle Regeln kooperativer Argumentation zum Schein anwenden (können) muß. Strategische Argumentationen können deshalb durchaus mit dem Inventar, das ideale Theorien, wie die von Toulmin etwa, bereitstellen, analysiert werden. Derjenige, der strategisch argumentiert, muß sogar darauf sehen, daß sein Gegenüber die Argumentation als kooperativ interpretiert. An dem Punkt aber, wo die strategische Argumentation als solche entlarvt wird, muß nachzuweisen sein, daß sie genau hier die ideale Argumentationsstruktur verläßt: daß ein angegebener Grund kein wirklicher Grund ist, daß er überhaupt nicht auf die Handlung zu projizieren ist, daß P für seine Argumente nicht einsteht, daß er sie nicht ernst meint, daß er seine Handlungen nicht rechtfertigen kann, sondern das nur zum Schein tut usw. Selbstverständlich kann man nun gespannt sein auf eine Theorie, die eine solche Trennung von strategischer und kooperativer Argumentation so genau beschreibt, daß sie in der Praxis als *das* Kriterium zur Aufdeckung von strategischen Argumentationen dienen kann. Dagegen kann die Aufstellung einer idealen Argumentationsstruktur nur den Wert besitzen, Klarheit über das Problem der Möglichkeit und der Art und Weise kooperativen Argumentierens zu schaffen. Vielleicht wird es Argumentationen geben, die man mit Hilfe solcher aufgestellten Kriterien als strategische ausmachen kann, aber genauso selbstverständlich dürfte es sein, daß das praktische Problem gerade im *Nachweis* der Strategieabsicht oder des strategischen Vorgehens liegt. Insofern dient zwar eine ideale Argumentationstheorie, wie schon gesagt, als Gradmesser für die Wahrhaftigkeit, mit der eine Argumentation bestritten wird, aber herauszufinden, ob und wie der Boden der Wahrhaftigkeit verlassen wurde, ob es in guter, schlechter oder überhaupt mit Absicht getan wurde, ist ein praktisches Problem, das theoretisch nicht gelöst werden kann, ein Problem allerdings auch, das nur argumentativ zu bewältigen ist, weil es nie Beweise im naturwissenschaftlichen Sinne geben kann, daß eine Tat mit

Absicht und dazu noch in guter oder schlechter Absicht ausgeführt wurde. Lediglich Indizien und Beobachtungen können hier unterstützend eingebracht werden und, in großer Zahl angeführt, vielleicht ein mit an Sicherheit grenzender Wahrscheinlichkeit gerechtfertigtes Urteil ermöglichen. Aber eben nur das und nicht mehr. Gründe sind nun einmal keine separierbaren Ereignisse wie Ursachen, sondern nur zu interpretierende Kriterien für eine Handlung, insofern nur hermeneutisch oder verstehend erschließbar und daher Irrtümern eher ausgesetzt als experimentell erschließbare naturwissenschaftliche Daten, wobei experimentell heißt, daß ein Versuch unter denselben Bedingungen wiederholt werden kann und wiederholbar ist, was genau auf soziale Handlungen nicht zutrifft.

1.1 Zur idealen Argumentationsstruktur

Die Argumentationstheorien von Toulmin und Habermas sind ohne Zweifel die z. Z. am meisten diskutierten. Beide Theorien haben ihre Vorbilder, genauso wie sie Interpreten und Nachahmer gefunden haben, worauf aber im Rahmen dieses Buches nur gelegentlich und am Rande eingegangen werden kann, weil eine genaue und ausführliche Diskussion darüber, was etwa die Theorien von Perelman und Habermas gemeinsam haben bzw. was sie trennt, nicht direkt zum Vermittlungsziel oder zur Vermittlungsabsicht dieses Buches gehört.

Vorgestellt werden soll in groben Zügen, was die verschiedenen theoretischen Ansätze zur Analyse praktischer Beispiele beitragen können.

1.1.1 Gründe

Nehmen wir an, P äußert R gegenüber:

(6) »Mit Beckenbauer wären wir mindestens unter die letzten vier Mannschaften bei der Fußballweltmeisterschaft 1978 gekommen«, und R antwortet: »Das glaubst du doch selbst nicht, daß der uns was genutzt hätte!«

Im vorigen Kapitel wäre die Frage gewesen, warum R antwortet, ob bei ihm bestimmte Erwartungen enttäuscht wurden oder warum er sich sonst zu Wort meldet. Jetzt soll davon die Rede sein, wie R die Aussage von P bestreitet, daß er also von P wissen will, wie er zu dieser Aussage komme, welche Beobachtungen, Erfahrungen oder Annahmen ihn zu dieser Behauptung, zu diesem Schluß kommen ließen. Kurz: welche Gründe er zur Stützung seiner Äußerung angeben könne. P muß seine Behauptung verteidigen, man kann sagen, daß die Kommunikationsteilnehmer in eine Argumentation eingetreten sind.

P könnte nun erwidern:

(x) »Mit Beckenbauer hätte unsere Abwehr mehr Halt gehabt, das

Mittelfeld wäre öfter durch den nach vorne gehenden Beckenbauer verstärkt worden, und selbst der Angriff wäre vielleicht gefährlicher geworden, weil Beckenbauer es versteht, von der Strafraumgrenze aus zu schießen.«

Oder:

(y) »Mit Beckenbauer haben wir bis jetzt bei jeder Weltmeisterschaft eine gute Figur gemacht. Mit ihm haben wir nie einen schlechteren Platz als den dritten belegt.«

Oder:

(z) »Beckenbauer hätte vor allem psychologisch gewirkt. An ihm hätten sich alle in brenzligen Situationen aufrichten können.«

x, y und z, so kann man es in einem ersten Zugriff einmal nennen, sind Begründungen für (6), in die Beobachtungen, Erfahrungen und Annahmen von P eingehen, die, P zufolge, mit dem behaupteten Sachverhalt von (6) in Verbindung stehen, ihn sogar stützen.

In einem Schema läßt sich eine solche Argumentation folgendermaßen darstellen:

G ←———————————————— H

Weil also P glaubt, daß die Abwehr der deutschen Fußballnationalmannschaft mit Beckenbauer solider gewesen wäre, kommt P zu dem Schluß, daß wir mit Beckenbauer unter die letzten vier gekommen wären, etwa weil wir dann das Spiel gegen Österreich nicht verloren hätten usw. Mit dem letzten Nebensatz taucht schon eine neue Kategorie auf, die zu beachten ist, eine Kategorie, in der entschieden werden muß, ob und was denn (G) überhaupt mit (H) zu tun hat, denn, so könnte R weiterfragen, was es denn nütze, wenn die Abwehr standfester sei. Als Antwort muß mindestens ein Präzedenzfall oder eine handfeste Vermutung angeführt werden, der/die sicherstellt oder zumindest es als wahrscheinlich erscheinen läßt, daß der genannte Grund tatsächlich die in Frage gestellte Handlung begründet.

(7) a) In Schweden geht seit 1948 die Zahl der Störche zurück.
b) In Schweden geht seit 1948 die Geburtenziffer zurück.

---

c) Rückgang der Zahl der Störche bedingt Rückgang der Geburtenziffer.

Beispiel (7), das man sehr leicht in eine (dialogische) Argumentation umformen kann, etwa indem man (a) als Begründung von (b) benutzt, kann man genauso »begründen« wie das Beckenbauer-Beispiel, etwa mit

d) »weil die Störche die Kinder bringen«.

Zeichnungen: Marie Marcks, aus: Vatermutterkind, Verlag Quelle & Meyer, Heidelberg 1978.

Genau an diesem Punkt aber fällt auf, daß 7a) und 7b) in keinem Begründungszusammenhang stehen können, weil 7d) weder mit einem Präzedenzfall noch mit handfesten Vermutungen zu verifizieren ist, vor allem aber leicht der Beweis angetreten werden kann, daß Kinder auf andere Art auf die Welt kommen.

Schwieriger ist es dagegen schon mit den folgenden Beispielen (8) und (8'):

(8) a) Seit 1951 nimmt die Zahl der Kirchenbesucher ab.
b) Seit 1951 nimmt die Zahl der Straßenverkehrstoten (Krebstoten) zu.

---

c) Rückgang des Kirchenbesuchs hat höhere Zahl der Straßenverkehrstoten (Krebstoten) zur Folge.

Tatsächlich sind Konstellationen denkbar, daß der Kirchenbesuch eine Minderung der Zahl der Verkehrstoten und vielleicht auch der Krebstoten bedingt, doch ist (8a) als haltbare Begründung höchstens in einigen wenigen Fällen denkbar, etwa wenn man annimmt, daß Krebs auch psychosomatische Ursachen und daß ein fester Glauben größere psychische Ausgeglichenheit zur Folge hat. Weiterhin können noch orthodox religiöse Personen glauben, ob zu Recht oder zu Unrecht sei dahingestellt, da weder das eine noch das andere zu beweisen ist, daß Gott die mangelnde Frömmigkeit der Menschen auf die genannte Art und Weise straft.

(8') a) Im August 1978 waren sehr viele Kardinäle in Rom.
b) Im August 1978 wurde in Rom überproportional viel gestohlen.

---

c) Die Kardinäle haben viel gestohlen. Oder:
Den Kardinälen ist viel gestohlen worden.

Dagegen sind bei (8') die Schlüsse durchaus erlaubt, und wer weiß, vielleicht sogar richtig, dennoch kollidieren sie mit unserer Erfahrung bzw. mit unserer Einschätzung von Kardinälen. Wir wissen, warum im August 1978 in Rom mehr gestohlen wurde, und wir wissen auch, daß die große Ansammlung von Kardinälen nach dem Tod des Papstes größere Mengen von Touristen und damit auch größere Zahl von Taschendieben nach Rom gelockt hat, daß also die große Zahl der Kardinäle *ein* Anlaß dazu war, daß überproportional viel gestohlen wurde. Der Schluß aber ist möglich, wenn auch *wahrscheinlich* auf die Praxis nicht übertragbar, weil die Konklusion nicht mit der Realität übereinstimmt. Man sieht also, daß man auch oder gerade bei praktischen Schlüssen, seien sie nun induktiv oder deduktiv, zumindest eine Ahnung davon haben muß, wie die Wirklichkeit aussieht und zu welchem Zweck man einen Schluß formuliert.

(9) a) Seit 1955 wird in der Bundesrepublik Deutschland immer mehr verdient.
b) Seit 1955 nimmt die Zahl der Automobile ständig zu.

---

c) Wachsender Wohlstand ist *eine* Ursache für steigende Motorisierung.

Ganz sicher ist (9a) nicht der einzige Grund bzw. die einzige Ursache für (9b), aber immerhin eine(r) und ein(e) allgemein anerkannte(r) noch dazu. Es hängt also nicht an der formalen Struktur und der logischen Form von (8) und (8'), daß die jeweiligen Begründungen nicht oder kaum zutreffen, sondern an der Tatsache, daß hier zwar zwei richtige Behauptungen gegenübergestellt werden, diese zwei Aussagen aber miteinander nichts oder nur kaum etwas zu tun haben. Auch die Zahl der Spraydosen hat seit

1955 zugenommen, ohne daß das einen Einfluß auf die Motorisierung, die Straßenverkehrstoten oder den Kirchenbesuch hat.

Das Fazit dieser Überlegungen ist, daß unserem Argumentationsschema eine Kategorie hinzugefügt werden muß, in der zu prüfen ist, ob die Begründung mit der begründeten Handlung etwas zu tun hat oder nicht. Diese Kategorie, die Berechtigung (B) heißen soll, muß von beiden Kommunikationspartnern anerkannt werden, wenn eine Argumentation erfolgreich weitergeführt bzw. abgeschlossen werden soll. Wird sie von einem Kommunikationspartner bestritten, muß entweder in eine sich anschließende Argumentation über diese Berechtigung eingetreten werden, oder aber die vorliegende Argumentation muß erfolglos abgebrochen werden, was so zu verstehen ist, daß es nicht zu einem Konsens kommt. Kommen wir noch einmal auf unser Beispiel (6) zurück, das ja wiederum in etwa aus (3) entnommen ist. Hier entsteht nun die Frage, wie man eine Kategorie (B) kreieren kann, die von allen Kommunikationspartnern anerkannt werden kann. (6y) beruft sich auf die Präzedenzfälle vorangegangener Weltmeisterschaften, aber gerade dieser Begründung kann am wenigsten eine weitere Stützung zuteil werden, weil sich jede Weltmeisterschaft von der anderen unterscheidet, weil Beckenbauer älter geworden ist und damit an Klasse verloren haben kann usw.

In (6x) dagegen deutet sich eine Lösung an, denn wenn die Abwehr stärker gewesen wäre, und wenn man bedenkt, daß die deutsche Fußballnationalmannschaft das Spiel gegen Österreich erst in den letzten Minuten, vor allem durch mangelnde Abwehrleistungen verloren hat und daß ein Unentschieden gegen Österreich zum Spiel um den dritten Platz genügt hätte, hat (6x) zumindest Aussichten als Argument ernstgenommen zu werden.

(B) könnte dann etwa lauten:

Eine stabile Abwehr (ein gutes Mittelfeld, ein guter Sturm) verhindert (eher) Niederlagen (garantiert eher einen Sieg). Da eine solche »allgemeine Moral von praktischem Charakter« (Toulmin S. 106 [engl.], Huth 1975, S. 93) oder ein solcher Topos in alltäglichen Argumentationen oft unausgesprochen vorausgesetzt wird, treten oft Konsequenzen dieser »Moral« an ihre Stelle. Man sagt also nicht, daß eine bessere Abwehr Tore und damit evtl. Niederlagen verhindert, sondern daß man dann gegen Österreich oder Holland gewonnen hätte (wenn Beckenbauer oder auch einmal ein anderer Auswechselspieler, so implizit Zewe, mit von der Partie gewesen wäre).

Unser um die Kategorie (B) ergänztes Argumentationsschema sieht nun folgendermaßen aus, wobei noch zu sagen ist, daß (B), weil es auf den Schluß von (G) nach (H) bzw. den von (H) auf (G) wirkt, zwischen (G) und (H) eingefügt wird:

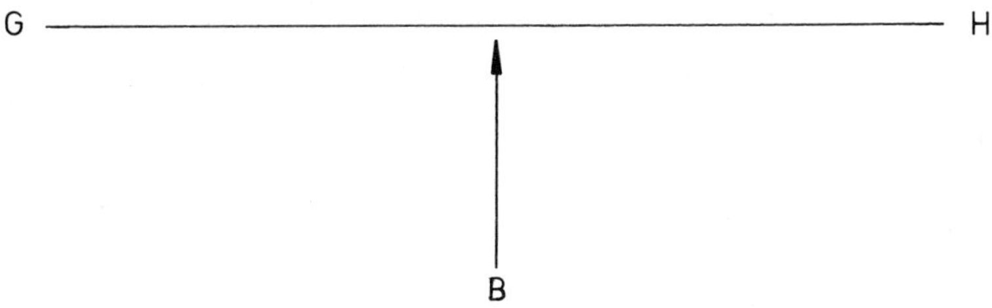

An dieser Stelle entsteht nun die Frage, was (B) stützt, denn in (B) wurden nur bestimmte empirische Tatbestände oder Sachverhalte, Hypothesen oder Handlungsregeln in die Argumentation eingebracht. Empirische Tatbestände z. B. sind aber sehr wohl bezweifelbar, wie auch schon aus dem genannten Beispiel (6) hervorgeht. Sowohl der Tatbestand selbst, etwa daß man mit einer guten Abwehr Niederlagen vermeiden kann, als auch die Anwendung von (B) auf den Schluß von (G) nach (H) steht in einer Argumentation zur Diskussion.

Die Anwendung einer jeden Kategorie des entwickelten und noch zu entwickelnden Argumentationsschemas auf die andere bleibt immer problematisch und kennzeichnet geradezu praktische Argumentationen. Im Gegensatz zu naturwissenschaftlichen Argumentationen, in denen ein Beweis mit Hilfe von kausalen Schritten durchgeführt werden kann, zeichnen sich Argumentationen im sozialen Bereich (und auch solche auf dem Gebiet der Sozialwissenschaften) dadurch aus, daß der Übergang von einer Kategorie zur anderen nicht mit logischer Notwendigkeit erfolgt, daß es z. B. immer Zweifel in der Anerkennung der Anwendung dieser oder jener Norm auf den vorliegenden Tatbestand geben kann.

Gründe lassen sich nicht als Ursachen von Handlungen beschreiben, genausowenig wie die Anerkennung einer Norm zwingend eine Handlung oder auch nur eine Disposition zu einer Handlung hervorruft. In der Philosophie spricht man in dieser Beziehung von der Nichtableitbarkeit des Sollens aus dem Sein.

Kann man es als Tatsache bezeichnen, daß General Motors der größte Automobilhersteller der Welt ist, so geht in keiner Weise aus dieser Tatsache hervor, wie man sich als Käufer eines Automobils zu dieser Tatsache verhalten soll. Es bedarf einer Handlungsregel oder -norm, die man dem aktuellen Fall des Kaufs eines Automobils zugrundelegt, um eine Entscheidung herbeiführen zu können.

Entweder man handelt nach der Maxime, daß der größte Automobilhersteller auch der beste sein muß, weil so viele andere Käufer ja nicht irren können, oder man sagt sich, daß man gegen die Konzentration in einer Hand etwas tun müsse und kauft deshalb bei einem kleinen Anbieter, von dem man annimmt, daß dieser noch mit der Güte seiner Produkte für sich werben muß.

Daß Gründe nicht Ursachen von Handlungen darstellen, hat damit zu tun, daß sie nicht beobachtbar von der dazugehörigen Handlung unterschieden werden können, da keine zwei voneinander getrennten Ereignisse auszumachen sind. Bei Kausalbeziehungen dagegen lassen sich immer zwei voneinander getrennte Ereignisse wahrnehmen und beschreiben. Eine Ursache muß sich immer in einem anderen Ereignis festmachen lassen als ihre Wirkung. Daß in der Nebennierenrinde Adrenalin gebildet und an das Blut abgegeben wird, ist die Ursache dafür, daß dem Organismus eine gesteigerte körperliche Leistung möglich ist.

Ein Grund dagegen ist oft ein geistiger Zustand, der von einem Dritten nicht mit naturwissenschaftlichen Mitteln und nicht mit alles andere ausschließender Sicherheit nachzuweisen ist. In einer Gerichtsverhandlung muß es das Thema sein, den Grund oder das Motiv des Täters zu rekonstruieren; und ob dieser den Einbruch begangen hat, weil er Hunger gehabt hat oder weil er den Ladenbesitzer nicht leiden konnte, findet seinen Ausdruck in der Strafzumessung, also der Bewertung der Handlung. Der Wunsch, ohne Schulden dazustehen, kann somit *den* Grund für eine Handlung abgeben. Genau dieser Wunsch, dieser psychische Zustand, ist aber nicht nachweisbar wie ein separat existierendes Ereignis, ein Zustand oder ein Prozeß als Ausgangspunkt für ein anderes Ereignis, einen anderen Zustand oder Prozeß.

Ein Nachtfrost oder ein Schuß können Ursachen dafür sein, daß das Aquarium zersprungen ist. Man kann auch sagen, daß ein Nachtfrost oder ein Pistolenschuß in jedem Fall das Platzen des Aquariumglases verursachen, wenn bestimmte andere Bedingungen gegeben sind. Dagegen wird man nie sagen können, daß der Wunsch, Schulden zu bezahlen, zu einem Einbruch führen wird, auch nicht auf einen Einzelfall bezogen. Es wäre auch zwecklos, in einem solchen Fall Randbedingungen nennen zu wollen, denn erstens gäbe es sehr viele und zweitens könnte man auch dann noch nicht mit Sicherheit sagen, daß der vorherbestimmte Effekt eintritt. Dagegen genügt es, die Stärke des Aquariumglases und das Kaliber der Pistole zu kennen, um prophezeien zu können, ob der auf das Aquarium treffende Schuß das Glas zum Platzen bringen wird.

Einen Grund für etwas zu haben, stellt also keine hinreichende Bedingung für das Ausführen der entsprechenden Handlung dar, dagegen kann das Vorliegen eines bestimmten Zustandes hinreichende Bedingung für das Eintreten eines Ereignisses sein, also Ursache für eine zu beschreibende Wirkung. Allerdings ist das Vorliegen eines Grundes eine notwendige Bedingung für eine zu erklärende Handlung, denn irgendein Motiv muß ein Täter immer haben, wenn er handelt, d. h. wenn er intentional in die Welt eingreift. Handeln heißt, willentlich bzw. absichtlich Veränderungen herbeizuführen, die nicht zustandegekommen wären, wenn der Handelnde nicht intentional eingegriffen hätte bzw. die stattgefunden hätten, wenn der Handelnde sie nicht verhindert hätte. (Vgl. dazu von Wright 1974, S. 64)

Nach diesem Exkurs über den Unterschied von Gründen und Ursachen zurück zum Argumentationsmodell Toulmins. Zwingend folgen, und das war auch Zweck dieses Exkurses, die Kategorien in diesem Schema nicht aufeinander. Immer wieder bleibt Ermessens- und Diskussionsspielraum, ob der Inhalt der einen auf den der anderen Kategorie zu applizieren möglich ist. Trotzdem lassen sich formale Verfahren angeben, die beschreiben, wie in Argumentationen in der Regel vorgegangen wird, will man das erstrebte Ziel, den Konsens bzw. in strategischen Argumentationen etwa die Durchsetzung der eigenen Meinung, erreichen.

Die Kategorie (B), in der eine allgemeine Moral von praktischem Charakter, wie schon gesagt, den Übergang von (G) auf (H) schlüssig machen soll, wird bei Toulmin von einer nächsten Kategorie gestützt, durch die diese allgemeine Moral, oder wie Habermas es nennt, Gesetzeshypothese oder Handlungsnorm (vgl. Habermas 1973, S. 243) in Argumentationen verteidigt werden kann.

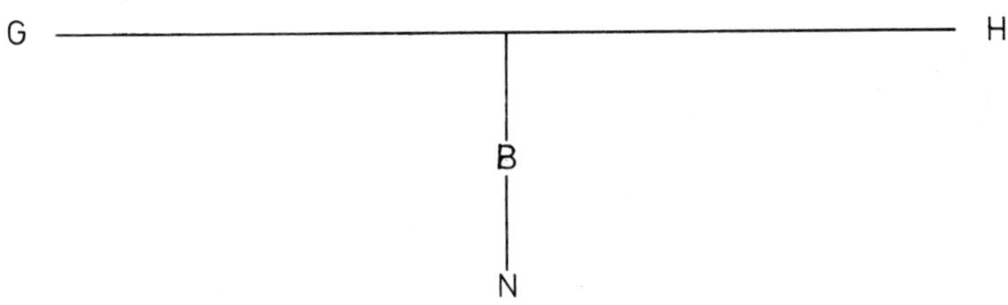

In diese Kategorie (N) sollen nun nicht wie bei Toulmin nur kategorische Tatsachenaussagen (Toulmin S. 105/96), sondern für praktische Argumentationen Normen und Werte eingehen, in und mit denen über die Richtigkeit und Vertretbarkeit von Argumenten geurteilt wird.

Hinter dieser Kategorie muß noch ein Kriterium liegen, das den in (N) genannten Normen bzw. Werten ihren Stellenwert in der Kommunikation bzw. im Glauben des Sprechenden zuteilt. Mitnichten ist nämlich durch die bloße Nennung eines Wertes auch gesagt, ob diesem Wert in der vorliegenden Argumentation auch tatsächlich die dominierende Rolle zukommt, die ihm offiziell zugeschrieben wird. Selbstverständlich erscheint eine Kategorie (RF) in kooperativen Argumentationen unnütz zu sein, da mit der Nennung eines Wertes in (N) von vornherein auf dessen Vertretbarkeit in der Argumentation geschlossen werden kann. Leider nun ist es in der Praxis so, daß wir uns eigentlich nie sicher sein können, ob nun eine kooperative oder eine strategische Argumentation vorliegt, so daß wir deshalb ein Kriterium brauchen, daß uns bei der Bewertung oder Einordnung von Werten in den Argumentationszusammenhang oder in unsere sozialen Hintergründe hilft. Umgangssprachlich ausgedrückt wird in (RF) der genannte Wert daraufhin überprüft, ob er gut, schlecht oder vertretbar für den Argumentierenden, seine Interessengruppe oder eine noch größere Allgemeinheit ist. (N) hat sich in (RF) zu rechtfertigen, hier wird über Brauchbarkeit, Vertretbarkeit und auch moralischen Charakter von (N) (gut oder schlecht) in bezug auf den sozialen Kontext der argumentierenden Personen befunden.

Der flexible Einsatz knapper Ressourcen (so ähnlich Habermas 1973, S. 244) mag für die einen ein positiver Wert, dem sich alle anderen Werte und Normen unterzuordnen haben, für andere dagegen nur ein Wert unter vielen sein. Die Werteskala von Smelser (1972) führt auf der dritten der sieben Wertebenen die »freie Wirtschaft« an, deren »Gewinnstreben deshalb legitim ist, weil wir uns dem System der freien Marktwirtschaft verpflichtet fühlen und darüber hinaus dem der Freiheit ganz allgemein«. (S. 54) Erst auf der fünften, also einer niedrigeren, weniger beachtenswerten, und damit auch für Smelser in einer Argumentation weniger ernstzunehmenden und durchschlagenden Ebene, folgt als Wert die »Achtung vor der politischen Freiheit des einzelnen, 'humane' Behandlung der Arbeiter und ihrer Familien und so fort. Diese Einengungen des Geschäftsgebarens sind Bestandteil der 'Geschäftsmoral'. Ein 'guter Geschäftsmann' wird diese Werte anerkennen und achten«. (S. 55)

Auf der Ebene der Kategorie (N) nun sind Smelsers Werte ganz sicher Werte, die in einer Argumentation entscheidendes Gewicht haben können. Und man kann auch sagen, daß auf der Ebene von (N) im vorliegenden Argumentationsmodell nicht entscheidbar ist, welcher der genannten Werte der durchschlagskräftigere ist. Erst wenn sich auf der Ebene von (RF) die genannten Werte zu rechtfertigen haben, etwa in bezug auf ihren Nutzen für die Allgemeinheit, lassen sich die Werte klassifizieren. Smelser geht eine solche Kategorie ab, er ist stillschweigend vom Unternehmerstandpunkt ausgegangen und davon, daß die freie Marktwirtschaft, ganz gleich wie, funktionieren muß. Funktioniert sie, dann sollte man sich auch eine »Geschäftsmoral« zulegen, tut sie das nicht, darf auch einmal oder öfter auf »Geschäftsmoral« verzichtet werden.

Noch einmal: sicher ist die Ansicht von Smelser argumentativ vertretbar, und in politischen und ökonomischen Diskussionen in den Massenmedien wird sie auch immer wieder, wenn auch etwas verklausulierter, vertreten, so selbstverständlich und so unbezweifelbar allerdings, wie Smelser oder seine theoretischen Anhänger sie sehen, ist diese Meinung aber gewiß nicht.

Wir verfügen jetzt über ein Argumentationsschema, das auf dem Weg über die Begründung einer Handlung mögliche und für eine kooperative Argumentation notwendige Argumentationsschritte beschreibt:

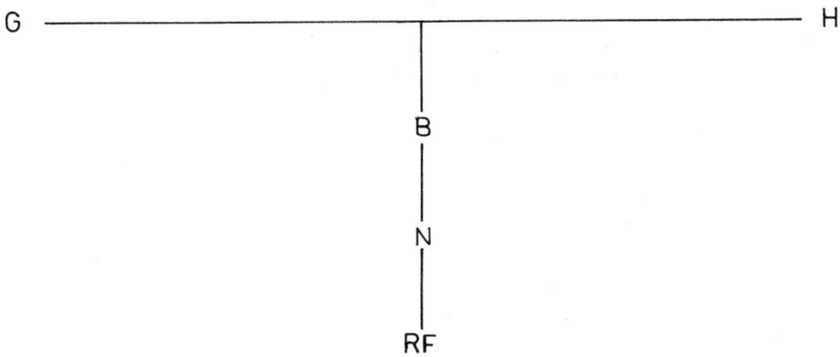

In (G) werden erst einmal Gründe oder wird nur *ein* Grund für (H) genannt, (B) steht für den gesicherten oder wahrscheinlichen Übergang von (H) nach (G) in Form von Handlungsregeln oder Topoi. (N) ordnet den genannten Topoi einen Wert zu bzw. projiziert sie auf eine Norm und (RF) rechtfertigt diesen Wert oder diese Norm in bezug auf den oder die Argumentierenden und die hinter ihnen stehenden Interessengruppen bzw. ein Allgemeininteresse. Man kann sagen, daß die konsenserzielende Kraft eines Arguments darin besteht, diesen Weg von (H) nach (RF) nehmen zu können. In normalen alltäglichen Argumentationen genügt oft schon das Nennen eines Grundes, um das strittige Problem aus der Welt zu schaffen. Insofern erscheinen solche Argumentationen oft als defekte Vorkommen etwa wissenschaftlicher Argumentationen, in denen die Skala von (H) bis (RF) in der Regel durchlaufen werden muß, wenn ein Beweis oder ein sozialwissenschaftliches Theorem Gültigkeit haben soll. Dieser erste Eindruck aber trügt, denn wir schenken es uns in praktischen Argumentationen oft, etwa weil wir unseren Gegenüber gut kennen und es deswegen an dieser Stelle für nutzlos oder überflüssig halten, weitere Begründungsschritte zu explizieren und belassen es beim Dissens oder begnügen uns mit einem Argument, z. B. der Angabe des Grundes, weil wir von der Integrität unseres Kommunikationspartners überzeugt sind und deshalb annehmen, daß dieser seine Meinung bis zu (RF) begründen könnte. Ja, es wirkt in bestimmten Kommunikationssituationen sogar peinlich und belastet das Gespräch aufs äußerste, wenn ein Kommunikationspartner bis in kleinste Einzelheiten seine Ansichten auf Nachfrage begründen muß, obwohl (fast) alle anderen Teilnehmer die Möglichkeit und Vertretbarkeit dieser Ansichten als gegeben annehmen. Aus diesen Gründen, und wir werden das bei der Analyse praktischer Beispiele noch sehen, enthalten alltägliche Argumentationen nicht immer alle Schritte, so wie sie hier theoretisch entwickelt wurden. Nur nach Gründen, Topoi, Normen oder Werten, die an irgendeinem Punkt für die anderen Diskutanten nicht vertretbar erscheinen, etwa weil sie zu sehr auf das Interesse eines Einzelnen zugeschnitten sind, deren Geltungsbereich und Inhalt also partikular erscheint, wird, eine zwanglose Kommunikationssituation vorausgesetzt, gefragt, nur sie müssen durch Verallgemeinerung (Universalisierung) gerechtfertigt werden. Das tut man, indem man zeigt, daß es gute Gründe für eine Handlung gibt, die solchen Normen und Werten konform sind, die allen oder zumindest einem Großteil der Menschheit nützen. Was theoretisch hier so leicht und grob zusammenfassend gesagt wurde, bereitet in einer praktischen Diskussion immer wieder größere Schwierigkeiten, da eben die Meinungen über den Nutzen von Handlungen auseinandergehen, genauso wie es nicht immer einfach ist, dem Diskussionspartner den wirklichen, weil etwa längerfristigen Vorteil bestimmter Handlungen deutlich zu machen. Auch daß, wie schon gesagt, der Übergang von einem Begründungsschritt zum anderen öfter umstritten ist, zeichnet oft praktische Argumentationen aus und daß strategische Argumentationen geradezu von der Scheu oder der Unmöglichkeit leben, in eine Argumentation über (weitere) Gründe, Normen oder Rechtfertigungen einzutreten, dürfte evident sein.

1.1.2 Zwecke, Ziele, Interessen und Absichten

Bisher war immer von Gründen die Rede, wenn es darum ging, eine strittige Handlung zu verteidigen. Man kann aber auch durch die Angabe des Zweckes, Zieles oder Interesses, den/das man mit der in Frage stehenden Handlung verfolgte, auf einen Vorwurf antworten.

An zwei praktischen Fällen soll nun dargestellt werden, warum und wo das Toulminsche Argumentationsschema in seiner bisher vorliegenden Form nicht ausreicht.

(10)

Kleidungszwang

»Tragen Sie bitte während des Kongresses bei jeder passenden Gelegenheit Ihre adidas-Sportkleidung, damit wir auch in Saarbrücken, wie immer in den letzten Jahren, wieder ein einheitliches Bild erreichen. Kollegen, die sich an diese Empfehlung nicht halten, werden künftig an adidas zur Belieferung nicht mehr gemeldet.«

Hinweis von Lothar Meurer, Bundesgeschäftsführer des Bundes Deutscher Fußball-Lehrer, in der Fußball-Zeitschrift »Kicker«, wo über die Vorbereitungen zum Trainer-Kongreß in Saarbrücken berichtet wird.

(aus: Frankfurter Rundschau vom 25. 4. 78)

(11)

Der alljährliche Streit um die Wale hebt an

Umweltschützer verlangen Reduzierung der Fangquoten / Eskimos sehen Existenz gefährdet

LONDON, 27. Juni (dpa). »Laßt die Wale leben«, stand auf einem Plakat von Umweltschützern, die vor dem Konferenzgebäude der Internationalen Walfang-Kommission in London protestierten. Aber bereits während der Eröffnungssitzung wurde der Antrag auf ein zehnjähriges Fangverbot der mächtigsten Säugetiere Makulatur. Panama hatte seinen Vorschlag wieder zurückgezogen, und Kommissionsvorsitzender Arthur Bollen aus Australien entschied, daß damit das Thema 60 Tage lang für die Tagesordnung gesperrt sei.

UMSTRITTEN sind Sinn und Nutzen des Fangs der vom Aussterben bedrohten Wale.

Die Umweltschutz - Organisation »Freunde der Erde« hatte sogleich eine Erklärung für Panamas überraschenden Rückzieher parat: Japan, neben der Sowjetunion das Haupt-Walfangland, habe damit gedroht, seinen 20-Millionen-Mark-Vertrag mit Panama für den Kauf von 50 000 Tonnen Zucker rückgängig zu machen, falls das zentralamerikanische Land auf seinen Antrag bestehe. Sowohl Panamas als auch Japans Kommissar wiesen diese Darstellung entrüstet als beleidigend zurück.

Während der einwöchigen Beratungen in London wird sich die Kommission auch mit den jährlichen Fangquoten befassen. Den offiziellen Walfangländern — Sowjetunion, Japan, Australien, Brasilien, Dänemark, Island und Norwegen — wurde für das Fangjahr 1977/78 eine Quote von 23 000 Tieren zugestanden. Nach Angaben der Umweltschützer wurden jedoch in dieser Zeit über 30 000 Wale »ein Opfer kurzsichtiger nationaler Gier«. Illegaler Fänge sollen sich unter anderen Chile, Nord- und Südkorea, Peru, Portugal, Spanien und Taiwan schuldig gemacht haben. Die Bundesrepublik, die keinen kommerziellen Walfang betreibt, ist in der von 17 Ländern getragenen Kommission nicht Mitglied.

Die Fangquoten für Pottwale und Grönlandwale dürften am heftigsten diskutiert werden. Im vergangenen Jahr hatte die Kommission auf ihrer Jahreskonferenz in Canberra die Zahl der zum Fang freigegebenen Pottwale von 7200 auf 763 Tiere reduziert. Aber die Tierfreunde hatten sich zu früh gefreut. Noch im Dezember setzten die Japaner durch, daß 6444 Pottwale geschlachtet werden durften.

Die Kommission hat bereits einmal den Fang von Grönlandwalen völlig verboten, dann jedoch den Eskimos zwölf Tiere zugestanden. Angeblich gibt es nur noch 600 bis 1800 Grönlandwale.

Die Eskimos wollen jetzt eine höhere Fangquote erreichen. Sie betrachten den Fang der Grönlandwale als wesentlichen Bestandteil ihrer Kultur. Anders auch als die Russen und Japaner benötigen sie jeden »Fetzen« der gefangenen Tiere zum Leben.

(aus: Frankfurter Rundschau vom 28. 6. 78)

Beide Texte haben eins gemeinsam: in der Argumentation wird kein Grund für die ausgeführte Handlung angegeben, sondern es wird mit der Absicht, dem Ziel, dem Zweck oder dem Interesse operiert. Es ist also nicht nur möglich, strittige oder voraussehbar strittige Handlungen damit argumentativ abzusichern, daß man den Grund für seine Handlung nennt, sondern auch durch die Geltendmachung eines (allgemein anerkannten) Zieles oder Zweckes, das/den man mit der Handlung verfolgt oder verfolgt hat.

Unser Argumentationsschema sollte daher folgendermaßen erweitert werden:

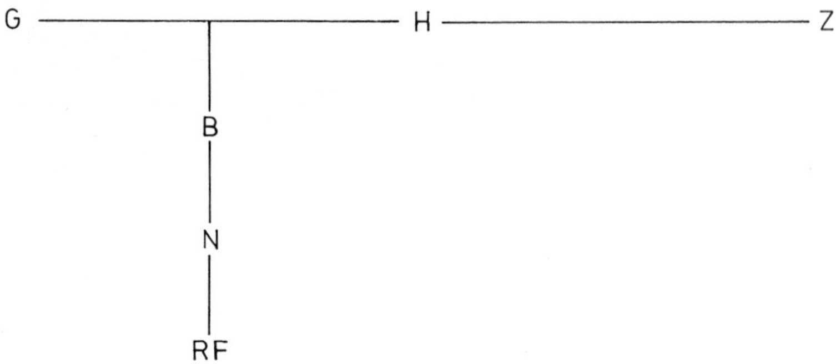

Im Beispiel (10) wird kein Grund dafür angegeben, warum die Fußball-Lehrer die besagte Sportkleidung anzuziehen haben, sondern die Angabe des mit dieser Aktion verfolgten Zwecks stellte das Argument in dieser Empfehlung oder diesem Hinweis dar. Ein Grund dafür, sich mit der adidas-Sportkleidung zu versehen, wäre etwa deren besondere Qualität oder ihr flotteres Aussehen gewesen, man hätte dann adidas-Sportkleidung getragen, weil sie die strapazierfähigste oder bestaussehendste gewesen wäre. So aber wird von seiten des Bundesgeschäftsführers nicht damit argumentiert, *warum* er eine bestimmte Handlung empfiehlt, sondern *wozu* die empfohlene Handlung befolgt und ausgeführt werden sollte.

Hätte man die Umweltschützer aus Beispiel (11) gefragt, weswegen sie vor dem Konferenzgebäude der Internationalen Walfang-Kommission protestierten, hätten sie wahrscheinlich auch keinen Grund, sondern den Zweck ihrer Demonstration genannt.

Auf die Frage, weswegen man etwas tue, antwortet man nämlich in der Regel mit der Angabe des Zwecks, des Ziels oder des Interesses, den/das man mit dieser Handlung verfolgt. »Um die letzten noch lebenden Wale zu schützen« wäre sicherlich die Antwort der Umweltschützer auf eine solche Frage gewesen. Erst nachdem der Zweck der Handlung genannt wurde, der Kommunikationspartner davon allein aber nicht überzeugt ist und weiterfragt, folgt in der Regel die Frage nach dem Grund der Handlung, worauf in diesem Fall die Antwort sein könnte: »weil wir meinen, daß Wale nützlich sind« oder »weil keine Tierart aussterben sollte (G), da sonst das biologische Gleichgewicht gestört wird (B).« Selbstverständlich läßt sich auch das Ziel einer Handlung weiter stützen. Auf die Frage, was es denn für einen Sinn habe, Wale zu schützen, könnte man etwa antworten, daß nur konsequenter Schutz diesen größten noch lebenden Säugetieren die Art erhalten könne (B), daß die Erhaltung der Wale auch dem Menschen diene (N) und daß die eingeschlagene Taktik des totalen Abschußverbots fast allen Menschen Vorteile bringe bei nur wenigen Leidtragenden. Insofern sollte dann auch für die Eskimos eine Ausnahme gemacht werden. Die letzten beiden genannten Punkte stellen so etwas wie eine Rechtfertigung (RF) dar, die den Weg von (N) über (B) absichert, den Punkt der größten Verallgemeinerung darstellt.

Unser Argumentationsmodell hat nun folgendes Aussehen:

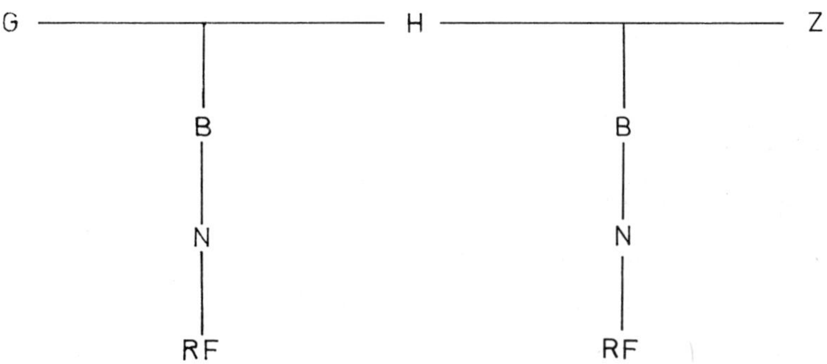

Die Untersuchung, ob eine Kategorie zur Erklärung einer Handlung dient, wie von nun ab mit einem Terminus der Schluß von (H) nach (Z) heißen soll, oder zur Begründung, ist schon von einiger Wichtigkeit für den Verlauf einer Argumentation.

Deutlich wird das vor allem bei strategischen Handlungen oder Handlungen, die mit gutem Grund zu einem schlechten Zweck oder mit einem schlechten Grund zu einem guten Zweck ausgeführt werden. Nehmen wir uns dazu noch einmal Beispiel (10) vor. Sicher kann man darüber streiten, ob es sinnvoll ist, auf einem Trainer-Kongreß ein einheitliches Bild abzugeben. Genauso sicher aber ist auch, daß der Wunsch, durch die Kleidung einen geschlossenen Eindruck zu machen, nicht von vornherein als abwegig oder befremdlich bezeichnet werden kann.

Der Grund, warum der Bundesgeschäftsführer des Bundes Deutscher Fußball-Lehrer seine »Empfehlung« in dieser Form abfaßt, ist wesentlich schwieriger zu rekonstruieren. Nachdem schon wohlwollend *ein* guter Zweck herausinterpretiert wurde, der keineswegs der Zweck schlechthin dieses Hinweises sein muß und vielleicht tatsächlich auch gar nicht ist, ließe sich in ebenso wohlwollender Weise als Grund für das Verhalten von Herrn Meurer angeben, daß er um die Einheit und Einheitlichkeit des Vereins oder Verbandes, den er wohl hauptberuflich vertritt, besorgt ist. Beschreibt man seine Handlung in dieser Art und Weise, und das kann man ganz gewiß, betrachtet man diese Handlung aus einer bestimmten Perspektive, könnte man sich eine Argumentation vorstellen, in der Herr Meurer seine Handlung in zufriedenstellender Weise rechtfertigt. So wie die Fliege ihren Kindern beim Unterricht darüber, welche Tiere friedlich seien, den Löwen, das Krokodil und den Büffel nennt und als böse Tiere die Spinne und die Meise bezeichnet, sicher vollkommen zu recht von ihrem Standpunkt aus gesehen, sehen auch Leute wie Smelser und Meurer die Welt aus ihrer Sicht und können dafür auch gute Gründe angeben. Auf der Ebene von (RF), auf der man eigentlich gute von schlechten Gründen oder Zwecken unterscheiden können müßte, fällt bedauerlicherweise der Nachweis oft sehr schwer, denn wenn man mit Größen wie »alle Menschen« arbeitet, ist es nicht gerade einfach, den Vorteil oder Nachteil einer Handlungsform für eben diese Gesamtheit aller menschlichen Lebewesen zu beweisen. Doch darum geht es im vorliegenden Argumentationsmodell auch gar nicht. Es soll nicht schlußendlich bewiesen werden, welches Argument das beste und das am weitesten reichende ist, sondern es soll offengelegt werden, mit welchen Argumenten Handlungen verteidigt werden können und wer in welcher Situation welche Argumente benutzt.

Herr Meurer, dem man den vorhin genannten Zweck in einer Argumentation durchaus weiterhin unterstellen darf, verfolgt mit seiner Empfehlung allerdings noch andere Zwecke als den erwähnten, und vor allem könnten ihm in einer offenen Diskussion noch andere Gründe, aus denen er handelt, genannt werden. Wenn oben ein Grund oder ein Zweck für Herrn Meurers Handeln angeführt wurde, dann handelt es sich tatsächlich nur um *einen* Grund oder *einen* Zweck für dieses Handeln. Dabei kann man die Hypothese wagen, daß für jede Handlung, und sei sie auch noch so verwerflich, zumindest ein zu rechtfertigender Grund und ein zu rechtfertigender Zweck genannt werden kann. Daß Herrn Meurers Empfehlung also zu verteidigen ist, stellt gar keine Besonderheit dar. Sie unterscheidet sich aber zumindest insofern von der Handlung der Umweltschützer aus Beispiel (11), daß sich direkt starke, weniger hehre und die guten Gründe und Zwecke überlagernde andere Gründe und Zwecke aufdrängen. Gewiß mögen auch die Umweltschützer aus Ignoranz, persönlicher Eitelkeit und Geltungssucht handeln, das sind sogar ganz sicher die Gegenargumente, die ihnen von seiten der Walfänger oder Walfangländer gemacht werden, wobei sich natürlich die Frage der Rechtfertigungsmöglichkeit dieser Vorwürfe stellt.

Meurers Handlung dagegen ist zwar positiv begründbar und erklärbar, es dominieren allerdings manipulative und nicht der Allgemeinheit nützende Momente. Er müßte sich in einer seiner Empfehlung folgenden Diskussion zumindest mit dem Vorwurf auseinandersetzen, daß es ihm gar nicht primär um die Einheitlichkeit der Kleidung aller am Kongreß teilnehmenden Fußball-Lehrer geht, sondern um die Umsetzung oder Durchsetzung eines von adidas geäußerten Wunsches, um es einmal so harmlos auszudrücken. Die Frage oder die Kunst in einer praktischen Argumentation ist es nun allerdings, die eine Interpretation gegenüber der anderen zu begründen und sich somit dem Kommunikationspartner, potentiellen anderen Diskussionsteilnehmern oder der Diskussion folgenden Zuhörern gegenüber durchzusetzen, zumindest aber den vertretenen Standpunkt den anderen gegenüber als plausibler erscheinen zu lassen als den der Gegenpartei. Das jedoch ist an dieser Stelle nur zum Teil zu beantworten, denn eine Argumentationsstruktur wie die hier vorgestellte kann nur insofern zur Bewertung oder Einordnung von praktischen Argumentationen beitragen, als sie aufzeigt, wie eigentlich eine ideale, von jedem Zwang und jeder Notwendigkeit, dem Kommunikationspartner gegenüber recht zu behalten, freie Argumentation auszusehen hat. Die Interpretation, ob nun alle Kategorien des Argumentationsschemas erfüllt und ob vor allem die gemachten Aussagen wahr sind bzw. nicht in täuschender Absicht geäußert wurden, liegt bei den Kommunikationspartnern, die den konkreten Fall in der jeweiligen Kommunikationssituation zu analysieren haben. So läßt sich auch bei der Interpretation des Beispiels (10) nicht mit Sicherheit behaupten, daß hier zwecks Werbung für adidas ein ganzer Kongreß mit einem falschen Argument getäuscht werden bzw. mit leichtem Zwang dazu gebracht werden sollte, im Sinne des Bundesgeschäftsführers, des Verbandes und der dahinterstehenden Sportartikelfirma aufzutreten. Insofern muß die Analyse der Beispiele (10) und (11) auch gar nicht dazu führen, eindeutige Interpretationen zu liefern, sondern es sollte gerade aufgezeigt werden, daß solche eindeutigen Interpretationen nicht oder jedenfalls nur sehr selten möglich sind, auch nicht bei solch einfachen und übersichtlichen Beispielfällen.

Abschließend soll noch erwähnt werden, daß die Sichtweise von Argumentation als durch Zwecke erklärbar gerade nicht dem Zweck-

Mittel-Denken verpflichtet ist. Zweck-Mittel-Denken heißt, umschrieben mit einem populären Ausdruck, daß der (gute) Zweck die Mittel heiligt. Gerade bei Beispiel (10) dürfte es zumindest ansatzweise deutlich geworden sein, daß das nicht propagiert wird. Denn angenommen, man würde es als guten Zweck ansehen, daß der Kongreß einheitlich auftritt oder daß adidas weiterhin seine Spendengelder in Form von Sportbekleidung fließen läßt, dann zeigt die Erklärungsstruktur, also der Schritt von (H) nach (Z) über (B), (N) und (RF), daß diese Zwecke nicht so einfach als »gut« zu bezeichnen sind. Darüber hinaus, und das ist das wichtigste an diesem hier vorgestellten Argumentationsschema, bedarf auch jeder Schritt von (H) nach (Z) einer Begründung. Das heißt, daß ein Schluß von (H) nach (G) zu erfolgen hat, der wiederum gerechtfertigt sein muß. Gerade bei dieser Begründungsprozedur zeigt sich aber, daß sowohl Einheitlichkeit als auch die Tatsache, daß es gerade adidas sein muß, durch nichts zu rechtfertigen ist, außer vielleicht durch die Tatsache, daß adidas am meisten und pünktlichsten zahlt; denn daß durch solche Aktionen der Sportartikelfirma dem Durchschnittsverbraucher großer Schaden zugefügt wird, da dieser letzten Endes dafür bezahlt, daß Sportler und ihre Trainer von adidas gekauft werden (müssen), braucht wohl nicht eigens betont zu werden.

Gegen die Annahme, dieses Argumentationsschema könnte dem Zweck-Mittel-Denken Vorschub leisten, steht auch der handlungstheoretische Rahmen. Unter einer Handlung darf man sich nämlich nicht nur den bloßen Akt vorstellen, also den Moment, in dem gerade etwas passiert, sondern man muß im Sinne der oben gegebenen Definition, die auch Unterlassungen als Handlung begreift, die Geschichte der Handlung einbeziehen. Nimmt man die Definition ernst, daß jedes Handeln intentional zu sein habe (andernfalls spricht man von Verhalten), so gehört zum Handeln mehr als der bloße Wille, also die Intention, jetzt dies oder jenes tun zu wollen. Handlungslogisch mag das zwar genügen, eine Logik muß auch bloß interessieren, daß irgendein überlegter oder willentlicher Antrieb zu einer Handlung existiert. Betrachtet man aber von der praktischen Seite her Handlungen und analysiert man, was alltägliche Handlungen in der Regel ausmacht, so kann man sagen, daß sie normalerweise begründet sind und zu einem bestimmten Zweck ausgeführt werden. Letzteres soll nicht heißen, daß der Zweck dieser Handlung für den Außenstehenden in jedem Fall sichtbar ist oder auch daß nur eine Handlung, die ihr beabsichtigtes Ergebnis auch erreicht, eine komplette Handlung ist. Genauso wie Gründe einer Handlung nur verstehend rekonstruiert werden können, sind auch die Absichten des Handelnden auf ein Ziel oder einen Zweck hin nur hermeneutisch erfaßbar. Eine Handlung kann zu einem anderen Zweck gedacht gewesen sein, aber tatsächlich ein Resultat gezeitigt haben, das Außenstehende als Erfüllung des gedachten Zwecks ansehen. Ein einfaches Beispiel, wiederum aus der Welt des Sports, ist, daß ein Außenstürmer eine Flanke schlagen will, der Wind den Ball aber ins Tor treibt oder daß der Spieler den Ball seinen Intentionen gemäß nicht richtig trifft, dieser Ball aber durch den glücklichen Zufall des Nicht-Richtig-Treffens den Weg ins Tor findet. Umgangssprachlich sagt man dann, daß man das eigentlich gar nicht gewollt habe, was aber bedeutet, daß man dieses Resultat nicht beabsichtigt hat. Dagegen hat man die Handlung, die zu diesem nicht beabsichtigten Ergebnis geführt hat, schon gewollt. Daß eventuell eine Körperbewegung, die einen Teil dieser Handlung ausmacht, nicht so ausgeführt wurde wie geplant, spielt keine Rolle bei der Frage, ob eine Intention vorlag. Ganz sicher gibt es Handlungen, mit denen kein Zweck verfolgt wird, z. B. Bier trinken oder Zigaretten rauchen in bestimmten Situationen, und auch Handlungen, mit denen kein sichtbares oder interpretierbares Ergebnis erreicht wurde. Aber wenn durch eine Handlung kein Ergebnis erreicht wird, muß sie deshalb nicht unabsichtlich in bezug auf ein Resultat gewesen sein. Öfter tun wir etwas, was scheinbar keine Ergebnisse zeitigt, was Außenstehende auch so interpretieren, also als zwecklose oder zweckfreie Handlung, und trotzdem haben wir einen Zweck mit den betreffenden Handlungen verfolgt. Ein Beispiel dafür könnte sein, daß man sich mit dem Zeigefinger ans Auge greift, um ein Sandkörnchen zu entfernen, was der Kommunikationspartner als Verlegenheitsgeste oder einfach nur als nicht-intentional zu beschreibenden Reflex interpretiert, hinter der bzw. dem sich kein Zweck verbirgt.

Damit aber sind wir in theoretische Randbezirke vorgedrungen, die nur marginal mit dem hier anstehenden Thema zu tun haben. Es tut daher der Analyse von praktischen Argumentationen keinen Abbruch anzunehmen, daß jede Handlung ihren Grund und Zweck hat, wobei, wie gesagt, Gründe und Zwecke nicht jenseits der Handlung liegen, sondern gerade Handlung konstituieren. Eine Handlung braucht also ihr gewünschtes Resultat (umgangssprachlich nennt man das oft ihren Zweck) nicht erreicht zu haben, trotzdem ist sie eine Handlung gewesen, mit der ein Zweck, Ziel oder ein Interesse verfolgt wurde. Wenn also im Laufe dieser Arbeit von Zwecken (Zielen, Interessen) gesprochen wird, so sind diese als notwendiger Bestandteil von Handlungen anzusehen, die nichts mit außerhalb der Handlung liegenden Anlässen oder Ergebnissen bzw. Resultaten zu tun haben. Das gleiche, was für Zwecke, Ziele und Interessen gilt, gilt auch für Gründe im Unterschied etwa zu Anlässen. Ein Anlaß ist ein vor der Handlung liegendes Ereignis bzw. ein vor der Handlung liegender Zustand oder Prozeß. Der Grund, warum X weint, ist nicht der Tod von Y (das ist der Anlaß (A)), sondern X weint aus Trauer über den Tod von Y. Genau dieser Grund ist aber nicht direkt auszumachen, sondern nur mit Hilfe der Interpretation des Kontextes, also der Stellung von X zu Y usw. X könnte nämlich auch aus Freude, Verzweiflung oder Verlegenheit weinen. In ein Modell gebracht sieht nun der handlungstheoretische Rahmen unseres Argumentationsschemas so aus:

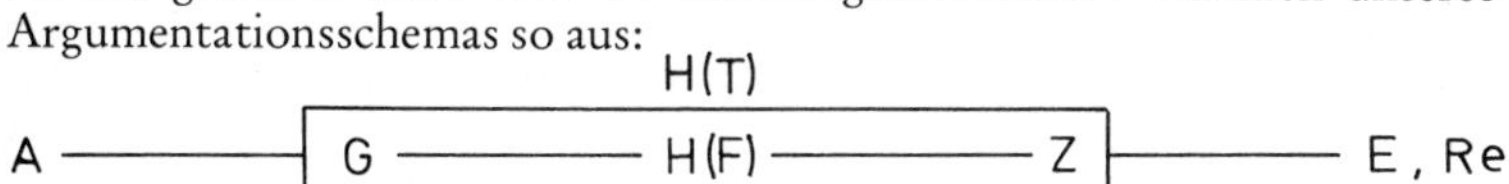

Ein Anlaß (A) führt (manchmal) zu einer Tätigkeit (T) oder Handlung (H), die einen Grund (G) hat, der sich oft aus dem Anlaß ableitet, und die einen beobachtbaren Vorgang (F), einen (Handlungs-) Akt (H) und einen Zweck (Z) hat, der international auf die zu erreichenden Ergebnisse (E) und Resultate (Re) gerichtet ist, was in etwa durch den Begriff der geistigen Vorwegnahme des Ergebnisses umschrieben werden kann.

Daß in Handlungen Zwecke und Gründe tatsächlich eine Rolle spielen, daß es nicht nur theoretische Konstrukte sind, die zur Beschreibung und Erklärung wissenschaftlicher, mehr oder weniger künstlicher Fragen dienen können, mag das folgende Beispiel zeigen.

Wenn ich meinem Großvater zum Geburtstag einen Kasten Apfelwein schenken will, um ihm eine Freude zu machen (Z) bzw. weil ich weiß, daß er gerne Apfelwein trinkt (G), dann tue ich von mir aus nichts, etwas gegen den von mir verfolgten Zweck zu unternehmen. Ich kaufe also kein Bier, von dem ich weiß, daß es mein Großvater nicht mag und mit dem ich ihm keinen Gefallen tun könnte. Ich tue auch sonst nichts, was meinem Ziel zuwiderlaufen könnte, mache an diesem Tag keinen Ausflug, der mich davon abhalten könnte, meinem Großvater zu gratulieren und mit ihm den Geburtstag zu feiern.

Noch abschließend etwas zu der terminologischen Schwierigkeit, das, was (F) bezeichnet, zu benennen. In einem Rezeptionsmodell, das beschreibend erklären soll, wie man aus einem beobachteten Vorgang eine Handlung herausinterpretiert, kann man nur von einem Faktum (F) oder Datum sprechen. Denn was man beobachtet ist ja keine Handlung in unserem Sinne, sondern ein Faktum, das erst durch die Unterstellung von Gründen und Zwecken zu einer Handlung wird. Man könnte in einem solchen Modell von einem Faktum oder Datum (im Sinne von Perelman-Olbrechts-Tyteca, vgl. besonders 1971, § 30) sprechen, das erst durch die Handlungsbeschreibung, durch die »Hinzuphantasierung«, wie es Schütz 1974, § 22 nennt, von Handlungszielen und -gründen, zu dem wird, worüber wir kommunizieren. Man kann die Tat Orests, so Perelman-Olbrechts-Tyteca, S. 126, als Mord an der Mutter oder als Tat der Rache für den am Vater begangenen Mord bzw. Vergeltung für das am Vater begangene Unrecht interpretieren, je nachdem, welche Handlungsgründe und -ziele man Orest zubilligt. Das Faktum oder Datum bliebe dabei dasselbe, nämlich das Töten einer Person namens Klytemnästra.

In einem Produktionsmodell dagegen, das beschreiben soll, wie man Handlungen ausführt und sie argumentativ verteidigt, ist die Trennung einer Handlung von ihren Gründen und Zielen mehr oder weniger künstlich, d. h. wenn man von dieser oder jener Handlung spricht, die man ausgeführt hat, schließt man selbstverständlich Gründe und Ziele ein, redet also nicht von dem Faktum, das man produziert habe und das diese oder jene Gründe oder Zwecke hat. Wenn im Verlaufe dieser Untersuchung also von einer zu begründenden Handlung gesprochen wird, ist damit eigentlich ein zu begründendes Faktum oder ein zu begründender, vorliegender oder beobachteter Akt gemeint. Diese terminologische Unschärfe lehnt sich aber an den Alltagsgebrauch an, wo man auch jemand nicht um die Begründung eines Akts, Faktums oder Datums, sondern einer Handlung bittet, weil man jedem Handelnden unterstellt, mit Überlegung gehandelt zu haben, Gründe und Ziele explizieren zu können.

Noch einmal: eigentlich müßte, wie es im Handlungsmodell dargestellt wurde, bei der Analyse von Handlungen immer von den Gründen und Zwecken gesprochen werden, die dem Faktum (F) zugeordnet werden können. Aus Gründen der sprachlichen Vereinfachung und des besseren Verstehens soll aber trotzdem, so wie es auch für das Produktionsmodell richtig ist, von Handlungen und ihren Gründen gesprochen werden, was, wie gesagt, auch insofern legitim ist, als daß wir beobachtbare Akte, die von Menschen verursacht werden, ohne daß wir Gründe und Ziele ausmachen können, quasi in einem Vorgriff auf die noch zu erschließende Sinnhaltigkeit dieses Aktes, Handlung nennen.

1.1.3 Sprachliche Möglichkeiten

Bis jetzt ist immer nur darüber gesprochen worden, wie argumentiert wird, ohne die sprachliche Form einer Argumentationskette einmal näher zu untersuchen. Die Frage, die sich dabei als erste stellt, ist die, ob man vielleicht schon am äußeren Gewand eines Arguments erkennen kann, ob hier eine Handlung begründet oder erklärt wird, oder ob man sich auf der Ebene der Berechtigungen, Werte oder Rechtfertigungen befindet. Nun soll hier keineswegs die optimistische Ansicht mancher Logiker vertreten werden, daß eine zwingende und ausgearbeitete (formale) Logik natürlicher Sprachen, also Präzisierung natürlicher Sprachen, genaue Projizierung auf Logiksysteme, das Problem einer ungenauen Ausdrucksweise oder Manipulation lösen wird oder auch nur könnte. »Die Aufarbeitung unserer natürlichen Sprache für die entsprechende Verarbeitung« (Göttert 1978, S. 4) im Schlußverfahren gibt Diskutierenden weder den Schlüssel einer durchschlagenden Argumentationsweise in die Hand, noch hilft es dem in einer Rezeptionssituation befindlichen Kommunikationspartner, die Intentionen seines Gegenüber zu erkennen. Solche logischen Argumentationstheorien und -beschreibungen, und seien sie auch noch so gut und genau, helfen nur, sprachlich gefaßte Erkenntnisse zu belegen oder zu beweisen. Nicht daß unsere Sprache syntaktisch und semantisch unpräzise ist oder gebraucht wird, macht Argumentationen undurchsichtig, mehrdeutig oder manipulativ, jedenfalls nicht ausschließlich oder zu einem großen Teil, sondern *die Möglichkeit, etwas zu sagen und es nicht zu meinen bzw. nicht danach zu handeln.* Und das hat vor allem mit Problemen zu tun, die auf der pragmatischen Ebene angesiedelt sind. Ein Politiker, der seine Zuhörer etwas glauben machen will, bedient sich vielleicht manchmal des Passivs, um den Täter verschweigen zu können, benutzt vielleicht auch hier und da einmal ein Wort in einer unscharfen Bedeutung (Freiheit etwa oder Sozialismus), wobei allerdings die Frage auftaucht, ob es genau umrissene

Bedeutungen solcher Wörter überhaupt geben kann. Im Prinzip besteht aber das Manipulative einer solchen Rede darin, daß ein Redner seinen Zuhörern mehr Freiheit verspricht, in Wirklichkeit aber weniger Freiheit meint und im praktischen Handeln eher für eine Beschneidung als für eine Erweiterung von Rechten dieser Art eintritt. Eine solche Diskrepanz von Worten und Taten kann nun in Argumentationen eingeholt werden, indem man dem Redner in einer Diskussion vorhält, daß er zwar hier von mehr Freiheit geredet habe, in Wirklichkeit aber ein Befürworter des Gesetzes X oder Y war, das ja gerade Freiheiten beschneide, daß er also seinen Zuhörern etwas suggeriere, für das er im praktischen politischen Handeln nie eintrete. Darauf wird der Redner sicherlich eine passende Antwort haben, aber man befindet sich zu diesem Zeitpunkt in einer Argumentation, die nicht oder nur am Rande syntaktische oder semantische, sondern pragmatische Dimensionen berührt.

Die Linguistik oder generell die Sozialwissenschaft hat zu solchen Argumentationen jetzt natürlich nicht den direkten Zugang, den die erwähnten Logiker zu haben glauben. Es mag zwar Glücksfälle geben, an denen mit einer wie auch immer gearteten Logik nachzuweisen ist, daß hier manipuliert und dort ein falscher Schluß gezogen wurde, in der Regel aber geht der Weg der Auseinandersetzung nicht über eine solche Art von Beweisen, sondern nur über Argumentationen, in denen Standpunkte und ihre Berechtigungen gegeneinander abgewogen werden, dazu noch ob verbale und gegenständlich-praktische Handlungsweisen übereinstimmen. In solchen Argumentationen werden jetzt sprachlich, und es gibt keine andere Möglichkeit, Meinungen begründet, Handlungsziele und ihre Berechtigung erklärt, bestimmte Handlungen und Werte gerechtfertigt. Wie tut man das nun sprachlich? Laufen Argumentationen nach (strikt) festgelegten Schemata ab, deren man sich bedienen kann oder sogar muß?

Liest man Bücher über Argumentationen, könnte man das beinahe glauben.

Nimmt man sich das Toulmin-Schema vor, sieht man, daß man von (G) auf (H) (bei Toulmin von D auf C) schließt, indem man G (D) hat und *deshalb* H (C) gilt. Dieser Schluß ist gültig *wegen* SR (B), und SR (B) kann *aufgrund von* S (N) aufrechterhalten werden (Seite 104 f./95 f.).

Schön wäre es nun, könnte man in praktischen Argumentationen, jedesmal wenn die Wörter »deshalb«, »wegen« oder »aufgrund von« vorkommen, schließen, daß es sich hier um die Kategorien (G), (H), (B) und (N) handelt, die verteidigt werden.

Leider ist der Gebrauch dieser Wörter in der Praxis nicht so eindeutig festlegbar, und das ist auch gut so; denn eine solche rigide Einschränkung der Gebrauchsmöglichkeiten dieser Wörter würde unsere Alltagskommunikation sehr belasten. Toulmins Beispiele sind deshalb eher Illustrationen oder Hilfestellungen dafür, wie man etwa das Einbringen von (N) oder (B) beschreiben kann. Bestenfalls kann man sie so verstehen, daß die angegebenen Wörter in den genannten Situationen häufig gebraucht werden. Nichts aber hindert einen Sprecher zu sagen, daß er wegen oder aufgrund seiner Zuneigung zu Pferden im Pferdetoto wette und nicht, weil er Pferde liebe. Prinzipiell also kann man das, was in unserem Argumentationsschema als Schluß von (G) nach (H) oder aber auch von (H) nach (G) bezeichnet wurde, auf sehr vielfältige Art und Weise versprachlichen. Will man somit ausdrücken, daß man (H) getan habe und (G) der Grund dazu sei, kann man sagen:

a) Ich wette im Pferdetoto *wegen* meiner Zuneigung zu Pferden.
   Oder: Wegen meiner Zuneigung zu Pferden wette ich . . . .
b) Ich wette im Pferdetoto *aufgrund* meiner . . .
   Oder: Aufgrund meiner Zuneigung zu Pferden wette ich . . .
c) Ich wette im Pferdetoto, *weil* ich Pferde liebe.
d) Ich wette im Pferdetoto, *denn* ich liebe Pferde.
e) Ich wette im Pferdetoto, *da* ich Pferde liebe.
f) Ich wette im Pferdetoto, *zumal* ich Pferde liebe.
g) Ich wette im Pferdetoto. Ich liebe Pferde.
h) Ich liebe Pferde und wette im Pferdetoto.

Einmal abgesehen davon, daß f) eine etwas andere Bedeutung hat, kann man, vielleicht je nach Kommunikationssituation verschieden, alle anderen Beispiele zumindest unter Freunden benutzen.

Man kann aber die ganze Sache noch von der anderen Seite her sehen, nämlich wenn man ausdrücken will, daß man einen Grund gehabt habe, etwas zu tun:

z) Ich liebe Pferde. Deshalb wette ich im Pferdetoto.
y) Ich liebe Pferde. Deswegen wette ich . . .
x) Ich liebe Pferde. Daher . . .
w) Ich liebe Pferde. Darum . . .

Schon an diesem simplen Beispiel kann man eine große Vielfalt von sprachlichen Möglichkeiten feststellen. Daß sich diese Vielfalt in komplexeren Argumentationen noch potenziert, braucht nicht betont zu werden. Das gleiche, was hier für den Schluß von (G) nach (H) bzw. (H) nach (G) gesagt wurde, gilt auch für den Schluß von (H) nach (Z) und umgekehrt. Man kann also sagen:

a) Ich schenke dir einen Kasten Apfelwein, um dir eine Freude zu machen.
b) . . . , damit ich dir ein bißchen Freude bereite.
c) Ich schenke dir einen Kasten Apfelwein. Ich will dir eine Freude machen.
d) Mit diesem Kasten Apfelwein will ich dir eine Freude machen.
e) Ich schenke dir einen Kasten Apfelwein, *weil* ich dir eine Freude machen *will (möchte).*
   oder auch:
z) Ich will dir eine Freude machen, indem ich dir einen Kasten Apfelwein schenke.

Bis jetzt ist aufgezeigt worden, wie sich verhältnismäßig einfache und einsträngige Argumentationen, also quasi Proto-Argumentationen, sprachlich darstellen. Das Interview Rauschenbach — Zewe kann auch hier als abschließendes Beispiel herangezogen werden.

Rauschenbach fragt, warum etwas so gewesen sei oder warum es dazu habe kommen müssen, und Zewe antwortet, *weil* es sich so oder so verhalten habe, *weil* dies oder jenes der Fall oder dies oder jenes nicht der Fall gewesen ist.

Verkürzt gesprochen läßt sich das Interview so zusammenfassen: Zewe kann offen reden, *weil* er jetzt alt genug ist; die deutsche Nationalmannschaft war nicht so gut, *weil* es keine Ausnahmefußballer mehr in ihren Reihen gibt; *weil* Beckenbauer immer noch »der absolute Mann in der Nationalmannschaft wäre«, wäre es mit ihm besser gegangen; einige sich in Topform befindende Spieler haben nicht gespielt, *weil* nur 11 spielen können und nur 4 oder 5 auf der Bank sitzen können und *weil* von den Verantwortlichen, sprich: Trainern, eben die Entscheidungen getroffen werden müssen, die man zu akzeptieren hat.

Nur die letzte hier behandelte Antwort Zewes stellt dem entworfenen Argumentationsmodell zufolge eine eingehendere argumentative Beschäftigung mit der vom Interviewer aufgeworfenen Frage dar, der allerdings an diesem Punkt, an dem die Antworten Zewes keineswegs unumstritten sind, nicht nachhakt.

Die zu begründende Handlung ist, daß einige Spieler in Argentinien nicht zum Einsatz gekommen sind (H). Zewes Begründung (G) dafür ist, daß nur »11 spielen können und 4 oder 5 auf der Bank sitzen können«. Wie er selbst meint, ist das eine Tatsache, und damit hat er auch recht. Laut unserer Definition von Gründen kann aber eine Tatsache kein Grund sein, und so ist es auch in diesem Fall. Der Grund dafür, daß einige Spieler nicht zum Einsatz gekommen sind, ist, daß der Trainer und vielleicht noch seine Berater der Überzeugung waren, daß diejenigen, die man nicht aufgestellt hat, keine besseren Leistungen hätten bringen können als die jeweils 11 oder insgesamt 15 eingesetzten. Diesen Schuh will und kann Zewe sich wohl nicht anziehen, denn dann müßte er erklären, warum er schlechter oder besser ist als die, die gespielt haben. Der Konflikt mit dem DFB und seinen Trainern wäre da bzw. er würde sich selbst ein negatives Zeugnis ausstellen, was aber dem von den Spielern so gehegten eigenen Marktwert nicht zuträglich wäre.

Zewe hat aber fast eine Berechtigung (B) dieses eben aufgeführten Standpunktes geliefert, wenn er sagt, daß es seines Erachtens richtig oder normal sei, daß der oder die Trainer die besten 11 Spieler für ein Spiel nominieren. Diesen Topos bestreitet niemand, die Frage in bezug auf die Nominierung der Nationalelf war nur, ob tatsächlich immer die 11 besten Spieler gespielt haben oder die 11 dem Trainer genehmsten. Zewe hält nun weiter diese Entscheidungsbefugnis des Trainers, nach seinem besten Wissen und Gewissen die 11 Spieler heraussuchen zu dürfen, für einen Wert (N), den er positiv beurteilt (RF), jedenfalls sollte man ihn »als Spieler zunächst akzeptieren«.

Die Aufdröselung der Antwort Zewes hat gezeigt, daß die sprachlichen Möglichkeiten zu argumentieren nicht nur auf Wörter wie »weil«, »wegen« und »aufgrund von« beschränkt sind und daß weiterhin unsere Liste von a) bis h) und z) bis w) unvollständig ist, denn nicht einer der dort verwendeten Ausdrücke kehrt hier wieder. Zewe bedient sich des in g) und h) vorgestellten Verfahrens, kausale Abhängigkeiten durch Parataxe darzustellen. Allerdings fällt es nicht schwer, Zewes Argumentation so umzuarbeiten, daß unter a) bis h) katalogisierbare Sätze entstehen.

Das wäre sicherlich nicht möglich bei echten dialogischen Argumentationen, bei denen der eine dem anderen zwar gewisse Dinge einräumt, aber doch prinzipiell Zweifel an den Ansichten seines Gegenüber äußert.

In Beispiel (4), im Interview Lueg/Wehner geht es etwas turbulenter zu als im eben zitierten Interview Rauschenbach/Zewe. Da gibt es nicht nur einen, der Fragen stellt und einen anderen, der brav antwortet, Wehner übernimmt sofort selbst die Initiative, um seine Intentionen besser verwirklichen zu können und Lueg versucht immer wieder zu kontern. Hier werden also Argumente und Gegenargumente ausgetauscht. Aber auch nur ein einziges Mal taucht eines der Wörter auf, denen von jetzt an das Interesse gelten soll, den Wörtern, die Gegenargumente einleiten, indem sie das Argument des Gegenüber aufnehmen, aber seine Schlüssigkeit oder seine überragende Funktion an der vom Kommunikationspartner gekennzeichneten Stelle zumindest als zweifelhaft erscheinen lassen. Lueg sagt einmal: »Darf ich *trotz* Ihr Ihrer Kritik an unsere Art, wie wir fragen, folgende Frage stellen . . .?« Lueg ist nicht mit der Kritik Wehners einverstanden, das signalisiert seine Gegenrede, aber auch das Wort »trotz« im zitierten Satz. Was heißt hier aber »trotz«? Kehren wir erst einmal die Situation um: Was hätte Lueg gesagt, wenn er mit Wehners Kritik an seiner Frageweise einverstanden gewesen wäre?

Das wissen wir natürlich nicht, aber er hätte z. B. den Satz »Weil ich ihre Kritik an unserer Frageweise zumindest zum Teil akzeptiere, will ich zu einem anderen Thema kommen« äußern können oder »aufgrund Ihrer kritischen Bemerkungen zu unserer Frageweise möchte ich Ihnen die Fragestellung überlassen, Herr Wehner!« Der letzte Satz ist zwar undenkbar im Medium Fernsehen, aber immerhin möglich in einer anderen Situation. Beide Beispielsätze aber sagen aus, daß Lueg, vielleicht mit Einschränkungen, jedoch prinzipiell mit der Kritik Wehners einverstanden gewesen wäre.

Das Wort »trotz« in unserem Beispielsatz signalisiert Wehner und auch den Fernsehzuschauern, daß Lueg die Kritik Wehners als solche *erkannt, aber,* zumindest offiziell, *nicht anerkannt* hat, daß er auf seinen Fragen, deren Beantwortung und auch seiner Frageweise insistiert, Wehner gegenüber also keinen Raum preiszugeben bereit ist. Argumentiert wird in der Praxis, wie man sieht, nicht, indem A Argumente bringt und B Gegenargumente, sondern indem gegenseitig die Argumente verbal aufgegriffen und dann darauf Gegenargumente aufgebaut werden.

Lueg konnte an dieser Stelle nicht einfach weiterfragen, als wäre nichts gewesen, sondern mußte erst Wehner, indem er diesem dessen Verhalten vorhielt, anbinden, d. h. in irgendeiner Art und Weise verpflichten, jetzt nicht mehr destruktiv zum Thema »Hochrechnung« weiterzureden. Daß dieses Manöver bei Wehner anscheinend seine Wirkung verfehlte, soll hier nicht weiter interessieren, sondern nur die Tatsache, daß es *sprachliche Möglichkeiten* gibt anzuzeigen, daß man Argumente des Gegners verstanden hat, sie aber nicht als verbindlich oder treffend in dieser Situation ansieht und damit verbunden, *sprachliche Strategien,* dem Gegner es unmöglich oder zumindest schwer zu machen, seine Argumente (immer und immer wieder) zu wiederholen. Daß von der Strategie her gesehen jede Beschneidung der gegnerischen Argumente oder Argumentationsmöglichkeiten, vor allem in einem öffentlichen Medium wie dem Fernsehen, auch eine Bewertung im Sinne einer Negativisierung der gegnerischen Argumente darstellt, soll an dieser Stelle nur erwähnt, aber erst im Kapitel über Argumentationstechniken analysiert werden.

Dieselbe Funktion wie »trotz« füllen auch »trotzdem« und »obwohl« aus. Lueg hätte auch sagen können: »Ich möchte Sie noch einmal fragen, Herr Wehner, obwohl Sie mit unserer Art und Weise ...« oder »Sie haben zwar an unserer Art und Weise zu fragen Kritik geübt, Herr Wehner, ich möchte Sie aber trotzdem fragen, ob oder wie ...«

Zu »trotzdem« und »obwohl« kämen noch »obgleich«, »obschon«, »wenn auch«, »wennschon«, »nichtsdestoweniger«, »gleichwohl«, »dennoch«, »doch«, »insofern« und viele andere mehr.

Alle diese Konjunktionen unterscheiden sich nur in Nuancen voneinander, haben aber gemeinsam, daß sie bezeichnen, daß man etwas tut, entweder gegen die eigene Überzeugung, also gegen einen eigenen guten Grund handelt

a) Ich komme, obwohl ich weiß, daß es sinnlos ist

oder gegen die guten Gründe des Kommunikationspartners, indem man diesem zwar einräumt, eigene Gründe haben zu dürfen, aber glaubt und/oder zeigt, daß man sich, ebenfalls guter eigener Gründe bewußt, über Bedenken des Kommunikationspartners hinwegsetzen kann:

b) *Wenn* ich Ihnen *auch* in diesem Punkt zustimmen könnte, halte ich es *(trotzdem)* für besser . . .
c) *Obwohl* mich Ihr Argument überzeugt, möchte ich *dennoch* sagen, daß . . .

Es fällt schon bei diesen einfachen Beispielen auf, daß der Inhalt des Satzes gar nicht so klar auszumachen und eindeutig ist, wenn dieser Inhalt durch Konjunktionen wie »obwohl«, »trotzdem«, »wenn auch« vermittelt ist. Jemand, der Satz c) äußert, ist eben nicht überzeugt vom Argument des Gegenüber, zumindest aber meint er bzw. gibt vor, ein besseres auf Lager zu haben. Der Satzinhalt wird also in verschiedenster Weise auf der pragmatischen Ebene durch die oben genannten Konjunktionen gebrochen. Doch damit nicht genug. Nicht nur Konjunktionen relativieren das Ausgesagte, sondern auch Adverbien wie »durchaus«, »wohl«, »zumindest«, »schwerlich«, »vielleicht«, »vermutlich«, »hoffentlich«, »möglicherweise«, »allerdings«, »wahrscheinlich«, »anscheinend«, »scheinbar« usw. variieren bzw. bestimmen den Sinn des Gesagten. Es ist geradezu in bestimmten, oft von institutionellen Zwängen stark dominierten Redesituationen (wie etwa bei Diskussionen im medialen Bereich, wo einerseits bei Diskussionen jeder Kommunikationspartner den Schein einer seriösen, Vertrauen verdienenden Person aufrecht erhalten, andererseits argumentativ über den Gegner die Oberhand behalten muß) Mode oder Zwang, die Argumente des Gegners scheinbar hinzunehmen oder sogar zu loben, sie dabei aber »merkbar unmerklich« zu transformieren, und das geschieht oft durch den Einsatz der oben genannten Konjunktionen und Adverbien.

Besondere Aufmerksamkeit verdienen auch Adverbien bzw. Konjunktionen wie »andernfalls«, »nötigenfalls«, »gegebenenfalls«, »sonst« u. a., die dem Kommunikationspartner gewisse Konsequenzen seiner Handlungsweise signalisieren, in strategischen Argumentationen also oft der Einschüchterung des Gegenüber dienen.

a) An deiner Stelle würde ich den Mund halten und nicht mehr von dieser Sache reden, weil sonst (nötigenfalls, gegebenenfalls, andernfalls) Maßnahmen ergriffen werden, die dazu imstande sind, ...

Wesentlich direkter und deshalb nur indirekt strategisch einzusetzen, so etwa zur Vortäuschung einer Alternative oder einer Polarisierung von Argumenten, sind Konjunktionen wie »entweder — oder«, »sondern« usw., die ganz klar den einen Sachverhalt gegen den anderen absetzen.

Soviel zu den sprachlichen Möglichkeiten, die bestehen, um über bestimmte Dinge in der Welt zu kommunizieren. Es müßte deutlich geworden sein, daß sich die Meinungen über Objekte, Tatsachen oder Sachverhalte in verschiedenster Weise miteinander in Verbindung setzen lassen *und* daß man auf die Meinungen, die der Kommunikationspartner äußert, in unterschiedlichster Art und Weise eingehen kann, sie auf alle möglichen Arten (vor Dritten) herausheben, abwerten, als falsch oder als überzogen hinstellen kann, um nur einiges zu nennen. Noch einmal deutlich gesagt werden muß, daß hier nur »Oberflächenphänomene« behandelt wurden, daß also zu den besagten Strategien keineswegs eine sprachliche Ausformulierung mit kausalen, konzessiven oder finalen Konjunktionen bzw. Adverbien notwendig ist, sondern daß in zwei, noch nicht einmal notwendig nebeneinanderstehenden Sätzen in einem Text dieselbe Relation bestehen kann, ohne daß das expressis verbis gesagt wäre. Eine Analyse wie die hier vorgenommene soll also nicht als Folie dienen, die an Texte der Alltagswelt anzulegen wäre, sondern als Experimentiergrundlage, etwa indem man interpretativ versucht, an bestimmten Stellen in einem Text solche Wörter wie die hier genannten und analysierten einzubauen, um so die Intention des Textes bzw. des Textproduzenten rekonstruieren bzw. eine schon vorhandene Interpretation absichern zu können.

1.1.4 Gewißheit und Geltung

1.1.4.1 Verständlichkeit

Verständlichkeit, um mit dem Einfachsten anzufangen, gehört eigentlich zu den Voraussetzungen von (gelingender) Kommunikation. Etwas akustisch Unverständliches können wir nicht verstehen, wir sind dann nicht in der Lage, dem Gehörten Bedeutung oder Sinn zuzuschreiben. Verstehen wir nicht, was unser Kommunikationspartner gesagt hat, fragen wir in einer zwanglosen Situation nach. Wir sagen dann: »Kannst du das bitte noch einmal wiederholen, ich habe das akustisch nicht verstanden?«, oder etwas direkter: »Was hast du eben gesagt?« Verstehen aber, das ist wohl schon deutlich geworden, hat mindestens zwei Bedeutungen. Einmal kann es, wie soeben beschrieben, das rein akustische Verstehen meinen, das andere Mal aber, ob man dem Gehörten Bedeutung zuschreiben kann.

Dem Satz »Die Kuh frißt Gras« kann jedes normal entwickelte dreijährige Kind eine Bedeutung zuordnen, selbst wenn es diesen Satz zum ersten Mal hört. Dreijährige Kinder wissen, was eine Kuh, was Gras ist und ihnen ist auch der Vorgang nicht unbekannt, den »fressen« (bzw. »frißt«) bezeichnet. Auch der Satzbauplan des Beispielsatzes gehört zum sprachlichen Inventar Dreijähriger. Kurz gesagt: sie können diesen Satz verstehen.

Im Gegensatz dazu versteht wohl keiner von uns, die wir der Formelsprache der Biochemie nicht mächtig sind, den folgenden Text:

»Die Glucuronsäure entsteht aus Glucose als Abzweigung des Hauptstoffwechsels. Die unmittelbare Reaktion betrifft UDP-Glucose, die sich aus UTP und Glucose-1-phosphat bildet. In der UDP-Glucose ist die glykosidische Hydroxylgruppe am C-1-Atom, die potentielle Aldehydgruppe, besetzt und somit vor oxydativem Angriff geschützt. Nun erfolgt durch Dehydrierung mit NAD die Oxydation der primären Alkoholgruppe am C-6-Atom zur Carbonsäure. Zum Teil wird das UDP-Glucuronat durch eine Epimerase in das isomere Iduronat umgewandelt.« (Rapoport S. 357) Wer ein bißchen Ahnung von Chemie hat, weiß zwar, was ein C-1-Atom oder ein C-6-Atom ist, kann vielleicht auch noch etwas mit den Begriffen Dehydrierung, Oxydation und primäre Alkoholgruppe anfangen, die ganze Bedeutung dieses Textes bleibt ihm aber verborgen. Selbst wenn wir in einem Lexikon der Biochemie nachschauen, was eine Epimerase und ein Iduronat ist bzw. alle uns unklaren Begriffe klären, können wir wohl kaum die ganze Bedeutung dieses Textes erschließen, weil wir in den Erklärungen dieser Begriffe immer wieder auf andere Begriffe verwiesen werden. Man muß also, um einen solchen Text zu verstehen, sich von den *Anfangsgründen* an das System der Biochemie erwerben, so wie sich Kinder nach und nach das

Sprachsystem aneignen. Denn eins war uns überhaupt nicht fremd oder unverständlich an diesem Text: sein Aufbau. Der folgende Beispielsatz, den wir wiederum alle verstehen, hat denselben Satzbauplan wie der uns völlig bzw. zumindest zu großen Teilen unverständliche letzte Satz des Beispieltextes:
Zum Teil wird Kuhmilch durch kräftiges und längeres Rühren in Butter umgewandelt.
Dem folgenden Text von Konrad Bayer dagegen kann niemand eine Bedeutung, vielleicht aber einen Sinn in einer speziellen Situation zuschreiben:

balsader binsam
gunstert um die wiesel
sager der mergunst
lassert chel wiewer

(Bayer, Gesamtwerk, Reinbek 1977, S. 25)

Diesem Text kommt offensichtlich keine Bedeutung zu, wohl niemand könnte eine mögliche Bedeutung nennen, selbst der Dichter nicht, zumal er seit einigen Jahren tot ist. Ein möglicher Sinn drängt sich dagegen meines Erachtens sofort auf: Man kann diesen Text als Zauberspruch verwenden, den man sowohl zur Abwehr des bösen Blicks als auch für den Zauberer im Kasperltheater benutzen kann.

Verständlichkeit, und das ist ja unser Thema, beschränkt sich nicht nur auf das Verstehen von Bedeutungen, sondern schließt auch das Verstehen eines Sinns, den das Gesagte hat oder jedenfalls haben könnte, ein. In den beiden, in einer bestimmten Art und Weise extremen Beispieltexten aus Biochemie und Dichtung sollte aufgezeigt werden, daß diese beiden Ebenen heuristisch zu trennen sind. In alltäglicher Kommunikation fallen beide Ebenen weitgehend zusammen und werden auch so von den Kommunikationspartnern verstanden. Zum Verstehen von Bedeutung, um noch einmal heuristisch zu trennen, benötigt man Erfahrung mit Gegenständen oder Sachverhalten in der Welt.

Habermas' Beispiel: »Ich sage Dir, Vaters neues Auto ist gelb« reduziert das Verstehen der propositionalen Gegebenheiten nur auf Erfahrung mit Gegenständen in der Welt, also auf »sensorische Erfahrungen« und »Erfahrungen vom Typus der Beobachtung«. (Habermas 1976, S. 232 f.) Selbstverständlich aber können in Propositionen auch soziale Sachverhalte wiedergegeben sein, Sachverhalte, die sich sensorischer Erfahrung und Beobachtungserfahrung zumindest zu einem großen Teil entziehen.

Nicht *nur* »illokutives Verstehen ist eine kommunikativ ermöglichte Erfahrung«, sondern schon in die Proposition geht kommunikative oder soziale Erfahrung ein. Die Äußerungen »Ich rate dir, seinen Befehlen zu gehorchen«, »Ich garantiere dir, daß er dich morgen grüßen wird« oder »Ich versichere dir, daß er kein schlechter Kerl ist« entziehen sich zumindest weitgehend sensorischer Erfahrung oder Beobachtung, auch scheinen mir in diesen Fällen die Propositionen keinen »Bedeutungston« zu tragen, »den sie der Kraft *entlehnen,* welche sie allein in illokutiven Rollen [...] haben.« (Habermas 1976, S. 234) Habermas hat allerdings recht, wenn er behauptet, daß Propositionen in Aussagesätzen darstellbar sind, die Wahrnehmungen ausdrücken. (S. 233) Diese Wahrnehmungen können aber nun sensorischer und sozialer Art sein, wobei die Frage ist, ob eine solche Trennung überhaupt statthaft ist, denn wie z. B. die Forschung zur Bezeichnung von Farben ergeben hat, ist Farbwahrnehmung und -bezeichnung durchaus von sozialen Determinanten abhängig. (Vgl. dazu auch Gipper 1978, S. 220 ff.)

Verständlichkeit als Verstehen von der Bedeutung des Gesagten ist tatsächlich zu den Voraussetzungen von Kommunikation zu zählen; darüber zu argumentieren kommt nur für wenige Sprachvorkommen, etwa in Dichtung in Frage, wo bei einem gewissen Typus an erster Stelle das Zusammensetzen von Bedeutung steht (Joyce, Finnegan's Wake; Dada; Konkrete Poesie; man denke auch an das »Arno-Schmidt-Dechiffrier-Syndikat«). In alltäglicher Kommunikation, wie sie hier beschrieben werden soll, wird Verständlichkeit dieser Art stillschweigend vorausgesetzt, im Bedarfsfall jedoch mit Fragen wie: »Was soll das heißen?«, »Was meinst du damit?«, »Was bedeutet das, was du gerade gesagt hast?« oder »Wie soll ich das verstehen?« (vgl. Habermas 1973, S. 221) eingeholt. Man argumentiert also nicht darüber, ob man etwas nun richtig verstanden habe oder nicht, weil man sich vor jeder Argumentation, etwa über Richtigkeit oder Wahrheit, schon zu einigen hat, dieselbe Sprache zu sprechen. Bevor man über den Sinn einer Äußerung argumentiert, muß man ihre Bedeutung geklärt haben, und sei es auch nur so rudimentär, daß man z. B. einem Gedicht wie dem oben zitierten eine Bedeutung zuordnet oder nicht. Präargumentativ muß also abgesprochen werden, in welcher Sprache man sich unterhält, und man muß immer wieder aus einer Diskussion aussteigen, wenn diesbezügliche Zweifel beseitigt werden müssen. Vertritt man dagegen die Meinung, daß nur in einer Argumentation Verständlichkeit eingeholt werden kann, muß man einen Unterschied zwischen den beiden nun entstehenden Argumentationstypen machen, der vielleicht genau der Trennung von Metasprache und Metakommunikation entspricht, daß nämlich im ersten Typ keine Inhalte, sondern nur Verfahrensweisen oder Voraussetzungen diskutiert werden, im zweiten lediglich Inhalte und deren Wahrheit oder Richtigkeit. Der zweite Argumentationstyp, der der Metakommunikation, in dem über kommunizierte oder kommunizierbare Inhalte diskutiert würde, enthält somit den ersten, setzt ihn voraus bzw. ist über diesen, nachdem also die Verfahrensweise geklärt war, entstanden. Habermas differenziert weiterhin, indem er Verständlichkeit einen anderen Grad der Gewißheit zuschreibt als Richtigkeit oder Wahrheit. Von der Verständlichkeit eines Ausdrucks kann man sich unmittelbar überzeugen, d. h. man weiß, daß etwas verständlich ist oder nicht. Ob etwas wahr oder richtig ist, kann man erst dann entscheiden, wenn man sich in einem Diskurs Habermasscher Prägung davon überzeugt hat, also post- oder periargumentativ. Wahrheit und Richtigkeit zählen daher zu den Geltungsansprüchen, die in einer Kommunikation erhoben werden, Verständlichkeit rechnet Habermas zu den Bedingungen (bzw. Voraussetzungen) von Kommunikation überhaupt. Geltungsansprüche unterscheiden sich darin von Gewißheitserlebnissen, daß sie intersubjektiv gelten und auch nur intersubjektiv nachvollziehbar sind, während Gewißheitserlebnisse für niemanden sonst als für das wahrnehmende Subjekt gelten. (Vgl. zu dem zuletzt besprochenen Komplex Habermas 1973, S. 220 ff.)

1.1.4.2 Wahrhaftigkeit

Mit dem Problem der Wahrhaftigkeit stellt sich gleichzeitig die Frage nach dem Unterschied von Argumentation und Diskurs. Habermas hat, völlig konsequent, die Kategorie Wahrhaftigkeit als nicht-diskursiv bezeichnet, weil in einem Diskurs per definitionem eine Kommunikationssituation gegeben ist, die sich durch ihre Unverzerrtheit und den »zwanglosen Zwang des besseren Arguments« (1971, S. 137) auszeichnet. Das aber setzt Wahrhaftigkeit der Kommunikationspartner voraus. Gibt es nur irgendeinen Zweifel an der Wahrhaftigkeit eines der Kommunikationspartner, kann man nicht mehr von der idealen Sprechsituation sprechen, weil dann ja wenigstens einer die Ehrlichkeit oder Wahrhaftigkeit der anderen zu seinen Gunsten ausnutzen könnte und dann alle somit nicht zum besseren, sondern zum wirksameren Argument greifen müßten und würden. Ein Diskurs ist eine Idealkonstruktion, die im realen Leben so gut wie niemals vorliegt, deren man sich bedauerlicherweise auch in keiner Kommunikationssituation völlig sicher sein kann. Ein Buch, in dem Alltagsargumentationen beschrieben werden sollen, begäbe sich von vornherein seiner größten Möglichkeiten, wenn nun diese Argumentationen (nur) unter Zuhilfenahme der Habermasschen Diskurstheorie analysiert würden. Das soll nicht heißen, daß es sich nicht lohne, zumindest in groben Zügen die Habermassche Theorie aufzuarbeiten, leistet doch seine Diskurstheorie vor allem eins: sie setzt den Maßstab dafür, wie Argumentationen auszusehen hätten, wenn wirklich jeder Teilhaber dem Prinzip der Wahrhaftigkeit verpflichtet wäre. Denn nur dadurch, daß ein solches Prinzip wie das des Diskurses überhaupt denkbar ist, läßt sich in praktischen Argumentationen sagen, daß vom Pfade der Tugend abgewichen wird, daß also nicht kooperativ nach Wahrheit von Aussagen und Richtigkeit von Normen gesucht wurde, sondern das unmittelbare egoistische Interesse einer oder mehrerer Partei(en) gerade dies verhindert hat. (Vgl. dazu auch Völzing 1978 und 1979)

Im weiteren Verlauf soll nun mit »Argumentation« neutral der Zustand des Argumentierens bezeichnet werden, abgesehen von der Feststellung der Wahrhaftigkeit der Argumentationsteilnehmer. Nur von Argumentationen in bezug auf praktische argumentative Texte zu sprechen erscheint deshalb notwendig, weil Wahrhaftigkeit keine feststellbare Größe ist wie Verständlichkeit, bei der, wie oben beschrieben, mit Gewißheit gesagt werden kann, ob sie vorliegt oder nicht, sondern weil Wahrhaftigkeit sich erst im Laufe der Argumentation, etwa im Verfahren der Begründung oder Erklärung herausstellen kann, wobei in einer alltäglichen Situation ein der Unwahrhaftigkeit Überführter sich immer noch mit den Größen »Irrtum«, »Versehen« oder »Unwissenheit« herauszureden vermag. Die Feststellung von Unwahrhaftigkeit ist also in praktischen Argumentationen noch viel schwerer zu leisten als die der Unstimmigkeit. Das spiegelt auch genau unsere unmittelbare Erfahrung wider, denn wenn es schon manchmal vorkommt, daß bestimmte Argumentationsketten als unstimmig verworfen werden, gehört es doch zu den Raritäten im täglichen Leben, daß, sei es nun in direkter oder medialer Interaktion, jemand der Unwahrhaftigkeit überführt wird. Die Kompensation dieser frustrierenden Tatsache liefern allerdings fiktionale Texte, vor allem im Fernsehen, desto häufiger und deutlicher. Eine der Gratifikationen, die der Texttyp »Krimi« seinen Lesern oder Zuschauern vermittelt, ist nämlich gerade die, daß dem Bösewicht Unwahrhaftigkeit nachgewiesen wird und, da in aller Regel dieser Nachweis bis zum i-Tüpfelchen komplett geführt wird, das Böse, Unterdrückende oder Bedrückende, wie es der Leser oder Zuschauer oft empfinden dürfte, seine Strafe bekommt (und sei es nur in Form der Festnahme). Gerade dadurch also hebt dieses Sendegefäß oder dieser Texttyp (scheinbar) das mangelnde Vorkommen der Prozedur des gesicherten Feststellens von Unwahrhaftigkeit in der Alltagswelt (wieder) auf. Wie nun stellen wir in der Kommunikation fest, daß unserem Kommunikationspartner Wahrhaftigkeit zukommt? Dieses Thema, das sich in jeder Interaktion prinzipiell immer stellt, ist deshalb auch das Kardinalthema einer Argumentationstheorie. Daß in kooperativen Argumentationen zwanglos nach Wahrheit und Richtigkeit gesucht wird, ist zwar nicht von Unwichtigkeit für alltägliche Sprechereignisse, aber nimmt doch keine so hervorragende Stellung ein wie das Problem der Wahrhaftigkeit, das eng mit dem des Vertrauens in eine andere Person gekoppelt ist.

Wahrhaftigkeit, so wurde oben definiert, ist nicht direkt beobachtbar, vielmehr schafft eine gewisse Kontinuität Wahrhaftigkeit. Angefangen bei einem sich nicht widersprechenden Text, den ein Kommunikationspartner von sich gibt, bis hin zu einer lebenslangen Bekanntschaft, die nie durch (gravierende Fälle von) Unwahrhaftigkeit getrübt wurde, entsteht ein gegenseitiges Vertrauen. Unsere in einer Kommunikations- und Handlungsgeschichte mit einer Person gemachten Erfahrungen mit der Wahrhaftigkeit, Ehrlichkeit, Zuverlässigkeit und Aufrichtigkeit dieser Person schafft ein gegenseitiges Vertrauen, läßt bestimmte Erwartungen von den zukünftigen Handlungen des Anderen entstehen, das nicht durch »jede Information gefährdet oder gestört« wird. »Die Vertrauensperson genießt einen gewissen Kredit, in dessen Rahmen auch ungünstige Erlebnisse zurechtinterpretiert und absorbiert werden können.« (Luhmann 1973, S. 31) Selbstverständlich aber kontrolliert man die Wahrhaftigkeit des Kommunikationspartners, verbal vor allem in

Argumentationen, indem man ihn z. B. seine Handlungen begründen und erklären läßt und dabei seine Reaktionen, seien sie nun verbal oder non-verbal, verfolgt. Allerdings, und da ist Luhmann recht zu geben, kann eine »sehr genaue Artikulation von Gründen [...] leicht zum Störfaktor werden, ja Mißtrauen auslösen.« (S. 31 f.) Trotzdem können Wahrhaftigkeit, Zuverlässigkeit und Ehrlichkeit bzw. Aufrichtigkeit nur durch die Interpretation und Diskussion von Handlungen erfolgen. Der Punkt, an dem Mißtrauen ausgelöst wird oder entsteht, liegt bei einer, jedenfalls von einem Kommunikationspartner so empfundenen, über »das Normale« hinausgehenden Kontrolle.

Vertrauen verdient im täglichen Leben also der, dessen Handlungen von Wahrhaftigkeit, Zuverlässigkeit, Aufrichtigkeit und Kontinuität in den Augen des Vertrauenden zeugen bzw. der diese Eigenschaften in allen für die vorliegenden Situationen relevanten Fällen immer (oder jedenfalls meistens) besessen hat. Dabei sind Wahrhaftigkeit, Zuverlässigkeit usw. immer Kategorien, die an bestimmte Personen gebunden sind. Jeder kennt das Verhältnis des Muttersöhnchens zu seiner Mutter, in dem diesem wesentlich mehr Handlungs- und Vertrauensspielraum zugestanden wird als etwa den anderen Kindern. Was bei diesen zum Vertrauensentzug und zu Erziehungskonsequenzen führen würde, wird bei jenem toleriert und mit Topoi wie »Der ist nun mal so«, »Der meint's aber nicht so« oder »Er ist aber sonst ein guter Kerl« abgetan. (Vgl. dazu auch Huth 1979)

Daß eine solche Vertrauenshaltung von den drei Bedingungen Person, Institution und Situation (vgl. Völzing 1976/1979) abhängig ist, kann am Beispiel von Kommunikation mit Kindern festgemacht werden. Gerade bei kleinen Kindern ist der Erwachsene sehr schnell in der Lage, die Wahrhaftigkeit des Gesagten erkennen zu können, weil Kindern weitgehend die verbalen oder non-verbalen Mittel abgehen, Unwahrhaftigkeit zu kaschieren bzw. Wahrhaftigkeit, obwohl keine vorliegt, darzustellen.

(12)

Institution:	Lebensmittelgeschäft
Situation:	Paul (30) und Julia (mittlerweile 3; 1) kaufen ein
Personen:	Paul und Julia
Julia:	Papa, kauf mir mal Gummis (sie meint Gummibärchen)
Paul:	Julia, du hast doch noch welche, da brauchst du doch nicht schon wieder neue.
Julia:	Julia hat keine mehr.
Paul:	Doch, ich hab' heute morgen noch welche gesehen.
Julia:	Hab' ich alle aufgegessen!
Paul:	Na gut, dann kauf' ich dir welche!

Was passiert jetzt, wenn Paul und Julia heimkommen und Paul sieht, daß in Julias Zimmer sich noch Gummibärchen in Julias Tasse, in die sie immer die Tüten ausleert, befinden, wenn es also nicht der Wahrheit entspricht, was Julia gesagt hat? Wird er Julia zur Rede stellen und vor allem, verliert Julia an Vertrauen?

Nun, Paul wird Julia nicht das Vertrauen entziehen, vor allem deshalb, weil man zu solch kleinen Kindern, die den Unterschied von Lüge und Wahrheit nur bruchstückweise, wenn überhaupt, kennen, in dieser Beziehung kein Vertrauensverhältnis hat, d. h. sogar Unwahrhaftigkeiten erwartet. Dagegen vertraut Paul Julia, daß sie, wenn sie auf den Balkon geht, nicht auf oder über die Balkonumrandung klettert. Er weiß, daß Julia die Konsequenzen eines Sturzes aus dem ersten Stock kennt und danach handelt. Vertrauen richtet sich, hier deutlich sichtbar, sowohl nach der handelnden Person als auch nach der Situation (oder Institution), in der diese Person agiert. Man könnte nun noch die Merkmale, die das Vertrauen, etwa in eine bestimmte Person, determinieren, weiter aufarbeiten, es soll aber nur noch an einem abschließenden Beispiel kulturelle Varianz des Vertrauensspektrums gezeigt werden. Verabredet man sich etwa in Italien mit italienischen Freunden, sagen wir um 8 Uhr, so kann man sicher sein, daß vor 1/4 nach 8 Uhr, wahrscheinlich auch um $^{1}/_{2}$9 Uhr, die Freunde noch nicht erschienen sind. In Italien, so die Auskunft meiner italienischen Freunde unisono, handele man in dieser Beziehung nach der Maxime, daß man erst um $^{1}/_{2}$9 Uhr käme, weil der andere sowieso kaum vor $^{1}/_{4}$ vor 9 Uhr erscheine. Weiß man das, empfindet man es nicht mehr als halbe Beleidigung, als die man es in Deutschland wohl auffassen müßte, wenn jemand, ohne nachher auch noch Gründe zu nennen, eine halbe oder dreiviertel Stunde zu spät kommt. Umgekehrt kann man nur hoffen, daß italienische Hausfrauen nicht beleidigt sind, wenn man ihr Essen als »wirklich gut« (veramente buono) bezeichnet, was unter Freunden in Deutschland wohl das höchste Lob darstellt, während Italiener in solchen Fällen mit Super-Superlativen wie »optimal (ottimo)« oder »exzellent (eccellente)« nicht geizen.

Vertrauen in die Wahrhaftigkeit, Zuverlässigkeit usw. des Kommunikationspartners, und das sei als wichtigster Punkt noch einmal festgehalten, heißt, daß Kommunikationspartner durch eine gemeinsame Kommunikationsgeschichte sich gegenseitig unterstellen, nach den bisher herausgebildeten Annahmen und Erwartungen zu handeln *und* daß jeder vom Anderen überzeugt ist, daß dieser nach bestem Wissen und Gewissen das tut, was im Sinne des gemeinsamen Zieles ist. Sollte das gewünschte Ergebnis nicht erreicht werden, unterstellt trotzdem normalerweise jeder dem Anderen, im Sinne der gemeinsamen Annahmen und Erwartungen gehandelt zu haben. Überprüft werden Wahrhaftigkeit, Aufrichtigkeit usw. zwischen sich Vertrauenden zwar so selten wie irgend möglich, aber immerhin doch und dann oft durch non-verbale Mittel und an non-verbalen Äußerungen des Anderen. Wird dagegen Wahrhaftigkeit verbal überprüft, dann an Handlungssequenzen des Anderen und in Argumentationen, in denen dieser seine Handlungsweise rechtfertigen muß.

Gerade in Argumentationen, in denen es um Wahrheit von Aussagen und Richtigkeit von Normen geht, läuft parallel immer eine implizite oder explizite Kontrolle von Wahrhaftigkeit, Zuverlässigkeit, Aufrichtigkeit und Ernsthaftigkeit mit.

Argumentationen werden, wenn überhaupt, dann dadurch entschieden, daß man dem Gegenüber nachweist, nicht kontinuierlich die gleiche Meinung vertreten zu haben oder aufrichtig und wahrhaftig Argumente nicht stützen zu können, weil ihm Kontinuität in der Befolgung der stützenden Normen oder Werte fehle. Insofern werden kooperative Argumentationen über Wahrhaftigkeit und Richtigkeit schon oft im Vorfeld verhindert oder führen nicht zu einem Konsens, weil Zweifel an der Lauterkeit der Argumente nicht ausgeräumt werden können.

Gerade in Fernsehdiskussionen zwischen Politikern, bei denen von Anfang an so getan wird, als ob es nur um Wahrheit oder Richtigkeit gehe und wo Wahrhaftigkeit als selbstverständlich (für den Zuschauer) vorausgesetzt und zur Schau getragen wird, geht es häufig nur darum, mit wahren oder hergeholten Argumenten die Vertrauenswürdigkeit des Gegners in den Augen des Zuschauers zu unterminieren oder zu erschüttern, dabei aber selbst das Gesicht, die eigene Glaub- und Vertrauenswürdigkeit, nicht zu verlieren. Das aber ist wiederum nur möglich, wenn unter der Maske der kooperativen Argumentation, also indem man dem Fernsehzuschauer suggeriert, daß es einem um die Wahrheit oder Richtigkeit gehe, den Gegenüber angreift, wobei man ihn durchaus auch der Unwahrhaftigkeit bezichtigen kann. Es sollte bis hierher deutlich geworden sein, daß für eine Argumentationstheorie die Analyse der Kategorie Wahrhaftigkeit eine hervorragende und unverzichtbare Stellung einnimmt und daß deswegen wiederholt darauf eingegangen wird.

Wahrhaftigkeit ist die Kategorie, an der der Wert von Argumentationen gemessen werden kann, bei und an der entschieden wird, in welcher Art von Argumentation, ob nun strategisch oder kooperativ, man sich befindet.

Das allein erklärt schon die notwendige Behandlung der Größe Wahrhaftigkeit.

1.1.4.3 Wahrheit

Geht der Vater mit seiner Tochter spazieren und beide sehen eine Kuh, die Gras frißt, und die Tochter, die, nehmen wie einmal an, $2^1/_2$ Jahre alt ist, fragt, was denn die Kuh da mache, und der Vater antwortet, daß sie Gras fresse, so ist das sicher eine wahre Antwort. Die Aussage oder Behauptung »Die Kuh frißt Gras« kann in diesem Fall als wahr bezeichnet werden. Auch die Behauptung, daß die Sonne am Himmel stehe (auf die Frage des Kindes, wo die Sonne sei) ist wahr, genauso wie die Antwort: »Die Sonne ist ein Fixstern« auf die Frage: »Was ist die Sonne?« Und wenn die Eltern abends zu dem Kind sagen, daß es lieb sei, weil es alles aufgegessen habe, so ist das auch wahr, jedenfalls für die Eltern.

Man sieht schon an diesen vier einfachen Beispielen, daß es auch mit der Wahrheit so eine Sache ist, daß Sätze, in denen wahre (oder falsche) Aussagen gemacht werden, sich doch voneinander unterscheiden.

Daß die Sonne ein Fixstern ist, ist per definitionem innerhalb einer bestimmten Theorie wahr, die Fixsterne von Wandelsternen (auch Planeten genannt) unterscheidet.

Eine Wahrheit jenseits aller Theorien oder besser, die z. Z. allen denkbaren Theorien zugrunde liegt, stellt die Einsteinsche Relativitätsformel $E=m \cdot c^2$ dar. Daß die Sonne am Himmel steht, ist nun schon »viel weniger wahr« als die Relativitätstheorie oder auch daß 1+1=2 ist. Daß die Sonne am Himmel steht, scheint zumindest für den Normalbürger nachts nicht der Fall zu sein, und daß die Kuh Gras frißt, gilt zwar generell für Kühe, manchmal tun Kühe aber auch etwas anderes, so daß die Bemerkung, daß die Kuh (gerade) Gras fresse, nicht immer der Wahrheit entspricht. Immerhin kann man bei allen bisher besprochenen Beispielen sagen, und das läßt sie zu einer Gruppe gehörig erscheinen, daß man mit einiger Gewißheit (im Lichte einer bestimmten Theorie oder Weltsicht) entscheiden kann, ob der Aussage ein Wahrheitswert »wahr« oder »falsch« zukommt. Zu diesem Ergebnis kommt man durch Beobachtung, oder es ist durch Definition (für ewig) festgesetzt, daß etwas wahr ist (z. B. 1+1=2). Ob ein Kind lieb ist, kann man dagegen nicht beobachten, jedenfalls hat man nie die Gewißheit, die man in den anderen Fällen haben kann.

Eine Kuh frißt gerade Gras oder sie tut es nicht, diese Aussage ist also wahr oder falsch. Ein Kind dagegen, das seinen Brei ganz aufgegessen hat, kann das nicht aus Folgsamkeit den Eltern gegenüber getan haben, was nur bei bestimmten normativen Hintergründen der Eltern zu der Bezeichnung »lieb« zu führen hätte, sondern aus Angst vor Strafe, was man gerade nicht mit »lieb« bezeichnen könnte und sollte. »Lieb« kann man ein Kind also erst nennen, wenn man argumentativ, sei es nun in einer tatsächlichen Argumentation oder in einer gedanklichen Quasi-Argumentation, festgestellt zu haben glaubt, daß das Handeln des Kindes den Anforderungen genügt, die man stellt, um jemanden als »lieb« zu bezeichnen. Es scheint also zwei Arten von Wahrheit zu geben: eine zu der man mit seinen Sinnesorganen Zugang hat und eine andere, die nur intersubjektiv herauszubilden und auch zu bestätigen ist.

Und genau an diesem Punkt scheiden sich, wissenschaftstheoretisch gesehen, die Wahrheitstheorien tatsächlich. Die einen wollen nur beobachtbare Wahrheiten als Wahrheiten ansehen bzw. bemühen sich in jedem Falle, nur beobachtbare Kriterien zuzulassen, wenn das Prädikat »wahr« vergeben werden soll (Korrespondenztheorie), die anderen sagen, daß »wahr« (nur) das ist, worüber man intersubjektiv Einverständnis erzielt hat (Konsensustheorie).

Damit deckt die zweite Theorie zumindest große Teile der ersten mit ab, denn daß die Kuh Gras frißt, darüber kann man natürlich auch Einverständnis erzielen. Aber hier soll nicht weiter auf den Unterschied von Korrespondenztheorie und Konsensustheorie der Wahrheit eingegangen werden (vgl. dazu etwa Habermas 1971, Kap. IV und Skirbekk 1977), sondern wieder ein pragmatistischer Strich unter diese Debatte gezogen werden, denn für alltägliche Argumentationen spielen fast nur Fragen der zweiten Art eine Rolle. Beobachtbare Wahrheiten im Sinne der Korrespondenztheorie, zu denen man direkten Zugang über sinnliche Erfahrungen der Wirklichkeit hat, stellen in praktischen Argumentationen in den seltensten Fällen ein Problem dar und werden, sollten sie doch einmal strittig sein, meistens auf axiomatische Weise gelöst: man setzt sie dann als wahr voraus, oder, kann man sich darauf nicht (in einem Kompromiß) einigen: man klammert sie aus und beschließt, neu zu verhandeln, wenn Klarheit über die besagten Tatsachen vorhanden ist.

Für praktische Argumentationen also spielen Wahrheitsprobleme der ersten Art keine Rolle. Stattdessen geht es in ihnen um die Wahrheit von Aussagen, die in der Regel nur intersubjektiv erfahrbare und definierbare Sachverhalte wiedergeben. Gerade in dieser Beziehung allerdings hat die heutige Argumentationstheorie bisher einiges versäumt, denn liest man die Beispielsätze zum Thema Wahrheit, so sind es immer nur solche, denen eine abgemilderte Korrespondenztheorie auch genügen würde. Daß Peterson nicht römisch-katholisch, Harry britischer Staatsbürger ist (Toulmins Beispiele) oder daß das Haus brennt, Hans Fritz ein Buch geschenkt hat (Habermas 1971), läßt sich zwar mit den Modellen von Toulmin und Habermas schlüssiger klären als mit einer Korrespondenztheorie, die meint, solche sprachlich und damit auch kulturell vermittelten Fakten ohne expliziten Rückgriff auf Sprache, Normen und Konventionen beschreiben und erklären zu können. Nur repräsentieren solche Beispiele nicht die Fälle, die in Alltagsargumentationen häufig strittig sind.

Was sind nun Aussage- oder Behauptungssätze, die intersubjektiv erfahrbare und definierte Sachverhalte wiedergeben?

Die Antwort ist nicht ganz leicht, denn man gerät bei Nennung von Beispielen immer wieder in die Nähe normativer Sätze, von denen man nicht Wahrheit, sondern Richtigkeit verlangt. So ist die Norm oder das Gesetz »Gemeinnutz geht vor Eigennutz« nicht wahr oder falsch, sondern richtig oder unrichtig. (in der Umgangssprache benutzt man auch »falsch« statt »unrichtig« oder »unkorrekt«. Im Englischen existieren zwei verschiedene Ausdrücke, nämlich »false« für »falsch« und »wrong« für »unrichtig (falsch)«. (Vgl. dazu Völzing 1976/79)). Dagegen fällt die Behauptung »Diese Stadt hat bei ihrem Bebauungsplan den Gemeinnutz vor den Eigennutz gestellt und ausreichend viel Kinderspielplätze und Grünanlagen geschaffen« unter unsere Kategorie von Aussagesätzen, die intersubjektiv erfahrbare und definierbare Sachverhalte wiedergeben. Der Streit über diese Aussage entzündet sich nämlich nicht daran, ob Kinderspielplätze und Grünanlagen zu schaffen richtig ist, sondern was »ausreichend« heißt und ob es wahr ist, daß wirklich ausreichend viel Kinderspielplätze und Grünanlagen geschaffen wurden.

Die Behauptung »Meine Schuhe sind dreckig« ist vergleichsweise leicht zu beweisen, indem man den Dreck zeigt, der an den Schuhen hängt, weil hier »dreckig« als intersubjektiv hinreichend definiert gelten kann. Die Behauptung »Italien ist dreckig« ist dagegen schon viel schwerer verifizierbar, vor allem weil wir, etwa nachdem nach einer solchen Bemerkung in eine Argumentation eingetreten wird, die feststellen soll, ob dieser Satz wahr oder falsch ist, mit dem Problem der Möglichkeit von Verallgemeinerung zu tun bekommen.

Niemand kennt ganz Italien, wie kann man nun eine solche generalisierende Bemerkung machen?

Fangen wir aber vorne an, untersuchen wir zuerst folgendes Beispiel:

a) A: Italien ist dreckig.
   B: Woher weißt du das, du warst doch noch nie in Italien!

Die Analyse von Beispiel (a) ist verhältnismäßig einfach. A behauptet etwas, und B äußert Zweifel an der Wahrhaftigkeit von A, weil er weiß, daß das Wissen um den behaupteten Sachverhalt nicht zum direkten Wissen von A gehören kann. Deshalb könnte man sich folgenden Fortgang der Argumentation denken:

b) . . .
   A: Aber ich hab' doch neulich einen Bericht über Italien im Fernsehen gesehen, und da ist das gezeigt und gesagt worden, und ich hab' doch Augen und Ohren im Kopf.

Der Anschlag auf die Wahrhaftigkeit wird z. T. jedenfalls pariert. Was bleibt, ist das Problem der Verallgemeinerung. Damit könnte B jetzt wieder parieren:

c) . . .
   B: Ach, jetzt erinnere ich mich, den Film hab' ich auch gesehen, da haben sie aber nur Manfredonia und Crotone gezeigt, wo viel chemische Industrie und ein Zementwerk ist. Solche Orte gibt's bei uns doch auch.

B hätte auch anders fortfahren können, indem er die Kompetenz oder die Wahrhaftigkeit des Reporters angegriffen hätte:

d) . . .
   B: Ach, den Film hat doch der Rolf Beller gemacht. Bei dem wundert's mich nicht. Der hat doch keine Ahnung vom Leben in Italien, und italienisch spricht der wie meine Oma. Der kriegt doch überhaupt nichts mit in Italien, deswegen muß der Dreck suchen.

In dem Statement von B wird allerdings nicht nur die Wahrhaftigkeit des Korrespondenten angegriffen, sondern etwa auch auf kulturelle Unterschiede in der Definition und Behandlung von Schmutz und Dreck hingewiesen. Genau an diesem Punkt gehen Fragen nach der Wahrheit von Ansichten oft in solche über die Haltbarkeit oder Richtigkeit von Meinungen über. Das ist ein ganz normaler Vorgang, der aber in der Wissenschaft bzw. in den bisherigen Theorien über Argumentationen nie ausgesprochen worden ist. Gerade auch Habermas trennt rigoros zwischen den Kategorien Wahrheit und Richtigkeit, was zwar heuristisch vollkommen in Ordnung ist, aber in keiner Weise der Praxis entspricht. Deswegen soll hier zwar auch heuristisch getrennt, aber auch von der Unhaltbarkeit dieser Annahme in der Praxis gesprochen werden. Beispiel (d) spiegelt das angesprochene Dilemma in etwa wider, ebenfalls Beispiel

e) A: Italien ist dreckig.
B: Stimmt. Neulich bin ich über den St. Gotthard nach Italien gefahren, und kaum war ich in Italien, war's vor Dreck nicht auszuhalten.
A: Wo warst du denn?
B: In Seveso.

B sagt hier A mit Hohn, Spott oder Ironie, daß er A's Definition von »dreckig« nicht teilt, daß er auf der Ebene der gutdeutschen Ansicht von Ordnung und Sauberkeit nicht weiterdiskutieren will.

Alle diese Beispiele beweisen, daß es in Argumentationen um die Wahrheit, um das Zutreffen von nur intersubjektiv zu definierenden Sachverhalten gehen kann. Vielleicht ist auch schon an diesen Beispielen deutlich geworden, daß in der Praxis, wenn es um Wahrheit geht, gerade über solche Probleme diskutiert wird. Diese nur intersubjektiv geltenden Sachverhalte müssen nämlich, bevor über ihre Richtigkeit in konkreten Fällen diskutiert werden kann, erst einmal als für den betreffenden Fall geltende festgestellt werden. Oder anders, da außer in philosophischen Seminaren wohl nirgendwo über die Richtigkeit einer Norm an sich argumentiert wird, sondern meistens über Behauptungen, die konkrete Fälle betreffen, in normative Diskussionen eingestiegen wird, steht die Frage nach dem Zutreffen, nach der Geltung einer Wahrheit in der Regel am Anfang einer Argumentation (auch über normative Fragen). Es muß also erst einmal festgestellt werden, ob die Kinder wirklich frech waren, Italien schön ist oder dreckig oder beides (verbunden mit »und«), die Betten weich oder hart, das Motorrad laut oder leise, das Wasser warm oder kalt usw. Dazu müssen Kriterien gesammelt und gegeneinander abgewogen werden, die diese Annahmen stützen. Ganz davon abgesehen, daß A die Norm, wie Kinder sich zu benehmen haben, anders auslegen kann als B, daß C sich unter einem harten Bett etwas anderes vorstellt als D und daß E Wasser als warm empfindet, das F als kalt bezeichnet, muß zuerst über die Geltung von Behauptungen, und zwar über ihre Wahrheit argumentiert werden.

Es müssen Kriterien angegeben werden, die *überhaupt* die Bezeichnung »frech«, »leise«, »hart« oder »warm« rechtfertigen. Das ist bei physikalischen Zuständen wie »warm« relativ einfach, bei »harten« Betten und »lauten« Hotels schon schwerer und bei »frechen« Kindern oder Begriffen wie »Scheitern« (vgl. Beispiel [21]) oft heiß umstritten. Gerade beim Streit um freche Kinder geht es oft gar nicht einmal so sehr darum, daß Kinder ruhig auch frech sein dürfen oder sich auch gegen Erwachsene wehren sollen (was diese oft als frech empfinden) und die Rechtfertigung dieses Wandels einer überkommenen Norm, jedenfalls in unserem Kulturkreis, sondern um die Feststellung, daß das Kind *überhaupt* frech war. Ein Kind, das einer 85jährigen Frau ins Gesicht gespuckt hat und ihr den Geldbeutel aus der Hand gerissen hat, war sicher frech, wenn nicht mehr als das. Ein Kind, das einer 85jährigen Frau gesagt hat, daß sie sich um ihren Kram kümmern und es und seine Spielkameraden in Ruhe spielen lassen solle, weil man noch nie mit dem Ball eine Fensterscheibe eingeworfen habe, ist mit diesem Prädikat nicht mehr ganz so einfach zu belegen. Selbstverständlich sind das Definitionen auf einem normativen Hintergrund, selbstverständlich hat man, nimmt man einem Kommunikationspartner gegenüber zu einem solchen Problem Stellung, ganz gewiß Argumentationsmöglichkeiten im Kopf, man hat sich vorher vielleicht Gründe, Berechtigungen usw. überlegt, mit denen man seine Ansichten stützen kann, man befindet sich aber in diesem Moment und in dieser Situation nicht direkt auf normativem Gebiet, wo es um die Richtigkeit einer Norm, also um ihre Rechtfertigungsmöglichkeit geht, sondern erst einmal in dem Stadium, in dem es Thema sein muß herauszufinden, ob die aufgestellte Behauptung wahr oder falsch ist, daß also Italien dreckig ist oder nicht oder ein Kind frech. Genauso wie die Verallgemeinerung von einem Ort, der dreckig, schön, laut oder langweilig ist, auf viele oder alle in einer gleichen oder ähnlichen Umgebung immer problematisch (aber auch notwendig) sein wird, dürfte auch die Zuschreibung des Prädikats »frech« auf ein Kind nicht ganz einfach sein, da ja nicht nur eine Handlung des Kindes herangezogen werden darf, sondern diese Handlung in einen größeren Rahmen gestellt werden muß, abgesehen davon, daß bei der Interpretation von Handlungen die schon oft erwähnten Schwierigkeiten beginnen, denn es kann durchaus sein, daß das Kind aus Verzweiflung der alten Frau den Geldbeutel entrissen hat.

Die Zuschreibung von Prädikaten wie »frech«, »dreckig« usw. bedarf also erst einmal einer Verifizierung im Handlungszusammenhang, man muß erst einmal darüber reden, ob die Anwendung einer solchen generalisierenden Sprechweise überhaupt möglich ist, bevor man den Einzelfall beurteilt und auf die Richtigkeit der hinter der Beurteilung dieses Einzelfalls liegenden Normen zu sprechen kommt und somit wieder Rückschlüsse auf den Einzelfall zieht. Um es noch einmal zu sagen: Wahrheit und Richtigkeit stehen in einem Wechselverhältnis. Auf der einen Seite muß erst empirisch oder in einer Argumentation festgestellt werden, ob ein Sachverhalt überhaupt zutrifft, auf der anderen Seite ist eine solche Feststellung, ein solches Urteil nur möglich vor dem Hintergrund normativer Gegebenheiten, die wiederum ihrerseits an konkrete Fälle gebunden sind, bei denen empirisch oder argumentativ festgestellt werden muß, ob ein Sachverhalt überhaupt zutrifft usw. usf.

Fragen nach der Wahrheit lauten, um noch einmal eine Unterscheidung gegenüber Fragen nach der Richtigkeit herauszuarbeiten: »Verhält es sich tatsächlich so, wie du sagst?« oder »Verhält es sich so und nicht anders?« (vgl. Habermas 1973, S. 221) oder »Kann man das tatsächlich so sagen?«,

Fragen nach der Richtigkeit sind dagegen vom Typ »Warum hast du das getan?«, »Ist es richtig, so etwas zu tun?«.

Die Bedingung dafür, feststellen zu können, daß eine Aussage wahr ist, »ist die potentielle Zustimmung aller anderen« (Habermas 1973, S. 219), jedenfalls idealiter gesehen. Man sollte also eine Aussage oder Behauptung so gestalten, daß alle anderen, die überhaupt nur gefragt werden können, ihr guten Gewissens zuzustimmen vermögen. Da man allerdings nie alle anderen fragen kann, bevor man eine wahre Behauptung aufstellen möchte, projiziert man die eigenen Ansichten und Erfahrungen, die man mit den Dingen oder Sachverhalten gemacht hat, über die die Behauptung etwas aussagen soll, auf eine solche Situation, an der alle teilnehmen könnten, man gibt mit einer Behauptung sozusagen das implizite Versprechen, jedem die Wahrheit der Proposition deutlich machen zu können oder zu wollen. Möglich ist ein solcher Wahrheitsanspruch nur durch die Fähigkeit, verallgemeinern zu können, was natürlich auch die Notwendigkeit verallgemeinern zu müssen, einschließt.

Da einem Handelnden prinzipiell nicht alles Wissen um alle Dinge zur Verfügung steht, muß er von dem, was er weiß, fühlt, meint, auf all das andere schließen, über das er eine Aussage machen will. Insofern sind Aussagen immer bestreitbar, Wahrheit von alltäglichen Aussagen ist nie auf Ewigkeit gegründet und auch Irrtümern ausgesetzt, wobei sich diese Irrtümer vor allem auch auf die Verallgemeinerung beziehen können. Wahrheit ist ein Prinzip, das, wie Habermas sagt, einen (Geltungs-) Anspruch darstellt, den der Handelnde normalerweise kommuniziert, nicht um sich und die anderen auf immer darauf festzulegen, sondern um mit den anderen darüber in eine Kommunikation einzutreten, bei Bedarf auch in eine Kommunikation über das Behauptete selbst. Nur dadurch, daß etwas kommuniziert wird, ist es erfahrbar (von vielleicht einigen »natürlichen« Dingen abgesehen), und der Handelnde behauptet in der Regel nicht, daß Italien schön ist, um ein für allemal die Wahrheit seiner Aussage festzustellen und zu behaupten, sondern weil er a) den Anderen von dieser Tatsache überzeugen will und weil er b) weitere Erfahrungen und Meinungen zu diesem Thema hören will. Die Antwort »Ja« oder »Nein« ist die unbefriedigendste in einem Gespräch auf eine Behauptung, weil sie nämlich Punkt (b) vollkommen ausschließt, selbst wenn sie (a) erfüllt.

In Handlungszusammenhängen stellt »Wahrheit« also nicht nur ein Versprechen dar, nämlich, daß alle behaupteten Propositionen wahr sind, sondern auch eine Forderung an den Kommunikationspartner, seinerseits etwas für die Stützung oder Infragestellung der Wahrheit zu tun, sozusagen eine Aufforderung zu einer Argumentation über die behaupteten Wahrheiten.

1.1.4.4 Richtigkeit

Im vorangegangenen Abschnitt über »Wahrheit« wurde notwendigerweise auch schon einiges zum Thema »Richtigkeit« gesagt, vor allem weil das angesprochene wechselseitige Verhältnis besteht. Innerhalb einer Argumentation liegen Fragen nach der Richtigkeit (einer Norm) normalerweise hinter Fragen nach der Wahrheit, aber das soll jetzt nicht mehr weiter der Gegenstand der Untersuchung sein. Interessieren soll jetzt, was überhaupt Fragen nach der Richtigkeit sind und was sie erfragen.

Habermas (1973, S. 220) spricht von Richtigkeit als einem Geltungsanspruch, der sich auf Gebote oder Bewertungen bezieht. Hinzuzufügen wären ebenso normative Gebilde wie Konventionen, Regeln, Gesetze, Verbote, also alles das, was wir unter dem Oberbegriff »Norm« oder »Handlungsnorm« erfassen wollen.

Sind wir mit einer Norm nicht einverstanden oder wollen wir ergründen, ob eine Norm berechtigt ist oder nicht, fragen wir »Warum ist das so?«, »Warum darf man das nicht tun?«, »Warum soll man das tun?« oder »Darf man das tun?« (Vgl. auch Habermas 1973, S. 221). Solche Fragen initiieren eine Argumentation über den Sinn von Normen, also das, was in unserem Argumentationsschema der Schritt von (N) nach (RF) abdeckt. In alltäglicher Kommunikation ist diese Art und Weise miteinander zu reden nicht allzu häufig, vor allem weil Alltagskommunikation sich normalerweise dadurch auszeichnet, gewisse Dinge unhinterfragt vorauszusetzen und dazu gehören auch Normen und Werte. Es muß also erst einmal ein eingespielter Konsens zerbrochen sein, bevor wir uns mit anderen Teilnehmern an der Interaktion um argumentative Verständigung, um die Wiederherstellung des Konsens bemühen. (Vgl. Habermas 1971, S. 134) Die Diskussion über Normen und Werte geht im Habermasschen Diskurs bzw. in der kooperativen Argumentation zwanglos und in einer unverzerrten, daher idealen Kommunikationssituation vonstatten, in der jeder Teilnehmer von seinen eigenen Interessen abstrahiert. Jeder, der schon einmal im Alltagsleben über Normen diskutiert hat, sei es über Kindererziehung oder die Notwendigkeit von Rechtschreib- und Grammatikunterricht, weiß, daß gerade hier nicht zwanglos und uneingeschränkt diskutiert wird.

Habermas' Bemerkung, daß im Diskurs »die Welt der Gegenstände, mit denen wir unsere Erfahrungen machen, indem wir instrumental [gegenständlich-praktisch] oder kommunikativ [sprachlich] handeln, und *über* die wir im kommunikativen Handeln Informationen austauschen, zu einem System von Sachverhalten, und das heißt: nur möglicherweise existierenden Tatsachen, umgeformt« (1971 a, S. 213 f.) wird, mag zwar das Desiderat schlechthin für menschliches Zusammenleben sein, ein Postulat, an dem alle anderen Gespräche und ihre Ergebnisse über Normen und Werte zu messen sind, in der Realität allerdings kommen solche herrschafts- und erfahrungsabgelösten Interaktionen selten oder nie vor.

Normalerweise stellt es für Gesprächsteilnehmer nur eine sehr schwer zu überwindende Hürde dar, entgegen den eigenen Erfahrungen, z. B. der eigenen Sozialisation, zu handeln, ohne dabei nicht unbeträchtlichen Identitätsverlust zu erleiden und dabei auch an Kommunikationsmöglichkeit und Überzeugungspotential zu verlieren. Konkret heißt das, daß wir, wenn wir über Normen diskutieren, an unseren Erfahrungen und vergangenen Handlungen anknüpfen, selten dabei Handlungssprünge machen, um nicht vor uns selbst und anderen als unglaubwürdig dazustehen, und im Prinzip eine Lösung anstreben (oft auch unbewußt), die entweder mit der von uns vertretenen Meinung identisch ist oder aber in Ansätzen die Meinung des Gegenübers berücksichtigt, im Kern aber der eigenen vertretenen Ansicht näher ist. Das soll heißen, daß normativer Wandel selten nach einer Argumentation festzustellen ist, daß etwa auch nicht eine Sendung im Fernsehen eine sofortige und komplette Änderung von Meinungen zu normativen Fragen hervorrufen kann, sondern daß stückchenweise, durch Änderung der Lebenswelt, durch Ansichten, die immer wieder in Interaktionen vertreten werden, Änderungen im normativen Gefüge von Menschen geschehen. Wenn dem so ist, und empirische Befunde, vor allem in der Massenkommunikationsforschung und Sozialpsychologie sprechen dafür, zeigt das ganz deutlich, wie »ideal« das entworfene Argumentationsschema ist. Denn ließe sich wirklich überzeugend von der zu interpretierenden Handlung (H) über (G), (B), (N) zu (RF) oder (Z), (B), (N) zu (RF) fortschreiten, wären die argumentativen Möglichkeiten in einer Kommunikationssituation wesentlich größer. Die Schwierigkeit, zwingend »von der in Frage stehenden Annahme zu einem unbezweifelbaren Anfangspunkt« (Toulmin 1976, S. 91) zu gelangen, was Toulmin »eher ein theoretisches Ideal als eine praktische Realität« (ebd.) nennt, läßt solche glänzenden argumentativen Beweise nicht zu und zwar aus zwei Gründen: erstens sind die Gründe oder Zwecke, die man für ein wie auch immer geartetes Handeln anführt, oft nicht stark oder eindeutig genug, und das kommt sicher auch daher, daß Gründe keine Ursachen, also von der Handlung separierbare und getrennt feststellbare und beobachtbare Ereignisse sind, und zweitens erscheinen oft die Verfahren, die diese Gründe an die Handlung binden, undurchsichtig oder nicht ausreichend klar. (Vgl. auch Toulmin 1976, S. 93) Als Grund dafür, daß ein Mann ärgerlich ist, kann man seine schroffe Stimme anführen, aber eine schroffe Stimme *muß* natürlich nicht unbedingt bedeuten, daß jemand ärgerlich ist. (Vgl. dazu Toulmin 1976, S. 115) Sie kann auch daher kommen, daß dieser Mann entzündete Stimmbänder hatte oder absichtlich seine Stimme verstellte. Dazu sind neben diesem Grund noch andere denkbar, aus denen hervorgehen könnte, daß der Mann ärgerlich ist, so etwa ein rot angelaufenes Gesicht.

So wie oft viele Gründe bei der Interpretation von Handlungen aufgedeckt werden können, die für oder gegen eine bestimmte Sicht sprechen, gibt es natürlich auch unterschiedliche und verschiedene Berechtigungen oder Normen, die wiederum den Schluß von (H) auf (G) bzw. bei Normen und Werten (B) abdecken usw. Gerade für die juristische Argumentation, bei der man doch eigentlich sicher sein sollte, daß ein schlüssiges normatives Gefüge vorhanden ist, daß unbezweifelbar von (B) auf (N) oder (N) auf (RF) geschlossen werden kann, gilt in hohem Maße (und das läßt ahnen, daß es für weniger institutionell gebundene Argumentationen als etwa bei Strafverfahren vor Gericht noch größere Spielräume gibt), daß zwar ein System erstellt werden kann, dieses System aber nicht ein für alle Male konkrete Fälle zu lösen in der Lage ist. Gerade die Zurückführung von Ereignissen auf intentionale Handlungen und somit auf dahinterliegende Gründe, Zwecke, Berechtigungen, Normen, Werte und Rechtfertigungen, macht den eigentlichen Teil der juristischen Argumentation aus. Am konkreten Fall erst entstehen in voller Schärfe die Streitfragen, deren unterschiedliche Beantwortung sich etwa in der Frage nach einer zu vertretenden Verurteilung oder einem angemessenen Strafmaß niederschlägt. Erst der konkrete Fall, so Viehweg 1974, lasse ein praktisches Urteil zu. Prinzipiell sei eine »deduktive Systematisierung keine schwierige Sache« (S. 82), immer aber muß das System am Einzelfall sich bewähren. Beide stehen somit in einem dialektischen Verhältnis: »Was man vereinfachend Rechtsanwendung nennt, ist weitgehend eine wechselseitige Annäherung zwischen Sachverhalt und Rechtsordnung.« (S. 90)

Genau diese Annäherung von (Denk-) System und praktischem Fall war die Schwierigkeit, die hier beschrieben werden sollte.

Warum nun, kann man sich fragen, macht die Zuordnung dieser beiden Kategorien so große Mühe? Ein Grund dafür ist ganz sicher, daß es kein System gibt, das so kohärent und umfassend ist, daß es alle möglichen Einzelfälle aufnehmen könnte. Das ist auch deswegen unmöglich, weil Systeme (anders als die Natur etwa) von Menschen geschaffen werden und sich durch den Wandel von sozialen Beziehungen ändern bzw. deswegen geändert werden müssen. Anders als die Natur entwickeln sich soziale Gebilde — und in ihr angelegte Systeme müssen diese Entwicklung mitmachen — wollen sie weiterhin funktionieren. Den Menschen allerdings, die soziale Systeme oder sagen wir nur: Normen verändern, muß klar sein, in welche Richtung sie diese Normen verändern wollen, vor allem, wer von der Normveränderung betroffen werden soll und wer nicht, wer durch sie Privilegien aufgeben muß, wer neue Rechte eingeräumt bekommt und wer dadurch (zwangsweise) welche verliert. Schon allein wenn man sich fragt, ob zugunsten größerer Freiheit oder Gleichheit agiert werden soll, gerät man in Rechtfertigungsschwierigkeiten, denn genau diese Frage ist einer der Grundpfeiler bei der Anlegung des Maßstabes in (RF) an (N).

Im folgenden Abschnitt soll nun nicht mehr von der Richtigkeit von Handlungen gesprochen werden, sondern von der Möglichkeit, Normen und Werte (an der gesamtgesellschaftlichen Entwicklung) zu rechtfertigen.

1.1.5 Letztbegründungen

Über Letztbegründungen ist vor allem in der (angelsächsischen) Philosophie sehr viel nachgedacht worden. In dem in England entwickelten

Utilitarismus steht der Nutzen, den der Mensch von einer Handlung hat, im Vordergrund des Interesses. Namen, die sich mit dieser im 18. bzw. 19. Jahrhundert aufkommenden Forschungsrichtung und Denkweise verbinden, sind Jeremy Bentham und John Stuart Mill. (Vgl. dazu Höffe 1975 und 1975a). Eine erste brauchbare Letztbegründung wurde jedoch erst von Vilfredo Pareto aufgestellt, man nennt es nach ihm das Pareto-Optimum, in dem es um das Problem der Veränderung des Jetzt-Zustandes, des status quo geht:

Soziale Verhältnisse können als optimal angesehen werden, wenn es keine Möglichkeit gibt, sie für einige, jedoch mindestens einen zu verbessern, ohne gleichzeitig andere, mindestens jedoch einen, dadurch zu benachteiligen. (Vgl. dazu Richards 1972, S. 118 und Höffe 1975, S. 159).

Dieses Prinzip jedoch ist als Handlungs- oder Rechtfertigungsmaxime konservativ, es bevorzugt den status quo, schreibt ihn fest, denn es gestattet keine Handlung, die auch nur irgend jemanden benachteiligt. Eine Umverteilung von Gütern oder Rechten zugunsten einer größeren Gleichheit ist aufgrund eines solchen Handlungsprinzips unmöglich. Allerdings scheint mir Paretos theoretischer Stand schon fortgeschrittener zu sein als handlungs- und regelutilitaristische Prinzipien, die Hoerster 1971 zitiert. Die handlungsutilitaristische Regel besagt, daß eine Handlung, die schlechte Folgen hat, nicht ausgeführt werden sollte. Da hier nicht spezifiziert ist, was »schlechte Folgen« heißt, eignet sich diese Regel genauso wenig als Handlungsmaxime wie die zwei Prinzipien des Regelutilitarismus, die folgendes aussagen: (1) Eine Handlung, die im allgemeinen schlechte Folgen hat, sollte nicht ausgeführt werden. (2) Eine Handlung, deren allgemeine Ausführung schlechte Folgen hat, sollte nicht ausgeführt werden. Prinzip (1), das ist offensichtlich, benachteiligt möglicherweise eine große Minderheit; Prinzip (2), genauso wie Prinzip (1), erlaubt geringe Bedürfnisbefriedigung für einige, viele oder sogar fast alle, solange nur die Bedürfnisbefriedigung generell (in einem umschriebenen System) ein Maximum erreicht.

Daß große Schwierigkeiten dabei auftauchen, den Nutzen für eine Gemeinschaft insgesamt etwa zu messen, dürfte evident sein. Gleiches gilt auch für Maximin- und Maximax-Regeln. Hinter diesen etwas kurios klingenden Namen verbirgt sich inhaltlich, daß man bei Maximin die Handlung wählt, die die besten schlechtestmöglichen Auswirkungen hat. Man vermeidet so Risiko und bekommt größtmögliche Sicherheit. Praktikabel aber ist dieses Prinzip nur für Maschinen, die keinerlei Entwurf vom Ergebnis der Handlung in einer konkreten Situation machen können. Menschen jedoch, die immer oder zumindest in der Regel vorausplanen (Z), welches Ergebnis sie erreichen wollen, handeln zwar sicherlich manchmal nach der Maximin-Regel, aber eben nur dann, wenn zwischen zwei oder mehreren ungünstigen Möglichkeiten zu wählen ist. Kann man die begründete Annahme hegen, daß ein guter Ausgang der Handlung möglich ist, handelt man nicht nach dieser Regel.

In einem solchen Fall handelt man eher nach dem Maximax-Prinzip, mit dem dann der größte Nutzen zu erreichen ist, wenn das günstigstmögliche Ergebnis der Handlung eintritt. Allerdings geht man dabei das Risiko ein, bei einem ungünstigen Handlungsverlauf weniger zu haben als zuvor, auf jeden Fall aber weniger, als man bei Befolgung eines anderen Prinzips, etwa von Maximin, erreichen hätte können. (Vgl. zur Diskussion dieser Prinzipien Richards 1972, Kap. 8.I., Höffe 1975, Kap. 4 und 6).

Bis hierher scheint also noch kein Prinzip unseren Ansprüchen nach einer konsistenten Handlungsgrundlage zu genügen, vor allem auch deswegen, weil Handlungen hier nur nach ihren Resultaten (E) gemessen werden und nicht nach ihrem Anspruch (Z). Richtig oder gut ist also nicht, was als solches gewollt oder geplant war, sondern was in seinen Auswirkungen als richtig oder gut zu bezeichnen ist. Eine solche Handlungsgrundlage aber bringt natürlich ganz bestimmte Schwierigkeiten mit sich. Nehmen wir einmal einen ganz krassen Fall: X hat Y zu Tode gebracht. Nach einem Gesetz, das utilitaristische Prinzipien zur Grundlage hätte, müßte nun X mit der Strafe belegt werden, die eintritt, wenn man der Gesellschaft einen so großen Schaden zufügt, wie es der Liquidierung einer wichtigen oder notwendigen Arbeitskraft entspricht. Abgesehen davon, daß man nun den Mord an einem 30jährigen Computerexperten stärker bestrafen müßte als an einem 80jährigen Rentner, fehlt vollkommen in der Strafzumessung die Motivlage, also (G) und/oder (Z). M. a. W.: der in unserem Strafgesetz gemachte Unterschied von Fahrlässigkeit, bedingtem Vorsatz (dolus eventualis) und Vorsatz könnte in einem rein utilitaristisch begründeten Strafgesetz nicht gemacht werden. Sicherlich könnten Ausnahmen- und Ergänzungsparagraphen geschaffen werden, aber gerade die Ausnahme von der Regel machen es uns ja so schwierig, konsistende und funktionierende Letztbegründungen, also perfekte Stützungen für unser Argumentationsschema zu finden. Der vorläufig letzte, aber auch aussichtsreichste Versuch, eine Letztbegründung der gesuchten Art zu finden, stammt von John Rawls und auch David Richards.

Rawls' Fairneßprinzip beinhaltet erst einmal zwei Prinzipien der Gerechtigkeit, die die Beziehung von Freiheit und Gleichheit regeln. Rawls gibt der Freiheit den Vorzug vor Gleichheit, wenn er zwar gleiches Recht aller auf das »umfangreichste Gesamtsystem gleicher Grundfreiheiten, das für alle möglich ist« (Rawls S. 302/336), postuliert, gleichzeitig aber »soziale und wirtschaftliche Ungleichheiten« zuläßt, die allerdings den »am wenigsten Begünstigsten den größtmöglichen Vorteil« »bei fairer Chancengleichheit« (ebd.) bringen müssen. Im letzten Punkt verknüpft Rawls seine Theorien der Freiheit und Gleichheit mit der der Brüderlichkeit, die dem Handelnden die *Verpflichtung* auferlegt, nichts gegen die Interessen seiner Mitmenschen zu unternehmen, wenn es nicht gute Gründe dafür gibt, und keine Rechte zu genießen, ohne seinen Teil zur Aufrechterhaltung der Institution, die diese Vorzüge gewährt, vorausgesetzt sie ist gerecht, zu tun. (Vgl. zu diesem Thema Höffe 1975 und Richards 1972, der vor allem die Gerechtigkeitsprinzipien Rawls' noch differenziert).

Sicherlich sind diese Definitionen Rawls' und Richards' von Gerechtigkeit und Fairneß die genauesten und für eine philosophische oder soziologische Analyse von Handlungen oder Entscheidungsprozessen die erfolgversprechendsten, zu einer Analyse alltäglicher Kommunikationen genügt als Rechtfertigungsbasis die Maxime eines Philosophen, dem vor allem auch schon die Unterscheidung von moralischer und legaler Beurteilung einer Handlung bekannt war, nämlich Kant: das Moralische einer Handlung manifestiere sich in dem Willen des Agenten und dieser Wille, also das, was man im vorliegenden Modell Grund oder Zweck nennen würde, sei nie eindeutig als solcher zu verifizieren. (Vgl. auch Höffe 1975, S. 112)

Kants kategorischer, vor allem aber auch sein praktischer Imperativ, können getrost als leicht merkbare Letztbegründungen angenommen werden. Beiden fehlt für den speziellen Zweck der Beschreibung oder praktischen Rechtfertigung von Alltagsargumentationen so viel oder so wenig wie den anderen vorgestellten Theorien, vielleicht die von Rawls und Richards ausgenommen, die insofern adäquater sind, als daß sie ein Widerstandsrecht gegen ungerechte Zustände und Institutionen eingebaut haben, Richards dazu in seiner ideal contract theory noch so etwas wie ein Konsensmodell. Kants Definition des praktischen Imperativs (»Handle so, daß du die Menschheit, sowohl in deiner Person, als in der Person eines jeden anderen, jederzeit zugleich als Zweck, niemals bloß als Mittel brauchst«) und des kategorischen Imperativs (»Handle nur nach derjenigen Maxime, durch die du zugleich wollen kannst, daß sie ein allgemeines Gesetz werde«) (Grundlage zur Metaphysik der Sitten, 2. Abschnitt, Frankfurt 1974, S. 61 und 51), vielleicht noch vermehrt um den Zusatz Rawls', der das Widerstandsrecht einbringt, oder jedenfalls verdeutlicht, kann als die für alltägliche Handlungen und Argumentationen allemal hinreichende betrachtet werden.

In diesem Abschnitt wurden einige Handlungsmaximen bzw. Prinzipien der Letztbegründung diskutiert, und es wurde herausgestellt und dabei auch begründet, daß kein Handlungsprinzip uneingeschränkt gültig sein kann und daß nie alle konkreten Fälle abgedeckt werden. Aus diesen und anderen Gründen geht die Systemtheorie, deren prominentester Vertreter in Deutschland Niklas Luhmann ist, andere Wege, nimmt aber dafür auch wieder andere Nachteile in Kauf. Luhmann sagt, daß eine Letztbegründung weder möglich noch nützlich sei, sondern daß im System selbst ein funktionierender Entscheidungsmechanismus geschaffen werden muß. Anstelle von Konsensbildung sieht Luhmann Legitimation durch Verfahren, »durch Gleichheit der Chance, befriedigende Entscheidungen zu erhalten« (Luhmann 1975, S. 30). Das, was in unserem Argumentationsschema uns bisher so große Schwierigkeiten gemacht hat, daß von einer Kategorie auf die andere zu schließen nie mit letzter Sicherheit möglich ist,

will Luhmann durch funktionierende Verfahren(-stechniken) ausschalten, weil er meint, daß eine komplexe und hochentwickelte Gesellschaft wie die unsrige sich den Luxus, immer wieder Konsens zwecks Sinnbildung herzustellen bei trotzdem verbleibender Ungewißheit, nicht leisten kann. Da man Prinzipien und Normen bejahen kann, aus denen Entscheidungen folgen, die Entscheidung selbst aber ablehnen kann, weil sie logisch falsch oder auf Grund falscher Auslegung oder »falscher Tatsachenannahmen zustande gekommen« (S. 31) ist, und da man Entscheidungen akzeptieren kann, » ohne sich um die Werte zu kümmern, auf die sie sich berufen« (ebd.), sei es nutzlos, über normative Begründung zu räsonieren.
Das entscheidende Moment liege in der Anerkennung der Entscheidung. Die Anerkennung geschieht aber bei Verfahren a priori, sie »finden eine Art generelle Anerkennung, die unabhängig ist vom Befriedigungswert der einzelnen Entscheidung, und diese [generelle] Anerkennung zieht die Hinnahme und Beachtung verbindlicher Entscheidungen nach sich.« (ebd.) Gerade die »Absorption von Ungewißheit durch selektive Schritte« innerhalb eines Verfahrens macht dessen Sinn aus. (S. 47) Es geht also bei Luhmann nicht um Wahrheit, sondern um Entscheidungsfindung, genausowenig wie es um Richtigkeit geht, denn ein »System«, das die Entscheidbarkeit aller aufgeworfenen Probleme garantieren muß, kann nicht zugleich die Richtigkeit der Entscheidungen garantieren.« (S. 21) Das Prinzip des Verfahrens ist bei Luhmann an die Stelle von kooperativer Argumentation getreten. Luhmann hat, wenn man so will, Konsequenzen aus der alltäglichen Praxis gezogen. Er beschreibt und legitimiert das, was ist und ganz gewiß auch mit einer gewissen Notwendigkeit so und nicht anders ist. Wir können nicht in jeder beliebigen Situation anfangen und alles erst einmal von vorne durchdiskutieren, den Wert oder die Berechtigung dieser oder jener Handlung oder ihrer Begründung reflektieren. Solche Verfahrensweisen haben in einer komplexen Gesellschaft (wahrscheinlich) keinen Platz. Was jedoch Luhmann vergißt, ist, daß Legitimation nicht nur in Gerichtsverfahren festgestellt wird, sondern daß auch im Alltag konventionsbildende oder Entscheidungen vorbereitende Interaktionen stattfinden, die manchmal sogar dann eine große Anzahl von Leuten tangieren. Bürgerinitiativen oder Grüne und Bunte Listen haben ihre Programme nicht per Verfahren, sondern durch (kooperative) Argumentationen entwickelt. Luhmanns Theorie funktioniert also überall da, auch systemintern, nicht, wo es nicht darum geht, quasi deduktiv zu entscheiden, sondern Sinn erst neu zu schaffen. Sie funktioniert weiterhin da nicht, wo auch einmal über das System hinausgedacht, z. B. über den Sinn und Unsinn eines Verfahrens im Sinne Luhmanns befunden werden soll. Und drittens bedenkt Luhmann nicht den in Verfahren historisch eingebundenen Sinn. Man unterwirft sich nämlich nicht einem Verfahren, damit eine Sache entschieden wird, sondern damit sie gerecht entschieden wird. So sieht jedenfalls der Idealfall aus. Daß große Arzneimittelfirmen gegen das Kartellamt klagen, damit eine Entscheidung verschleppt wird, um zum

Schluß vielleicht gegenstandslos zu sein, andere Firmen wiederum der Publicity wegen, soll hier nicht stören.

Strategisch gesehen geht es sicherlich jeder Partei in einem Verfahren nur um ihr Recht, um die Durchsetzung ihres Anspruchs. Diese Durchsetzung aber, geschehe sie nun zu recht oder zu Unrecht, kann nur gelingen, wenn man Argumente vorbringt, die zumindest den Anschein erwecken, nach dem entworfenen Argumentationsmodell begründbar und erklärbar zu sein. Ein »ideales« Argumentationsmodell bzw. eine Argumentation in diesem Sinne ist auch bei den strategischsten (und gerade bei ihnen) Verfahren notwendig. Auch der strategischst argumentierende Anwalt oder Staatsanwalt pocht in seiner Argumentation zuerst darauf, daß gerecht entschieden werden müsse und daß das Recht auf seiten seiner Partei sei. Und selbstverständlich gibt es auch unentscheidbare Fälle, Gerichtsverfahren also, die sachlich-inhaltlich nicht entschieden werden, nur hat man sich dazu einen pragmatischen Kniff einfallen lassen, der trotzdem eine Entscheidung herbeiführt. Ist sich z. B. ein Schwurgericht nicht über die Schuld des Angeklagten einig bzw. im klaren, muß dieser dem Rechtsgrundsatz »in dubio pro reo« zufolge freigesprochen werden. Inhaltlich müßte man vielleicht weiterargumentieren, neue Fakten sammeln, praktisch führt man dagegen eine Entscheidung herbei, die aber über Schuld oder Unschuld des Angeklagten (moralisch, nicht legal gesehen) nichts aussagt. Historisch eingebundener Sinn heißt aber auch, zumindest formal den Anspruch aufrechtzuerhalten, gerecht zu entscheiden und nicht nur eine Entscheidung herbeizuführen.

Insofern versteht sich ein Gerichtsverfahren nicht (und auch offiziell nicht) als Institution von Entscheidungsfindung, sondern als Protagonist einer gerechten Entscheidung, nach der argumentativ, allerdings nicht kooperativ, gesucht wird.

Aufgrund dieser Unverzichtbarkeit auf Argumentation und auch idealer Argumentationsstrukturen und damit Sinnfindung für Verfahren Luhmannscher Prägung stellt sich nun auch wieder die Frage nach den Letztbegründungen. Selbstverständlich wird man in praktischen Verfahren nicht bis zu den Letztbegründungen vordringen, es würde ein Verfahren unnötig belasten.

Aber es existieren Orte, wo der Sinn bestimmter Verfahrensweisen thematisch ist, wo nicht verfahrens- oder systemintern, sondern verfahrens- oder systemextern über zu lösende Probleme nachgedacht wird. Und spätestens genau an diesem Punkt stellt sich wieder die Frage nach der Letztbegründung, weil man zumindest in Ansätzen wissen muß, wem denn nun ein solches Verfahren dienen soll und warum und wem eben nicht. Luhmanns Überlegungen helfen uns also in bezug auf Letztbegründungen nicht weiter, oder um es für unsere Zwecke positiver zu sagen, fügen unseren Ausführungen nichts hinzu, was unseren Lösungen widerspräche. Luhmann zeigt dagegen sehr gut auf, wie in der Praxis Fragen nach Letztbegründungen aus verfahrenstechnischen Gründen umgangen und ausgeschaltet werden, damit überhaupt Entscheidungen gefällt werden können. Die Frage nach Letztbegründungen bleibt somit offen und damit unserer idealen Argumentationsstruktur auch ihr Charakteristikum erhalten: ihre Vagheit, die Unmöglichkeit total gesicherte Schlüsse zu ziehen und Begründungen bzw. Erklärungen zu geben.

Daß solche Sicherheit nicht gewährleistet ist, hängt aber selbstverständlich nicht nur an der Unmöglichkeit einer Letztbegründung, sondern u. a. auch an der Schwierigkeit, Dinge zu verallgemeinern, wovon im folgenden Abschnitt die Rede sein soll.

1.1.6 Das Problem der Verallgemeinerung(sfähigkeit)

Die Crux von Verallgemeinerungen ist schnell genannt:

Um konkrete Fälle zu lösen, muß auf allgemeine Normen, Werte usw. zurückgegriffen werden, wie es auch in unserem Argumentationsmodell dargestellt ist. Von (H), von einem vorliegendem Faktum, wird über (G) auf (B), (N) und (RF) geschlossen, indem verallgemeinernde Prinzipien auf diesen praktischen Fall angewendet werden. Durch diese notwendige Verallgemeinerung gehen immer spezifische Dinge verloren, die unbedingt zu diesem konkreten Fall gehören und die auch bei der Lösung beachtet werden müßten, aber eben nicht beachtet werden können, weil sonst keine Verallgemeinerung mehr möglich wäre.

Anhand dieser Einleitung kann man schon sehen, daß das Problem induktiver Vorgehensweise, was hier heißen soll, daß man vom Fall zu den dazugehörigen Prinzipien vordringt, *die* Tatsache ist, daß immer bestimmte zum konkreten Fall und für das handelnde Subjekt eventuell wichtige Dinge weggelassen werden müssen, um überhaupt zu einem Resultat kommen zu können. Bei deduktiver Vorgehensweise, vom Prinzip zum Besonderen, stellt dagegen das Wegfallen von Einzelheiten, die nicht zum »Thema« gehören, kein Problem dar, nur lassen sich mit dieser Methode keine neuen Erkenntnisse gewinnen, alle Kenntnisse sind im obersten Satz vereinigt, aus dessen Wahrheit zwangsweise die Wahrheit oder Falschheit der Konklusion folgen muß, wobei darüber der 2. Satz entscheidet, der ein empirisches Datum wiedergibt.

(13) Jede nicht durch 2 teilbare Zahl ist eine Primzahl.
68 ist nicht durch 2 teilbar.
———
Also ist 68 eine Primzahl.

Da die empirische Beobachtung, der 2. Satz, offensichtlich falsch ist, trifft das auch für die Conclusio zu. Bedingung für diese Aussage ist allerdings, daß man schon vorher um die Wahrheit oder Falschheit der behaupteten Sätze weiß, denn vom Schluß her ist unser Beispiel (13) vollkommen in Ordnung. Soviel nur an dieser Stelle zu deduktiven Schlüssen, die, wie man leicht einsehen kann, keine Relevanz für praktische Argumentationen haben, da sie das vorraussetzen, was man im Alltag erst ergründen will, etwa ob eine Norm auf einen Fall angewendet werden kann oder nicht bzw. ob eine Norm oder ein allgemeiner Satz (wie der erste im Syllogismus) überhaupt richtig oder wahr ist.

In unserem Argumentationsschema geht es nicht um analytische Schlüsse, bei denen (N) das enthält, was in (B) genannt wurde —(B) darf also explizit oder implizit nicht bereits die Information enthalten, die in der Konklusion geliefert wird (vgl. Toulmin, S. 125/113) —, sondern um substantielle Argumente, die nicht logisch im Sinne einer deduktiven Vorgehensweise voneinander ableitbar sind, dafür aber, trotz »eines Typensprungs zwischen (B) und (N), Plausibilität erzeugen«. (Habermas 1973, S. 243, vgl. dazu auch Huth 1975, S. 94).

Die Kunst oder das Problem der Verallgemeinerung besteht darin, überhaupt passende begründende ode erklärende Prinzipien zu finden *und* eine plausible Ableitung dieser Prinzipien aus dem konkreten Fall zu gewährleisten, ohne dabei deduktiv vorzugehen, die Wahrheit oder Richtigkeit etwa einer Norm vorauszusetzen und von da aus alles andere abzuleiten.

Viehwegs Satz, daß das, was »man vereinfachend Rechtsanwendung nennt, weitgehend eine wechselseitige Annäherung zwischen Sachverhalt und Rechtsordnung (ist)« (1974, S. 90), trifft genau den Kern des vorliegenden Problems, denn auf unser Thema übertragen heißt das, daß nur argumentativ darüber entschieden werden kann, ob Begründungen oder Erklärungen und die hinter ihnen liegenden Prinzipien zum konkreten Fall passen.

(14)

Ehefrau kochte die Eier zu hart — Scheidung!

hw. **Köln, 11.September**

Jeden Morgen der gleiche Ärger: Ein Kölner Ingenieur (36) setzt sich an den Frühstückstisch, klopft das Ei auf (er liebt es halbweich, exakt dreieinhalb Minuten gekocht) und schimpft: »Verdammt schon wieder steinhart!«.

Weil seine Frau die Eier immer zu lange kochen ließ (bis 10 Minuten!) wird die Ehe ohne die übliche einjährige Trennung geschieden. **Der Eier-Ärger begann, als die Hausfrau (35) einen neun Jahre jüngeren Mann kennenlernte: »Seitdem war sie im Haushalt lustlos und gleichgültig«, sagt Rechtsanwältin Dr. Franz-Seher, die den Ehemann vertritt.** Schließlich platzte ihm beim Frühstück der Kragen: Er schmiß seiner Frau ein hartes Ei an den Kopf und reichte die Scheidung ein.

In einem Schriftsatz des Familienrichters hieß es:

» Ein bewußt falsch gekochtes Ei ist eine unzumutbare Härte. Es gibt alltägliche Dinge, durch die eine Frau ihren Mann schikanieren kann.

Sie zeigt damit ihre Lieblosigkeit, die eine Trennung ohne die übliche Wartezeit rechtfertigt«.

(aus: BILD vom 11. 9. 78)

Im Beispiel (14) liegt der konkrete Fall vor, daß (zumindest einer der) Ehepartner die Scheidung beantragt/beantragen, mit der Begründung, daß die Ehefrau bewußt jeden Morgen das Ei für ihren Ehemann falsch kochte bzw. der Ehemann seiner Frau, als »ihm beim Frühstück der Kragen platzte«, »ein hartes Ei an den Kopf schmiß«, so jedenfalls stellt es BILD dar. Die Frage, die sich dem Richter stellt, ist nun, ob ein »bewußt falsch gekochtes Ei eine unzumutbare Härte« für einen Ehemann bedeutet, »durch die eine Frau ihren Mann schikanieren kann« und ob das ausreicht, um »Lieblosigkeit« zu konstatieren, »die eine Trennung ohne die übliche Wartezeit rechtfertigt«. Verwandelt man diesen Fall in einen Syllogismus wird schlagartig klar, wie wenig der Syllogismus für praktische Fälle wie diesen aussagen kann:

Lieblosigkeit ist ein Grund für sofortige Scheidung.

Wer Eier absichtlich hart kocht, handelt lieblos bzw. wer mit Eiern wirft, handelt lieblos.

Folglich ist das bewußt falsche Kochen oder das Werfen von Eiern ein Grund für sofortige Scheidung.

Man sieht ganz deutlich, daß der zweite Satz all das voraussetzt, was in der Gerichtsverhandlung erst einmal geklärt werden muß.

In unser Schema übersetzt würde das Scheidungsbegehren die in Frage stehende Handlung (H) sein, als Grund (G) könnte genannt werden, daß beide es für unerträglich halten, harte Eier zu essen bzw. mit Eiern beworfen zu werden. Kann man nun als Berechtigung (B) anführen, daß, wer mit Eiern wirft, oder wer Eier absichtlich falsch kocht, sofort geschieden werden kann? Bedeutet Eier werfen und falsch kochen Lieblosigkeit, und kann man sagen, daß Lieblosigkeit (der Frau, des Mannes, beider Ehepartner) ein sofortiger Scheidungsgrund (N) ist? Läßt sich diese Norm stützen, ist sie richtig oder läßt sie sich gesellschaftlich nicht vertreten?

Nun, beim derzeitigen Stand der Dinge um die Eheschließung läßt sich der Schluß von (N) auf (RF) rechtfertigen. Heutzutage findet man es in der Bundesrepublik Deutschland richtig, wegen Lieblosigkeit eine Ehe (sofort) zu scheiden. Die katholische Kirche oder zumindest ihre immer noch einflußreicheren konservativen Vertreter sehen dieses Faktum allerdings anders. Wäre, um es einmal auf einen Namen zu reduzieren, Paul VI. als Scheidungsrichter für diesen Fall bestellt worden, wäre, selbst wenn er Eier werfen oder falsch kochen für eine Lieblosigkeit gehalten hätte, die Ehe nicht geschieden worden, weil Paul VI. (N) als nicht gerechtfertigt durch (RF) angesehen hätte. Die Scheidungsgesetze in der Bundesrepublik Deutschland allerdings unterscheiden sich von der Meinung der katholischen Kirche. Für ein deutsches Gericht liegt die Schwierigkeit darin, den Schluß von (H) und (G) auf (B) zu ziehen, der Übergang von (B) zu (N) dagegen scheint unproblematischer zu sein, Lieblosigkeit ist vor deutschen Gerichten ein anerkannter Scheidungsgrund. Es stellt sich aber die Frage, ob, wer mit Eiern wirft oder Eier absichtlich falsch kocht, lieblos handelt, ob also (B): »Wer mit Eiern wirft bzw. wer Eier absichtlich falsch kocht, kann sofort geschieden werden« von (N): »Lieblosigkeit ist ein sofortiger Scheidungsgrund« gestützt werden kann. Bei dieser Gelegenheit sollten wir uns an das komplette Argumentationsmodell erinnern, das ja auch noch die Größe (Z) samt dahinterliegenden Prinzipien enthält.

Das mit der Handlung verfolgte Interesse, ihr Ziel oder Zweck (Z) entscheidet nun erst einmal darüber, wie man die Handlung weiter einzuschätzen hat. Das Handlungsziel geht unmittelbar in die Beurteilung des vorliegenden Falles ein. So mag man es für unerträglich halten, harte Eier statt der gewünschten halbweichen, exakt dreieinhalb Minuten gekochten, zu essen, aber die Ehefrau könnte es als genauso unerträglich empfunden haben, jeden Morgen einen solchen Sonderwunsch erfüllen zu müssen, und deshalb, um ihrem Mann zu mehr Eigenständigkeit zu verhelfen, zu dieser erzieherischen Maßnahme gegriffen haben. Ihr Handlungsziel könnte somit gewesen sein, ihren Mann dazu zu bringen, seine Eier selbst zu kochen, um dadurch vielleicht zur Einsicht zu kommen, daß man auch selbst seine Eier kochen kann und/oder daß es einem selbst auch nicht immer zur eigenen Zufriedenheit gelingt, man dafür aber leichter Entschuldigungen findet und akzeptiert.

Zumindest der vom Mann angegebene Grund muß also darauf untersucht werden, zu welchem Zweck die in ihm angegebene Handlung ausgeführt wurde, ob also der angegebene Grund überhaupt als Begründung taugt und ob der Schluß von (H) nach (G) von (B) gestützt werden kann. (B) wäre im vorliegenden Fall dann keine Stützung für den Schluß von (H) nach (G), wenn das, was in (G) behauptet wird, nämlich der Anlaß (A), so zu handeln, zum obengenannten Zweck, etwa der Erziehung zur Selbständigkeit oder zumindest Nachsicht, unternommen wurde. Kann man mit (B) dagegen den Schluß von (H) auf (G) stützen, geschah das Eierkochen aus Lieblosigkeit, muß erst einmal dieser Satz an einer Norm (N) festgemacht werden, die sichert, daß Lieblosigkeit ein sofortiger Scheidungsgrund, etwa aufgrund bestimmter gesetzlicher Bestimmungen ist. Erst wenn das für den hier vorgestellten Fall zutrifft, kann man von einer begründeten Entscheidung sprechen, wenn der Richter einer sofortigen Scheidung zustimmt bzw. kann der Richter zu der begründeten Entscheidung, die Ehe mit sofortiger Wirkung zu scheiden, kommen. Was Beispiel (14) zeigt, ist, daß es mit unserem Argumentationsschema möglich ist, konkrete Fälle zu bearbeiten, was es weiterhin zeigt bzw. schon gezeigt hat, ist, daß der Schluß von einer Kategorie auf die andere nicht mit zwingender Notwendigkeit erfolgen muß und kann.

Toulmins Qualifikatoren oder Ausnahmebedingungen wären insofern an einigen Stellen des Systems nicht fehl am Platze, an denen markiert werden müßte, daß der Übergang von der einen zur anderen Kategorie nur einigermaßen wahrscheinlich oder auch nur eventuell möglich ist.

An welcher Stelle man allerdings nun eine Kategorie (AB) (Ausnahmebedingung; vgl. Toulmin S. 101 ff./92 ff.) einhängt, richtet sich nach der Art und Weise, wie man die vorliegende oder beobachtende Handlung beschreibt. An Beispiel (14) ist es möglich zu zeigen, daß man Handlungen auf verschiedene Arten beschreiben kann: (H), weil (G), was im Klartext heißen würde, daß die Scheidung eingereicht wird (H), weil Eier absichtlich falsch gekocht bzw. geworfen wurden (G), aber auch: (G), deswegen/deshalb (H), daß also Eier falsch gekocht wurden (G) und deshalb die Scheidung eingereicht wurde (H). Hier in diesem Beispielfall ist es ganz sicher vom Zeitpunkt abhängig, an dem man den Einschnitt macht, um die Handlung zu beschreiben, ob man nun eine (G) ← (H) oder (G) → (H) Relation zum Thema der Argumentation macht. Sind gerade die besagten Eier geflogen bzw. hat gerade das harte Ei das Faß zum Überlaufen gebracht, bietet sich nur die Sichtweise (G) → (H) an: das Ei ist geflogen, deswegen will die Ehefrau die Scheidung einreichen, mit der Ausnahmededingung, würde die Ehefrau ihrem Mann einräumen, daß er mit diesem Wurf nicht sie treffen wollte, sondern einen ungebetenen Eindringling. Die Ausnahmebedingung, die der Mann seiner Frau dagegen einräumen müßte, könnte die schon angesprochene erzieherische Maßnahme sein. Unser System würde dann so aussehen:

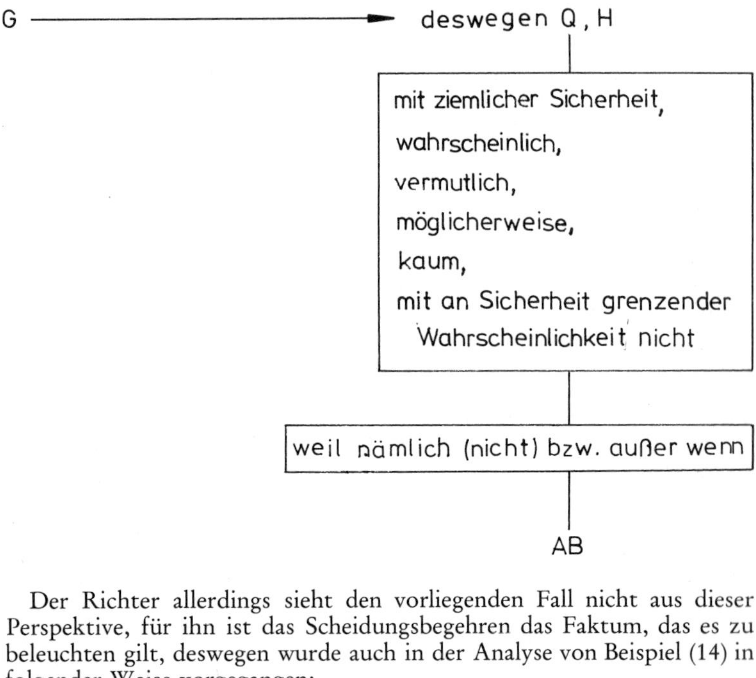

Der Richter allerdings sieht den vorliegenden Fall nicht aus dieser Perspektive, für ihn ist das Scheidungsbegehren das Faktum, das es zu beleuchten gilt, deswegen wurde auch in der Analyse von Beispiel (14) in folgender Weise vorgegangen:

G weil ←——— H

Das Scheidungsbegehren (H) lag vor, weil (G), weil z. B. Eier falsch gekocht wurden und das für unerträglich gehalten wurde. Selbstverständlich muß auch hier ein Qualifikator und eine Ausnahmebedingung eingeführt werden und wurde in unserer Analyse des Falles auch getan: immer unter der Voraussetzung, daß (G) als gegeben anzunehmen ist, daß also keine Zweifel an der Existenz von (G) vorliegen, was einen Qualifikator wie »vermutlich« rechtfertigen würde. Was aber bei (G) nicht als sicher angenommen werden kann, ist der Zweck dieser in (G) aufgeführten Handlung, ob etwa die Eier absichtlich zu hart gekocht wurden, um erzieherisch zu wirken oder den Ehemann zu schikanieren. In den in der Begründung (G) behaupteten Sachverhalt geht immer, sofern es sich um als bewußte und überlegte interpretierte Handlungen handelt, die den Anlaß zu einer Begründung bzw. Handlung geliefert haben, der Zweck dieses Handelns ein. Handlungen, die der Anlaß zu einer Reaktion (G) sind, die jetzt eine andere Handlung (H) hervorruft, spielen eine Rolle bei der Bewertung von (G), ob etwa (G) zur Begründung von (H) dienen kann oder ob Ausnahmebedingungen geltend gemacht werden müssen. Das scheint kompliziert zu sein, ist es aber in Wirklichkeit nicht und soll deswegen noch einmal an einem zugegeben trivialen, dafür aber sehr durchsichtigen Fall (wieder aus BILD vom 11. 09. 78) durchgespielt werden.

Fälle aus der genannten Zeitung eignen sich in ähnlicher Weise wie Tatsachen aus der Welt des Sports deshalb so zur Demonstration, weil hier Realität noch als klar gegliedert und in ihren kausalen Abhängigkeiten (scheinbar) logisch aufgebaute und durchschaubare wiedergegeben wird. Selbstverständlich dürfte sich der Fall aus Beispiel (14) für den Richter etwas komplizierter dargestellt haben, als ihn der BILD-Reporter schildert. Dessen Erzählung beschränkt sich aber darauf, wie gesagt scheinbare, kausale und dazu noch befremdliche, den Leser in seiner Normalität bestärkenden Relationen, anzugeben.

(15)

... und Busen-Pikser

rtr. **Kuala Lumpur,** 11. September
Ein Damenwäsche-Verkäufer aus Port Klang (Malaysia) piekste 20 Frauen auf offener Straße mit einer Nadel in den Busen. »Die meisten versuchen, beim BH-Kauf die Preise runterzuhandeln«, sagte er der Polizei. »Ich wollte mich rächen.«

Auf einen Teil unseres Argumentationsschemas, nämlich

A, zw. . . . . . G ◄——————— H ———————► Z

angewandt, läßt sich diese Meldung folgendermaßen auflösen:
A: Handlung des Runterhandelns
zw: Zweck dieser Handlung ist es, so meint der Damenwäsche-Verkäufer wohl, ihn zu schikanieren
G: Er fühlt sich von seinen Kundinnen schlecht behandelt
H: Piekst 20 Frauen mit einer Nadel in den Busen
Z: Um sich dadurch zu rächen

»Paßt« also die Kategorie (zw) nicht zur Begründung (G) von (H), wird sie als Ausnahmebedingung genannt. Der Richter in diesem Fall wird dem Verkäufer nur dann mildernde Umstände einräumen, wenn er einigermaßen glaubhaft machen kann, daß ihn die Frauen mit ihrer Handlung des Feilschens schikanieren wollten, und nicht nur an ihr eigenes Wirtschaftsgeld dachten. In unser System übertragen, das den Schluß von (H) nach (G) beschreibt, wäre folgendes Ergebnis zu konstatieren:

gr. . . A . . . zw. . . G, Q weil ——————— H ——————— Z
⋮
es sei denn
AB

Handelt es sich bei (A) allerdings um ein Naturereignis oder ein Verhalten, dem man keine Intentionalität oder Wohlüberlegtheit zuschreibt, kann auch nicht der Zweck der Anlaßhandlung als Ausnahmebedingung auftreten, vielmehr tritt eher eine ursächliche Beziehung ein. Die Frage ist dann also, unter welchen Bedingungen (G) *nicht* die Begründung für (H) sein kann. Das wiederum ist in etwa dasselbe Verfahren wie bei Toulmin, der auch eher Ursachen als Gründe für einen bestimmten claim anführt.

Daß Harry britischer Staatsbürger ist (claim), stützt sich (bei Toulmin) auf die Tatsache, daß Harry auf den Bermudas geboren wurde (datum) und wird gestützt durch die Schlußregel oder eine Berechtigung (warrant), daß, wer auf den Bermudas geboren wurde, die britische Staatsangehörigkeit besitzt. Als Ausnahmebedingung führt Toulmin an, daß beide Elternteile Ausländer waren oder Harry durch Einbürgerung Amerikaner geworden ist.

Julia ist naß (D), also hat sie vermutlich in die Hose gemacht (weil sie vermutlich . . .) (C), es sei denn, sie wäre in eine Pfütze gefallen (AB). Weil Toulmin keine Beispiele analysiert, in denen praktische Fälle diskutiert werden, was in diesem Fall heißen soll, daß Handlungen mit normativem Hintergrund, also solche, die nicht dadurch zu erklären sind, daß Ursachen für ihr Auftreten angeführt werden, Thema sind, kommt er auch nicht zur Analyse von Handlungszielen. Aus diesem Grund aber muß das Toulminsche Argumentationsschema ergänzt werden, man kann mit ihm nicht, wie es immer wieder getan wurde, ausreichend praktische Handlungen und Argumentationen beschreiben und erklären. Insofern kam in die Ausnahmebedingungen, quasi durch die Hintertür, immer der Zweck oder das Ziel der Handlung, die in (D) angegeben wurde, herein, ohne jedoch als solcher(s) gekennzeichnet zu sein. (Vgl. Huth 1975, S. 93; Habermas 1973 ebenso wie Göttert gehen überhaupt nicht auf Ausnahmebedingungen ein, Habermas reflektiert allerdings eingehend die Notwendigkeit des Übergangs von einer Begründungskategorie auf die andere). Ausnahmebedingungen geben also bei kausalen oder quasi-kausalen Zusammenhängen andere Ursachen an, die dieselbe Wirkung hätten auslösen können, in begründenden Behauptungen andere Zwecke, Ziele und Interessen, die mit der in der Begründung (G) behaupteten bzw. thematischen Handlung möglicherweise, vermutlich, mit an der Sicherheit grenzender Wahrscheinlichkeit, kaum usw. verfolgt wurden oder hätten verfolgt werden können.

Soweit die Diskussion von Ausnahmebedingungen, die selbstverständlich in praktischen Argumentationen auch »störend« auf Verallgemeinerungsmöglichkeiten einwirken, da sie u. a. die Zuordnung eines relevanten Grundes erschweren bzw. längere Argumentationsketten schaffen, weil bestimmte andere Möglichkeiten mitbedacht werden müssen.

Was aber sind nun Verallgemeinerungen, welcher Prozedur unterzieht man sich beim Verallgemeinern, wo liegen die prinzipiellen und wo die besonderen oder speziellen Schwierigkeiten des Verallgemeinerns?

Zumindest eine prinzipielle Schwierigkeit wurde im vorigen Abschnitt bereits diskutiert, die Frage der Letztbegründung, bei der sich als Antwort herausschälte, daß es keine allgemein gültige Letztbegründung gibt, von der aus oder auf die zu sämtliche Verallgemeinerungen gehen oder sich bewegen können. Eine zweite prinzipielle Schwierigkeit entsteht durch die Unmöglichkeit, aus dem Sein ein Sollen abzuleiten, oder anders ausgedrückt: aus ausschließlich deskriptiven Prämissen folgen nicht mit logischer Notwendigkeit präskriptive Sätze. Diese Frage, die schon seit sehr langer Zeit eine philosophische Streitfrage ist, soll hier nur kurz gestreift werden. Hare, der dieses Problem in der Sprechhandlungstheorie am intensivsten erörtert hat, hat in sehr langen, dezidierten Beweisen (z. B. Hare 1952/1972) nachgewiesen, daß keine Konklusion im Imperativ gültig aus einer Prämissenmenge gefolgert werden kann, die nicht mindestens einen Imperativ enthält. (S. 28/50) Das heißt also, daß eine Norm/Handlungsanweisung/ein Imperativ/Sollsatz oder eine Aufforderung (vgl. zur Diskussion dieser Termini, die im Prinzip alle dasselbe bedeuten, Segeth 1974, S. 35 ff.) nicht nur aus einem lediglich beschreibenden Satz, der keine vorschreibenden oder eine Handlung provozierenden Wörter oder Teile enthält, abgeleitet werden kann. Eine Gegenposition zu dieser Ansicht wird z. Z. ernsthaft nur von Searle (z. B. 1972, Kap. 8) und materialistischen Philosophen (Segeth ausgenommen) vertreten. (Zu den verschiedenen Positionen in dieser Frage vgl. auch Hudson 1969)

Ist es aber nicht zwingend möglich, aus Tatsachenaussagen Normen zu folgern, gibt es auch keine zwingenden Verallgemeinerungen, wobei »zwingend« in diesem Falle heißen soll, daß man beweisen könnte (im naturwissenschaftlichen Sinn), daß nur die und keine andere Verallgemeinerung logisch notwendig aus der behaupteten Tatsache folgen kann.

Um auf unser Beispiel vom größten Automobilhersteller zu kommen: aus dieser Tatsache heraus lassen sich mindestens zwei Imperative ableiten, nämlich, daß man von dort sein Auto kaufen soll oder nicht.

Welcher Imperativ der adäquate ist, läßt sich nur argumentativ festlegen. Wie aber werden Imperative auf die Tatsachenaussage projiziert und welche logische und sprachliche Form haben sie? Die erste Frage ist sehr einfach zu beantworten: sie haben die Form eines praktischen Schlusses:

General Motors ist der größte Automobilhersteller
Man kauft sein Auto (nicht) beim größten Automobilhersteller
Folglich kauft man (nicht) ein Auto der Marke GM

Der Schluß könnte aber auch (in seinem präskriptiven Satz) anders formuliert sein, nämlich:

Autos von GM sind schlecht, gut, klapprig, das Geld nicht wert, haltbar oder: rosten schnell, brauchen zuviel Benzin, kosten zuviel Steuer und Versicherung, sehen zu protzig (unscheinbar) aus.

Und je nach der Art und Weise des imperativen Satzes ändert sich die Konklusion. Wobei jetzt darüber zu diskutieren ist, inwiefern Sätze wie »Autos von GM rosten schnell« oder »Autos von GM sehen zu unscheinbar aus« präskriptive Sätze darstellen. Hare löst das, indem er aufzeigt, daß Behauptungen wie »Das Auto ist gut« die Funktion haben, Befehle, Gebote, Handlungsweisungen oder Aufforderungen (im Sinne Segeths) auszudrücken und insofern eine nicht auflösbare primäre wertende Bedeutung, neben einer sekundären beschreibenden, haben. Wenn wir etwas »gut« nennen, empfehlen wir es. (Hare, Kap. 7.4) Wenn wir zu wählen haben, wählen wir im Normalfall das, was als »gut« bezeichnet wurde oder, falls es mehrere Objekte gibt, denen dieses Prädikat zuzusprechen ist, was als bestes gilt. (Kap. 8)

Wenn man nun Sätze wie »Autos von GM rosten schnell« zu beurteilen hat, dürfte man bald zum Ergebnis kommen, z. B. wenn man argumentativ an diese Feststellung herangeht, daß er eine Behauptung wie »Das ist schlecht« impliziert und daß er somit in unserer Theorie unterzubringen ist. (Vgl. auch die Abschnitte 1.1.4.3 und 1.1.4.4)

Die Kritik, die Searle 1971, Kap. 6.2 und Wunderlich 1974, Kap. 9.27. an Hare üben, besteht zwar insofern zu recht, als daß es nicht an *Wörtern* wie »gut« oder »schlecht« liegen mag, ob mit einer Behauptung eine Empfehlung ausgedrückt wird, sondern daß es von der illokutiven Kraft der Äußerung und damit von impliziten oder expliziten performativen Formeln abhängt, ob etwas empfohlen wird. Gestützt wird diese Behauptung durch die Tatsache, daß man mit der Äußerung von »gut« noch andere Sprechakte bestreiten kann als nur den des Empfehlens.

Trotzdem haben Searle und Wunderlich das Problem nur von einzelnen Wörtern wie »gut« oder »schlecht« auf illokutive Akte bzw. performative Verben verschoben. Selbstverständlich signalisieren gerade Wörter wie »gut« in der Alltagssprache, in der weitgehend explizite performative Formeln fehlen, den illokutiven Akt des »Empfehlens«, und genauso sicher gilt für das Verstehen von Sprechakten, daß es, selbst explizite performative Formeln wie »ich empfehle dir hiermit . . . .« vorausgesetzt, immer wieder Bandbreiten in der Rezeption von Sprechakten geben wird. Konkret ausgedrückt heißt das, daß ein Sprechakt, eingeleitet durch »ich empfehle dir hiermit . . .« eine Warnung oder Drohung ausdrücken kann, genauso wie »Der Wein ist wirklich gut« nicht nur Empfehlung, sondern auch Aufforderung, Rechtfertigung, Anerkennung oder Abwertung (vgl. Wunderlich, S. 319) sein kann. Daß es Regeltypen gibt, die sichern, daß nur nach bestimmten Regeln der Aufrichtigkeit usw. Sprechakte gebildet und verstanden werden können und es insofern als Täuschung entlarvt werden kann, »ich empfehle« zu sagen, aber »ich warne« zu meinen, läßt sich genau auf die Verwendung von »gut« übertragen.

Halten wir als Ergebnis fest, daß die Verwendung von Wertwörtern wie »gut«, »schlecht« oder »richtig« als illokutiver Indikator für ganz bestimmte Bedeutungen eines Sprechaktes angesehen werden kann, wobei diese Bedeutung letzten Endes nur durch kooperative Argumentationen festzulegen ist und im Normalfall einen Imperativ bezeichnet, der eine Handlung bzw. die Unterlassung einer bestimmten Handlung empfiehlt.

Das alles sagt bis jetzt aber noch nicht sehr viel über unser Problem der Verallgemeinerung aus, denn empfehlen kann man mancherlei. Worauf es uns ankommt, ist nicht, subjektive Empfehlungen zu untersuchen, obwohl dieses Moment nicht zu unterschätzen ist, sondern die Möglichkeit der objektiven Rechtfertigung einer Präskription zu reflektieren. Objektiv gerechtfertigt ist nun eine solche Präskription, wenn man ihre oberste Prämisse als ein allgemeingültiges moralisches Prinzip darstellen kann, aus dem die Präskription korrekt abzuleiten ist. (Vgl. Craemer-Ruegenberg 1975, S. 164) Darin muß eine Letztbegründung als oberstes Prinzip, dazu noch Prinzipien der Verallgemeinerung angenommen werden, die deskriptiven Bestandteile der Argumentationskette müssen wahr sein, und es muß in der Argumentation Einigkeit darüber bestehen, daß eine solche

Behandlung der verschiedenen Elemente auf den konkreten Fall zutrifft. Über Letztbegründungen soll hier nicht mehr gesprochen werden, dafür aber über ein Prinzip der Verallgemeinerung, das uns aus der alltäglichen Kommunikation wohlbekannt ist. Daß die deskriptiven Bestandteile der Argumentation wahr sein müssen, dürfte evident sein, denn was nutzte uns ein noch so ausgefeiltes Argumentationsschema, wenn man es beliebig mit wahren oder falschen Behauptungen füllen könnte, ohne daß es einen Einfluß auf das Resultat der Argumentation hätte. Den konkreten Fall nicht aus den Augen verlieren, heißt nichts weiter, wie schon betont, als die Verallgemeinerungen nicht so weit zu treiben, daß sie von keinem Erkenntniswert mehr für das vorliegende Problem sind *und* die Kontextbedingungen, unter denen dieser Fall aufgetreten ist, nach Möglichkeit einzubeziehen. Für die Beurteilung einer Handlung ist es nämlich gerade nicht gleich, von wem sie und in welcher Situation und Institution sie begangen wurde.

Doch nun zu unserer Verallgemeinerungsregel, die umgangssprachlich etwas so heißt: Was wäre, wenn das jeder täte? Ja, was wäre, wenn jeder mit Eiern würfe oder mit Nadeln in Busen stäche, der sich irgendwie ungerecht behandelt fühlte? Wenn man diesen »Was wäre, wenn...-Test« macht, erkennt man bei einigen Handlungen sofort, daß ihre allgemeine Ausführung von nicht zu tragenden Konsequenzen für die Gesellschaft wäre und daß sie somit zu recht als nicht zu empfehlen gelten müssen. Leider aber ist dieses Prinzip zu universal, es deckt zuviele Handlungen als nicht vertretbar ab, dabei auch solche, die völlig harmlos sind.

Was wäre denn, wenn jeder am 1.8. in Urlaub führe oder jeder nur Schweinefleisch äße? Ein Verkehrsstau von Stockholm bis Palermo und die ganze Welt ein Schweinestall. Diese Gedanken sind selbstverständlich absurd, aber sie führen auch zur Lösung dieses Problems, die garantieren muß, daß dieses Prinzip nur begrenzt oder überhaupt nicht angewandt werden kann.

Singer führt nun zwei Möglichkeiten an, dieses Problem theoretisch in den Griff zu bekommen. Einmal sind Handlungen, auf die das Prinzip der Verallgemeinerung (wenn das jeder täte...) nicht zutrifft, keine Handlungen für das moralische Urteil (Singer 1975, S. 103), wobei natürlich immer wieder der Streit entstehen wird, ob das Prinzip nun anwendbar ist oder nicht, ob eine Bewertung im Sinne eines moralischen Urteils überhaupt möglich ist.

Zweitens aber schließt Singer (S. 108) solche Handlungen von der Anwendung des Prinzips aus, die iterierbar sind, von denen man sagen kann, daß ihre negativen Auswirkungen für jedes andere Individuum oder Objekt derselben Klasse auch zuträfen. Was also gegen den generellen Abreisetermin 1.8. spricht, spräche auch gegen den 2.8. oder 1.3., und was für Schweinefleisch gilt, läßt sich auch auf Rindfleisch, Fisch oder Hammelfleisch anwenden. Singer beweist nun in einem sehr komplizierten Verfahren, warum ein Argument nicht iterierbar sein darf. (S. 110 ff.) Der springende Punkt jedoch scheint mir zu sein, daß man Handlungen, bei denen die Ausführung für jemand anderen Nachteile brächte oder jedenfalls bringen könnte und solchen, deren allgemeine Ausführung Nachteile für andere (oder alle) bedeutete, unterscheiden muß. Am 1. 8. in Urlaub zu fahren oder Schweinefleisch zu essen, stellt für niemanden in der Welt einen Schaden dar, auch eine Unterlassung dieser Handlung würde niemandem direkt nutzen oder schaden. Aus diesem Grund dürfen solche Handlungen ausgeführt werden und sind auch »moralisch« zu rechtfertigen. Man kann eben auf der einen Seite nicht subjektiv richtig handeln, durch diese Handlung vielleicht vielen oder allen nutzen, objektiv aber falsch, nur weil eine allgemeine Ausführung dieser Handlung zu unguten Konsequenzen führen würde. Doch auch diese Lösung, die gewiß mehr konkrete Fälle abdeckt, kann nicht alle Probleme beseitigen. Einen Baum zu fällen, ist sicherlich keine schlechte Handlung; wenn es jeder tun würde, wäre der Schaden groß. Es bleibt also nichts weiter übrig, als zusätzlich zu den Folgen, Ergebnissen oder Resultaten, die eine Handlung zeitigt oder hervorbringen würde, noch den Zweck und wohl auch den Grund der Handlung mitzubedenken. Wenn man den Baum umschlägt, um eine Sitzgelegenheit zu haben, ist das sicherlich negativer zu bewerten, als wenn man ihn zum Heizen im Winter benutzt. Kann man also die Notwendigkeit der Handlung für den Einzelnen beweisen, darf, selbst wenn die generelle Ausführung dieser Handlung für andere oder alle von Schaden wäre, nicht von einer negativ zu bewertenden Handlung gesprochen werden, solange die Handlung nicht direkt und nur von einem oder wenigen ausgeführt, Schaden für andere verursacht. Daß es auch zu diesem erweiterten Prinzip der Verallgemeinerung Ausnahmen gibt, dürfte nicht verwundern. Wir haben es aber hier schon so weit verfeinert, daß es als erste Annäherung bei praktischen Argumentationen genügen müßte.

Fragen wir uns aber noch einmal, wie es dazu kommt, daß Tatsachenaussagen von Normen gestützt werden können, wie also Normen auf Tatsachenaussagen zu projizieren sind, wie mit Normen die Verallgemeinerung eines konkreten Falles auf gesellschaftlich anerkannte Prinzipien bewerkstelligt werden kann, was es ausmacht und wie es dazu kommt, daß gerade diese und keine andere Norm den vorliegenden Fall zu erklären imstande ist?

Eine (individuelle) Handlung, die irgendwie und von irgendwem in Frage gestellt wird, sei es wie in Beispiel (15) das Stechen mit der Nadel oder in Beispiel (11) das Demonstrieren vor einem Gebäude einer internationalen Kommission, wird zum ersten Mal verallgemeinert, wenn man einen Grund oder einen Zweck angibt. Durch eine Begründung oder Erklärung wird die Handlung als eine dargestellt, die gewissen (allgemeinen) Regeln folgt. Diese Regel soll eine Verbindung darstellen zwischen dem, was in Frage gestellt wurde, dem, was diese Handlung auslöste bzw. motivierte und dem, wozu diese Handlung unternommen wurde. P sagt aus, daß er mit großer Wahrscheinlichkeit, vermutlich oder möglicherweise etwa dieselbe

Handlung bei ähnlichen Bedingungen (nicht) noch einmal ausführen würde. Das allein aber verallgemeinert eine Handlung noch nicht im gewünschten Maße. Deshalb wurde in unserem Argumentationsschema die Kategorie (B) eingebaut, die den Schluß von (H) nach (G) oder von (G) nach (H) bzw. auch von (H) nach (Z) als berechtigt oder nicht auszuweisen hat.

Auf Beispiel (15) angewandt stellt sich in der Kategorie (B) die Frage, ob ein Damenwäsche-Verkäufer, der sich von seinen Kundinnen schlecht behandelt (G) fühlt, diesen oder anderen Frauen in den Busen pieksen darf. Verallgemeinert: Kann man als (B) angeben, daß jeder, der sich schlecht behandelt fühlt, handgreiflich an anderen werden darf, die noch nicht einmal unbedingt den Täter selbst gedemütigt haben müssen? Hat man jetzt im Hinterkopf, daß das ein unerträglicher Zustand wäre, wenn jeder sich in dieser Art und Weise zur Wehr setzen oder rächen würde, muß man zu dem Schluß kommen, daß (B), so formuliert, nicht zur Stützung der Tat und ihrer Begründung taugt, daß aufgrund der Einsichten in (B) eine solche Handlung und die mit ihr verbundene Begründung abgelehnt werden muß. Daß, wenn (B) so ausformuliert ist, auch die hinter (B) liegenden Kategorien (N) oder (RF), (B) nicht stützen können, dürfte selbstverständlich sein. Dagegen stützt die Berechtigung (B), daß darauf zu achten sei, daß das biologische Gleichgewicht nicht gestört wird, unbezweifelbar die Handlung (H), nämlich vor einer internationalen Behörde zu demonstrieren, wenn man der Meinung ist, daß Wale nützlich sind (G) oder befürchtet, daß die Wale durch die unbarmherzige Jagd, die auf sie gemacht wird, aussterben werden (G). Beide Gründe, theoretisch und praktisch sind noch mehr möglich, werden durch die genannte Berechtigung gestützt, indem der Tatbestand weiter verallgemeinert wird. Das geschieht dadurch, daß eine konkrete Handlung (und ihre Begründung) auf Regeln reduziert wird, die nicht nur auf diese, sondern auch auf eine Klasse oder Klassen von anderen Handlungen zutreffen. Um aber gleich einmal an einem praktischen Beispiel zu zeigen, welche Gefahren solche Verallgemeinerungen in sich bergen, sei der Tatbestand konstruiert, daß Menschen wegen der drohenden Ausrottung einer Säugetier- bzw. einer bestimmten Insektenart demonstrieren. Dabei erscheint eine Demonstration gegen die Ausrottung der nützlichen X-Fliege als Handlung weniger angemessen als eine Demonstration gegen die Ausrottung einer Zebraart oder gar von Walen. Dieses Gefälle entsteht dadurch, daß die Objekte, von denen gesprochen wird, nicht genau gleich sind, daß sie zwar zu einer Klasse gehören (Tiere), daß diese Klasse aber letztendlich doch heterogen ist. Der Wal als größtes noch lebendes (Säuge-)Tier nimmt doch eine andere Stellung ein als irgendein Insekt. Daß Wale, Zebras und Insekten dennoch in eine Klasse gehören, sieht man auch u. a. daran, daß, wenn man von einer anderen Klasse, in diesem Fall der der Menschen, redet, vollkommen andere Begründungen, Berechtigungen, Normen usw. verwenden muß.

Verallgemeinerung ist im Prinzip also nur möglich, wenn es sich um gleiche Objekte handelt. Länder, in denen Schwarze und Weiße nicht als gleich gelten, müssen deshalb unterschiedliche Verallgemeinerungsmöglichkeiten in ihren Gesetzen vorsehen. Nur dann und dadurch kann gewährleistet werden, daß, wie in Südafrika, ein Schwarzer, der einen Weißen umgebracht hat, selbstverständlich mit dem Tode bestraft wird, während umgekehrt ein Weißer, der einen Schwarzen ermordet, »weil er ihm die falsche Packung Zigaretten brachte«, mit einer Geldstrafe von umgerechnet 230 DM (BILD vom 15.9.78) davonkommt. Daß auch in einem Rechtssystem wie dem unsrigen, das formale Gleichheit zum Prinzip hat, in der Anklage oder Urteilsfindung unterschiedliche Verallgemeinerungen vorgenommen werden, dürfte zutage kommen, wenn man einmal vergleicht, wieviel Prozent der Angeklagten, aufgeteilt nach Unter-, Mittel- und Oberschicht, nach einer Anklage wegen Mordes tatsächlich wegen dieses Deliktes verurteilt worden sind, wobei als Fehlerquelle schon hier auftaucht, daß Angehörige der Oberschicht bzw. oberen Mittelschicht, man nehme da nur den fast noch aktuellen Fall einer Filmschauspielerin, oft erst gar nicht des Mordes, sondern nur wegen Totschlags angeklagt werden. Mangelnde Bildung, mangelndes Geld und mangelnde Artikulationsfähigkeit, so wäre die These, sind für ein Gericht bzw. einen Richter (sicherlich unbewußt) oft Gründe, einem Täter eher niedere Motive zu unterstellen, die eine Verurteilung wegen Mordes rechtfertigen. Bei Angehörigen der gleichen Schicht dürfte ein Richter dagegen eher geneigt sein, unglückliche Konstellationen (wie midlife crisis etwa) anzuerkennen. (Vgl. Schecker 1977, S. 108 ff.)

Verallgemeinerungen, so das bisherige Ergebnis unserer Erörterungen, leisten eine Transformation von konkreten Fällen zu (mehr) allgemeinen Regeln. Einige Schwierigkeiten dieser Prozedur wurden aufgezeigt. Es wurde auch gezeigt, wie man durch praktische Schlüsse Handlungen analysieren bzw. folgern kann. Das Problem dabei stellt das Finden der Prämissen dar, der sinnvollen Normen, aus denen heraus eine Handlung erfolgt. Oder umgekehrt: Ist eine Handlung erfolgt und wir haben sie zu analysieren, ist es die Kunst, dieser Handlung richtige (Gründe und) Berechtigungen zuzuweisen. Die Wissenschaft, die sich mit dieser »Kunst« seit jeher beschäftigt hat, ist die Topik. In praktischen Argumentationen stellen vor allem Topoi die Berechtigungen. Topoi als verallgemeinerte Formen stellen einen ersten Anspruch auf Intersubjektivität dar. Solche universalisierte Formen werden nun nicht ad hoc in einem Gespräch geschaffen, sondern stellen in der Regel einen kulturell differierenden Fundus von kommunikativ erworbenem Begründungspotential dar. Durch kommunikative oder auch gegenständlich-praktische Handlungen und die dadurch gemachten Erfahrungen (in konkreten Fällen) kommt es zur Ausbildung von Handlungsmaximen, die auf der einen Seite noch an den konkreten Fall gebunden sind, auf der anderen Seite aber schon auf der ersten Stufe der Verallgemeinerung stehen. Topoi sind noch nicht restlos verallgemeinert, aber auch nicht mehr Teil eines konkreten Falls. »Entschiedene Fälle in ihrer ganzen konkreten Fülle aufbewahren« (Viehweg, S. 49), heißt topisch denken. Wenn aber Fälle in ihrer ganzen konkreten Fülle aufbewahrt werden, hat das zur Folge, daß es eine große Anzahl von Topoi gibt, im schlimmsten Fall genauso viele wie konkrete Fälle, oder jedenfalls mehr, als zur restlosen und unangreifbaren Verallgemeinerung nötig sind. In der Praxis sieht es so aus, daß es weniger Topoi als konkrete Fälle gibt, sonst wäre etwa eine Gerichtsbarkeit nach Präzedenzfällen wie in England unmöglich. Andererseits verallgemeinern Topoi nicht restlos, lösen den Fall nicht bis ins letzte auf. Daher sind Topoikataloge, wie sie in der Rhetorik einmal üblich waren, dem wahren Wesen von Topoi als Mittler zwischen Problem und System nicht angemessen und führen zu keiner Lösung.

Wenn nun aber nicht gerade wenig Topoi den Argumentierenden zur Verfügung stehen, liegt der Verdacht nahe, daß es auch widersprechende Topoi gibt, Topoi also, die sich gegenseitig aufheben, neutralisieren oder einander inkludieren oder exkludieren. Dazu kommen noch Topoi, und auch das liegt in der Natur der Sache, die weiteren Verallgemeinerungen nicht standhalten, in denen sich Erfahrungen subjektiver oder auch gesellschaftlicher Art niedergeschlagen haben, die größerer und stringenterer Verallgemeinerung nicht zugänglich sind. Topoi der letzten Art nennt man (Handlungs-) Stereotype.

Solche Stereotype, die oft als Handlungsgrundlage negativ bewertet werden, garantieren trotzdem oft ein reibungsloses Zusammenleben gesellschaftlicher Gruppen, sowohl was die untereinander geteilten Topoi bzw. Stereotypen als auch was die einer anderen Gruppe zugesprochenen betrifft. Weil man es in Deutschland als ein Stereotyp in bezug auf Italiener bezeichnen kann, daß diese dreckig sind und klauen, hat die normale deutsche Familie bei ihrem Italienurlaub bestimmte Erwartungen, die jetzt durch praktische Erfahrungen modifiziert (in den seltensten Fällen bestätigt) werden. Da wo die Deutschen zum Baden hinfahren, wird kaum gestohlen, die Hotels zeichnen sich gegenüber denen derselben Preisklasse in Deutschland durch Sauberkeit aus, im Gegensatz zu Toiletten in Pizzerias und Bars (Stehcafés) und eventuell Straßen in vielleicht noch vorhandenen Altstädten. Das Stereotyp von der Sauberkeit der Italiener wird durch die zuletzt genannten Fälle gestützt, durch die Sauberkeit der Hotels in der Regel modifiziert, Enttäuschung im Sinne Luhmanns findet dadurch nicht statt. Dreck hatte man erwartet, den gab's auch auf Toiletten und in alten Quartieren, das Hotel war sauber, und wer verträgt nicht schon einmal eine angenehme Überraschung? Man beschließt also, eventuell wieder nach Italien zu fahren, natürlich auch wegen der Preise, die Stereotype haben beiden Völkern somit zu einem erträglichen Auskommen verholfen. Daß man auch umgekehrt die Vorurteile von Italienern gegenüber Deutschen analysieren könnte, liegt auf der Hand.

Genauso wie ein Gespräch mit aus Italien zurückgekehrten Deutschen immer damit anfängt, daß wir aber wirklich ein sehr sauberes Hotel gehabt haben, und jeden Morgen haben sie den Strand durchgerecht und überhaupt, die Leute waren ja so freundlich zu uns, sind nach meiner Erfahrung Italiener überrascht, daß in Deutschland doch nicht alles so militärisch hergeht und alles verboten ist.

Wie gesagt, trotz oder gerade wegen dieser (ambivalenten) Erfahrungen werden solche Stereotypen nicht (völlig) aufgegeben (selbst Italiener passen in Rom oder Neapel höllisch auf ihre Filmkameras auf) und sichern somit Kontinuität von Handeln und Verstehen. Wenn das aber schon bei Stereotypen so ist, die doch weniger verallgemeinerbar sind, gilt das für Topoi erst recht.

Die Kunst, den richtigen Topos zu finden, ihn trotz eines anderen, vielleicht genauso oder noch eher passenden, aufrechtzuerhalten, ihn vielleicht aber doch Stück für Stück zu modifizieren, wenn notwendig ihn allerdings auch aufzugeben, macht die Nützlichkeit und Notwendigkeit von Topoi und natürlich auch von topischem Denken in einer Argumentationstheorie aus. Topoi stellen also im praktischen Handeln und Argumentieren notwendige Standardargumente dar, aber gerade in kooperativen Argumentationen wiederum Möglichkeiten zum Abarbeiten gegenteiliger Meinungen, Wünsche und Gefühle, Selbstreflexion ankurbelnde Widersprüche aufgrund kontroverser oder unterschiedlicher Lebens- oder Kommunikationsformen, wobei hier Lebensform als Oberbegriff für eine Gesamtheit gegenständlich-praktischer Handlungen (im Gegensatz zu sprachlichen Handlungen, die hier unter »Kommunikationsformen« subsumiert wurden) gelten soll.

In der Berechtigung (B), in der wohl die Topoi angesiedelt werden müssen, verlaufen deshalb viele Argumentationen kontrovers, weil gerade hier noch nach einem passenden »Oberbegriff« für die zu begründende oder zu erklärende Handlung gesucht wird. Ist allerdings dieser erste Schritt der Verallgemeinerung anerkannt, macht es dann oft nur noch geringe Schwierigkeiten, nach (N) oder (RF) vorzudringen und dabei Konsens zu erzielen. In der Berechtigung prallen die unterschiedlichen Überzeugungen, Absichten, Meinungen usw., hervorgerufen etwa durch unterschiedliche Sozialisation oder Kultur, oft heftig aufeinander, vor allem weil es so viele sich widersprechende Topoi gibt. Spontan fallen da immer wider solche alltagsweltlichen Gegensatzpaare ein wie:

»Aller Anfang ist schwer« — »Neue Besen kehren gut« oder

»Einmal ist keinmal« — »Einmal genügt« — »Einmal (oder: ein zweites Mal) ist schon zuviel« — »Auf einem Bein kann man nicht stehen« oder

»Reden ist Silber, Schweigen ist Gold« — »Wer nichts sagt (Wer sich nicht meldet), kriegt auch nichts« — »Wer nicht fragt, bleibt dumm«

Ein gutes Beispiel für die Schwierigkeit, den richtigen Topos in einem konkreten Fall anzuwenden, ist auch Parzival, der im entscheidenden Moment dem Ratschlag von Gurnemanz folgt, nichts zu sagen und nicht zu fragen, um nicht als neugierig angesehen zu werden, statt durch eine Frage Mitleid und Teilnahme auszudrücken.

Sieht man nun diese Topoi, fallen einem ebenso spontan Situationen ein, in denen man nach diesem oder jenem Topos der gleichen Gruppe handeln würde. Und das genau zeigt, wie sehr Topoi noch an konkrete Fälle und praktische Situationen gebunden sind. Topoi gelten nicht kontextunabhängig, sondern nur in Kontexten, sind an bestimmten Situationen und Institutionen und an den an der Argumentation teilnehmenden Personen ausgerichtet und damit weniger Prinzipien wie Wahrheit und Richtigkeit verpflichtet, obwohl das in letzter Instanz auch für Topoi gilt, sondern der *Angemessenheit* der Diskussion und Argumentation in bezug auf die teilnehmenden Personen und die Situation bzw. Institution, in der diese Argumentation stattfindet. Nicht immer geht es nämlich in Argumentationen (nur) um Wahrheit oder Richtigkeit, von der man z. B. hornalte oder autoritäre Personen, in hierarchisch definierten Argumentationen etwa auch Vorgesetzte, doch nicht überzeugen kann, sondern um das Vertreten des Machbaren, indem man von seinen subjektiven Annahmen und Erwartungen ausgehend den Kommunikationspartner in bezug auf seine Änderbarkeit einschätzt und dann seine Argumente so wählt und plaziert, daß sie Chancen haben, zwar in Richtung auf Wahrheit und Richtigkeit zu wirken, ohne jedoch vielleicht voll diese beiden Geltungsansprüche zu erfüllen. Man wird in solchen Fällen etwa umkämpfte gegensätzliche Topoi nicht bis zum Ende ausdiskutieren, sondern für die Vertretbarkeit des eigenen Topos werben. Ist man dagegen bei Rechtfertigungen oder auch schon Werten angelangt, wird es selten gelingen, zwei konträre Werte nebeneinander stehen zu lassen, ohne sogar einen Kompromiß aufs Äußerste zu gefährden. Mit Topoi also werden Tatsachenaussagen, konkrete Fälle verallgemeinert, man kann auch sagen: normativ gestützt. Dadurch daß Topoi zwischen Problem (Tatsache, konkretem Fall) und System (normativem Gefüge) angesiedelt sind, bilden sie eine Klammer zwischen diesen beiden Polen, garantieren die Wechselseitigkeit, die gegenseitige Durchdringung dieser beiden (scheinbaren) Extreme. Nur durch Konsens, der argumentativ erzielt werden muß, und damit zur Beantwortung der letzten Teilfrage von Seite 93, kann geklärt werden, daß gerade *die* Norm oder *der* Topos dem vorliegenden Fall adäquat ist. Hier präzise Regeln anzugeben, scheint mir unmöglich zu sein. Daß es gewisse Techniken gibt, Übereinstimmung (scheinbar) zu erreichen, wird im folgenden Kapitel zu diskutieren sein.

1.1.7 Ein idealer Fall?

Diskutiert man eine ideale Argumentationsstruktur, ist man immer auf Beispiele angewiesen, an denen man partiell zeigen kann, inwiefern hier Postulate einer idealen Theorie eingehalten oder verletzt werden. »Ideal« tritt dabei in zweierlei Bedeutung auf. Auf der einen Seite sollen alle theoretisch gewonnenen Kategorien an Texten aufgezeigt werden. Man sucht sich also einen Text, an dem man alle theoretisch gewonnenen Kategorien verdeutlichen kann. Insofern unterscheidet sich der derzeitige Anspruch, alles an expositorischen, ursprünglich nicht zur Verwendung in einer wissenschaftlichen Analyse gedachten Texten zu entwickeln und überprüfen, nicht von der bisher üblichen Art und Weise, selbst Beispielsätze zu konstruieren. Letztendlich findet die Auswahl der Beispieltexte unter den gleichen Bedingungen und zu den gleichen Zwecken statt wie die Konstruktion von Beispielsätzen, nämlich der möglichst reibungslosen Demonstration theoretisch gewonnener und nun zu explizierender Einsichten. Ein idealer Text bzw. ein ideales Beispiel gestattet dann die vollkommene Darstellung und Ausführung dessen, was ansonsten vielleicht in seiner Abstraktheit nur für wenige durchschaubar wäre. Andererseits müßte es ein Desiderat einer Theorie der idealen Struktur von Argumentationen sein, einmal einen Text vorstellen zu können, in dem »ideal« im Sinne dieser Theorie argumentiert wird. Solche Argumentationen, das soll nicht bestritten werden, kommen in der Welt vor. Nur leider oft gerade dann nicht, wenn es darum geht, diese kooperative Argumentation für immer auf Band oder Film festzuhalten. Massenmediale Texte stellen im Prinzip die einzige Möglichkeit des Zugangs zu »echt-dialogischen« argumentativen Texten dar, will man nicht selbst Feldforschung betreiben, was wiederum gerade in dieser Hinsicht kaum zu Ergebnissen führen dürfte. Gerade aber in den Massenmedien wird so gut wie nie kooperativ argumentiert. Derjenige, der seine Meinung vor den Augen vieler (potentieller Wähler etwa) änderte, würde allzu leicht als Dummkopf oder Umfaller bezeichnet werden. Die Änderung von Überzeugungen bzw. deren öffentliche Dokumentation, was auf eine kooperative Argumentation schließen lassen könnte, findet in Massenmedien deshalb fast ausschließlich in fiktionalen Texten statt.

Bleiben also zur Demonstration kooperativer Argumentation nicht-dialogische Beispiele etwa aus Tageszeitungen oder eben Theaterstücke. Das klassische Beispiel kooperativer Argumentation auf dem Theater ist Goethes »Iphigenie«. In diesem Stück ist kooperative Argumentation auf der Sinnebene geradezu *das* Thema. Anders als bei Euripides, bei dem die Göttin Athene quasi per Dekret oder Kompromiß den tragischen Knoten lösen mußte, ist es bei Goethe allein die Initiative des Menschen, die die tragische Situation aufhebt. Nun kann man eine tragische oder in diesem Fall für Orest und Pylades vor allem gefährliche Situation auch durch gegenständlich-praktische Handlungen aufheben, etwa indem man seinen Gegenspieler erschlägt. Eine solche Initiative ist in der »Iphigenie« aber nicht vorgesehen, hier wird der Konflikt durch Argumentation gelöst, in der langsam aber stetig die besseren Argumente, vor allem Iphigenies, den eigentlich Mächtigeren, der aufgrund seiner Stellung den Ausgang des Streites hätte bestimmen können, überzeugen und der diesen Argumenten zumindest nachgibt, sie als befolgenswert erachtet, wenn er sie vielleicht auch nicht übernimmt. Der Text ist leicht zugänglich, er braucht deshalb in seinen entscheidenden Phasen nur kurz zitiert werden.

Gleich zu Beginn des 5. Aufzugs wirft Thoas Iphigenie vor, daß sie das Opfer an den beiden gelandeten Männern — Orest und Pylades, deren Identität aber Thoas nicht kennt — nicht vollziehe. Iphigenie kann nun nicht problemlos kooperativ argumentieren, immerhin muß sie Thoas die Identität Orests und Pylades' verschweigen, so wie sie auch auf die Werbung Thoas nicht kooperativ, sondern ausweichend reagiert hat, z. T. auch aus egoistischen Gründen, weil ihr nämlich durch eine Heirat mit Thoas die Rückkehr nach Griechenland auf immer verstellt gewesen wäre. In der Lage allerdings, in der sie sich nun befindet, muß sie sich für strategisches oder kooperatives Argumentieren entscheiden. Entweder sie belügt Thoas, hintergeht das Vertrauen, das dieser in sie setzt und gesetzt hat, um ihr Ziel, die Heimkehr nach Griechenland zu erreichen, oder sie sagt Thoas die Wahrheit und gefährdet damit die Durchführung des Planes und zusätzlich noch ihr eigenes Leben und das ihres Bruders und seines Freundes. In dieser Krise entscheidet sich Iphigenie nun für das kooperative Handeln, indem sie zu Thoas sagt: »Wenn ihr wahrhaft seid, wie ihr gepriesen werdet, so zeigt's durch euern Beistand und verherrlicht durch mich die Wahrheit!« (5/3).

An diesem Punkt schlägt strategisches in kooperatives Argumentieren um: akzeptiert Thoas diese Worte, sind von nun ab beide zur gemeinsamen Suche nach Wahrheit und Richtigkeit gehalten. Iphigenie gibt dann auch nach dieser Äußerung ihr strategisches Spiel auf, indem sie Thoas verrät, um wen es sich bei den Fremdlingen handelt. Thoas, der sich lange (scheinbar) zögernd verhält, verpflichtet sich der Kooperation sichtbar spätestens in dem Moment, indem er seine Krieger solange vom Kampf mit den Griechen abhält, bis im Gespräch entschieden ist, was zu tun und zu lassen ist: »Geh!«, sagt er zu Arkas, »gebiete Stillstand meinem Volke! Keiner beschädige den Feind so lang wir reden«. Dieser Satz könnte bei Habermas' Diskurstheorie Pate gestanden haben, nach der in Diskursen Handlungszwänge nicht existieren dürfen (vgl. 1971, S. 117 und 1973, S. 214) und damit die Bedingung für uneingeschränkte und zwanglose Kommunikation geschaffen ist. (Vgl. 1971a, S. 241) Nach einer Diskussion über die Notwendigkeit eines Zweikampfes als Möglichkeit, den Streit zu entscheiden und Iphigenies Einspruch, scheint es mit der Entlassung der Griechen nur zu einem Kompromiß zu kommen, den Thoas sich abringt. Iphigenie aber bringt den König noch dazu, (fast) im Konsens die Griechen fortziehen zu lassen. Zugegebenermaßen mag hier der 5. Akt von »Iphigenie auf Tauris« überinterpretiert sein, immer wieder finden sich Wendungen strategischen Handelns in der Interaktion der Teilnehmer. Immerhin aber einigen sich Iphigenie, Thoas und Orest auf etwas, was man seiner Struktur und seinem Zustandekommen nach Konsensus nennen könnte, was vor allem auch argumentativ zu rechtfertigen (in unserem heutigen Sinne) wäre. Als heutiger Leser hat man das Gefühl, daß mit einer derartigen Einigung ein Fortschritt gegenüber der Austragung der Streitigkeiten mit Waffen erreicht wurde. Daß der Konsens auf seiten von Thoas vielleicht weniger Einsicht, sondern eher (mehr emotional bedingte(r)) Nachsicht oder Verzicht war (in der Literaturwissenschaft gibt es dazu die Entsagungstheorie), zeigt noch einmal, wie schwer ein solcher Diskurs, eine solche kooperative Argumentation bis zum letzten, also zur Aufgabe von gewohntem Handeln und eingespielten Normen durchzuführen ist.

Ein anderes Beispiel aus der Praxis wird noch einmal zeigen, wie schwer es ist, einen praktischen Diskurs zu führen, in dem es um Normen, richtiges Handeln, kurz: um Richtigkeit geht, im Gegensatz zu einem theoretischen Diskurs, wo die Wahrheit von Propositionen Thema ist. Immer wieder stehen einer solchen kooperativen Argumentation überkommene Rollendefinitionen, Vorurteile, Uneinsichtigkeit, Eitelkeit usw. im Wege. Wenn man so will, springt man immer wieder einmal aus einer kooperativen Argumentation heraus, und jedesmal braucht es dann gewisser Mechanismen, in den Diskurs aufs neue hineinzukommen.

In einem therapeutischen Diskurs, einem Gespräch in einer Eheberatungsstelle, von dem jetzt die Rede sein wird, ist der Therapeut der Agent des Diskurses. Er soll dafür sorgen, daß Konflikte ausgetragen, aber nicht neue geschaffen werden aufgrund der Tatsache, daß einer der Teilnehmer durch größere Redegewandtheit oder Hartnäckigkeit sozusagen einen Konsensus herbeizwingt, der dann zwar kein echter ist, aber immerhin den Gegenüber erst einmal auf bestimmte Verhaltensweisen festlegt.

16)

	SP	Text
001	V	»Heut sin mer ohne Kinder hier.
002	T	Hmhm.
003	V	(räuspert sich)
004	T	Ja. — Aber nich ohne Sorgen.
005	V	Nee, leider nicht. Das hat sich bis jetzt leider noch nicht gebessert. Auch die Einzelgespräche, die ham uns leider wenich gebracht. (räuspert sich)
006	T	Was hatten Sie erhofft? — von den Einzelgesprächen?
007	V	Ja, also ich hatte mir erhofft, daß der Einzelne noch ma bißchen vielleicht über sich nachdenkt. Gell, ohne daß der andere dabei ist. Weil mer da doch irgendwie wieder auf andere Rücksichten nimmt.
Pause (20 sec.)		
008	V	Weiß nicht, was meine Frau für'n Gefühl hat. Aber ich hab' so die Meinung, daß — diese Sitzung, die wir hier dienstags immer machen, daß das für sie bißchen belastend wird. Jetz auf die Zeit.
009	T	Hmhm. [...]
019	V	Ja, ich mein, die Krise, die war schon seit längerer Zeit da, gell, anfürsich schon von Anfang an. Wenn ich so unser ganzes Eheleben betrachte, und, also soweit ich mir des, soweit ich des beurteilen kann, da hat mehr oder weniger so dies Sexuelle zwischen uns, hat des dann immer wieder en bißchen ausgeglichen. Gell.

020 M Hmhm.

021 V Und die ganze Zeit auch die Kinder. Aber jetz nachdem die größer werden, und ihre eigenen Ansprüche haben da äh . . kommt des jetzt doch — offen zum Ausbruch. Ich mein ach wir als Menschen wer'n älter und äh . . — werden dadurch auch, wie soll ich sagen, schwerer zu formen. Gelle, ich mein so, als jüngerer Mensch, sacht ja oft, wenn mer jünger heiratet kann mer sich eher noch anpassen als wenn mer älter is. Wenn mer dann schon irgendwelche ähm . . Angewohnheiten sich angeeignet hat, gell.

022 T Hmhm.

023 V Aber, ich möcht ganz gern, daß meine Frau vielleicht auch mal bißchen was dazu sacht. (räuspert sich) [...]

039 M Na, ich hat ja letzte Woche schon mal angefangen und hab versucht, daß mer mal zusammen spricht. Das hat ja mein Mann gemerkt. Aber er hätt ja auch mal dann wieder von sich aus kommen können — wenn's irgendwie die Zeit gewesen wär. Daß er ma auch anfängt. Jetz hab ich gestern Abend halt noch mal angefangen. Und da hab ich irgendwie, ich hab des irgendwie, des Fernseh war laut. Und da hab ich des irgendwie, hat er das mißverstanden. Hab ich, was hab ich gefracht? Wie des heut morgen ist. Weil der Michael der war gestern ziemlich krank. Aber heut morgen is alles wieder in Ordnung. Hat er das so, hat er gesacht, ja, mit was für'm Ton ich mit ihm sprechen würde. Aber ich hab des wirklich gar net so gemeint. Hab wie normal gesprochen. Da fing er dann gleich an zu schimpfen.

040 V (lacht)

041 M ja.

042 V (räuspert sich)

043 M Is doch wahr. Du hast's so empfunden. Ich hab des nicht so empfunden daß ich da irgendwie en andern Ton angeschlagen hab. Ich hatt ja auch gar kein, gar keine Lust ähm . . irgendwie mich äh . . daß ich mich mit ihm zanken wollte. Gestern Abend.

044 T Hmhm.

045 M Ich wollt nur wissen, was heut ist. Und — daß, irgendwie hat er das in die falsche Kehle gekricht.

046 T Hmhm.

047 V Na sie, sie stellt dann mitunter ne Frage ohne irgendeine Beziehung zu etwas. Gell.

048 T Hmhm.

049 V Und die Frache die klingt meistens so'n bißchen barsch. Und der Satz der wird so kurz ausgesprochen. Gell, und das tut mich irgendwie tut mich das aufreizen. Gell.

050 T Hmhm.

051 V Bin da gestern Abend heimgekommen. War anfürsich ganz guter Stimmung . . .

052 M hab ich . . .

053 V Und . . .

054 M . . . gar nix von gemerkt.

055 V . . . na ja.

056 M Sachst kaum guten Abend. Macht die Tür . . .

057 V (lacht)

058 M . . . klingelt, er hat eigentlich en Schlüssel. Aber jedesmal klingelt oder klopft er.

059 V Ja. Ich klingel nicht . . .

060 M Sacht kaum Abend . . .

061 V . . . ich hab geklopft.

062 M . . . oder irgendwas . . .

063 V Ich hab geklopft . . .

064 M . . . wenn du heimkommst.

065 V . . . weil, weil du dich schon mal beschwert hast, wenn ich abends klingel, daß da die Kinder wieder aufwachen . . .

066 M Ja, aber.

067 V . . . un hab ich halt geklopft. Und bin dann reingekommen . . .

068 M Da hab ich nichts von guter Laune gemerkt.

069 V Und . . .

070 M Da hätt er sich ja ma'n bißchen anders äußern können, wenn er gute Laune hätte.

071 V Na ja, ich mein.

072 M Hast doch kaum guten Abend gesacht. Wenn ich nicht, ich glaub ich hab sogar angefangen guten Abend zu sagen, ne. Ich mein das is ja auch egal. Aber. — Erzähl ruhich weiter.

073 V (räuspert sich) Ja es war, is ja Karnevalsabend. Ich mein, bin kein großer Karnevalist. Aber gestern Abend da war da ne lustige Sendung angekün . . angekündigt im Fernsehn. Und ich war da noch bei meinen Eltern, hab da noch äh . . die Abrechnung abgegeben und dann bin ich gleich hochgelaufen und da war der Fernseher an. Die Kinder die war'n im Bett. Meine Frau, wußt ich net, entweder sitzt se davor oder saß se nicht davor. Gell.

074 M Ich hat nur an, ich laß dann . . .

075 V Und ich mein da dies Gesch . . diese, diese Sendung, die war en bißchen leise eingestellt und da hab ich se etwas lauter gemacht. Gell. Hab mich da hingesetzt und da kam sie in's Zimmer rein, gell. Hast du des lauter gemacht? So als wenn ich des net machen dürfte. Gell. Hab ich gesacht . .

076 M Ach nee.

077 V . . . ja ich hab's en bißchen lauter gemacht. Gell, weil ich's so schlecht verstanden hab. Es war en bißchen leise gewesen alles.

078 M Ja, weil er sich meistens beschwert, bei den Schwiegereltern, wenn das so furchtbar laut ist, da beschwert er sich. Und das, das war wirklich zu verstehn, wenn man sich da hinsetzt. Und die Kinder die war'n grad am Einschlafen. Das konnt er ja nicht wissen. Er war, er fracht ja auch nie nach den Kindern wenn er nach Hause kommt.

079 V Ja, aber die Sendung die hatte grad schon angefangen. Und es hat mich interessiert. Und da kann mer ja auch schlecht noch lange Unterhaltung führ'n. Sonst tut mer ja die Pointe versäumen. Gell, und na ja ich hab dann gehört. Und, meine Frau hat sich dann auch dazugesetzt. Is, mein die Sendung die war net so wie mer des vielleicht hätte erwarten können. Gell, es war bißchen arg primitiv. — Und so mittendrin, die sich da grad, wie die grad wieder so'n paar äh . . Kalauer gebracht haben, gell. Un da fährt se mich so plötzlich von der Seite an: was wird'n jetzt morgen? Gell, ich mein, das hat jetz auf mich gewirkt. Morgen ist wieder dein freier Tach, was wird wieder damit? Bleibst wieder im Bett liegen? Oder

was hätte das noch alles bedeuten können? Gell. Also es war mir vollkommen unklar. Gell, jetz hab ich erst mal überlegt, was bedeuten das? Aber innerlich hab ich mich schon aufgeregt, weil ich des da so, so unvorbereitet da äh . . hingeworfen bekam. Gell, des hat mer dann die ganze Stimmung genommen. Und ich hab dann gemerkt, daß meine Frau irgendwas bewegt. Gell. Aber so mit der Wahrheit is se einfach net rausgerückt. Gell. Hat dann plötzlich Streit angefangen. Müßt doch wissen was des zu bedeuten hat. Morgen, es dreht sich hier um die Untersuchung. Gell, und da hab ich überhaupt net drangedacht. Weil sie mir da nichts drüber gesacht hatte. Daß des letzte Mal verschoben worden ist. Und — ich hab jetzt erst im Stillen da versucht überhaupt erst mal zu überlegen. Womit kann des überhaupt zusammenhängen? Gell, was, weil da'n Vorwurf wieder drin angeklungen hat. (räuspert sich)

080 M Hab das gar nicht so gemeint. Das hab ich ja gestern Abend auch schon gesacht.

081 V Ja, das haste vielleicht nicht so gemeint. Aber hinterher da hat sich dann rausgestellt, gell, daß ich mich nach den Kindern net erkundige. Daß der Michael den ganzen Tag äh . . krank war, daß er da Fieber gehabt hat. Gell, dann kam hinzu, daß er da, daß ich da en Fernseher zu laut angestellt habe.

082 M (leise) Ooh.

083 V Und dann kam noch raus, daß es vom Frauenarzt ne Nachricht bekommen hat, daß da ne Untersuchung äh . . nicht so verlaufe ist, oder daß des noch mal nachuntersucht werden muß. Also des war'n jetzt drei Sachen was sie bewegt, gell, und weil ich da jetzt nicht äh . . das sofort gemerkt hab wie ich da heimgekommen bin. (räuspert sich) Und da hat se mir des jetz so, auf andere Art und Weise hat se des mir denn eben . . .

084 M Nee, des is gar nicht wahr.

085 V . . . äh . . ja aber so hat sich des angehört, Martha, gell und das is, das is so traurich bei dir, daß de immer irgendwelche Sachen mit etwas anderem verquickst. Gell, wenn dich etwas anderes, wenn dich da irgendetwas stört, da tuste das plötzlich in ner ganz anderen Reaktion wieder unterbringen. Statt daß de da erst mal äh . . sachst, also hör mal, weißte was heut los war?

086 M Du fingst ja gleich an zu brüllen. Wie ich das nur gesacht hab. Was mit heute is. [. . .]

108 T Kann es nicht sein, daß Sie sich mißverstehen an der Drehe, daß Sie denken der andere ist abends nicht auf mich eingestellt. Das wär also schön wenn, wenn abends sagen könnte was ich den ganzen Tach gemacht habe, nich.

109 M Sich unterhalten, das ist ja woanders überall.

110 T Ja.

111 V Ja, aber es kommt auch immer darauf an wie mer en Gespräch anfängt. Gell.

112 M Ja irgendwann muß man ja mal anfangen. Die ganzen Wochen hast du nichts gesacht.

113 V Ja, aber *wie* man ein Gespräch anfängt, Martha. Gell.

114 M Ja, das hast du jetz irgendwie mißverstanden, gestern. Abend.

115 V Ja, aber das versteh ich immer miß. Das weißt du. Grade wenn, wenn

du mich so, so barsch anfährst und dann, dann bin ich ganz gereizt. Gell.

116 M Ich hab dich wirklich nicht barsch angefahren. Ich hab dir's gestern schon paar mal gesacht.

117 V Ja, dir kommt des vielleicht net barsch vor. Aber des is so. Gell.

118 M Hab gesacht, da war's Fernsehn so laut und da haste das irgendwie verkehrt verstanden. (putzt die Nase)

119 T Sie werfen Ihrer Frau vor, sie sei barsch. Ihre Frau wirft Ihnen vor, sie seien unbeteiligt. Wenn ich . . .

120 V Hmhm.

121 T . . . das jetzt richtig verstanden habe. Man hat das Gefühl die Zärtlichkeit zwischen Ihnen . . .

122 V Ja, das wird immer weniger. Gell, ich mein . . .

123 T Ja, wo is sie hingerutscht? Man könnte doch auch so das ganze überschreiben: Mein Ehepartner das unbekannte Wesen.

124 V Ja ich weiß net . . .

125 T Das rätselhafte Wesen.

126 V . . . das is ne Phrase. Gell . . .

127 T Ja, aber . . .

128 V . . . unter der man sich viel und auch gar nichts vorstellen kann.

129 T Ja, aber ich meine es ist doch so, daß Sie sich selbst rätselhaft sind.

130 V Ja das (räuspert sich) . . .

131 T Daß Sie ein Stück weit sich kennenlernen müssen, neu. Wenn Sie sich eine Chance geben wollen. [. . .]

345 T . . . und das Problem glaub ich das nun zufällig an dieser Situation sich aufrollt ist ja, kann man darüber reden? Nicht, oder ist das sinnlos?

346 V Ich laß gern mit mir reden. gell, nur muß dann eben auch bißchen die Höflichkeit und die Freundlichkeit gewahrt sein. Ich mein hier unterhalten wir uns auch. Gell, meine Frau die wirft mir jetz wieder vor, ich würd hier nur reden. Und sie käm garnet zu Wort. Gell, und ich mein so ist des zu Hause auch. Ich unterhalt mich gerne. Gell, nur muß des dann eben auch äh . . bißchen des höfliche und freundliche muß da bißchen anklingen. Gell, mer kann net gleich da jetz irgend en, en was da auf'n Tisch knallen, gell, un (räuspert sich).

347 T Hmhm. Und wenn, wenn Ihre Frau höflich und freundlich wäre, dann . .

348 V Durchaus gell.

349 M Ach ja. Das glaub ich auch nicht.

350 V Unterhalten.

351 M Hast ja . . .

352 V Ja

353 M . . . gestern auch nichts gesacht. Sonst hätt'st du mal von selbst angefangen, die Woche. Ich weiß ja auch nie wann ich anfangen soll.

354 V Na ja du hast dich aber . . .

355 M Wahrscheinlich ist es immer n'en schlechter Moment . . .

356 V . . . unlängst . . .

357 M . . . irgendwann . . .

358 V . . . unlängst, gell da haste dich wieder so komisch verhalten. Gell, das hat se mir auch vorgeworfen wo ich das Gespräch, wo ich die Unterhaltung abgelehnt habe. Gell, da kann ich die auch sagen, ich hab mir jetzt nochmal überlegt wie des war. Des war an, am, am Sonntach vor acht Tagen, gell. Sim'mer anfürsich den Tach über sehr gut ausge-

kommen, ohne daß es da zum Streit kam. Abends da ham wir da wieder ferngeguckt. Vielleicht is des auch en Nachteil, soll'n mer des Ding halt abschalten. Gell. Und da gabs, wenn ich mich richtig entsinne, da gabs Tatort gell, un ich mein bei so'ner Kriminalsendung kann mer ja schlecht zwischendurch noch ne Unterhaltung führn. Gell, anschließend Tagesschau. Vielleicht gabs noch was Politisches, ich weiß es net. Un weil der Tach so harmonisch verlaufen is, hab ich da so, im Laufe der Sendung hab ich ein zwei Flaschen Bier getrunken und hab dann, hab dann vielleicht noch'n Cognac, eins zwei oder drei dazwischen getrunken. Und da war ich grad so'n bißchen dämmerich und da kommt plötzlich meine Frau und sacht, jetz müsse mer doch, weil jetz am Dienstach wieder die Untersuchung is, müsse mer doch unbedingt en Gespräch hier führn. Gell. Und, mein wenn ich dann mal was getrunken hab da kann ich mich auch net mehr vernünftig unterhalten. Gell. Und wie sie, wie ich dann gesacht hab, also hör mal, jetz kommste, jetz hab ich doch grad, ich hab dann wirklich gesacht, also ich mein, ich fühl mich jetz net wohl da über so Sachen en Gespräch zu führn, weil mer da kein klaren Gedanken fassen kann, und da war se gleich ungehalten, gell. Und rennt da aus'm Zimmer raus und schlägt die Tür zu.

359 M Is ja gar nicht wahr.
360 V Gell. Doch, haste gemacht.
361 M Das ist ja gar nicht wahr.
362 V Du hast dich sofort aus dem Zimmer . . .
363 M Erstens war'n wir beide im Bett.
364 V Nein das stimmt gar net.
365 M Also Georg das ist hundertprozent wahr. Das war ja schon um elf Uhr abends. Du kamst dann in's Bett. Und ich konnt nicht einschlafen weil ich dachte daß man sich irgendwie mal (weint) das ist nicht wahr wir war'n im Bett. Jetz verdreh doch nicht immer alles.
366 V Aber das ändert nichts an der Tatsache . . .
367 M Ich hab auch keine Tür zugeknallt.
368 V . . . daß ich, daß ich an dem Abend, aber du. . .
369 M Ich hab erst ne Zeit lang im Bett gelegen, hab ich gedacht, was machste jetz nur? Wie kann . . .
370 V Du bist . . .
371 M . . . das besser werden . . .
372 V . . . du bist . . .
373 M . . . was hab ich jetzt wieder verkehrt gemacht. (weint die ganze Zeit)
374 V . . . du bist als erste aus'm Zimmer rausgegangen. Und hast, hast davor, ich kann mich jetz überhaupt . . .
375 M Den ganzen Morgen . . .
376 V . . . net erinnern.
377 M . . . wir ham den ganzen Sonntag fast gar nichts zusammen geredet. Ich bin morgens weggegangen. Ich hab dich gebeten, ob de mit den Kindern spazieren gehst. Also biste nicht aufgestanden, da war grad schönes Wetter. Ich war aber furchtbar erkältet. Der war gar nicht harmonisch der Sonntach. Das ist alles nicht wahr. [. . .]
475 T Das ist vielleicht ein Punkt der wichtig ist. Wie . . wieweit kann man sicher sein . . .
476 V Hmhm.

477 T . . . daß der andere einen so wie man ist liebt. Und mit den Schwierigkeiten auch. Aber auch mit den Wünschen nach Entwicklung. Und das ist bei Ihnen so entweder oder. Da ist auch, spürt man auch ein Stück in der Bitterkeit die Sie auch haben, auch ein Stück Machtkampf, der aber keinen glücklich macht. Sieht man ja, nicht, im Grunde ähm . . sind Sie beide froh darüber. Wie es geht.

478 V Ja ich mein, durch die Kinder, da ham wir Verpflichtungen. Und — des hat halt die Beziehung zwischen uns geännert. Hab ja schon mal gesacht, gell, seitdem der Wolfgang da war und da is unser Verhältnis, is — grundlegend anders.

479 T Hmhm.

480 V Is grundlegend anners geworden, gell. So die Nachsicht die meine Frau mir gegenüber vielleicht früher gezeigt hat, oder die Einsicht, die is plötzlich verschwunden gewesen.

481 T Hmhm.

482 V Gell, das war plötzlich wie weg. Gell.

483 T Aber sie ist ja nicht total eine andere und Sie sind auch nicht ein ganz anderer.

484 V Nein.

485 T Also da müßten schon noch Reste sein von dem — was Sie damals, als offenbar schönere Situationen erlebt haben. — Aber das ist natürlich mühsam dort hin zurückzukommen, weil ja andere Dinge . . .

486 V Hmhm.

487 T . . . die Kinder sind Realität . . .

488 M Hmhm.

489 T . . . ham Bedürfnisse, das ist ganz klar. Muß man sich darauf einstellen. Das ähm . . sicher sehr schwierig, aber nich unlösbar. Für uns (räuspert sich) müssen wir hier auch entscheiden, was Sie möchten . . . [. . .]

499 T Hmhm. Ja. Ich, vielleicht können wir's so sagen, ähm . . daß wir'n weiterliegenden Termin ausmachen, wenn Sie das möchten.

500 V Ja ich mein . . .

501 M Hmhm.

502 V . . . wenn wir jetz hier so'ne Sitzung haben is da auch'n gewisser Druck bei uns da. Gell. Ich mein . . .

503 T Ja.

504 V . . . meine Frau die sucht jetz vielleicht en Gespräch un ich such vielleicht eins, un je näher der Termin kommt, desdo mehr bildet sich da vielleicht ne Spannung zwischen uns. Gell, das is ähnlich wie Weihnachten un, un, un Ostern, jetz wieder. . .

505 T Hmhm.

506 V . . . gell, und meine, gewisse Verpflichtung is ja dann auch wieder da. Vielleicht wär's doch vielleicht besser, wenn mer jetz erst ma äh . . kleine Pause einlegen.

507 T Dann hätte ich ja auch was sehr Mächtiges und Zwingendes, als würde ich Sie an den . . .

508 V Ja, ich mein, das . . .

509 T . . . an den Gesprächstisch zerren.

510 V . . . vielleicht nicht. Aber weil hier uns dann, weil wir dann gezwungen sind uns zu unterhalten.

511 T Ja.

512 V Gell, das tut vielleicht en seelischen Druck bei uns äh . . erzeugen.
513 T Ja.
514 V Gell.
515 T Ja, dann kriegt es auch etwas Verkrampftes. Das wäre . . .
516 M Hmhm.
517 T Sie kennen ja meine Telefonnummer.
518 M Ja.
519 T Und sollen wir denn jetz auf einen weiteren Termin hin, also auf einen weiter weg liegenden, uns verabreden, oder wollen Sie mich . . .
520 V Ich weiß nicht was meine Frau . . .
521 T . . . anrufen?
522 V . . . die äußert sich da immer nur . . .
523 M Ja ich wollt . . .
524 V . . . nicht genau, ich mein . . .
525 M . . . ich wollt ja die ganzen Tage daß man mal darüber redet — und du redest ja nicht mit einem. Wir hatten ja ausgemacht daß ich da drüber spreche wie das jetzt weiter geht, aber ich, ich komm ja nicht dazu mich mit dir zu unterhalten.
526 V Ja es kommt immer darauf an, ich hab dir das ja gesacht, gell das is . . .
527 M Ja du kannst ja selbst mal anfangen. Von selbst.
528 V Ja, ja, das . . .
529 M Hast du's schon mal probiert?
530 V . . . du meinst aber, du meinst aber immer — weiß net ob mer die Zeit da noch äh . . lange überziehen können?
531 T Wir müssen ja auch.
532 V Gell, du meinst immer ich muß des machen. Dann tuste nachher, meine Entscheidung, die tuste kritisieren. Gell. Deshalb bin ich da äußerst vorsichtig geworden, da äh . . von mir was zu entscheiden. Deshalb versuch ich dann auch möglichst immer dir ne über . . . dir ne Entscheidung zu überlassen, beziehungsweise daß ich erst mal deine Meinung höre. Gell, aber bei dir ist immer alles vorgefaßt.
533 T So . . .
534 V Da kommt mer da net mehr ab.
535 T . . . ja.
536 V Ja.
537 T Soll'n wir's denn jetz nicht einmal üben an dieser, an dieser Situation? Wenn wir jetz also eigentlich entscheiden müßten, ja äh . . was wir machen. Also, rein ob wir, und wenn ja, wann wir uns . . .
538 V Ich mein, des war dann auch gestern wieder der Abschluß unseres Streits, gell, da war sie dann schon ne Weile zurückgezogen, da kommt se und macht plötzlich wieder die Tür auf und sacht, was wird denn jetz morgen? Gell, so als wenn ich jetzt doch widder ähm . . als wenn sie sich jetz unterordnen müßte was ich da äh . . zu sagen hab.
539 T Hmhm.
540 V Hab ich gesacht, was machsten für'n Vorschlag.
541 T Da muß ich's ja — so formulieren, was machen wir?
542 M Hmhm. Ja ich weiß net ob wir uns melden sollen, oder? Was meinsten jetz?
543 V Ja was hasten für'n, für'n Gefühl oder was hasten für ne Meinung? Martha. Brauchst dich doch net genieren, ich mein, sach doch mal was

de meinst. Aber du, du sprichst dann net, du hälst irgend etwas zurück.

544 M Nee da sind . . . wird sich aussprechen, wenn das so weitergeht dann will ich das nicht mehr weitermachen hier.

545 V Möchst nicht mache? Also woll'n mer jetz erst mal'n Termin offen lassen.

546 M Ja.

Pause (10 sec.)

547 V Ja lassen wir's halt offen Frau Hilfreich. Würd ich dann sagen . . .

548 T Jetz wäre wichtig wenn wir uns . . . Entschuldigung.

549 V . . . ja wir setzen uns vielleicht mal nachher in Verbindung mitnander.

550 T Ja.

551 T Jetz wäre, glaub ich, nur wichtig zu wissen, was hätten Sie zum Beispiel, wie hätten Sie sich entschieden, damit Sie sich kennen, das meine ich, nicht.

552 V Also mein Vorschlag der wäre daß wir uns vielleicht jetz mal vier Wochen jetz Zeit genommen hätten anstelle von vierzehn Tagen, aber, ich meine — ich hätt da ganz gern die Entscheidung meiner Frau überlassen.

553 T Hmhm. Das find ich jetz gut, nich, daß man sacht ähm . . mein Standpunkt wäre so, aber ich passe mich jetz *dir* an.

554 M Das kommt auch ganz auch, auf die Situation zu Hause an. (putzt die Nase)

555 T Ja sollen wir dann, ich muß leider . . .

556 M Ja.

557 T . . . es geht nich anders, zum Schluß kommen. Aber dann, ich stehe aber, wie gesacht, auch sonst, wenn irgendwas ist, wenn Sie anrufen wollen, Sie kennen ja die Telefonnummer. Und sonst richte ich mich darauf ein daß Sie sich melden, nicht.

558 M Hmhm.«

(Ende der 12. Therapiesitzung)

Vielleicht zuerst noch ein paar Sozialdaten: Frau und Herr Seiler sind 29 bzw. 30 Jahre alt, haben 3 Kinder. Herr Seiler arbeitet als Angestellter seines Vaters in dessen Trinkhalle. Er hat keine geregelte Arbeitszeit, arbeitet länger als acht Stunden pro Tag und hat kein freies Wochende, dafür aber dienstags frei. Frau Seiler, Krankenschwester von Beruf, jetzt Hausfrau, arbeitet sonntags im Geschäft mit. Man kann das Milieu, aus dem beide kommen, als geradezu idealtypischen Fall für »kleine Selbständige« nehmen. Das Beispiel und die Daten habe ich aus Frankenberg 1975 bzw. 1979 entnommen. Wenden wir uns der ersten Episode (001-009) zu.

V argumentiert mit T über den Sinn psychoanalytischer Therapie. Er meint, daß »diese Sitzung« für seine Frau ein »bißchen belastend« ist. Ob er hier zu Recht die Meinung seiner Frau vertritt, sei dahingestellt, *er* fühlt sich wohl mehr und mehr frustriert. Auf unser Argumentationsschema übertragen bekäme man folgende Kategorien:

H: (Äußerung von) Zweifel(n) am Sinn der Gespräche

Z: Diskussion über den Sinn von Therapie im konkreten Fall

G: Fühlt sich (und seine Frau) durch Therapie belastet

B_G: Wenn eine Sache belastet, hat sie (möglicherweise) keinen Sinn

B_Z: Wenn man an etwas zweifelt, sollte man (vielleicht) darüber diskutieren

N_G: Man soll alle belastenden Dinge meiden bzw. man soll alle belastenden Dinge ausdiskutieren

N_Z: Zweifel kann nur in einer Diskussion beseitigt werden bzw. man soll sich gar nicht erst Zweifeln aussetzen

Nach welchen Maximen nun V handelt und weiterhin handeln will, bleibt offen. Man kann also nicht sagen, ob er vom Therapeuten von der Notwendigkeit oder jedenfalls der Nützlichkeit dieser Sitzungen überzeugt wurde oder ob er seine Überzeugung, zumindest seine Zweifel, behalten hat.

In 019-025 spricht V über die Möglichkeit, in einer Ehe zusammenzuleben. Seine Argumentation ist, verkürzt gesagt, daß die Krise latent schon seit längerer Zeit (immer?) bestand, daß nur am Anfang die Sexualität und dann (auch) die Kinder den Zusammenbruch der Beziehung verhindert haben, daß aber jetzt, mehr oder weniger irreparabel, weil die sexuellen Beziehungen keinen Stellenwert mehr im Zusammenleben hätten und die Kinder größer geworden seien, die Ehekrise zum Ausbruch gekommen ist. Diese Argumentation sähe in unserem Schema so aus:

H: Behauptung einer (jetzt ausgebrochenen) Krise

Z: Diskussion dieses Problems; Erreichung einer dominanten Position innerhalb der Therapiesitzung seiner Frau gegenüber

G: V meint, daß u. a. fehlende oder nicht befriedigende sexuelle Beziehungen die Krise herbeigeführt haben

B_G: Nicht mehr intakte sexuelle Beziehungen führen zur Ehekrise

B_Z: Kommt es zu einer Krise, sollte man das (notfalls auch mit einem Dritten) ausdiskutieren; wer das Thema bestimmt, nimmt erst einmal eine dominierende Position ein

N_G: Eine Ehe muß zur Befriedigung aller an sie gestellten Ansprüche dienen, darunter auch die sexueller Natur

N_Z: Nur eine Diskussion kann eine Krise beseitigen; eine dominierende Position hilft bei der Durchsetzung des eigenen Handlungszieles

Man kann nun, je nachdem, wie man selbst die unter den verschiedenen Kategorien eingeordneten Maximen bewertet (RF: »Das ist richtig« oder: »Das ist falsch«), sehen, inwiefern eine kooperative Argumentation verwirklicht ist und ob all das, was gesagt wurde, in irgendeiner Weise konsensfähig ist. Dabei sind die von mir angeführten *Interpretationen* nicht die einzig möglichen. Wie schwer eine solche Analyse ist, läßt sich vielleicht an Äußerung (023) aufzeigen. Ist es V hier ein Bedürfnis, daß seine Frau sich auch einmal äußert, will er mit dieser Bemerkung unterstreichen, daß er im Recht ist, indem er zeigt, daß es zuhause auch immer so ist, wie es jetzt ist, daß also seine Frau schweigt, das Gespräch nicht sucht und wenn sie es sucht, es noch ungeschickt anfängt? Insofern könnte (023) als

Vorwegnahme dessen gelten, was M dann in (039) thematisiert und V in (043) bis (049) zurückweist. Weiter könnte ihm ja auch wirklich im Sinne seiner Frau daran gelegen sein, ihr Möglichkeit zum Reden zu geben, vielleicht steckt auch etwas von Aufmunterung in dieser Sequenz von V, andererseits übernimmt V vielleicht auch mit (023) mehr oder weniger unbewußt die Rolle von T, die ja auch, oft nur sehr indirekt, zum Reden auffordert. An dieser Sequenz, die noch zu den am leichtesten zu interpretierenden gehört, denn alle Anzeichen sprechen dafür, daß hier V kein Interaktionsangebot macht, sondern autoritär sich anmaßt, jemanden zum Reden aufzufordern, kann man trotzdem sehen, wieviele Interpretationsmöglichkeiten es gibt, vor allem auch, wie sehr sich Inhalts- und Beziehungsebene mischen. Diese Unterscheidung von Watzlawick et al. 1969, die besagt, daß auf der Inhaltsebene die Daten, die Informationen ausgetauscht werden, während auf der Beziehungsebene geklärt wird, wie diese Daten aufzufassen sind (vgl. S. 55), muß auch bei (023) angewendet werden. Inhaltlich fordert V M auf, sich zu beteiligen, auf der Beziehungsebene sagt er ihr mit dieser Aufforderung, daß er es furchtbar findet, daß sie so passiv ist, daß er sie haßt usw. Auch im rekonstruierten Zweck (Z) dieser Passage wurde diese Trennung von Inhalts- und Beziehungsaspekt eingearbeitet. Man sieht also, daß ein solches Gespräch in der Regel nie einsträngig aufzulösen ist, daß es immer wieder Verästelungen gibt, in denen sichtbar wird, daß man mit einer Äußerung mehr als nur *ein* Thema anschneiden und bewältigen kann.

In (039) bis (086) kommt es zum Höhepunkt des Streites von M und V, es wird der Anlaß der Auseinandersetzung vom vorangegangenen Abend referiert und zum Mittelpunkt der jetzigen Diskussion gemacht. V hat ferngesehen, dabei die Lautstärke nach oben verändert. M, sicherlich auch gereizt durch das Benehmen von V, der kaum »guten Abend« gesagt und nicht nach ihr und den Kindern gefragt hatte, wollte mit ihrem Mann ein Gespräch anfangen.

Auch hier findet kein Diskurs statt, immerhin aber tauschen die Eheleute ihre entgegengesetzten Ansichten aus. Das ist auf alle Fälle ein Vorteil gegenüber stummem Dulden oder bloßem Nörgeln.

Wer miteinander redet, hat noch nicht alle Hoffnungen aufgegeben, meint noch immer, selbst wenn die Situation auch wenig aussichtsreich erscheint, seinen Kommunikationspartner überzeugen oder ändern zu können, wenigstens aber ihn und seine Positionen verstehen zu lernen.

In diesem längeren Teil sind nun einige Argumentationsstränge festzustellen. Beide versuchen einander zu überzeugen, daß sie nicht schuld am Streit gewesen seien. M expliziert ihren Gemütszustand, indem sie behauptet, sie hätte keine Lust zum Streiten gehabt und infolgedessen auch keinen Anlaß, barsch zu sprechen (043). V gesteht ihr zwar zu, manchmal vielleicht barsch zu sprechen, ohne Streit zu wollen (049), bleibt aber bei seiner Meinung, daß sie barsch gesprochen hätte und daß das allemal für ihn Grund genug sei, sich aufzuregen (049). Als weiteres Argument für seine

Unschuld führt er ins Feld, daß er »anfürsich« in »ganz guter Stimung« war und auch demzufolge bestimmt keinen Streit vom Zaun brechen wollte (051). Das bestreitet dann M (056, 068, 070, 072) mit einigen Argumenten, nämlich daß V kaum guten Abend gesagt (056), daß sie nichts von guter Laune gemerkt hätte (068), daß er seine gute Laune hätte zeigen müssen (070) und daß *sie* sogar angefangen habe, guten Abend zu sagen (072). Zugegebenermaßen keine stichhaltigen Argumente im idealen Sinne, aber in alltäglichen Argumentationen immerhin mehr oder weniger deutliche Hinweise auf die andere Sicht M's von der Sachlage. V kontert dann in (073), indem er schlankweg behauptet oder besser impliziert, daß, wenn eine lustige Sendung im Fernsehen laufe, man auch in dementsprechender Verfassung sich befinden müsse. Damit ist dieses Thema abgehandelt, selbstverständlich kommt kein Konsens zustande. Vielleicht findet es M belastend für die Kommunikation, weiter über diesen Punkt zu diskutieren, vielleicht resigniert sie, jedenfalls ist eine Forderung Habermas' hier nicht erfüllt, die zeitliche Unbegrenztheit von Argumentation. Dieses Postulat wird aber in praktischer Argumentation, und sei sie noch so kooperativ, wohl am schwierigsten zu erfüllen sein, und das nicht, weil Zeit nie unbegrenzt vorhanden ist, sondern weil es eine Interaktion aufs äußerste belastet, bei konträren Ansichten immer wieder auf denselben Streitpunkt zurückkommen zu müssen, vor allem, wenn (nahezu) alle denkbaren Argumente ausgetauscht sind und noch nicht einmal ein Kompromiß, geschweige denn ein Konsens, in Sicht ist.

Zum Schluß dieser Sequenz (081, 083) räumt V M zwar Entschuldigungsgründe ein (Kind krank, Nachricht vom Frauenarzt), beharrt aber trotzdem oder erst recht auf seinem Standpunkt, in Ruhe fernsehen zu dürfen (weil er ja sonst die Pointe verpassen könnte), nicht von der Seite angefahren zu werden und das vor allen Dingen auch nicht unmotiviert (079, 085).

Überträgt man nun diese dialogische Argumentation auf unser Schema, entsteht die erste Schwierigkeit dadurch, den Kernpunkt der ganzen Sache auszumachen oder wissenschaftlich ausgedrückt: eine korrekte Handlungsbeschreibung zu finden. Wie schon oben erwähnt, hängt eine solche Handlungsbeschreibung von der Perspektive ab, unter der man eine Handlung betrachten will, dem eigenen Erkenntnisinteresse und der Stellung, die man zu den verhandelten Problemen bezieht.

Vielleicht kann man die Handlungen beider so beschreiben, daß sie dafür plädieren, nicht schuldig am Streit vom vorherigen Abend zu sein (H), um nicht als Urheber dauernder Streitigkeiten oder der Ehekrise überhaupt dazustehen (Z).

Gründe werden viele aufgezählt, die (H) stützen sollen: gute Laune lustige Sendung bzw. Kind krank, schlechte Nachrichten vom Frauenarzt, selbst guten Abend gewünscht oder, wenn dem anderen vorgeworfen wird, der Schuldige zu sein: Barschheit, unmotiviertes Einbringen von Fragen bzw. keine gute Laune, kein Tagesgruß, brüllt gleich. Sieht man sich die

Gründe an, die genannt werden, kann man schon erkennen, wer der Aggressor, der Offendent ist, und wer sich verteidigen muß, der Defendent, ist: M kann nur Entschuldigungsgründe nennen, um zu signalisieren, daß sie nicht am Krach schuld war, nämlich, daß das Kind krank war, sie selbst guten Abend gewünscht habe und schlechte Nachrichten vom Frauenarzt vorlagen. Offensiv kann sie mit solchen Gründen aber nicht werden, sie gibt im Gegenteil sogar ihre objektive Schuld zu, etwa barsch gewesen zu sein, nur bittet sie aus den genannten Gründen um eine mildere Beurteilung. Hätte M wie V offensive Gründe angeben können, etwa 1857 DM im Lotto gewonnen zu haben und eigentlich mit der Frage nach morgen gemeint zu haben, einen Farbfernseher kaufen zu wollen, wäre V argumentativ in arge Nöte geraten. Mit Entschuldigungen allein aber gerät M in Beweisnot, klagt sich letzten Endes selbst an. Dagegen stechen M's Argumente in bezug auf die Negierung der guten Laune von V mehr oder weniger. Rekonstruiert man als Interpret die »wahre« Situation, könnte man zu folgendem Ergebnis kommen: Er, stoffelig wie immer, klopft an, läßt sich aufmachen, murmelt vielleicht etwas (auf den Tagesgruß von M), setzt sich vor den Fernsehapparat, dreht ihn lauter und will sich die Karnevalsendung ansehen. Sie, gereizt von der Stoffeligkeit und dem direkten Gang zum Fernseher, will das nicht thematisieren, weil er dann antworten würde, ob sie jetzt auch noch etwas dagegen habe, daß er, nachdem er den ganzen Tag gearbeitet habe, sich abends beim Fernsehen entspanne, will das Thema »Eheberatung« einbringen, spricht ihn vielleicht etwas barsch und unmotiviert von der Seite an, er brüllt los und der Krach ist da. Unser Argumentationsschema hätte nun folgendes Aussehen, wobei anzumerken bleibt, daß (B) bzw. (N) und (RF) in nicht allen Fällen der Argumentation von V und M thematisiert wurden.

In beiden Argumentationsschemata wurden Ausnahmebedingungen und Qualifikatoren nur angeführt, nicht ausgeführt; es bedarf gewiß keiner großen Anstrengungen, passende zu finden. Allerdings werden sie je nach Sichtweise verschieden ausfallen. Was wiederum anzumerken bleibt, ist, daß die unter (B), (N) und (RF) genannten Inhalte nicht der objektiven Wahrheit oder dem allgemeinen Konsens über Richtigkeit von Normen entsprechen müssen. Es wurden lediglich die Inhalte rekonstruiert, von denen anzunehmen ist, daß V und M sie, würden sie ihre Argumentationsweise »objektiv« beurteilen, als inhaltliche Stützungen ihrer Argumente hätten anführen müssen. Weiterhin sind die in (N) und vielleicht auch (RF) genannten Inhalte nicht allzu abstrahiert. Allgemeiner, aber doch auch undeutlicher, wäre etwa in (N_Z, offensiv) gewesen: Schuldzusammenhang setzt Kausalzusammenhang voraus.

Weitere Beispiele aus dieser Therapiesitzung sollen nun nicht mehr analysiert werden. Aber auch so müßte hinlänglich klar geworden sein, daß praktische Beispiele mit dem vorliegenden Argumentationsschema zu beschreiben sind. Des weiteren wurde offensichtlich, daß kooperative

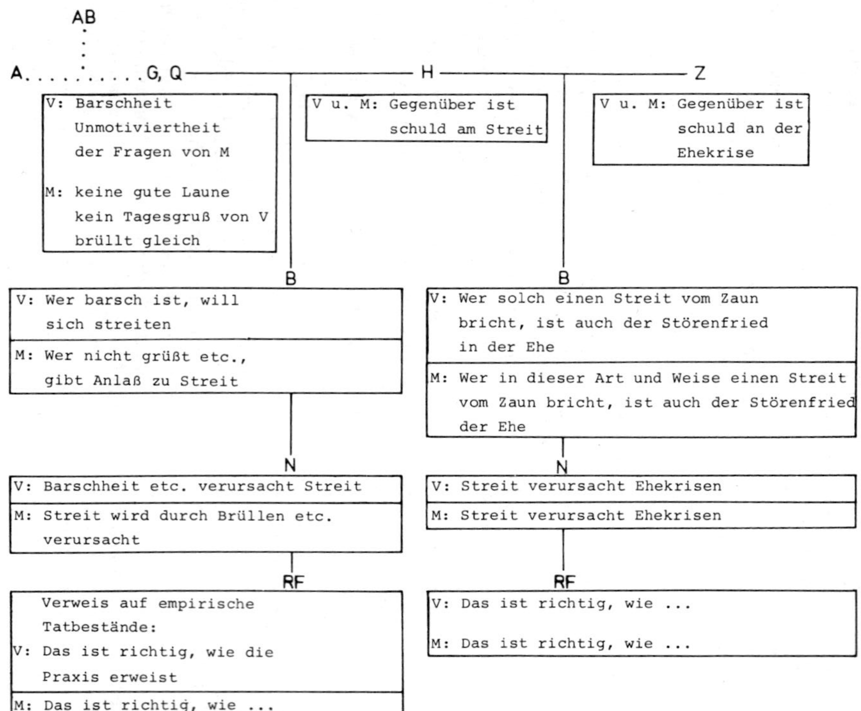
AB
A
G, Q
H
Z
V: Barschheit
Unmotiviertheit
der Fragen von M
M: keine gute Laune
kein Tagesgruß von V
brüllt gleich
V u. M: Gegenüber ist schuld am Streit
V u. M: Gegenüber ist schuld an der Ehekrise
B
V: Wer barsch ist, will sich streiten
M: Wer nicht grüßt etc., gibt Anlaß zu Streit
B
V: Wer solch einen Streit vom Zaun bricht, ist auch der Störenfried in der Ehe
M: Wer in dieser Art und Weise einen Streit vom Zaun bricht, ist auch der Störenfried der Ehe
N
V: Barschheit etc. verursacht Streit
M: Streit wird durch Brüllen etc. verursacht
N
V: Streit verursacht Ehekrisen
M: Streit verursacht Ehekrisen
RF
Verweis auf empirische Tatbestände:
V: Das ist richtig, wie die Praxis erweist
M: Das ist richtig, wie ...
RF
V: Das ist richtig, wie ...
M: Das ist richtig, wie ...

Defensives Argumentieren

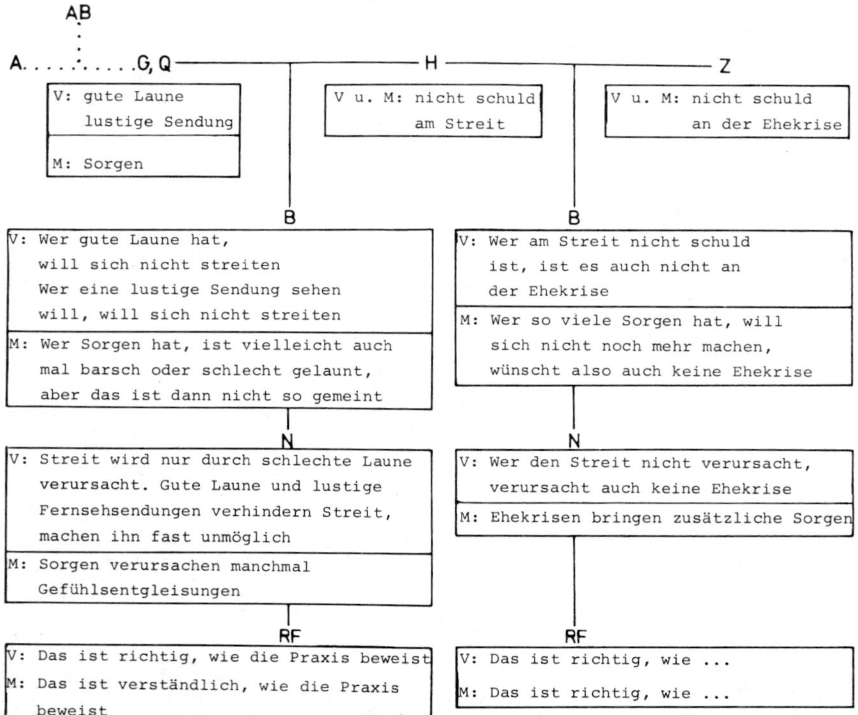

Argumentationen, so wie sie Habermas vorgezeichnet hat, in der Praxis nie oder selten vorkommen. Jede kooperative Argumentation, jeder Diskurs, hat Stellen, wo sie/er gerade nicht kooperativ ist, an denen aus der idealen Sprechsituation herausgesprungen wird. Insofern erscheint es mir auch nicht lohnenswert zu sein, eine total kooperative Argumentation zu rekonstruieren oder vielleicht doch vorhandene Beispiele dieses seltenen Exemplars aufzutreiben. Das anzustrebende Ziel in einer Argumentationslehre ist demzufolge nicht, *Diskurse* analysieren zu lernen, sondern das Augenmerk auf Unterscheidungsmerkmale zwischen strategischen und kooperativen Argumentationen zu lenken, zwar eine Theorie idealer Argumentationsweise aufzubauen, an praktischen Beispielen aber zu zeigen, wie und wo der Pfad der Zusammenarbeit verlassen wird, um eigene, egoistische Interessen durchzusetzen. Letzteres wurde in diesem Abschnitt zwar getan oder zumindest angedeutet, war aber nicht direkt Thema und soll deshalb in Kapitel 2 noch einmal verdeutlichend und im Zentrum der Betrachtung stehend aufgenommen werden.

1.2 Zum Status von Argumentationen

Spricht man vom Status von Argumentationen, muß die erste Frage lauten, unter welcher Perspektive man diesen Status betrachten will. Man kann sich fragen, welchen Stellenwert Argumentation unter soziologischer, philosophischer oder psychologischer Betrachtungsweise hat. Das wurde in etwa in Kapitel 0. zu umreißen versucht und wird auch in die Analyse strategischer Argumentation in Kapitel 2. einfließen. An dieser Stelle sollen Argumentationen unter sprachwissenschaftlichem Aspekt betrachtet werden. Auch das ist noch ein weites Feld, das unbedingt der Eingrenzung bedarf, da in der Sprachwissenschaft die klassische Teilung in Syntax, Semantik und Pragmatik zu beachten ist, wobei noch die verschiedenen verfahrenstechnischen oder wissenschaftsgeschichtlichen Zugriffe zu beachten sind, die sozusagen quer zu der Dreiteilung des Zeichenbegriffs verlaufen. Man kann also unter psycho- oder soziolinguistischem Aspekt Argumentationen betrachten und das eben von der Syntax, Semantik oder Pragmatik her. All das sei hier nur des besseren Verständnisses wegen erwähnt. Im folgenden soll es nicht von Bedeutung sein, ob der Zugriff nun eher psycho- oder soziolinguistisch, sprachphilosophisch oder historisch-sprachwissenschaftlich ist. Dagegen sollen Argumentationen im großen und ganzen nur unter pragmatischem Aspekt analysiert werden, und nur gelegentlich sollen semantische Betrachtungsweisen eingeschoben werden.

1.2.1 Argumentation und Sprechhandlungstheorie

Würde man einen Studenten, der gerade eine Einführung in die Sprachwissenschaft hinter sich gebracht hat, fragen, ob etwas von dem, was er in dieser Einführung gelernt hat, ihm dabei helfen könne, Argumentationen, von denen man ja ohne Zweifel ein vorwissenschaftliches Verständnis hat, zu beschreiben, müßte er, wenn er diese Frage positiv beantworten könnte, die Sprechhandlungstheorie nennen. Desiderat könnte also sein zu versuchen, Teile der Sprechhandlungstheorie auf eine Argumentationstheorie zu projizieren, um so vielleicht zu adäquateren und umfassenderen, weil theoretisch stärker abgesicherten Beschreibungen zu kommen. Dazu kann gesagt werden, daß bis jetzt zumindest einige Termini der Sprechhandlungstheorie bei der Analyse verwandt wurden. Ein Beispiel dafür ist der Terminus »Proposition«, der zwar keine Erfindung von Sprechhandlungstheoretikern ist, aber in ihrer Theorie eine beachtliche Rolle spielt.

Es sollen nun die wichtigsten und notwendigsten theoretischen Schritte der Sprechhandlungstheorie oder auch der Pragmalinguistik vorgestellt werden, um vielleicht die Denkweise der vorgestellten Argumentationsanalyse zu verdeutlichen, vor allem aber auch um Querverbindungen zwischen zwei Theorien herzustellen. Leider wird das Ergebnis nicht sein, daß beide Theorien ineinander aufgehen, ein Lehrziel ist vielmehr zu zeigen, daß einige Begriffe der Sprechakttheorie durchaus in eine Argumentationsanalyse zu integrieren wären.

Das entscheidende und unbedingt zu erreichende Lehrziel ist allerdings, den Status von Argumentationen im Verhältnis zu den von Austin und Searle beschriebenen Sprechakten zu ergründen, etwa wenn die Frage aufgeworfen wird, ob und inwiefern Argumentationen Handlungen sind.

1.2.1.1 Illokutionen und Perlokutionen

Rekapitulieren wir als erstes kurz die Sprechakttheorie Austins und Searles. Austin etablierte die Sprechhandlungstheorie, weil er die Ausweglosigkeit der Sprachbetrachtung des Logischen Positivismus (Carnap, Tarski u. a.) einsah, Sprache nur syntaktisch oder semantisch unter dem Aspekt des Wahrheitswerts ihrer Sätze bzw. Propositionen zu betrachten. Fragen danach, ob und wann der Satz »Der Schnee ist weiß« oder »Es schneit« richtig ist, hielt Austin schon allein deswegen für nicht ausreichend für eine Sprachwissenschaft oder Sprachphilosophie, weil in der ordinary language, also der Alltagssprache, immer wieder Äußerungen anzutreffen sind, denen einfach kein Wahrheitswert zugeordnet werden kann. »Ich möchte, daß du vor 22 h heimkommst«, »Ich rate dir, den Mund zu halten« oder auch »Sei vorsichtig, wenn du in dieses Gasthaus gehst« sind eben nicht mit den Begriffen »wahr« oder »falsch« zu beschreiben. Damit ist nicht gesagt, daß die Beschäftigung des Logischen Positivismus mit Sprache unsinnig gewesen sei oder zu keinen Ergebnissen geführt habe, sondern nur, daß die Beschäftigung mit der Sprache des Alltags mehr verlangt als Wahrheitswerttafeln. M. a. W.: Auch in der Sprechhandlungstheorie gibt es Teilgebiete, in die Theorien des Logischen Positivismus eingearbeitet und übernommen werden können. So spielen oder spielten logisch-positivistische Theorien eine große Rolle auf dem Gebiet der Erforschung von Präsuppositionen, also Voraussetzungen, die man mit und in einer Äußerung macht, und der Herstellung von Referenz, dem Bezug von Sprache zur Wirklichkeit. Für unser Thema allerdings haben sie nur ganz am Rande Relevanz. Grundlegend ist die Einsicht der Sprechhandlungstheorie, daß Sprache *eine* Möglichkeit darstellt zu handeln. So wie eine gegenständlich-praktische Handlung dadurch zu kennzeichnen ist, daß sie eine Änderung in der Welt bewirkt, daß sie einen Zustand in einen anderen überleitet, sind sprachliche Handlungen, weniger deutlich vielleicht, dadurch ausgezeichnet, daß sie bestimmte Wirkungen hervorrufen, die ohne sie nicht möglich gewesen wären. Setzt man ein Glas an den Mund und trinkt es leer, hat man eine gegenständlich-praktische Handlung(-ssequenz) vollbracht. Durch diese Handlung wurde ein Zustand (Glas voll, Magen bzw. Darm leer) in einen anderen übergeführt (Glas leer, Magen bzw. Darm voll). Äußert man »Paß auf, der Karo«, vollzieht also eine sprachliche Handlung, wird ebenfalls ein Zustand, etwa des Nicht-Wissens des Kommunikationspartners, in einen anderen, nämlich des nunmehrigen Informiert-Seins über die Anwesenheit eines (bissigen) Hundes, allerdings nur unter bestimmten Bedingungen, transformiert. Zwei dieser Bedingungen wurden schon ausführlich diskutiert: Verständlichkeit und Wahrhaftigkeit. Um also informiert zu sein, muß der Rezipient (R) die Äußerung des Produzenten (P) verstehen und er muß letzten Endes auch von der Wahrhaftigkeit oder Ernsthaftigkeit bzw. Aufrichtigkeit P's überzeugt sein, wenn er die von P intendierte Information dekodieren und als potentielle Handlungsgrundlage übernehmen will. Wie gliedert sich nun eine sprachliche Handlung auf, wie kann man sprachliche Handlungen beschreiben?

Austin 1972, und im Anschluß daran Searle, unterscheidet folgende Bestandteile sprachlichen Handelns:

1) lokutiver Akt
2) illokutiver Akt
3) perlokutiver Akt

In der achten Vorlesung von Austin 1972 wird untersucht, inwiefern sich diese Begriffe auf alltägliche Sprechhandlungen anwenden lassen. Im lokutiven Akt werden Laute (evtl. Buchstaben) und Wörter geäußert (Wörter geschrieben). Diese Wörter benutzt man, um »über etwas mehr oder weniger genau Festgelegtes zu reden und darüber etwas mehr oder weniger genau Bestimmtes zu sagen«. (S. 111) Im illokutiven oder illokutionären Akt, der gleichzeitig bzw. in Verbindung mit dem lokutionären oder lokutiven Akt erfolgt, vollzieht man, bestimmten Konventionen bzw. Regeln entsprechend, die eigentliche sprachliche

Handlung. Man kennzeichnet mit der Illokution und dem sie ausdrückenden performativen Verb, wie das mit der Lokution, in der Proposition Gesagte aufzufassen ist, welche sprachliche Handlung damit gemeint ist.

Searle hat Austins Begriffe etwas modifiziert, vor allem dessen alltagssprachliche Definitionen in wissenschaftliche Termini gebracht. Auch er stellt fest, daß eine Sprechhandlung aus drei bzw. vier Arten von Akten besteht, einem Äußerungsakt, in dem Wörter, Morpheme oder Sätze geäußert werden, einem propositionalen Akt, in dem Referenz hergestellt wird und über bestimmte Gegenstände etwas gesagt wird, also ein Prädikationsakt stattfindet, einem illokutiven und einem perlokutiven Akt. (Vgl. Searle 1971, S. 40) In der Gegenüberstellung Wunderlichs sieht diese Einteilung Austins und Searles so aus (Wunderlich 1972, S. 120):

	Austin		Searle	
artikulieren	lokutiver Akt	phonetischer Akt	Äußerungsakt	
äußern		phatischer Akt		
ausdrücken		rhetischer Akt	Referenz-Akt	propositionaler Akt
			Prädikations-Akt	
		illokutiver Akt	illokutiver Akt	
		perlokutiver Akt	perlokutiver Akt	

Man handelt also sprachlich mit dem Vollzug illokutiver Akte. Indem man »Schenk ihr Rosen« sagt, rät man einem anderen zu einer bestimmten Sache, wäre in etwa eine Umschreibung für eine Äußerung mit der illokutiven Rolle des »Ratens«. In der Äußerung »Ich rate dir, noch mal bei ihm vorbeizugehen« stellt »Ich rate dir« den illokutiven Akt und »noch mal bei ihm vorbeizugehen« die Proposition oder den propositionalen Akt dar.

Habermas 1971, im Anschluß an Austin 1962, Lecture 12, der verdiktive, exerzitive, kommissive, konduktive und expositive Äußerungen voneinander trennt, unterscheidet vier Klassen von Verben (performativen Verben), die einen illokutiven Akt bezeichnen, in denen er pragmatische Universalien sieht, weil in ihnen vier allgemeingültige Geltungsbereiche thematisiert werden: Kommunikativa, Konstativa, Repräsentativa und Regulativa. (Vgl. dazu auch Augst 1977, Abschnitt 7).

Habermas gesteht nun Austins Klassen nicht in allen Fällen das Prädikat von pragmatischen Universalien zu und löst sie z. T. in seine vier Klassen auf. Kommunikativa wie »sprechen«, »fragen«, »zugeben« dienen dazu, »den pragmatischen Sinn der Rede überhaupt auszusprechen« (S. 111), Konstativa wie »behaupten«, »berichten«, »erzählen«, »bejahen«, »bezweifeln« dazu, »den Sinn der kognitiven Verwendung von Sätzen auszudrücken« (ebd.), Repräsentativa wie »denken«, »hoffen«, »wünschen«, »offenbaren«, »vorspiegeln«, »verheimlichen« dazu, den pragmatischen Sinn der Selbstdarstellung eines Sprechers vor einem Hörer« (S. 112) kundzutun und Regulativa dazu, »den Sinn der praktischen Verwendung von Sätzen« (ebd.) offenzulegen. (Zu weiteren Leistungen dieser pragmatischen Universalien vgl. Habermas 1971, S. 113 f., 1976, S. 211 ff. und S. 238 ff.)

Der perlokutive Aspekt einer Sprechhandlung ist bisher der am meisten umstrittene oder der am meisten vernachlässigte Teil von Sprechhandlungstheorien geblieben. Austin hat ihn nur sehr undeutlich formuliert. Auf der einen Seite meint er, daß man »jeden oder fast jeden perlokutionären Akt [...] dadurch zustande bringen kann, daß man mit oder ohne Vorbedacht eine ganz beliebige Äußerung tut« (S. 110/124), daß man also dadurch, daß man etwas sagt, einen perlokutiven Akt bzw. Effekt *verursacht*, auf der anderen Seite spricht er davon, daß eine Äußerung »mit dem Plan, in der Absicht, zu dem Zweck getan worden sein« kann, »Wirkungen hervorzubringen«. (S. 101/116). Diese Ambivalenz, mit der Austin perlokutive Akte behandelt, die für ihn im Gegensatz zu illokutiven nicht-konventional sind (S. 121/134), wird noch einmal deutlich, wenn er »Handlungen mit einem perlokutionären Ziel (Überzeugen, Überreden) von solchen unterscheiden« will, »die bloß zu einem perlokutionären Nachspiel führen«. (S. 118/131) Austin ist sehr wohl bewußt, daß man zwischen der Handlung und ihren Folgen (in dieser Arbeit Ergebnisse (E) und Resultate (Re) genannt) eine Grenze ziehen muß. (Vgl. S.111 ff./125 ff.) Der Begriff der Perlokution aber rutscht bei Austin genau auf dieser Grenze hin und her. Mal gehört er zu den Folgen, dann spricht Austin von perlokutiven Effekten oder Nachspielen, mal anscheinend zur Handlung. (Vgl. S. 101/116) Vielleicht haben sich schon allein wegen der Unentschiedenheit oder Undeutlichkeit Austins fast alle folgenden Untersuchungen weniger eingehend mit diesem »staatenlosen Wanderer« beschäftigt. Hat man es getan, schob man perlokutive Akte in der Regel zu den Folgen und verbannte sie somit aus der sprachwissenschaftlichen Betrachtung, so z. B. Searle in Abschnitt 2. 6. Das ist selbstverständlich legitim, nur dann muß man innerhalb einer Sprechhandlungstheorie eine Kategorie einführen, die das abdeckt, was im vorliegenden Handlungsschema unter Absicht, Ziel, Zweck oder Interesse subsumiert wurde.

Nur Grice hat eigentlich konsequent den Aspekt der Absicht zu wirken bearbeitet, beginnend mit Grice 1957 (vgl. dazu auch Searle, Abschnitt 2. 6) und am genauesten in Grice 1969.

Wozu aber, kann man sich fragen, ist es notwendig, eine Kategorie einzuführen, die die Wirkungsabsicht abdeckt? Genügt denn nicht eine Kategorie, die die Wirkung, also Ergebnisse, Resultate und Folgen beschreibt?

Betrachten wir diese Fragen unter dem Aspekt des Argumentierens und seiner Wirkungen, auch dem, was ein Argument beim Kommunikationspartner etwa auslöst, wird schnell die Notwendigkeit dieser differenzierten Theorie und Denkweise deutlich. Erstens einmal erscheint es absolut unerläßlich zu sein, auch in der Theorie Wirkungsabsichten zu beschreiben, stellt doch gerade die Absicht, eine Veränderung in der Welt der Tatsachen und/oder der Meinungen, Wünsche, Gefühle usw. des Kommunikationspartners zu erreichen, *den* Anlaß zum Kommunizieren bzw. Handeln überhaupt dar. Dieses Phänomen aber nur unter dem Aspekt der tatsächlich sichtbaren und interpretierbaren Wirkungen zu beschreiben, ist, wenn nicht sogar unmöglich, dann aber zumindest äußerst problematisch. Searles Einwand, daß es Sprechakte gebe, die nicht notwendigerweise mit der Absicht verknüpft sind, Wirkung erreichen zu wollen (S. 44/70), sticht überhaupt nicht. Wenn es solche Sprechakte auch geben mag, mutet es ganz einfach als eine wissenschaftliche Vogel-Strauß-Taktik an, aus diesem Grunde von einer Analyse von Wirkungsabsichten, oder wie man es auch nennen kann, perlokutiven Akten, die aber jetzt so definiert sind, daß sie in der Handlung selbst liegen, also gerade Wirkungsabsichten beschreiben, abzusehen. Auch Searles zweiter Einwand, daß perlokutive Akte nicht als konventionale (in seinem Sinn) zu beschreiben sind, rechtfertigt in keinem Fall deren Ausschluß aus der Sprechhandlungstheorie. Im übrigen läßt sich über die Konventionalität von perlokutiven Akten streiten. Keineswegs ist es aber so, wie es Searle (S. 45/71) darstellt, daß jeder geäußerte Satz jeden beliebigen perlokutiven Akt ausdrücken könne. Searle wehrt sich hier heftig gegen eine Kontexttheorie von Bedeutung (»meaning«, im Sinne von Grice), die seiner (mehr) konventionalen und an Regeln orientierten semantisch ausgerichteten Theorie gegenübersteht. Tatsächlich aber ist eine solche Kontexttheorie eine unhintergehbare und notwendige Ergänzung zu Searles Sprechakttheorie, da nun einmal nur in bestimmten gesellschaftlich-sozialen Kontexten gehandelt werden kann. Insofern mag es zwar sein, daß von der Theorie Searles aus gesehen »jeder geäußerte Satz«, sofern der Kontext dementsprechend ist, »jede beliebige Bedeutung« (S. 45/71) annehmen kann, gerade aber in Kontexten und in einer Kontexttheorie kann er das nicht. Wie die Praxis zeigt, sind wir sehr wohl, wenn auch nicht immer, in der Lage, mehr oder weniger eindeutig bestimmte Handlungsziele unseres Kommunikationspartners herauszuinterpretieren,wobei der Kontext diese Interpretation weitgehend mitbestimmt. Er ist sogar den Interpretationsmechanismen, wie sie Searle herausgearbeitet hat, vorgeordnet. Löst man etwa, wie es in Völzing 1976 und 1976/79 getan wurde, Kontext in die drei ihn bestimmenden Bestandteile Person, Situation und Institution auf, kann man leicht sehen, wie etwa Ernsthaftigkeits- oder Aufrichtigkeitsbedingungen je nach Kontext variieren. Sprechakte haben dann nämlich nicht mehr ein und denselben Stellenwert, ganz gleich, wo sie vorkommen, sondern etwa einen je nach Person, Institution oder Situation verschiedenen. Gerade diese Berücksichtigung des Kontextes macht es in alltäglichen Interaktionen auch so schwierig, angemessen Sprechakte zu produzieren und adäquat zu reagieren. Von der Theorie her gesehen müßte endlich einmal aufgezeigt werden, daß illokutive Akte, die durch Universalia, wie sie vor allem in der Klasse der Repräsentativa und Regulativa zu finden sind, in unterschiedlichen Kontexten unterschiedliche Bedeutung haben. Man hat andere Erwartungen an ein Kind, wenn man ihm etwas verbietet, rät, einräumt usw. als an einen Erwachsenen, und selbst Erwachsene ordnet man noch in verschiedene Gruppen der Erwartenssicherheit ein. Auch durch Verschiedenheit der Institution entstehen verschiedene Typen illokutiver Akte, die laut Searle die gleichen sein müßten. In medialen Texten ist ein Versprechen, eine Enthüllung, eine Entschuldigung etwas anderes als in face-to-face-Interaktionen. Wahrhaftigkeit in medialen Texten ist nicht an die Kommunikationsgeschichte beider Partner gebunden, sondern das »Vertrauen gewinnt derjenige, dem es gelingt, Wahrhaftigkeit«, Aufrichtigkeit oder Ernsthaftigkeit *»darzustellen,* indem er sich bestimmter, hochgradig generalisierter, kulturell akzeptierter Signale bedient«. (Huth 1979) Daß gravierende kontextuelle Unterschiede zwischen Sprechhandlungen in face-to-face-Interaktionen und in medialen Sendegefäßen bestehen, daß von Person zu Person verschieden die Searleschen Regeltypen (wie z. B. Aufrichtigkeit) interpretiert werden, zeigt sich auch daran, ob und wie Wirkungen (Ergebnisse, Resultate, Folgen, Konsequenzen) dieser Sprechhandlungen eingeklagt werden, ob und wie also bestimmte Enttäuschungen von Erwartungen, wie schon in Kap. 0. beschrieben, zu Argumentationen führen. Einem Kind oder einem bestimmten Typ von Erwachsenen sieht man nach, ein Geheimnis ausgeplaudert, offenbart, enthüllt, preisgegeben zu haben, ohne Rechte geltend zu machen und in eine Argumentation einzutreten. Selbstverständlich sind die Konsequenzen eines Geheimnisbruchs in medialen Texten anders als in direkten Interaktionen. Man sieht also, daß durch die Veränderung des Kontextes, in diesem Fall der Variablen Person und Institution, sprachliche Ereignisse ein anderes Gewicht erhalten. Searles Regeltypen treffen also nur auf eine irgendwie definierte ideale Sprechsituation zu und können sogar, etwa in bestimmten Situationen, außer Kraft gesetzt werden. Wir brauchen uns nur fiktionale Texte oder etwa satirische Fernsehsendungen vorzustellen, um eine Situation zu kreieren, die auf ideale Sprechaktbedingungen einwirkt. Wie selbstverständlich schalten wir dann bestimmte Sprechaktbedingungen aus, in Habermasschen Termini etwa Wahrheit, Wahrhaftigkeit, evtl. oder zum Teil auch Richtigkeit. Oder wir lassen uns in solchen Texttypen gerade und ohne große Frustration bei Enttäuschungen auf Diskussionen über

Richtigkeit von Normen und Werten ein. Searle würde diese Tatsache so beschreiben, daß in solchen Texttypen seine Sprechaktbedingungen ausgesetzt sind, könnte aber nicht erklären, warum gerade da und in dieser Form. Insofern hat auch Searles semantische Theorie eine pragmatische Hintertür, durch die der in der Alltagswelt sich auskennende Handelnde hereingelassen wird, der dann wie selbstverständlich die semantischen Regeln handhabt.

Zurück nun zum Verstehensmodell, das ja auch für unsere Argumentationstheorie große Relevanz hat.

Als erster Schritt war selbstverständlich vorausgesetzt worden, daß R die Äußerung von P als lokutiven Akt dekodieren kann. Zweitens, und auf dieser Stufe definiert Searle (S. 47/74 f.) »Verstehen«, versteht man eine Äußerung nicht dadurch, daß man von ihr überzeugt wird oder irgendwie reagiert, sondern dadurch, daß man ihren illokutiven Gehalt und ihre Proposition versteht, also weiß, was P gesagt hat. Eine soche Definition von »Verstehen« ist zweifelsohne notwendig zur Analyse von Sprechhandlungen, reicht jedoch nicht aus, etwa Sprechhandlungssequenzen zu erklären, denn die Frage, die sich erhebt, ist doch die, warum nun R antwortet oder etwas in Frage stellt, sein Recht einklagt usw. Nur wenn er auch das mitversteht, was P eigentlich mit dieser Äußerung von ihm wollte, wird die Fortsetzung des Gesprächs möglich sein. Solches Mitverstehen ist sicherlich zum Teil schon im illokutiven Akt angelegt, aber eben nur zum Teil. Wenn P R etwas verspricht, wo in den Sprechaktbedingungen Searlescher Art könnte dann zu finden sein, zu welchem Zweck P das tut, ob er z. B. mit diesem Versprechen erfreuen, beleidigen oder abwimmeln will? Gewiß besagen Aufrichtigkeitsregel und Wesentliche Regel, daß H im Sinne von R sein muß, aber ob etwas in jemandes Interesse ist, kann nur argumentativ entschieden werden, zumindest aber können darüber große Meinungsverschiedenheiten herrschen. Jemandem etwas versprechen oder raten, um ihn loszuwerden, kann von P durchaus als im Interesse von R liegend interpretiert werden, ohne daß das R so sehen muß. Auf jeden Fall aber muß es für R als solches Handlungsziel interpretierbar sein, um etwa Einspruch einlegen zu können.

Als dritten Schritt des Verstehens einer Äußerung von P kann man somit das Erkennen des Handlungsziels, des perlokutiven Akts, bezeichnen. (Vgl. dazu auch Keller 1977, Abschnitte 10 und 11)

Hat R eine Äußerung in allen drei Punkten verstanden, akzeptiert R entweder die darin angetragenen Obligationen als eigene Handlungsgrundlage oder nicht, je nachdem, ob er sie für vernünftig, der Situation angemessen, vertretbar, überhaupt ausführbar und befolgbar hält.

Es entsteht also in einer Handlungssequenz immer der Dreischritt Verstehen — Akzeptieren — Handeln, wobei jederzeit eine Handlungssequenz an einem dieser drei Punkte, etwa argumentativ, unterbrochen werden kann. Darüber zu spekulieren, wo die meisten Argumentationen entstehen, ist vielleicht müßig, es dürfte jedoch so sein, daß, bevor man etwas als eigene Handlungsgrundlage akzeptiert, man sich erforderlichenfalls in einer Argumentation über den Sinn der (neu) zu übernehmenden Einstellung rückversichert.

Eine in dieser Art und Weise interpretierte bzw. erweiterte Sprechakttheorie kann also sehr wohl zu einem Baustein innerhalb einer Argumentationstheorie werden, indem sie nicht nur Termini bzw. deren Definitionen (Referenz, Handlung, illokutiver und perlokutiver Akt, Proposition) bereitstellt, sondern auch den Stellenwert von Argumentationen in einer (Sprech-) Handlungstheorie erst deutlich werden läßt.

1.2.2 Sind Argumentationen Handlungen?

Dieser Abschnitt hat mit praktischem Argumentieren nichts zu tun. Wenn wir argumentieren, argumentieren wir und kümmern uns nicht darum, ob wir damit handeln oder nicht; erst recht nicht, ob eine wissenschaftliche Theorie es als Handeln oder nicht bezeichnen würde. Andererseits bestehen wohl keine Zweifel darüber, daß Kommunikation nur unter der Bedingung gleichzeitiger Metakommunikation (vgl. Habermas 1971, S. 106 und 1971 a, S. 213) denkbar ist. Das heißt also, daß wir uns, auch im Alltagsleben, immer wieder über das, was wir tun, Gedanken machen. Wenn wir auch nicht permanent argumentieren, so führen wir dennoch oder gerade trotzdem immer wieder Proto-Argumentationen, Argumentationen in Gedanken über das Erlebte oder das Kommende, über den Sinn dessen, was einen gerade beschäftigt. Irgendwie machen wir uns also immer Gedanken über unsere Handlungen und die Handlungen anderer, seien sie gegenständlich-praktisch (instrumental) oder sprachlich (kommunikativ). Insofern ist die Frage in der Überschrift zwar akademisch, ihre Beantwortung trägt aber vielleicht etwas zur Klarheit über den Status von Argumentationen bei. Was wiederum auch in der Praxis zu wissen nicht unbedingt schaden muß.

Handlungen, so wurde früher definiert, sind begründet; man verfolgt mit ihnen (in der Regel) einen Zweck, ein Ziel oder ein Interesse, sie sind durch die Überführung eines Anfangszustandes in einen Endzustand definiert, sind intentional, man tut sie also bewußt und willentlich, nicht etwa durch unmittelbare Gewalt von außen gezwungen. Jede Handlung ist initiiert vom Willen, Wunsch, Glauben, der Meinung oder dem Gefühl des Handelnden, etwas in der Welt, bei einer anderen Person ändern zu müssen, sei es deren Meinungen, Wünsche, Glauben oder Gefühle, sei es einen bestimmten Zustand in der Welt. Fast alles das kann man von einer (kooperativen) Argumentation auch behaupten. Sie ist auf alle Fälle intentional, strebt per definitionem Änderungen, zwar nicht in der Welt, aber in der Meinung usw. des Kommunikationspartners an, verfolgt demzufolge Zwecke und Ziele, ist auch begründet, und von einer intendierten Überführung eines Anfangszustandes in einen Endzustand kann man auch sprechen. Habermas dagegen trennt kommunikatives (sprachliches) Handeln vom Diskurs, also der kooperativen Argumentation (vgl. 1971 a, S. 213 f.), etwa wenn er ausführt, daß im Rahmen des Diskurses »Erfahrungen und Handlungen suspendiert« (S. 200) sind. Andererseits aber geht Habermas von der »Doppelstruktur umgangssprachlicher Kommunikation« aus, d. h., daß eine Verständigung nicht zustande kommen kann, wenn nicht gleichzeitig die Ebene der Intersubjektivität mit der Ebene der Gegenstände, über die kommuniziert wird, betreten wird. (Vgl. 1971, S. 105) Das impliziert, so Schnädelbach 1977, S. 140, daß sich kommunikatives Handeln und Diskurs *nicht* wie Objekt- und Metabereich zueinander verhalten. Diskurse sind eben nicht »dem kommunikativen Handeln systematisch übergeordnet« (Schnädelbach S. 144), sondern »Spezialfälle kommunikativen Handelns, die sich von naiven Sprachspielen nur durch ihre Thematik und ihre Rahmenbedingungen unterscheiden.« (S. 145) Argumentation muß also als ein Sonderfall sprachlichen oder kommunikativen Handelns interpretiert werden, der »selbst kommunikative *und* metakommunikative Anteile umfaßt.« (ebd.) Diese Sichtweise Schnädelbachs entspricht auch der hier vertretenen Einsicht, die an Texten aus der Alltagssprache gewonnen wurde. So konnte bei allen bisher angeführten Beispielen noch nie behauptet werden, daß dieser Text nun ein Prototyp für den Diskurs sei. Die Unterscheidung von Diskurs oder kooperativer Argumentation und kommunikativem Handeln sollte also nicht quasi-formal auf der Ebene der Frage »Handlung oder nicht?« gemacht werden, sondern inhaltlich, nämlich so, daß man, wenn es um die Diskussion von Geltungsansprüchen geht und dabei (weitgehend) eine von Handlungszwängen (z. B. Gefühl der Abhängigkeit von Kommunikationspartnern; kein Zwang, ein Ergebnis zu präsentieren usw.) befreite Sprechsituation vorliegt, von kooperativer Argumentation spricht, in der auch kommunikativ gehandelt wird, und die positiv dadurch definiert ist, daß es in ihr allen Teilnehmern darum geht, ein Problem zu lösen, so daß alle, die von dieser Lösung betroffen wären, zustimmen könnten, wenn sie ebenso sachlich fair sich mit diesem Problem beschäftigten. Daß wir in Proto-Argumentation permanent das Gesagte, zu Sagende, Erlebte und noch zu Vollziehende reflektieren, zeigt noch einmal sehr deutlich die notwendige und unaufhebbare Verbindung von kommunikativem Handeln und Diskurs.

1.2.2.1 Dürfen in Argumentationen neue Informationen einfließen?

Diese Streitfrage ist für die beiden Typen von Argumentation auf jeden Fall unterschiedlich zu lösen, denn für strategische Argumentationen stellt es geradezu einen Verfahrenstrick dar, neue Information, über die die Gegenpartei noch keine rechte Klarheit hat, einfließen zu lassen. Deshalb müßte es in kooperativen Argumentationen ein ehernes Prinzip sein, eben keine neuen Informationen einzubringen, und in diesem Sinne ist wohl die Bemerkung von Habermas, daß in Diskursen »problematisierte Geltungsansprüche zum Thema gemacht, aber keine Informationen ausgetauscht« (1971, S. 115) werden, zu verstehen. Auf der anderen Seite allerdings muß man sich fragen, wie jemand von etwas Besserem überzeugt werden soll, wenn man *nur* auf das derzeitige Wissen dieses Kommunikationspartners referieren kann und damit auf das Einbringen neuer Informationen, die auf den einen oder anderen Punkt der Debatte vielleicht ein anderes Licht werfen würden, verzichtet. In der Praxis wird auch diese Frage nicht zu einem Problem. Da wir, wenn wir kooperativ argumentieren, sowieso zwischen kommunikativem Handeln und Diskurs oszillieren, bereitet die Einbringung neuer Information keine Schwierigkeiten, ist jedoch immer ein Prüfstein dafür, ob nun weiter kooperativ argumentiert wird oder nicht. Denkt man dagegen theoretisch die Frage durch, ob neue Informationen in kooperative Argumentationen einfließen dürfen, dann kann man nur zu dem Ergebnis kommen, daß es auch im Diskurs erlaubt sein muß, neue Informationen einzubringen. Andernfalls wären nicht alle Probleme diskursiv lösbar, wenn es nicht möglich wäre, neue Entwicklungen, die sich im Laufe des Argumentierens zugetragen haben oder neue Einsichten eines Kommunikationspartners, die nicht auf der Grundlage des an Wissen Geteilten entstanden sind, zuzulassen. Die Institution des Diskurses wäre dann ahistorisch und würde auch nicht erlauben, die Kommunikationsgeschichte dieses oder jenes Problems bzw. des einen oder anderen Teilnehmers aufzurollen. Auf keinen Fall aber dürfen Informationen unhinterfragt und für manche Teilnehmer undurchschaubar in der Diskussion verwendet werden. Gelangen also neue Informationen in eine kooperative Argumentation, dann nur diskursiv aufbereitete oder direkt aufzubereitende. Daß auch in Diskurse »Informationen (im weitesten Sinne)« einfließen, die sich »auf den propositionalen Gehalt von Behauptungen« (Schnädelbach S. 165) beziehen, muß nicht weiter erklärt werden, denn auch in Diskursen werden Äußerungen gemacht und verteidigt, die einen propositionalen Gehalt haben, also Informationen über Tatsachen (vgl. dazu Habermas 1973, S. 214 ff.) transportieren. Habermas' Äußerung (1971, S. 115; 1973, S. 214) kann also nicht so gemeint sein, daß überhaupt keine Informationen in den Diskurs eingehen dürfen, sondern eben keine für die (manche) Kommunikationspartner neuen, aufgrund der Möglichkeit, strategisch mit dieser neuen Information einen Konsens herbeizuführen, der sich bei eingehenderer Begutachtung der neuen Information nur als Scheinkonsens oder manipulativ erreichte Einigung herausstellt.

1.2.2.2 Meta-aktive, metasprachliche und metakommunikative Kommunikation

Beendet werden soll dieses Kapitel mit einer (nochmaligen) Diskussion einiger Begriffe, die in einer Theorie kooperativer Argumentation immer wieder vorkommen. Dabei soll ein Begriff eingeführt werden, der seltsamerweise bisher noch nie aufgetaucht ist, nämlich meta-aktive Kommunikation.

Metakommunikation oder Argumentation untergliedert sich in die drei Bestandteile meta-aktive, metasprachliche und metakommunikative Kommunikation.

In Metasprache wird über sprachliche Probleme bzw. Fragen, die sich auf sprachliche (syntaktische, grammatikalische, morphematische) Fakten beziehen, diskutiert. In Metakommunikation ist die gesamte Kommunikation, etwa in ihren propositionalen, illokutiven und perlokutiven Bestandteilen Gegenstand der Diskussion. Parallel dazu dienen meta-aktive Kommunikationen der Infragestellung von gegenständlich-praktischen Handlungen. Die Frage »Warum hast du das gemacht?« kann als der Prototyp eines Übergangs zu meta-aktiver Kommunikation bezeichnet werden, wenn sie sich auf Handlungen des Gegenüber bezieht. Jemanden, den man darum bittet, Stellung dazu zu nehmen, daß er den Kirschbaum im Garten umgesägt hat, verwickelt man in eine meta-aktive Kommunikation, wenn er seine Handlung(en) begründen und erklären muß. Zumindest in Essen riskiert er nämlich eine Geldbuße von bis zu 50000 DM, wenn er nicht vorher um Erlaubnis mit einem beigefügten Lageplan im Maßstab 1:200 in doppelter Ausführung fragt. (Aus: PZ, 16, 1978, S. 23) Dagegen geht es im metakommunikativen Teil eines Gesprächs um eine kritische Durchsicht des *sprachlichen* Handelns, dabei bleibt offen, ob nun strategisch oder kooperativ argumentiert wird. In der Praxis kommen meta-aktive und metakommunikative (evtl. auch metasprachliche) Teile immer verklammert vor, obwohl sie prinzipiell auch alleine stehen können.

Es bleibt aber festzuhalten, daß wir mit Sprache nicht nur Dinge feststellen oder behaupten können, sondern daß man mit Sprache sowohl für gegenständlich-praktische als auch für sprachliche Handlungen Geltungen überprüfen und Vernünftigkeit oder Angemessenheit feststellen kann.

Wenn wir sprechen, sagen wir nicht immer oder nicht nur etwas aus über Dinge in der Welt, seien es nun physische oder soziale Objekte, also z. B. Steine, Sterne oder Bäume bzw. Menschen. Diesen Dingen werden durch Sprache auch nicht nur Eigenschaften zugeschrieben oder aberkannt (Der Baum ist grün), sondern es werden auch Urteile über die Funktion dieser Dinge für den Sprechenden abgegeben, der Stellenwert für den intersubjektiven Gebrauch festgelegt (Bäume sind nützlich). Die letzte Eigenschaft von Sprache macht es überhaupt erst möglich, Objekte in bezug auf den Menschen einzustufen und zu bewerten, Normen aufzustellen, Rechte an- oder abzuerkennen, Prioritäten festzusetzen usw. Ein solcher Sprachgebrauch kann nur durch eine Ahnung dessen, was metakommunikativer oder meta-aktiver Sprachgebrauch ist, möglich sein, oder anders: in metakommunikativer oder meta-aktiver Sprache bedienen wir uns bevorzugt dieser auf intersubjektiver Basis zuschreibenden Sprache. (Vgl. dazu auch Hart 1948/49) Gerade aber in der Diskussion dieser zuschreibenden Sprache hat auch der metasprachliche Sprachgebrauch seinen Platz. Wenn wir etwa fragen »Was nennst du »richtig«,

»schön«, »groß«, »bedeutend« usw.?« steigen wir mit und über Metasprache in die Metakommunikation ein, indem wir erst einmal die Begriffe, die wir sprachlich verwenden und somit die intersubjektive Grundlage klären. Solche Diskussionen sind oft sehr heiß umkämpft, weil schon mit der benutzten Sprache bestimmte Normen und Wertvorstellungen in die Diskussion eingehen. Scheuerle berichtet von einer Diskussion von Musikexperten, in der die alte Frage erörtert wird, »wann eine Komposition 'groß' sei.« (1971, S. 247) Den Begriff »groß« zu definieren, heißt nun, den Lauf der Diskussion zu bestimmen, Normen aufzustellen und Prioritäten zu setzen. Mit einer Umschreibung des Begriffes »groß« allein ist das Problem nämlich nicht aus der Welt zu schaffen, sondern nur durch konsensfähige normative Setzung. Deshalb erntet der Komponist, der meint, »ein Werk sei groß, wenn es 'durch starke Aussagekraft gekennzeichnet' sei« (ebd.) keinen Beifall. Er hat »groß« nur umschrieben oder beschrieben, nicht aber intersubjektiv und normativ fixiert. Schon der Begriff »durch starke Aussagekraft für jeden oder fast alle« hätte hier erst einmal Abhilfe geschaffen. Dann hätte man in eine Argumentation darüber eintreten müssen, warum oder warum dieses Werk nicht für viele eine so starke Aussagekraft hat. Festzuhalten bleibt also, daß die Normen und Werte zuschreibende Funktion von Sprache, das, was Rodingen den Wertwörtern (im Gegensatz zu Werkwörtern) nachsagt (vgl. Rodingen 1977, Kap. A), den konsensstörenden bzw. -erzielenden Teil von Sprache ausmacht, daß also metakommunikative (und meta-aktive) Kommunikation nur über eine solche Sprache zu betreiben ist, sofern über den Geltungsanspruch »Richtigkeit« argumentiert wird.

2. Zur Technik des Argumentierens

Der Begriff »Technik des Argumentierens«, um den es in diesem Kapitel gehen soll, könnte auf zwei verschiedene Arten und Weisen verstanden werden. Einmal, und das hat sicherlich das vorausgegangene Kapitel gezeigt, benötigt man eine bestimmte Technik, Argumente zu finden und zu plazieren, sie in einer bestimmten Reihenfolge vorzubringen usw. In dieser Beziehung von sprachlichen oder kommunikativen Fertigkeiten zu reden, erscheint allerdings angemessener zu sein. Zweitens benötigt man in einer Argumentation, da eine ideale Sprechsituation wohl nie gegeben ist, bestimmte Techniken, eigene Ansprüche argumentativ durchsetzen zu können.

In alltäglichen Argumentationen ist es mit Wahrheit oder Richtigkeit von Aussagen allein nicht getan, vorgebrachte Argumente müssen auch die Chance haben, vom Kommunikationspartner akzeptiert zu werden. Nicht immer kann man direkt mit der Wahrheit kommen: ein bekanntes und oft diskutiertes Beispiel dafür ist die Arzt-Patient-Interaktion. »Wahrheit« muß auch realisierbar sein, die Argumentierenden müssen in der Kommunikationssituation abschätzen, ob hier die »volle Wahrheit« zu einem Erfolg führen kann. Jeder Alltagsargumentation liegt somit ein Prinzip der Machbarkeit (oder Vernünftigkeit) zugrunde, weil eben nicht geschichtslose Roboter Argumentationspartner sind, sondern Menschen mit speziellen Erfahrungen und Einstellungen und bestimmten sozialpsychologisch definierten Grenzen der Belastbarkeit wie etwa Toleranz- und Frustrationsgrenzen.

Jede Alltagsargumentation ist in diesem Sinne strategisch, weil es darum geht, beim Kommunikationspartner Wirkung zu erreichen. Allerdings muß reines Zweck-Mittel-Denken als Argumentationsgrundlage ausgeschlossen bleiben, in dem zur Erreichung des (guten) Zwecks (fast) jedes verbale Mittel recht ist, »Erfolg« darf nicht Fetischcharakter annehmen. Diese theoretische Einsicht aber in der Praxis an konkreten Beispielen in die Tat umzusetzen, fällt äußerst schwer. Einerseits schätzt wohl jeder Argumentierende seinen Zweck eher als gut ein als den des Gegenüber, folglich interpretiert man den eigenen guten Zweck in der Regel so, daß man ihm radikalere Mittel zugesteht als dem des Kommunikationspartners. So ist oft nur in historischer Perspektive über die Vertretbarkeit von strategischen Argumentationen zu befinden, nachdem alle vorhersehbaren (und auch akzidentellen) Resultate dieser Argumentation gesichtet und gewichtet worden sind. Die Frage ist, welche Möglichkeiten man in einer aktuellen Situation hat, Entscheidungen über die Vertretbarkeit eigener und fremder strategischer Argumentationen zu fällen? Genau hier aber erreichen wir wieder das Thema »Letztbegründungen«!

Im ersten Zugriff könnte man sagen, daß eine strategische Argumentation dann gerechtfertigt ist, wenn sie im Sinne des Kommunikationspartners ist, wenn das angestrebte Ergebnis zu dessen Nutzen wäre.

Abgesehen davon, daß es oft nicht ganz einfach ist, zu bestimmen, ob eine Sache irgend jemandem nutzt oder nicht oder ob langfristige Verbesserungen momentanen vorgezogen werden sollen, stellt sich auch gleich die Frage nach der Wirkung auf Dritte. Daß eine Handlung also *einem* nutzt, allen anderen aber schadet, rechtfertigt sie nicht, wie wir in Abschnitt 1.1.5 und auch 1.1.6 gesehen haben. Das Dilemma, strategische Argumentationen rechtfertigen zu können, bleibt uns allemal erhalten. Auch hier nach dem Prinzip der Fairneß zu verfahren oder zu interpretieren, mag vielleicht eine kleine Hilfe abgeben. Die »klassische« umgangssprachliche Unterscheidung dagegen zwischen »überzeugen« und »überreden« kann keinen Bewertungsmaßstab für eine Argumentation abgeben (vgl. Huth 1975, S. 82), da sie ja gerade nicht die Notwendigkeit oder Vertretbarkeit strategischer Argumentation erklären kann.

2.1 Argumentation als Technik der Überredung oder Wahrheitsfindung: überreden oder überzeugen?

Schon Platon war sich ganz und gar des Problems bewußt, wahr oder erfolgreich zu argumentieren. In den beiden Dialogen »Phaidros« und »Gorgias« finden sich mehrere Stellen, die dieses Thema angehen.

Sokrates: Muß nun nicht, wo gut und schön soll geredet werden, des Redenden Verstand die wahre Beschaffenheit dessen erkennen, worüber er reden will?

Phaidros: So vielmehr habe ich immer gehört, lieber Sokrates, wer ein Redner werden wolle, habe nicht nötig, was wahrhaft gerecht sei, zu lernen, sondern nur was der Volksmenge, welche zu entscheiden hat, so scheint; ebenso auch nicht, was wahrhaft gut sei oder schön, sondern nur was so scheinen werde; denn hierauf gründe sich das Überreden, nicht auf der Sache wahre Beschaffenheit«. (Phaidros 259e-260a)

»Gorgias: [...] Nämlich gar oft bin ich mit meinem Bruder oder andern Ärzten zu einem Kranken hingegangen, der entweder keine Arznei nehmen oder den Arzt nicht wollte schneiden oder brennen lassen, und da dieser ihn nicht überreden konnte, habe ich ihn doch überredet, durch keine andere Kunst als die Redekunst.« (Gorgias 456b)

Überzeugen-Wollen, so Platon in »Phaidros«, heißt, die Wahrheit sagen, während Überreden-Wollen bedeutet, den Hörern das zu sagen, was diese als wahr empfinden. Das zweite Zitat relativiert die aus dem ersten vielleicht schon gewonnene Erkenntnis, weil es strategische Argumentation als manchmal notwendig hinstellt und auch als durchaus nützlich für alle Beteiligten.

Nun dürfte jedem klar sein, daß Platon in zumindest einer Beziehung interpretationsbedürftig ist. Es mag zwar das Ziel sein, daß der Argumentierende die Wahrheit der Propositionen, die er äußert, »weiß«, aber schon diese umgangssprachlich nicht mögliche Ausdrucksweise zeigt, daß man Wahrheiten nicht zu seinem Wissen zählt, sondern daß man *glaubt*, daß irgend etwas wahr ist. Huths Beispiel von Bernard von Clairvaux ('Bernard von Clairvaux überzeugte seine Zuhörer von der Notwendigkeit und Gottgefälligkeit eines Kreuzzuges') (S. 82) betrifft nämlich weniger die »Induktion von Falschem als Wissen« (ebd.), sondern belegt die These, daß man lediglich glauben muß, daß etwas wahr ist. Insofern ist hier der Gebrauch von »überzeugen« gerechtfertigt, wenn Bernard tatsächlich glaubte, daß ein Kreuzzug notwendig und gottgefällig sei. Nun kann man dieses Beispiel auch von den Rezipienten her sehen. Fühlten sich Bernards Zuhörer zu einem Kreuzzug überredet oder waren sie von seiner Notwendigkeit überzeugt? Diese Frage thematisiert nun mit aller Deutlichkeit die Notwendigkeit der Offenlegung des narrativen Standpunktes von P. Jede Äußerung nämlich, die implizit oder explizit eine Wertung enthält, ist abhängig von dem, der sie äußert. Wer also sagt, daß Bernard seine Zuhörer überzeugte, ist entweder selbst der Meinung, daß Bernard glaubte, die Wahrheit zu sprechen und daß seine Zuhörer der gleichen Ansicht sind/waren, oder aber: er als Erzähler glaubt sowohl an Bernards Wahrhaftigkeit und an die Notwendigkeit, dessen Gedanken ernst zu nehmen.

Berichten wir, quasi als Geschichtsschreiber, über Ereignisse in einer solchen Art und Weise (Beispiel: 'Goebbels überzeugte das deutsche Volk von der Notwendigkeit des totalen Kriegs'), dann geben wir entweder die Meinung aller damals Beteiligten wieder, nämlich, daß der in der Proposition angesprochene Inhalt von allen für wahr bzw. richtig gehalten wurde, oder wir werten aus unserer Sicht das Ereignis. Aus diesem Grund würde heute kein ernstzunehmender Kommentator des Geschehens aus dem Berliner Sportpalast mehr das Wort »überzeugen« benutzen, obwohl man auch heute noch davon ausgehen kann, daß Goebbels selbst von der Notwendigkeit des totalen Kriegs überzeugt war und daß auch (viele) seine(r) Zuhörer ebenso dachten. Deswegen könnte dieser Satz ohne weiteres in dieser Form im »Völkischen Beobachter« gestanden haben. »Überzeugen« und »überreden« kann man also sowohl in kommentierender und beschreibender Weise verwenden (P und R glaubten an die Wahrheit oder Richtigkeit der Proposition) als auch in explizierender und wertender (P und R mögen zwar an Wahrheit und Richtigkeit geglaubt haben; aus historischer Perspektive jedoch, unter Betrachtung aller Auswirkungen, kommt der Erzählende zu dieser Beurteilung). Im ersten Fall drückt man aus, daß P und R eine positive Meinung zum Gegenstand hatten, im zweiten, daß man als Erzähler eine positive Meinung gegenüber dem Inhalt des Gesagten vertritt. Noch diffiziler stellt sich dieses Problem bei »überreden« dar. Als erstes sagt »Adenauer überredete seine Parteifreunde, dem Eintritt in die NATO zuzustimmen« aus, daß Adenauer selbst nicht von der Notwendigkeit oder Richtigkeit dieser Handlung überzeugt war *oder,* daß er selbst zwar überzeugt war, daß er aber, um seine Parteifreunde »herumzukriegen«, nicht gerade die hehrsten Mittel benutzte, so daß der Beschluß nur unter größten Schwierigkeiten zustandekam. In historischer Perspektive spräche man in dem Fall von »überreden«, wenn man selbst als Erzähler von der Falschheit des Beitritts und/oder von der Unehrlichkeit Adenauers und von den Skrupeln der Parteifreunde überzeugt wäre.

Auf genau dieser Ebene liegt auch Platons Beispiel aus »Gorgias«. Gorgias ist davon überzeugt, daß es richtig und gut ist, so in bezug auf die Patienten zu handeln. Er selbst, Gorgias, zusammen mit dem Arzt, ist überzeugt von der positiven Auswirkung des Schneidens und Brennens, deshalb meint er, zum guten Zweck auch einmal problematischere Mittel einsetzen zu dürfen. Sokrates vertritt die Idee, daß der Redekünstler (Rhetoriker) das Wahre und Gerechte kennen und vertreten muß, daß er niemanden zu etwas Unrechtem überreden darf. Das Problem bleibt aber, daß ein guter Zweck einmal die Mittel heiligen kann, ein andermal aber nicht, weil ganz einfach gewisse Mittel selbst für allerbeste Zwecke nicht zur Verfügung stehen dürfen. Selbst im Strafrecht sind Ausnahmesituationen vorgesehen, in denen Handlungen erlaubt sind, die ansonsten strafbar sind. Man darf z. B. eine Handlung begehen, die ansonsten Hausfriedensbruch darstellt, um das Leben eines Hausbewohners zu retten. Letztendlich aber läßt sich nur von Einzelfall zu Einzelfall entscheiden, unter Zugrundelegung des Prinzips der Fairneß, ob hier der Sache adäquate Mittel eingesetzt wurden oder nicht. Ein globales Patentrezept, wo also überreden nicht mehr erlaubt oder verurteilswert ist, kann nicht angegeben werden. Immerhin aber sind Kriterien genannt worden, nach denen bei der Entscheidung in einem konkreten Fall verfahren werden kann.

In der Rhetorik hat die Notwendigkeit, zwischen »überreden« und »überzeugen« zu unterscheiden, zu verschiedenen Argumenttypen geführt. Perelman/Olbrechts-Tyteca (1971) führen u. a. argumentum ad rem, argumentum ad hominem, argumentum ad humanitatem und argumentum ad personam an. (Vgl. dazu auch Huth 1975, S. 82 f.) Das argumentum ad rem deckt sich dabei mit »überzeugen«. Es geht nur um die Sache, um ihre Wahrheit oder Richtigkeit. Im argumentum ad hominem dagegen stehen Meinungen (S. 110) zur Debatte, oft handelt es sich dabei um Pseudo-Argumente, mit denen der Kommunikationspartner überredet werden soll (S. 111), die keinen allzu großen Grad der Verallgemeinerbarkeit haben; d. h. im Sinne von Perelman und Olbrechts-Tyteca: sie sind »ohne Gewicht für die universelle Zuhörerschaft« (ebd.), für die nur das argumentum ad humanitatem, also ein Argument, das auf alle vernünftigen Wesen zutrifft, und das argumentum ad rem Gültigkeit hat. Argumente ad hominem werden in solchen strategischen Argumentationen verwandt, in denen zum Nutzen des zu Überredenden Argumente gebracht werden, die dieser, etwa aufgrund mangelnden Wissens, nicht überblickt. Gorgias hat sich sicherlich solcher Argumente bedient, wenn er die Patienten seines Bruders überredet hat; auch Kinder bringt man auf diese Art und Weise oft zur Einsicht. Allerdings setzt man sich verstärkt der Gefahr aus, daß solche Argumente als Krypto- oder Scheinargumente entlarvt werden und der gute Zweck dann noch viel weniger erreicht werden kann. Ein argumentum ad hominem könnte in unserem Beispiel (10) enthalten sein, vorausgesetzt, man unterstellt Herrn Meurer insofern Ehrlichkeit, als man ihm zugesteht, das beste für seine Kollegen zu wollen. In einer bestimmten Art und Weise handelt es sich auch bei den Argumenten des Herrn Minister für Wirtschaft Heinz Herbert Karry um Argumente ad hominem, wenn er versucht, seinen 700 Zuhörern das zu sagen, was sie hören wollen. Seine Antizipation des Publikums war wohl der Gelegenheit adäquat (vgl. Perelman/Olbrechts-Tyteca, S. 19), Karry hatte »ein Konzept der antizipierten Zuhörerschaft«, das »so nah wie möglich an der Wirklichkeit« (S. 20) orientiert war, nur hat er wahrscheinlich vergessen, daß man im Zeitalter der Massenmedien nicht nur für die unmittelbar Anwesenden, sondern auch für die spricht, denen dieses Ereignis massenmedial, in diesem Fall durch eine Tageszeitung, vermittelt wird. Insofern werden dann einige Argumente ad hominem zu solchen ad personam, die das Ziel des persönlichen Angriffs auf den Gegner verfolgen und versuchen, den Gegenüber zu disqualifizieren. (Vgl. S. 111) Jeder Arbeitslose und auch jeder Arbeitende muß diese Äußerungen nämlich als unverschämt und sich als Diskussionspartner für nicht ernstgenommen empfinden.

(17)

Minister Karry sieht Vollbeschäftigung

»35-Stunden-Woche dämlichste Idee überhaupt«

Von unserem Redaktionsmitglied Jürgen Klotz

FRANKFURT A. M., 24. September. Ungewöhnlich scharfe Angriffe gegen die von den Gewerkschaften erhobene Forderung nach der 35-Stunden-Woche richtete der hessische Wirtschaftsminister Heinz Herbert Karry (FDP) am Samstag bei der Eröffnung der »automechanika« in Frankfurt. Für ihn sei dies »die dämlichste Idee, die man überhaupt konstruieren kann«, erklärte er unter dem lebhaften Beifall von etwa 700 Zuhörern.

Zum einen tauge die Arbeitszeitverkürzung überhaupt nicht zur Verringerung der Arbeitslosenzahl, und zum anderen würde es gar nicht mehr stimmen, daß in der Bundesrepublik die 40-Stunden-Woche herrsche, sagte Karry. Berücksichtige man Urlaub, Krankheit und »die langen Kuren«, dann gebe es bei uns, aufs Jahr umgerechnet, die 32-Stunden-Woche. Bei weiterer offizieller Verkürzung würden die Leute dann tatsächlich nur noch 28 Stunden oder weniger arbeiten. Eine Entwicklung würde eingeleitet, die »für unsere Zukunft tödlich wäre«.

Ferner vermittelten die monatlichen Arbeitslosenzahlen laut Karry ein völlig schiefes Bild. »Ich, der ich die Verhältnisse in Hessen haarklein und haargenau kenne, sagte [sic!] Ihnen: Wir haben auf dem männlichen gewerblichen Sektor Vollbeschäftigung und nichts anderes.« Nach seiner Einschätzung existierten in der Bundesrepublik rund 600000 unbesetzte Arbeitsplätze, für die keine Nachfrage bestünde.

(Aus: Frankfurter Rundschau vom 25. 9. 78)

Fast könnte man sagen, daß Karry sich an eine negative universelle Zuhörerschaft wende, denn wenn sich in der Bundesrepublik Parteien, Gewerkschaften und sogar Arbeitsverbände in einem Punkt einig sind, dann doch darin, daß die Arbeitslosigkeit ein Problem darstelle, gegen das schleunigst Maßnahmen getroffen werden müßten. Worüber man sich streitet, sind die Mittel, deren man sich zu bedienen habe. Auch des Ministers neue Interpretation der 40-Stunden-Woche wird zumindest bei vielen auf Unverständnis stoßen. Man kann diese Bemerkung im allgemeinen wohl nur als Generalangriff auf alle Arbeitnehmer interpretieren, wenn Herr Karry im Prinzip eine 48-Stunden-Woche vertritt. Neue Wähler, die die hessische FDP vor der Wahl in Hessen dringend benötigte, sind so wohl nicht zu gewinnen. Als Argumente ad hominem oder auch ad personam gemeinte können also, und das dürfte hier wohl herausgekommen sein, starke Gegenreaktionen hervorrufen, die dann verhindern, daß das von P angestrebte Handlungsziel auch nur annähernd erreicht wird.

Als kleines Spiel könnte man nun versuchen, sich Gegenargumente zu der Karry-Rede einfallen zu lassen, vielleicht auch einmal darüber nachzudenken, welche gesellschaftliche Gruppen wohl welche Reaktionen zeigen werden und wie diese Reaktionen, gefiltert durch das Medium »Tageszeitung«, das breite Publikum erreichen.

(18)

Karry erntet Widerspruch

FRANKFURT A. M., 26. September (dpa). Sozialdemokraten, Jungsozialisten und Gewerkschaften haben den hessischen Wirtschaftsminister Heinz Herbert Karry (FDP) kritisiert, der am Wochenende die Einführung der 35-Stunden-Woche als »dämlichste Idee, die man überhaupt konstruieren konnte«, bezeichnet hat. »Einseitige Unternehmerpropaganda« hat am Dienstag die südhessische SPD-Arbeitsgemeinschaft für Arbeitnehmerfragen (AfA) dem Minister vorgeworfen. Karry sei offenbar nicht mehr in der Lage, die Situation auf dem Arbeitsmarkt realistisch zu beurteilen. Der hessische DGB meinte, Karry habe endgültig den Anspruch verwirkt, als sachverständiger Wirtschaftspolitiker anerkannt zu werden.

In Schutz genommen wurde Karry von seinem eigenen Ministerium. Ein Sprecher des Ministeriums für Wirtschaft und Technik erklärte am Dienstag in Wiesbaden, Karry trete seit langem für eine differenzierte Betrachtung des Arbeitsmarktes ein und sei daher auch nicht »die geeignete Zielscheibe undifferenzierter pauschaler Vorwürfe«.

(Aus: Frankfurter Rundschau vom 27. 9. 78)

Nur wenn man die Kontextbedingungen Person, Situation und Institution betrachtet, kann man sich auch erklären, warum die Reaktion der »Gegner« Karrys so spärlich und fast zaghaft ausfällt. Vor dem Wahltag muß die SPD den FDP-Minister schonen, um seiner Partei keinen Schaden zuzufügen. Nicht der Regierungschef pfeift seinen Minister zurück, sondern ein südhessischer Ausschuß, in dem nach allgemeiner Ansicht nur »linke« Sozialdemokraten sitzen, die Jusos und die Gewerkschaften. Was hätte die SPD, was die Gewerkschaften getan, wenn die Situation (vor den Wahlen) oder die Person (nicht der FDP-Minister Karry, sondern der Spitzenkandidat der CDU, Dregger) eine andere gewesen wäre? Wir haben also einen geradezu klassischen Fall strategischer Argumentation defensiven Charakters. Die sich als Interessenvertreter der Angegriffenen ansehen, verwahren sich gegen den Vorwurf, greifen aber aus (wahl-)taktischen Gründen den Gegner nicht an, um ihm und damit auch sich nicht zu schaden. Daß Karrys Ministerium ihn *offensiv* stützt, zeigt mit Deutlichkeit, wie wenig Karry zu diesem Zeitpunkt zu fürchten hat, mithin, wie gut der Augenblick für diese Aussage von ihm gewählt wurde. Auch die (hessische) FDP erweist sich hiermit umfangreicherer Wahlkampfspenden seitens der Industrie für würdig.

Allerdings erschöpfen sich Argumentationen, vor allem auch strategische, nicht in den beiden Zielen des Überredens und Überzeugens. Nur offensive Argumentationen lassen sich in etwa auf diese beiden Ziele der Umkehr von Einstellungen reduzieren.

Argumentiert man dagegen defensiv, ist sogar nur sehr selten eine Einstellungsänderung des Gegners das Ziel. In erster Linie argumentiert man dann, um recht zu behalten, sein Gesicht zu wahren oder auch, um die gegnerische Meinung ad absurdum zu führen, nie aber oder wenigstens nicht primär, um auf den Anderen irgendwie überredend oder überzeugend einzuwirken, ihm also eine andere Einstellung nahelegen zu wollen.

2.2 Historischer Teil: Argumentation und Rhetorik

Schon öfter wurden in Beispielen und Zitaten Namen erwähnt, die mit dem Begriff »Rhetorik«, nicht aber mit dem der »Argumentation« verknüpft sind. Es soll nun an dieser Stelle nicht der Versuch gemacht werden, beide Begriffe voneinander abzusetzen, sondern nur festgestellt werden, daß in den verschiedenen Rhetoriken der vergangenen zwei- oder zweieinhalbtausend Jahre Ideen aufzufinden sind, die heutige Argumentationstheorien durchaus ergänzen können. Am Beispiel aus Platons »Phaidros« und »Gorgias« haben wir gesehen, daß einige dieser Ideen geradezu von universaler Gültigkeit sind.

Nun sollen in diesem Buch *keine* vergangenen Rhetoriktheorien aufgearbeitet werden, das ist an anderer Stelle mit viel Sachverstand schon getan worden. (Vgl. dazu nur Perelman/Olbrechts-Tyteca, Plett 1973, Kopperschmidt 1973 und Schlüter 1977, selbstverständlich Lausberg 1960, vor allem aber auch Martin 1974).

Gerade bei Martin kann man in einem kurzen Überblick den bevorzugten Gegenstand der »Rhetoriker« nachlesen (S. 1-12), dann folgt eine eingehende Behandlung der klassischen Teilgebiete der Rhetorik, nämlich »inventio«, »dispositio«, »elocutio«, »memoria« und »pronuntiatio«.

Nach Platon war Aristoteles der große Systematiker der Rhetorik, der vor allem auch den wissenschaftlichen Beweis gefundener Erkenntnisse antreten wollte. Seine Rhetoriken und seine Topik bestimmen noch heute die Rhetorikdiskussion; auch sie perpetuieren Platons Unterteilung in auf Wahrheit (und Richtigkeit) und auf Überredung des Gegenüber gerichtete Überlegungen. Von nun ab wird diese Unterscheidung Grundlage jeder Rhetorik. Nicht immer allerdings wurden beide Teile gleich gewichtet oder so, wie es noch ganz eindeutig bei Platon der Fall ist, der Akzent auf das Überzeugen, das Verbreiten von Wahrheit, gelegt, sondern viele Rhetoriken, darin ganz dem praktischen Interesse der Antike folgend, sind im Prinzip Vorläufer unserer praktischen Ratgeber zum Thema »Argumentieren«, in denen Strategien untersucht und vermittelt werden, wie der Kommunikationspartner am leichtesten, geschicktesten und langanhaltendsten zu überreden, zu manipulieren ist. Aus der ars recte oder vere dicendi ist eine ars bene dicendi geworden, ein Phänomen, das erst in neuester Zeit, etwa durch Kopperschmidt 1973, wieder durchbrochen wurde. Damit wurde aus Rhetorik wieder eine Wissenschaft, die sich nicht als Magd aller möglichen anderen »Künste« oder überhaupt als Kunst verstand, so wie es das Selbstverständnis von Gorgias ist. So wie Kopperschmidt Rhetorik versteht, lassen sich viele Parallelen zu einer sozialwissenschaftlich orientierten Argumentationstheorie und -lehre ziehen, wobei sicherlich beide viel voneinander lernen können. Bei Cicero und auch bei Quintilian, vor allem der erstere selbst ein großer Redner, spiegelt sich die Zweiteilung der Rhetorik ebenfalls deutlich wider. Cicero, in »Brutus« (12.45) (vgl. dazu Kopperschmidt 1973, S. 50), fixiert dabei den Stellenwert von Redekunst, wenn er die Entstehung der Rhetorik für die Zeit nach dem Tyrannensturz in Syrakus (465 v. Chr.) ansetzt. Tyrannen oder die, die Krieg führen, so Cicero, hätten keine Rhetorik nötig. Erst durch die in einer Demokratie oder Republik notwendige Verhandlung privater Streitigkeiten vor Gericht kann Redekunst entstehen, wenn etwa in Prozessen vor einem zu dieser Zeit aus bis zu 1501 Richtern bestehenden »Gericht« die prozessierenden Parteien vor allem durch ihre Überzeugungskraft ihr Recht suchen mußten.

In den späteren Werken »De Oratore« und »Topica« klassifiziert Cicero Topoi, im Lateinischen »loci« genannt. Einige seien hier aufgeführt, um die Denkweise der Klassik einmal zu demonstrieren, aber auch, um deutlich zu machen, daß Topoi nicht im Sinne von Curtius als literarische Prinzipien oder »Vorratsmagazin geprägter Gedanken« (vgl. Kopperschmidt, S. 138) anzusehen, sondern als »Erfahrungsmuster gesellschaftlicher Wirklichkeit« (S. 139) zu verstehen sind.

Da gibt es z. B. den Topos der

Ähnlichkeit (ex similitudine): »Wenn die Tiere ihre Jungen lieben, mit welcher Zärtlichkeit müssen wir dann unsere Kinder lieben«, genauso wie den der

Nicht-Ähnlichkeit (ex dissimilititudine): »Wenn die Barbaren in den Tag hinein leben, müssen unsere Pläne immer auf die Ewigkeit gerichtet sein«,

der *Konsequenzen* oder *logischen Folgerung* (ex consequentibus): »Wenn jemand ermordet wurde und du sein Feind warst [...] und als einziger einen Grund zur Tat« hattest, »und du wirst mit einem Schwert am Tatort ertappt, kann man dann an deiner Schuld zweifeln?«
oder
der *Ursache* (ex causis): »Wenn man die Habsucht beseitigen will, muß man erst die Verschwendungssucht bekämpfen«. (Alle Beispiele aus Martin, S. 114)

Topoi galten also in den problemorientierte(re)n Rhetoriken des Altertums als Stoff der Beweisführung zur Lösung eines in Frage stehenden Sachverhalts (res dubia). (Vgl. Quintilian V 10.20; Kopperschmidt, S. 141)

Um den historischen Hintergrund etwa der Ideen von Habermas zu beleuchten, ist es auch noch interessant, Vico heranzuziehen, der die grundlegende »Unterscheidung zwischen theoretischer und praktischer Gewißheit« postulierte und Wege zu ihrer »jeweiligen methodischen Gewinnung« (Kopperschmidt, S. 117) aufzeigte. Dabei vertrat auch Vico eine Rhetorik strategischer Art, in der das Ziel der Argumentation von den Zuhörern abhing, d. h., daß man die Ansichten seiner Zuhörer in die eigene Argumentationsweise miteinbezieht, um so leichter zum eigentlichen Ziel, der Überredung, zu kommen. (Vgl. Perelman/Olbrechts-Tyteca, S. 23) Soweit dieser kurze Überblick über ältere Rhetoriktheorien, der vor allem zeigen sollte, daß unsere Zweiteilung in ideale und strategische Argumentation keineswegs neu ist, sondern ihre Geschichte hat und daß der Konflikt oder das Wechselverhältnis zwischen diesen beiden Arten von Argumentation uns nicht nur in der Praxis beschäftigt, in der wir uns ja permanent fragen, ob unser Gegenüber nun strategisch oder kooperativ argumentiert, sondern daß auch theoretisch seit jeher schon und immer wieder darüber reflektiert wurde.

2.3 Argumentation, Einstellungsänderung und Verhaltensänderung

Will man jemanden überreden oder überzeugen, entsteht sofort die Frage, was man beim Kommunikationspartner beeinflussen will, lediglich seine Einstellung oder auch zusätzlich noch sein Verhalten, sein zukünftiges Handeln. Vor allem aber muß man auch differenzieren, auf welche Teilbereiche des menschlichen Handelns und auf welche Einstellungen man Einfluß nehmen will. Die nächste Frage ist dann, wie man wirken will und wie man eine optimale Wirkung erreicht. Man kann jemandem(n) mit Argumenten drohen, einschüchtern, aufmuntern oder auf etwas aufmerksam machen, und je nach den Kontextbedingungen variierend werden die Argumentationspartner sich die bestmögliche Argumentationsstrategie heraussuchen. Dazu gehört auch, daß man die Möglichkeit des Kommunikationspartners, in seinem gesellschaftlichen Umfeld sich zu ändern, bedenkt. Bis jetzt war in theoretischen Abhandlungen, wenn von einer Änderung des

Kommunikationspartners die Rede war, fast immer nur von Umkehrung die Rede. Ging es um etwas Strittiges und A meinte x und B y, so wurde implizit angenommen, daß entweder x oder y richtig war und daß somit entweder A oder B seine Meinung mehr oder weniger radikal ändern mußte, wenn er kooperativ argumentieren und handeln wollte. In der Praxis sind solche Umkehrungen von Einstellungen äußerst selten, sie stellen in konkreten Fällen nur die Minderheit dar, viel eher geht es um Bekräftigung, Abschwächung, Bestätigung oder auch um Neubildung von Einstellungen.

2.3.1 Wie Argumentationen auf Einstellungen wirken

Meistens ist es der Zweck, vor allem von offensiver Argumentation, auf Einstellungen oder Handeln des Kommunikationspartners zu wirken. Dabei kommt es darauf an, genau den Bereich anzusprechen, der unter den gegebenen Kontextbedingungen oder auch in bezug auf die Sache selbst der adäquate ist.

In Argumentationen haben die Kommunikationspartner deshalb immer bestimmte Annahmen über die eigenen Einstellungen und die Einstellung des Gegenüber, also über

1) Wissen
2) Wünsche
3) Meinungen
4) Gefühle

des Anderen. (Vgl. dazu auch Völzing 1978, S. 124 f.)

Argumentiert man in bezug auf Meinungen (oder Ansichten) der Kommunikationspartner, stehen in erster Linie normative Geltungsansprüche im Mittelpunkt des Interesses. Geht es also um die Richtigkeit von Normen und Werten, wird die Meinung der Kommunikationspartner zu diesem Thema in den Mittelpunkt der strategischen oder kooperativen Argumentation gestellt. Der Bereich des Wissens wird vor allem bei Wahrheitsproblemen angesprochen, sind die Wünsche des Gegenüber thematisch, steht oft der mit dem Handeln zu verfolgende Zweck zur Diskussion.

Der Bereich der Gefühle steht quer zu den anderen dreien, weil er immer im Spiel ist, bei Wissensfragen vielleicht weniger als bei Diskussionen über Meinungen und Wünsche. Dieses Problem ist nicht neu, es entspricht der Trennung von Inhalts- und Beziehungsebene, die Watzlawick et al. (Abschnitt 2.3.) gemacht haben. Selbstverständlich darf man sich die Trennung, auch der anderen drei Bereiche, nicht so rigoros vorstellen, wie es hier scheinen mag, denn wie schon in den Abschnitten über die Habermassche Diskurstheorie ausgeführt wurde (Abschnitt 1.1.4—1.1.4.4 dieses Buches), spielen etwa auch bei normativen Fragen solche des Wissens oder der Information eine nicht zu vernachlässigende Rolle. Die gemachte Aufteilung soll also nicht mehr als Dominanzen angeben, auf keinen Fall eine strikte Kategorisierung darstellen.

Betrachtet man jetzt die Wirkung von Argumentationen auf diese vier Teilbereiche, so läßt sich behaupten, daß eine Veränderung von Wissen am leichtesten möglich ist, sofern es gelingt, eindeutige Beweise für eine These zu bringen, während eine Veränderung von Meinungen über die Richtigkeit normativer Fragen, bei denen es nie eindeutige, sondern nur auf Kompromiß- bzw. evtl. Konsensbasis gefundene Lösungen gibt, schwieriger, dafür vielleicht aber um so dauerhafter zu bewerkstelligen ist. Das gleiche gilt auch für die Veränderung von Gefühlen hinsichtlich einer bestimmten Sache oder einer Person, die ebenfalls nicht ohne Probleme geschehen kann, die aber dann auch um so langlebiger ist. So schwierig nun auch Veränderungen im emotionalen Bereich herbeizuführen sein mögen, so effektvoll kann man sie ausnutzen für die Initiierung von Veränderungen in den drei anderen Teilbereichen. Nimmt die emotionale Anteilnahme, der Grad der Ich-Beteiligung im Hinblick auf ein Problem zu, kann man, wenn dieses Ego-Involvement positiv determiniert ist, eine Diskussion über eine normative Frage führen, die mehr Aussicht auf Erfolg hat, als wenn es überhaupt keine Ich-Beteiligung gäbe. Gerade Festingers Theorie der kognitiven Dissonanz beruht nicht zuletzt auf solchen Differenzen in emotionalen Einstellungen zu einem Gegenstand, einer Person oder einem Problem. Besteht nämlich eine solche Dissonanz, motiviert nach Festinger diese dazu, die Dissonanz abzubauen, um Konsonanz zu erreichen. (Vgl. dazu auch Abschnitt 0.2.1).

Doch sehen wir uns den Teilbereich des Wissens noch einmal etwas genauer an: wie wirkt eine Argumentation auf das Wissen des oder der Kommunikationspartner, war die Frage!

Zuerst muß man dabei klären, ob der Anlaß zu einer Argumentation zwei konträre Behauptungen über einen kognitiven Gegenstand waren oder einer der beiden Kommunikationspartner einen Mangel an Wissen offenbarte. Nehmen wir einmal an, daß zwei gegensätzliche Positionen vorlagen, daß der eine also meinte, der Zug gehe um 9.13 Uhr, während der andere behauptete, die Abfahrtszeit sei 9.31 Uhr. Wie können nun die beiden argumentativ das Problem angehen, was können sie tun, um den Anderen (und sich selbst letzten Endes auch) von der Wahrheit ihrer eigenen Behauptung zu überzeugen? Sie können als ersten Schritt etwa Gründe für die Wahrscheinlichkeit ihrer Annahmen angeben, also sagen, daß der Zug um 9.31 Uhr abfahre, weil er ja erst den Zug aus Richtung Y abwarten müsse, der wiederum erst um 9.25 Uhr ankomme, oder daß er um 9.13 Uhr abfahre, weil man, wenn er um 9.31 Uhr ginge, den Anschlußzug in A nicht mehr bekäme usw. Man kann an gemeinsame Erfahrungen appellieren: »Weißt du noch, als wir damals um 9.30 Uhr (10.00 Uhr) in A sein mußten, da haben wir genau diesen Zug genommen« oder Beobachtungen wiedergeben, die man in Verbindung mit der in Frage stehenden Sache gemacht hat: »Im letzten November, als ich mit diesem Zug fuhr, ging gerade die Sonne auf« bzw. »Als ich in A ankam,schlug es gerade 10.00 Uhr auf der Kirchturmuhr« usw. Nun wird eine solche

Argumentation sicherlich nicht ewig dauern. Nachdem man nämlich lange genug das gegenseitige Wissen angereichert hat, trotzdem aber zu keinem Ergebnis gekommen ist, befragt man das Kursbuch oder ruft den Bahnhof an. Von einer solchen neutralen und allwissenden Stelle allerdings sind die meisten Wahrheitsfragen nicht zu lösen, aber es gilt für sie, daß sie mit Äußerungen bestritten werden, in denen Beobachtungen und Erfahrungen wiedergegeben werden, die Grundlage zu neuen Wissensstrukturen abgeben bzw. neue Prämissen zu bestimmten Schlüssen darstellen können. Kann man seinem Kommunikationspartner eine Beobachtung mitteilen, die seinen Anspruch erschüttert oder zumindest relativiert, etwa in dem sie zu neuen oder anderen Schlüssen Anlaß gibt, ändert man sein Wissen oder zumindest dessen Strukturierung, da es ja durchaus so sein kann, daß man über eine Tatsache informiert ist, sie aber nicht mit einer anderen in Verbindung bringt. Argumentationen in bezug auf das Wissen wirken also sowohl durch gegenseitiges Informieren, wobei, wie schon in der Diskussion der Gedanken von Habermas und Schnädelbach betont, diese Informationen überprüfbar sein müssen, notfalls in einer angegliederten kooperativen Argumentation, als auch durch die Aufbereitung des Wissensfundus, indem das Wissen um Tatsachen strukturiert, also bestimmten Problemkreisen zugeordnet wird. Wissen wird also durch Argumentationen induziert und organisiert. Manipulationsmöglichkeiten gibt es auf der einen wie auch auf der anderen Seite. Man kann jemandem falsche Informationen als echte verkaufen, und man kann den anderen aus falschen oder auch wahren Informationen Schlüsse ziehen lassen, die nicht der tatsächlichen Sachlage entsprechen oder die nur zum Nutzen des Manipulierenden sind. Nun wäre Manipulation kaum möglich oder jedenfalls schnell aufdeckbar, wenn unser Wissen immer *Wissen* um Tatsachen wäre, in Wirklichkeit aber nehmen wir immer mit mehr oder weniger Wahrscheinlichkeiten an, daß sich etwas so oder nicht so verhält. Selbst Beobachtungen im naturwissenschaftlichen Rahmen, seien es die der Jupitermonde von Galilei oder von Quarks und Snarks in der Atomphysik, beruhen auf Theorien, unter deren Aspekt man gewisse Tatsachen betrachtet, ja auf sie erst aufmerksam wird. Auch im Alltagsleben verhält es sich so. Aufgrund der Komplexität der Welt, die es uns nicht gestattet, alles zu wissen, sind wir gezwungen, unser Wissen zu organisieren und strukturieren und das heißt auch, selektiv Informationen aufzunehmen. Nur durch Selektion von Informationen, d. h. indem wir Informationen problembezogen aufnehmen, können wir unsere Handlungsfähigkeit behalten. Gerade argumentativ erworbenes praktisches Wissen dürfte also eine relativ lange Überlebensdauer haben, zumal schon einige Einwände durchdiskutiert und als zutreffend oder nicht ausgewiesen wurden. Jegliche Vermittlung von Wissen sollte deswegen zwar nicht *ausschließlich* argumentativ erfolgen, das wäre aus technischen Gründen schon gar nicht machbar, doch sollte der argumentativen Vermittlung von Wissen der in der jeweiligen Situation größtmögliche Raum gegeben werden. Alltagserfahrungen beweisen nämlich immer wieder, daß man ein bestimmtes Wissen theoretisch nicht oder nur sehr schwer und unvollständig sich anzueignen in der Lage war, während man sich vielleicht später dasselbe Wissen verhältnismäßig rasch und ohne größere Lücken in einem Handlungs- und Argumentationszusammenhang erwerben konnte.

Noch notwendiger als bei Wahrheitsfragen dürfte argumentative Aufarbeitung bei normativen Problemen sein, die nur durch Kompromiß oder Übereinkunft zu lösen sind und bei denen es auf keinen Fall nur durch Beobachtung zugängliche oder objektiv erfahrbare Daten gibt. Ansichten und Meinungen bezüglich Normen, Werten oder Verhaltensweisen sind nur durch (langfristige) kommunikative Auseinandersetzung mit den jeweils anstehenden Problemen in ihrem sozialen Kontext veränderbar oder modifizierbar. An einem interessanten sozialpsychologischen Versuch von Eleanor und Nathan Maccoby, H. K. Romney und J. Stacy Adams (im folgenden Maccoby et al. 1972), in dem Einstellungs- und Verhaltensänderung gemessen werden sollten, kann einmal exemplarisch gezeigt werden, wie sich Wissen und Meinungen gegenseitig verändern und wie gleichzeitig dadurch auch andere und neue Kommunikations- und Argumentationsanlässe aufgebaut werden.

Quasi als Ausgangshypothesen formulieren Maccoby et al., S. 150, daß es entweder eine Tendenz gebe, nach einer (persuasiven) Kommunikation Unterstützung für die Ausgangsposition oder aber für die neue Einstellung zu suchen. Am Beispiel der frühkindlichen Sauberkeitserziehung wurden drei Gruppen von Frauen, solche, die keine Kinder, die ein Baby oder die ältere Kinder hatten, interviewt. Man bat sie, ihre Meinung über die Sauberkeitserziehung zu äußern, vor allem auch das Alter anzugeben, das ihnen als angemessen für den Beginn von Sauberkeitserziehung erschien. (S. 152) Etwa zwei Wochen später übergab ein Dritter den Befragten eine Broschüre über Sauberkeitserziehung, in der für einen nicht allzu frühen Beginn plädiert wurde. Als erstes testete man ab, ob die Frauen nach dem Lesen der Broschüre den Kontakt mit anderen gesucht hatten. Dabei stellte es sich heraus, daß ca. $^2/_3$ der interviewten Frauen mit anderen über dieses Thema gesprochen hatten, vor allem die, und wen wundert das Ergebnis, die selbst ein Baby hatten und für die dieses Problem aktuell war. Frauen ohne Kinder oder mit älteren Kindern, denen dieses Problem noch keines oder keines mehr war, kommunizierten weniger zu diesem Thema. (S. 153)

Am interessantesten ist nun die Frage, wie die Frauen es angestellt haben, mit anderen über die Sauberkeitserziehung zu sprechen. Der Gedanke liegt nahe, daß sie nicht wahllos mit der oder dem ersten besten Kommunikationspartner(in) über dieses Thema sprachen, sondern nur mit solchen, von denen sie annahmen, daß dieses Problem sie interessiere. Vor allem aber, so Maccoby et al., S. 153, versuchten die Frauen schon von vornherein, den »Standpunkt der anderen Person einzuschätzen und nur dann das Thema aufzunehmen,« wenn eine Übereinstimmung sicher schien. In der Regel wurden die Unterhaltungen über die Sauberkeitserziehung »im Interesse der Aufrechterhaltung von harmonischen sozialen Beziehungen geführt [...] Frauen scheinen das Gefühl zu haben, daß ein gut Teil Takt dazu gehört, mit anderen Frauen über Kindererziehung zu sprechen. Sie versuchen einen Rat zu vermeiden, um nicht als zudringlich betrachtet zu werden, und geben manchmal sogar dann keinen Rat, wenn sie direkt danach gefragt werden. Selbst wenn es gar nicht darum geht, einen Rat zu geben, vermeiden sie es, ihre eigene Meinung direkt zu sagen, außer unter sehr günstigen Umständen. Sie neigen dazu, erst den Standpunkt des Gesprächspartners zu erkunden, bevor sie ihren eigenen Standpunkt äußern, und bleiben dann einfach still, wenn sie anderer Meinung sind. Oder auch stellt eine Frau einen Standpunkt so dar, als stamme er von dritter Seite, so daß sie nicht selbst zur Zielscheibe werden kann, wenn dieser Standpunkt angegriffen wird.« Insgesamt konnten Maccoby et al. nur in vier von 191 Beispielen von einer falschen Einschätzung der Frauen berichten. Nur viermal also berichteten Frauen von einer Reaktion ihrer Kommunikationspartner, die sie nicht erwartet hätten, wo dann konträre Positionen zum Thema vorlagen, die in einer kooperativen Argumentation ausgeglichen oder aber untermauert hätten werden können. In der Realität aber macht man sich nach einem solchen Pech bei der Einschätzung des Kommunikationspartners meistens schleunigst aus dem Staube, zumindest tut man es verbal, man lenkt ein oder wiegelt ab, relativiert sich oder das Gesagte, wechselt das Thema, macht Witze über die Interviewer oder die Broschüre bzw. entschuldigt sich. Das bestätigt die oben getroffene Feststellung, daß Umkehr von Meinung nicht das typische Ziel alltäglichen Argumentierens ist. Nur sehr selten, so Maccoby et al., S. 157, »entstand eine offene Kontroverse über die diskutierten Fragen. Wenn eine Person eine Meinung ausdrückte, stimmte die andere entweder damit überein oder sie äußerte sich nicht verbindlich.«

Was haben nun die Frauen getan, die eine Veränderung in Wissen und Meinung durch die Broschüre erfahren hatten? Sie suchten »Gespräche mit anderen Leuten, von denen sie erwarten konnten, daß sie ihre neue Position unterstützen würden.« (ebd.) Und je stärker sich die Meinung durch die Lektüre veränderte, desto größer waren die Bemühungen, unterstützende Ansichten einzuholen. Die Hauptfunktion von Diskussionen »scheint die der Aufrechterhaltung der Meinungsänderung zu sein, wenn diese erst einmal zustandegekommen ist, und nicht so sehr die Erzeugung einer zusätzlichen Veränderung.« (ebd.) Maccoby et al. wiederholten nun ihr Interview 6 Monate später und stellten dabei fest, daß die allerdings sehr kleine Gruppe, die sich »anfangs in Richtung auf den Tenor der Broschüre veränderte, aber dann nur mit Menschen sprach, die damit nicht übereinstimmten, eher zu ihren Ausgangspositionen« (S. 158) zurückfiel. Auch die, die mit niemandem über die Broschüre sprachen, strebten wieder (mehr) der Ausgangsposition zu, und nur die, die Gesprächspartner hatten, die mit der Broschüre übereinstimmten, behielten ihre (geänderte) Meinung »zumindest teilweise« bei. (ebd.) Wenn also durch Argumentation eine Änderung von Wissen oder Meinungen erreicht wird, hängt es oft von der sozialen Umgebung des Adressaten ab, ob dieser Effekt auch aufrechterhalten werden kann. Dieses Ergebnis verwundert zwar nicht, ist doch schon die Änderung von Meinung überhaupt wohl nur bei solchen Personen möglich, die auf irgendeine Art und Weise für die neue Information oder Meinung zugänglich sind, es hält aber einmal empirisch fest, was ansonsten nur spekulativ aufgrund des gesunden Menschenverstandes ausgesagt werden kann. Selbstverständlich besteht die Möglichkeit, daß man bei echten dialogischen Argumentationen andere Ergebnisse bekäme — der Text der Broschüre, der im Aufsatz nicht wiedergegeben ist, war sicherlich nicht immer ein argumentierender Text in unserem Sinne, vielleicht sogar überhaupt keiner, weil *nur* über ein Thema informiert wurde, sofern das allerdings möglich ist — es erscheint nur nicht sehr wahrscheinlich. Wir haben alle in praktischen Argumentationen die Erfahrung gemacht, daß man normalerweise nur sehr vorsichtig versucht, seinen Gegenüber vom Besseren zu überzeugen, daß Wirkungen nachlassen, wenn sie nicht verstärkt werden, daß man es also, etwa bei Kindern, aber auch bei Erwachsenen, immer und immer wieder probieren muß, sofern einem etwas an der Veränderung der Meinung oder gar des Verhaltens des Kommunikationspartners gelegen ist (»Wie oft hab' ich dir nicht schon gesagt, daß du deine Schuhe nicht im Wohnzimmer, sondern schon im Flur ausziehen sollst!«) und daß man eher mit Leuten über (seine) Probleme spricht, von denen man weiß, daß sie Verständnis dafür haben, daß sie gleich oder ähnlich denken, als mit solchen, von denen man weiß oder annimmt, daß sie eine vollkommen konträre Position vertreten oder überhaupt keine Meinung zu diesem Thema haben.

Meinungen werden dadurch stabilisiert, daß man einer möglichst großen Anzahl »wichtiger Anderer« dieselbe Meinung unterstellt, gegebenenfalls diese »Anderen« um eine Meinungsäußerung bittet. Überzeugungen und Meinungen werden dabei um so starrer, je mehr das Individuum sich der Gruppenmeinung anschließt, je mehr es gewiß ist, die richtige Meinung zu haben, weil alle anderen »wichtigen Anderen« genauso denken. Je mehr die Gruppe also konsistent dieselbe Meinung vertritt, und je bedeutender für die Ich- oder Gruppenidentität diese Überzeugung ist, desto schwieriger gestaltet sich eine argumentative Einflußnahme. Änderung dieser Überzeugung ist dann weniger durch eine sachliche Diskussion möglich, in der über Inhalte und sonst nichts geredet wird, sondern nur durch Separierung des Individuums von der Gruppe und/oder durch Erschütterung der Ich-Identität zumindest in bezug auf das zur Debatte stehende Problem. Insofern sind Argumente ad personam manchmal sogar notwendige strategische Hilfsmittel, um einen guten Zweck zu erreichen. In Filmen, in denen es darum geht, einen im Kern guten Jugendlichen etwa aus einer Gruppe zu lösen, die einen schlechten Einfluß auf ihn hat, stehen solche Taktiken der (teilweisen) Zerstörung des Glaubens an die Gruppe und an sich selbst (als Mitglied der Gruppe) im Mittelpunkt des Dialogs. Aber das sind eigentlich schon Überlegungen, die thematisch zum Abschnitt gehören, in dem reflektiert werden soll, welche Strategien den Debattierenden offenstehen, um den Gegenüber an den Punkt zu bringen, an dem man ihn haben will. Im folgenden soll es also weniger darum gehen, wie man kooperativ Lösungen sucht, sondern es soll an Beispielen strategischen Argumentierens beschrieben werden, in welcher Form solche strategischen Argumentationen ablaufen, welche sprachlichen Möglichkeiten die Streitenden besitzen und ausnutzen und wie die Chance, bestimmte Strategien zu verfolgen, von den Kontextbedingungen abhängig ist, die sozusagen den Handlungsspielraum für die Argumentierenden determinieren.

Zum Abschluß jedoch noch ein paar Auszüge aus dem Buch von Marvin Karlins und Herbert I. Abelson, »Persuasion«, das vom Thema her genau in diesen Abschnitt paßt. Karlins/Abelson haben unter bestimmten einprägsamen Sätzen, die quasi Toposcharakter haben, Verhaltensweisen für (strategische) Argumentationen aufgeführt, die zur bestmöglichen Wirkung führen sollen, und unter diesen Topoi relevante (sozial-) psychologische Untersuchungen genannt, die theoretisch diese Topoi stützen. Als Ergänzung, Erweiterung und Erklärung der schon genannten Inhalte seien nun diese Topoi referiert, der Kommentar soll in etwa die Richtung angeben, in die diese Topoi zielen:

(1) Unter bestimmten Umständen ist ein schwacher Appell an Angst oder Furcht persuasiver; in anderen Situationen ist ein starker Appell an die Angst des Gegenüber besser.
Kommentar: Entscheidend für uns hier ist die Tatsache, daß Überredung mit Hilfe von Drohungen, ganz gleich welcher Art, manchmal und unter bestimmten Voraussetzungen eher gelingt als ohne.

(2) Wahrscheinlich erreicht man größeren Meinungswandel in der gewünschten Richtung, wenn man explizit seine Schlüsse offenlegt, als wenn man die Zuhörer ihre eigenen ziehen läßt.
Kommentar: Um es nicht zu Mißverständnissen und Fehlinterpretationen seitens des Puplikums kommen zu lassen, auch um die eigene Ehrlichkeit zu demonstrieren, nennt man (scheinbar) seine Handlungsgründe und -ziele. Der Prototyp einer solchen Argumentation ist die Rede des Marcus Antonius in »Julius Caesar«.

(3) Persuasive Appelle, die in unterhaltender Form hervorgebracht werden, können oft die Wirkung der Argumentation steigern.
Kommentar: Dadurch gibt man sich den Anschein, weniger selbst involviert zu sein. Das Publikum hat auch nicht gleich den Eindruck, daß hier der moralische Zeigefinger erhoben wird, sondern fühlt sich eher wie bei einer Unterhaltungssendung im Fernsehen.

(4) Die Wirkung persuasiver Appelle wird dadurch gesteigert, wenn man vom Publikum eher aktive als passive Teilnahme fordert.
Kommentar: Das Publikum fühlt sich als gleichwertiger, mitbestimmender Partner.

(5) Wenn das Publikum durchweg freundlich gestimmt ist, oder wenn die vorgetragene Meinung die einzige ist, die vorgestellt wird, oder wenn man sofortigen, aber auch vorübergehenden Meinungswandel anstrebt, präsentiere man (nur) eine Seite der Argumentation.

(6) Wenn das Publikum am Anfang einer anderen Meinung ist, oder wenn es wahrscheinlich ist, daß es die andere Seite der Argumentation von jemandem anderen hören wird, präsentiere man beide Seiten der Argumentation.

(7) Wenn beide Seiten eines umstrittenen Gegenstandes nacheinander präsentiert werden, bestimmt eine Anzahl von Variablen, ob die zuerst oder die zuletzt präsentierte Seite größere Überzeugungs- bzw. Überredungskraft hat.

Kommentar: Wie man taktisch geschickt verschiedene Argumente präsentiert, zeigt wiederum Marcus Antonius, der zuerst Brutus (scheinbar) lobt, um ihn dann anzugreifen und so seinen Zweck zu erreichen. Im Prinzip bestimmen die Kontextbedingungen die Wahl und die Plazierung der Argumente. Topos (7) wird an konkreten Fällen deutlich zu machen sein.

(8) Argumente, die am Anfang oder am Ende einer Interaktion präsentiert werden, werden besser behalten als solche, die in der Mitte stehen.

(9) Bloße Information ändert fast nie eine Einstellung.
Kommentar: Dieser Satz ist wahr und auch nicht. Ganz gewiß erreicht man durch bloße Information, nur durch Darstellung einer Sache wie sie *ist,* nicht so direkt und prompt eine Meinungsänderung, als wenn man sagt, wie etwas sein *soll,* vor allem auch, weil die Rezipienten aus einer Sache, wie sie *ist,* unterschiedliche *Soll*-Zustände schließen können. Andererseits bedient sich die Werbung in zunehmendem Maße lediglich (schein-)informativer Slogans. Man sagt eben nicht mehr: »Trink Coca-Cola« oder »Trink Henninger, weil es so gut schmeckt«, sondern »Licher Bier, aus dem Herzen der Natur«. Diesen Slogan soll der Zuschauer zweifelsohne zu einer Protoargumentation, einem Begründungssatz vervollständigen (»Trink Licher Bier, weil es aus dem Herzen der Natur ist«), geboten wird aber scheinbar nur die reine Information »Licher Bier ist aus dem Herzen der Natur«. Wahrscheinlich wirkt bloße Information seriöser und deswegen um so länger und ist deshalb gar nicht so ungeeignet zur *langfristigen Beeinflussung* von Ansichten und Meinungen. Daß Licher Bier aus dem Herzen der Natur ist, wird kaum jemand bezweifeln, und genau das gibt einen guten Grund dafür ab, dieses Bier zu trinken. In Wirklichkeit ist Lich gar nicht so idyllisch, die Brauerei liegt an einer vielbefahrenen Straße und einer immerhin noch befahrenen Bahnstrecke, also eher im Zentrum der Abgase als im Herzen der Natur.

(10) Manchmal sind emotionale Appelle effektiver, manchmal informative; welche Art man wählt, hängt ab von den Inhalten und vom Publikum.
Kommentar: Auch dieser Topos kann sich nur in konkreten Fällen bewähren. Es bleibt aber festzuhalten, daß in praktischen Argumentationen informative und emotionale Teile nicht ohne weiteres zu trennen sind, normalerweise sind beide, allerdings mit unterschiedlicher Dominanz, und das meinen wohl auch Karlins und Abelson, in Argumentationen vorhanden.

(11) Humor ist keine wirkungsvolle Überredungstechnik.
Kommentar: Wie auch schon in den antiken Topos-Katalogen so gibt es auch in Untersuchungen neueren Datums sich widersprechende Topoi, zumindest aber solche, die irgendwie in Konkurrenz zueinander stehen. Wo die Grenze zwischen unterhaltender Form (Topos(3)) und Humor ist, wird nur ein guter Praktiker oder ein noch besserer Wissenschaftler feststellen können.

(12) Die Meinungen einer Person sind stark abhängig von den Gruppen, zu denen sie gehört oder gehören will.

(13) Das Individuum wird von der Gruppe belohnt, wenn es sich an die Gruppennormen hält und bestraft, wenn es von ihnen abweicht.

(14) Individuen mit einer starken Gruppenbindung werden am wenigsten von Argumentationen beeinflußt, die Konflikte mit den Gruppennormen hervorrufen.
Kommentar: Man vergleiche zu (12-14) die Diskussion des Aufsatzes von Maccoby et al.

(15) Meinungen, die Individuen anderen kommunizieren, sind schwerer zu ändern als solche, an die man »privat« glaubt.
Kommentar: Der Prestigeverlust oder auch (mit Festinger): die entstehende Dissonanz ist geringer, wenn man eine Meinung ändert, die man insgeheim gehegt hat, und größer, wenn man vorher diese Meinung propagiert hat. Aus diesem Grunde kann eine Fernsehdiskussion zwischen Politikern, dazu etwa auch noch vor Wahlen, nie eine öffentlich dokumentierte Meinungsänderung eines der Beteiligten bringen, auch wenn die Beweislast erdrückend wäre. Der Politiker, und mit ihm seine Partei, würde dabei so viel Prestige verlieren (Schlagwort: Umfaller), daß, um diesen Schaden abzuwenden, das oberste Argumentationsgebot eines Politikers (vor dem Bildschirm) sein muß, nie zu verlieren, jedenfalls nicht offensichtlich.

(16) Widerstände überwindet man, indem man das Publikum an Gruppendiskussionen und am Finden von Entscheidungen teilnehmen läßt.
Kommentar: Mit einer Idee, die man selbst schon einmal gedacht hat und deren Gründe und Hintergründe man kennt, kann man sich eher anfreunden als mit oktroyierten, einem völlig neuen Gedanken. Das erklärt auch die große Beliebtheit von Rollenspielen in solchen Situationen.

(17) Mit der Zeit vergehen die Wirkungen persuasiver Kommunikation.
Kommentar: In diesem Abschnitt ist beschrieben worden, wie die alltägliche Umgebung neue Ideen aufsaugt und nivelliert, einerseits zum guten, oft auch zum weniger guten für die Betroffenen. Daß die Mehrzahl der BILD-Leser SPD-Wähler sind, kann genau mit diesem Prinzip erklärt werden. Nicht daß in BILD manchmal etwas Positives über die SPD oder manchen der sie tragenden Politiker steht, übt diese Wirkung auf die Leser aus, und erklärt das oben genannte Phänomen, sondern die Tatsache, daß die Mehrzahl der BILD-Leser Arbeiter sind, die traditionell eher der SPD zuneigen und in deren Bezugsgruppen sich ebenfalls mehr Arbeiter und damit SPD-Wähler befinden, die in ihren Meinungsäußerungen und in ihren emotionalen Bereichen zur SPD tendieren und damit gegen die SPD gerichtete Äußerungen von BILD aufsaugen.

(18) Nach einem größeren Zeitraum nach der Interaktion läßt sich oft ein größerer Meinungswandel feststellen als direkt nach dem Kommunikativen Ereignis.
Kommentar: Dieses von Hovland et al. »Sleeper-Effekt« genannte Phänomen unterscheidet sich gar nicht so sehr von dem, was in den Kommentaren zu (9) und (17) gesagt und was auch in diesem Abschnitt schon diskutiert wurde. Da niemand außerhalb der Gesellschaft lebt, sondern an bestimmte Gruppen gebunden ist, *kann* durch Diskussion mit »wichtigen Anderen« eine Verstärkung jedes beliebigen Effekts eintreten, etwa wenn das Individuum sieht, daß es durch die neue Einstellung oder Verhaltensweise von der Gruppe belohnt wird. Auch daß neue Informationen nach einiger Zeit zu neuen Schlüssen und Erkenntnissen führen, kann man sich vorstellen und würde einen »Sleeper-Effekt« begründen.

(19) Meinungsänderung ist dauerhafter, wenn der persuasive Appell wiederholt wird und/oder mehr aktive als passive Teilnahme des Rezipienten fordert.
Kommentar: Aktive Teilnahme erspart Wiederholung seitens P, weil R aus freien Stücken nicht nur schematisch wiederholt, sondern sich im Denken und Handeln mit dem Problem auseinandersetzt. Letzteres kann natürlich auch zu Einsichten führen, die dem persuasiven Ziel nicht entsprechen. (19) ist die Konsequenz aus (17): wenn mit der Zeit persuasive Wirkungen vergehen, dann muß Vorsorge getroffen werden, daß keine Zeit vergeht, daß P also entweder seine Argumente wiederholt und/oder R immer wieder an die Worte P's denken muß. Gerade die Gewöhnung oder dauernde Berieselung macht auch ein gut Teil der Persuasionskraft der Massenmedien aus. Das Publikum setzt sich freiwillig eventuellen Persuasionen aus, die dazu noch permanent wiederholt werden. So jedenfalls könnte man persuasive Kräfte, etwa von Unterhaltungs- und Magazinsendungen deuten.

(20) Die Leute, die man sich am meisten im Publikum wünschte, sind wahrscheinlich am wenigsten vertreten.
Kommentar: Auch dieser Satz läßt sich nur an konkreten Beispielen festmachen. Er steht im Einklang mit der Erkenntnis, daß man sich in der Regel nur solchen Interaktionen aussetzt, von denen man Übereinstimmung erwarten kann. Wem die politische Richtung des »Bayernkurier« nicht gefällt, liest ihn in der Regel nicht, und wer Löwenthal oder Rudi Carell nicht ausstehen kann, schaut sich deren Sendungen nicht an.

(21) In unserer Gesellschaft sind Frauen leichter zu überzeugen als Männer.
Kommentar: Ganz gewiß werden Frauen in ihrer Sozialisation eher zum Nachgeben erzogen als Männer. Das erklärt wahrscheinlich diesen Satz. Ebenso gewiß gilt dieser Topos nicht in allen Fällen. Ganze Witzfamilien wären sonst nicht witzig. Auch das umgangssprachliche Stereotyp, daß Frauen und besonders Ehefrauen immer das letzte Wort haben müssen, zeigt, daß es auch Situationen geben muß, in denen (21) nicht zutrifft.

(22) Erfolgreiche Persuasionen berücksichtigen die Gründe, aus denen die Einstellungen hervorgehen genauso wie die Einstellungen selbst.
Kommentar: Genau davon war in Kap. 1 die Rede, daß das Angeben von Gründen (und Zwecken) den Sinn der Handlung offenbar werden läßt. Gerade in strategischen Argumentationen wirkt eine solche scheinbare Offenlegung wunder. Sie sichert P Glaubwürdigkeit und der verbreiteten Information ein langes Leben, da viele Einwände vorweggenommen wurden.

(23) Der Meinungswandel wird stärker und leichter, wenn P große Glaubwürdigkeit besitzt und geringer und schwerer, wenn P wenig glaubwürdig ist.
Kommentar: Karlins und Abelson referieren dazu ein schönes Beispiel: Der Professor stellt einen Dr. Hans Schmidt vor, eine internationale Kapazität auf dem Gebiet der Gas-Diffusion. Dieser erbittet für einen Versuch die Mithilfe der Studenten. In diesem Versuch will er die Ausbreitung eines Gases demonstrieren, er bittet die Studenten, die Hand zu heben, wenn sie das Gas riechen. Er entstöpselt eine Flasche, in der in Wirklichkeit nur destilliertes Wasser enthalten ist, und nach kurzer Zeit strecken sich zuerst die Finger der Studenten in der ersten Bank in die Luft, um anzuzeigen, daß der Geruch des Gases bis hierhin vorgedrungen ist. Danach folgen alle anderen Reihen bis zur letzten.
Hans Schmidt war so harmlos wie das Wasser in seinem Behälter, er war Mitglied des German Department der betreffenden Universität. So deutlich wird eine Manipulation durch bedeutende Namen selten. Betrachten wir uns aber unsere Fernsehprogramme und Kommentatoren in angesehenen Zeitungen, können wir feststellen, daß a) zu

brennenden Problemen immer große Namen Stellung nehmen und b) diese großen Namen über ein umfangreiches enzyklopädisches Wissen verfügen müssen, äußern sie sich doch zu sehr vielen, oft sehr unterschiedlichen Problemen. Paradebeispiel ist die ZDF-Sendung »Fragen der Zeit« sonntags um 12.50 Uhr. Die Massenmedien schlagen dabei mindestens zwei Fliegen mit einer Klappe: erstens: ihre Inhalte erscheinen glaubwürdiger, weil Kapazitäten sie vertreten, und zweitens: die Kapazitäten bemühen sich um gute Beziehungen zu den Massenmedien, weil ein Fernsehauftritt ungeheuren Prestigezuwachs bringt. Das Publikum liebt und glaubt seine(n) altvertrauten Gesichter(n) und rechnet es auch dem Moderator der Sendung hoch an, wieder einmal Pross oder Beckenbauer gebracht zu haben, was den Moderator wiederum veranlaßt, nicht den bösen Buben zu spielen, sich die Publikumsgunst zu wahren und keine herausfordernden Fragen zu stellen.

(24) Die Überzeugungskraft eines Kommunikators mit wenig Glaubwürdigkeit kann dadurch gesteigert werden, daß dieser gegen seine eigenen Interessen argumentiert.
Kommentar: In einer strategischen Argumentation ist es unerläßlich, den Biedermann zu spielen. Nur wer glaubhaft machen und glaubhaft darstellen kann, daß er vertrauenswürdig ist und nicht pro domo argumentiert, kann sein Publikum überreden.

(25) Die Effektivität einer Argumentation wächst, wenn anfangs einige Ansichten aufgegriffen werden, die das Publikum teilt.
Kommentar: Auch hier gilt es, das Publikum auf seine Seite zu ziehen. Das mag zwar auch manchmal gelingen, wenn man es vor den Kopf stößt, der normale Zugang jedoch ist der, daß man ihm schmeichelt, vorgibt, dieselben Gründe zu haben und Ziele zu vertreten aus der gleichen Einstellung heraus.

(26) Was ein Publikum vom Argumentierenden denkt, kann direkt von dem beeinflußt sein, was es von seiner Botschaft denkt.
Kommentar: (26) ist die Umkehrung von (23): In (23) beeinflußt die Glaubwürdigkeit des Redners die Glaubwürdigkeit der vertretenen Inhalte, hier in (26) wird dem Redner die Möglichkeit zugestanden, durch ehrliche oder dem Publikum genehme Inhalte sein Image zu verbessern. In der Realität kommen (23) und (26) nicht abgelöst voneinander vor, sondern stellen zwei Seiten einer Münze dar, das eine ist ohne das andere nicht denkbar: Glaubwürdigkeit von P verursacht Glaubwürdigkeit von Inhalten, gleichzeitig aber baut P seine Glaubwürdigkeit auf oder festigt sie, indem er glaubwürdige (oder angenehme) Inhalte kommuniziert. Das Vertrauen, vor allem des massenmedialen Publikums, erlischt sofort, wenn die Glaubwürdigkeit der Inhalte oder Person nicht mehr gewährleistet ist, vor allem weil beiden Parteien keine Gelegenheit zur Nachfrage, zur Argumentation gegeben ist. (Vgl. dazu Huth 1979)

(27) Je extremer der Meinungswandel ist, den ein Kommunikator mit hoher Glaubwürdigkeit induzieren will, desto größeren wirklichen Meinungswandel wird er bekommen.
Kommentar: Eine Antwort bleibt jedenfalls auf diesen Satz: wenn er den Bogen nicht überspannt. Auch ein Kommunikator, der großes Vertrauen seiner Rezipienten genießt, muß wissen, wo die Grenzen seines Publikums sind. Das festzustellen ist in massenmedial vermittelten Appellen sicherlich sehr schwer, weil die Rückkopplung zum Publikum total fehlt. Wahrscheinlich ist das ein Grund (ein weiterer Grund ist das disperse, sich unterschiedlich in seinen Einstellungen zusammensetzende Publikum), daß die flammenden Reden der Politiker (Ausnahme: manche Bundestagsdebatten) nie vor der Fernsehkamera gehalten werden, sondern vor einem tatsächlich anwesenden Publikum in Vilshofen, Passau und Sonthofen.

(28) Individuen werden von einem Kommunikator leichter und in einem größeren Ausmaß überredet, von dem sie denken, daß er ihnen ähnlich ist.
Kommentar: (28) gibt den emotionalen Aspekt, etwa von (25) wieder. So wie sich das Publikum auf der Inhaltsebene wiedererkennen will, soll es auch auf der Beziehungsebene sein. Mit seinesgleichen kann man eben besser reden und will man eher zu tun haben, als mit Leuten, die in den höchsten Regionen schweben oder aber auch unter dem eigenen geistigen Niveau stehen. In keiner persuasiven Rede fehlt daher eine verbale Anbiederung in dem Sinne, daß man doch Arbeiter sei oder zumindest dieses Milieu aus der schwierigen Zeit nach dem Krieg gut kenne, daß doch alle im selben Boot säßen und Konfliktkurs nur dem gemeinsamen Gegner nütze. Sprachlich bemüht man sich oft, den Dialekt oder Slang des Publikums zumindest in einigen Wendungen einfließen zu lassen, oder in der Sprache des Publikums zu sprechen, so wie Kennedy und Carter in Berlin hochgradig emotional aufgeladene, dafür aber um so überzeugendere Slogans in deutscher Sprache von sich gaben.

(29) Oft sind die »aufsehenerregendsten« Formen von Persuasion die am wenigsten produktiven, wenn man Langzeitwirkung anstrebt.
Kommentar: Dieser Verdacht wurde schon im Kommentar zu (9) ausgesprochen. Eine »Überzeugung«, die unter großem emotionalen Druck zustandegekommen ist, wird oft wieder zurückgenommen, wenn das emotionale Hoch verflogen ist. Auf »Wollt ihr den totalen Krieg?« hätten die Ja-Rufer, wären sie gebeten worden, sich diese Frage zu Hause mit ihren Ehefrauen und -männern und Kindern zu überlegen und am nächsten Abend wiederzukommen, sicherlich nicht mit solcher Eintracht »Ja« oder »Heil« gerufen. Meine These ist, daß die NSDAP dann sogar bezahlte Schreier in den Sportpalast hätte schicken müssen, um überhaupt ein Publikum zu haben.

(30) Das Feld der Persuasion wird weiterhin einen großen Einfluß auf die

Gesellschaft haben. Wieviel Einfluß, hängt von der ethischen Einstellung der Wissenschaftler ab, die Verhaltenskontrolle erforschen, und vom Kenntnisstand des Publikums, das persuasiver Kommunikation ausgesetzt ist.
Kommentar: Eine Gruppe haben Karlins und Abelson in ihrer Schlußbemerkung vergessen: diejenigen, die überredend (aber auch überzeugend) auf die Gesellschaft einwirken wollen und ihre ethischen und moralischen Voraussetzungen.

2.3.1.1 Strategisches Argumentieren: Wie man optimale Wirkung erreicht, welche Bedingungen man dabei beachten muß und wie man sich wehrt

Im vorangegangenen Abschnitt sind bestimmte Bedingungen genannt worden, unter denen strategisches Argumentieren möglich ist, dazu noch, wie man sich in strategischen Argumentationen verhalten, wie man angreifen bzw. die Offensive ergreifen muß, will man größtmögliche Wirkung erzielen. Alle aufgeführten Topoi waren aber nur Verallgemeinerungen, die nicht immer und für alle Fälle gelten, sondern deren Anwendung fast immer von den Kontextbedingungen des konkreten Falls abhing. Fast ausgeschlossen hatten Karlins und Abelson sprachliche Strategien, mit denen man den Gegenüber überreden kann und strategische Argumentationen bestreitet.

— Die Eröffnung strategischer (und taktischer) Argumentationen

Fangen wir gleich mit der Eröffnung der Argumentation an. Und schon hier kann man mindestens zwei unterschiedliche Situationen ausmachen: einerseits ist der Angreifer im Vorteil, vor allem dann, wenn es darum geht, zu gewinnen und nur einer der Gewinner sein kann. Wer anfängt, kann einige Argumente besetzen, die sich der Gegner nur noch schwer zunutze machen kann, ist erst einmal in der Offensive, braucht nicht abzuwehren oder zu reagieren, sondern bestimmt den Lauf der Dinge. Einen Nachteil allerdings muß der Angreifer in Kauf nehmen: ihm wird oft, vor allem wenn er verliert, die Schuld an der ganzen Sache zugeschrieben. Außerdem kann der Angreifer auch noch im Nachteil sein, wenn ein Kompromiß das Handlungsziel ist. Die alte Bauernregel »Wer anfängt, verliert«, die sich auf den Verkauf von Tieren bezieht, hat ihre volle Berechtigung. Wer etwas verkaufen will, hat von vornherein (im freien Handel) eine schlechtere Position als der Käufer, der zumindest eher so tun kann, als ob er nicht vom Kauf abhängig sei. »Willst du nicht mein Pferd kaufen?« bringt den Verkäufer in eine schlechtere Lage, als wenn der Käufer fragen muß »Kannst du mir nicht dein Pferd verkaufen?«. Die Fortsetzung dieses Zustandes kann man dann beim Feilschen um den Preis des käuflichen Objekts beobachten. Der, der zuerst den Preis nennt oder nennen muß, den er verlangen oder bezahlen will, verliert, weil der andere sich bei seinem Angebot danach richten kann. In dieser verzwickten Lage sind immer wieder die Gewerkschaften, wenn sie eine Lohnerhöhung »fordern«. Einerseits gilt der Forderer als Unruhestifter, als Aggressor, der den Frieden stört, andererseits können die Arbeitgeber jeder gewerkschaftlichen Forderung ein Angebot entgegensetzen, das von vornherein so liegt, daß am Ende die richtige Lohnerhöhung im Sinne der Arbeitgeber herauskommt. Dazu hat sich in letzter Zeit noch eingespielt, daß der Abschluß immer näher an der Zahl liegt, die die Arbeitgeber nennen, und das bringt die Gewerkschaften in eine zusätzliche Verlegenheit. Wenn nicht mehr das arithmetische Mittel aus Forderung und Angebot das Endergebnis darstellt, muß die Forderung naturgemäß steigen. Das aber gerade macht die Gewerkschaften in zweierlei Weise unglaubwürdig: Erstens schaffen überzogene Forderungen keine Freunde. Selbst die Gewerkschaftsmitglieder haben bei einer Teuerungsrate von 3% kein Verständnis für eine Forderung von 9%. Zweitens aber geht die Gewerkschaft immer als »Verlierer« aus den Tarifverhandlungen heraus. Denn was anders dokumentiert ein Abschluß von 4,1%, als daß die Forderung der Gewerkschaften überhöht waren, daß man dort kein Maß und Ziel kennt und somit zu den Gesinnungs- und Verantwortungslosen in dieser schweren Zeit zählt. Das Trostpflaster der Gewerkschaften liegt in der 4 vor dem Komma, das ihnen aber von den Arbeitgebern sicherlich zähneknirschend, aber auch hohnlachend und gern gegeben wird. Anders als bei Preisen, die immer mit Neunern enden, ist die Zahl hinter dem Komma bei Tarifabschlüssen immer eine 0 oder eine 1, bestenfalls eine 2. Der Zwang der höheren Zahl vor dem Komma schafft den Arbeitgebern ganz gewiß zusätzlichen Spielraum.

Wer anfängt, verliert also, wenn eine Einigung, ein Kompromiß unumgänglich ist, und gewinnt in der Regel, wenn einer die Dominanz über den anderen erreichen muß. Insofern ist in allen strategischen Argumentationen ein zähes Ringen um die strategisch günstigere Position festzustellen. Sehen wir uns nochmal unser Beispiel (4) an: Lueg eröffnet, das ist institutionell der Brauch, aber schon in der ersten Antwort greift Wehner an, versucht Lueg durch einen persönlichen Angriff in die Defensive zu zwingen und stellt eine Behauptung auf, in der er (Wehner) sich zum (Mit-) Sieger erklärt, wenn er sagt, daß *wir* die Stellung behauptet haben. Lueg allerdings faßt geschickt nach, indem er Wehner nach der Definition dieses »Wir« fragt, er will sich also so schnell das Heft nicht aus der Hand nehmen lassen, was ihm auch gelingt, denn in der Antwort muß Wehner zugeben, daß das »Wir« nicht die SPD ist, sondern die SPD in Verbindung mit dem Koalitionspartner. Die erste Runde ging an Lueg, das war jedem Fernsehteilnehmer klar, der wußte, daß die SPD Wähler verloren, während sich die FDP behauptet und die CDU Stimmen gewonnen hatte.

In der weiteren Sequenz eröffnet Lueg mit dem Hinweis auf die Einbrüche der SPD, Wehner kontert wiederum persönlich mit »Lüg«, bezweifelt dessen Kompetenz. Lueg antwortet, man kann das sehr gut auf dem Tonband hören, äußerst unglücklich. Er sagt zwar etwas zur Sache, nämlich, daß er die Hochrechnungen kenne, tut das aber übereifrig wie ein bei einer Sünde ertappter Schuljunge, er rechtfertigt sich, daß er das alles über den Ohrwurm höre, daß er die Hochrechnung kenne, kann aber damit Wehners Angriff nicht abblocken, wird auch von Wehner noch einmal gemaßregelt (»werden Sie nicht ungeduldig«), der daraufhin seine Theorie von der Fanatisierungskampagne verkünden kann, die den Zweck hat, Dissonanzen und Frustationen bei den Zuhörern abzubauen oder gar nicht erst entstehen zu lassen, was ja (für Wehner) der Sinn dieses Interviewes überhaupt ist. Der Wähler und die Anhänger »draußen vor dem Bildschirm« sollen erkennen, daß die SPD trotz der Fanatisierungskampagne hervorragend abgeschnitten hat und daß es sich lohnt, weiterhin dieser Partei die Treue zu halten und sich weiterhin für sie einzusetzen. Die zweite Runde geht klar an Wehner, der es verstanden hat, das gewünschte Ergebnis zu erreichen.

In der dritten Sequenz eröffnet Lueg mit einem persönlichen Angriff auf Wehner bzw. mit einer Zurückweisung der Wehnerschen Kritik, fährt mit seinen Hochrechnungen fort und will von Wehner Gründe für die Stimmenverluste der SPD und den Zugewinn nun nicht der FDP, sondern der CDU wissen. Wehner greift wieder Lueg an (»wenn Sie wüßten . . .«) und weicht dann aus, verweist auf die Zukunft, eigene Verdienste und die Stärke seiner Partei. Eine ausgeglichene Runde, mit Punktvorteilen für Wehner, weil er länger redete, aber einem Wirkungsplus für Lueg, dessen Abschlußbemerkung mit dem Herrn »Wöhner« sicherlich seinen Effekt auf Wehner und das Fernsehpublikum hatte.

Ganz anders dagegen verläuft in Beispiel (3) das Interview Rauschenbach — Zewe. Rauschenbach dominiert immer, ist immer der, der die Fragen stellt und Zewe der, der brav und gequält antwortet. Geradezu erleichtert beantwortet er die Frage nach seinem WM-Favoriten, die ihm signalisiert, daß man am Ende des Gesprächs und auf der Ebene der unverfänglichen und angenehmen Standardfragen ist. Ein etwas gewitzterer, aggressiverer oder gemeinerer Interviewer hätte Zewe wahrscheinlich vollkommen demontiert. Rauschenbach hakt nur seine Fragen ab, läßt Zewe ausweichen, bringt ihn nie in einen anderen Zugzwang, außer seine Fragen formal zu beantworten. Die Frage ist natürlich, welchen Informationswert solche Interviews noch haben. Wohl nur als Selbstdarstellungen von Interviewer und Interviewten, die allerdings den Rezipienten vor dem Bildschirm in irgendeiner Weise Gratifikationen bringen müssen, anders ist die Beliebtheit von Interviews in Sportsendungen nicht zu erklären, haben solche Fragebatterien und Ausweichmanöver einen Sinn. Allerdings, und das soll nicht nur zur Ehrenrettung von Sportreportern eingeflochten werden, liegt in Sportsendungen eine andere Situation vor als in politischen Magazinen. Politiker müssen die Öffentlichkeit suchen, um ihre Ideen zu verkaufen und Werbung für ihre Partei und für sich zu machen, um ihre Zuhörer hinter sich zu bringen, sie von den eigenen Ideen und dem Programm der Partei zu überzeugen, notfalls auch zu überreden. Sportler können zwar auch ihr Image in Sportsendungen verbessern, für ihren Verein und ihre Sportart werben, was sich (finanziell) nicht schädlich auswirkt, sie sind aber relativ unabhängig von den Massenmedien, können es sich also mehr oder weniger leisten, Interviews zu verweigern oder Bedingungen zu stellen und bei harten Fragen zu passen oder auszuweichen. In einem Interview, das der Verfasser mit Harry Valérien über die Interviewpraktiken und -techniken in Sportsendungen, vor allem im »Aktuellen Sportstudio«, geführt hat (vgl. Völzing 1979 b), erzählte Valérien, daß es oft sehr viel Zeit und Verhandlungsgeschick brauche, um prominente Sportler als Interviewpartner überhaupt zu gewinnen — er nannte als Beispiel Niki Lauda — und daß man dann eben nicht voll zur Sache gehen könne, sonst komme der Gast nie mehr.

Unsere Frage aber bleibt bestehen: Wie bringt ein Interviewer seinen Partner zum Reden, welche Strategien stehen dem Partner zur Verfügung, zu reden und doch nichts zu sagen, kurz: wie argumentiert man strategisch?

— Strategien des Angreifens und Verteidigens in einem Interview

Die Frage, ob man angreifen oder verteidigen soll, kann in groben Zügen als gelöst angesehen werden. Derjenige, der gewinnen will, muß angreifen; wer einen Kompromiß mit dem Gegner sucht, ist oft mit der Verteidigung und vorsichtigen Angriffen, im Sport spricht man von Konterschlägen oder Konterangriffen, besser beraten. An Vorwurfs- und Rechtfertigungssituationen, wiederum aus der Welt des Sports, an denen man m. E. deutlicher und zweifelsfreier argumentative Strukturen aufweisen und bewerten kann, weil der Leser mit weniger ego-involvement an diese Beispiele herangeht, also lernfähiger ist, soll nun aufgezeigt werden, wie eine strategische Argumentation in toto abläuft. Wer z. B. beim Interview Lueg — Wehner als Sieger hervorgegangen ist, wer der Aggressor war, wer den anderen beleidigt hat, darüber sind die Meinungen geteilt. Jeder sieht in diesem Falle wohl die Seite, der er zuneigt, im Recht, jedenfalls haben Forschungen zur Wirkung von Massenmedien ergeben, daß man insofern selektiv wahrnimmt, als daß man die guten Argumente immer der eigenen Partei zuschreibt und die schlechten und auch unfairen der Gegenpartei. (Vgl. zu einer ausführlichen Diskussion Völzing 1979 a)

Sportereignisse und die sie betreffenden Interviews dagegen mögen uns zwar im Augenblick des Geschehens involvieren, in der Regel aber nehmen wir einen gleichgültigeren Standpunkt zum Sport als zur Politik ein, was nicht heißt, daß wir uns für den Sport weniger interessieren als für Politik.

(19) Interview Drechsel — Schön — Tremper

D: »Noch einmal einen recht schönen Guten Abend, wir sind etwas spät dran, aber
1 ich darf Ihnen 2 Sätze sagen, wie dieses Gespräch zustandegekommen ist. Sie wissen, jeder hat was auf dem Herzen, jeder möchte mit dem verantwortlichen Mann für die deutsche Fußballnationalmannschaft, die aus Argentinien 'n bißchen früh zurückgekehrt ist, reden, möchte ihm seine Meinung sagen, und Helmut Schön, der Bundestrainer, der mit der Mannschaft zurückgekommen

ist, Helmut Schön hat gesagt, wenn ich vor die Kamera gehe, jetzt nachdem wir vielleicht nicht ganz so abgeschnitten haben, wie wir's gern hätten, wenn ich vor die Kamera gehe, möchte ich die Möglichkeit haben, ausführlich zu antworten, möchte nicht dann abgehackte kurze Gespräche führen müssen, und der SFB war so freundlich, hat den weißen Fleck, der reserviert war, für dieses Gespräch hergenommen. Wir freuen uns, daß es möglich war, wir freuen uns, daß Helmut Schön hier bei uns ist, und ich darf vielleicht den.. Gesprächspartner, wenn ich so sagen darf, meine Verstärkung vorstellen, das ist Will Tremper, ein bekannter Kolumnist und Journalist und Schriftsteller. Will Tremper ist deshalb so prädestiniert, hier in dieser Runde zu sitzen, einmal weil er in der letzten Zeit mit Helmut Schön sehr viel zusammen war, er hat mit ihm zusammen in der letzten Zeit ein Tagebuch, das Helmut Schön geschrieben hat, und seinem Buch voraussteht, redigiert, war der Lektor dieses Buches und war auch mit Helmut Schön zusammen in Argentinien, d. h. sie waren nicht zusammen, aber sie trafen sich ab und an zu Gedanken- und Papieraustausch, und wenn ich das jetzt so zu Ende überlege, dann muß ich eigentlich sagen, Will Tremper und Helmut Schön sind ... eine Interessengemeinschaft, so daß also ich jetzt hier allein sitze und Helmut Schön sich einen sehr starken Betreuer noch mitgebracht hat.

T: (2) Brauch er doch gar nicht.

D: als Coach oder als Masseur oder wie nennt man das

3 (T will noch etwas sagen)
Oh Entschuldigung, darf ich gleich mit der ersten Frage oder mit der ersten Feststellung beginnen, eh, es geht jetzt bei Ihnen darum, sind Sie der Buhmann der Nation, und wenn man sich die Zeitungen ansieht, dann hat's ja schon wieder einen Umschwung gegeben, nicht der Buhmann, sondern der, dem so viele leid tun, die also sagen, Mensch, der Schön hat das nicht verdient, daß die Fußballer ihn im Stich gelassen haben, daß der DFB, der Neuberger ihn im Stich gelassen hat. Ich hab' mir überlegt, der Herberger und Sie haben eigentlich eines gemeinsam: die letzte Weltmeisterschaft, die Sie beide gemacht haben als Trainer, fand jeweils in Südamerika statt, und die Bundesrepublik Deutschland wurde jeweils fünfter bis achter, wie man's nimmt. Befriedigt Sie das, daß Sie so ein Abschluß hatten wie Herberger?

S: Nein, mich befriedigt ein solcher Abschluß natürlich nicht, und ich hätte
4 mir wirklich mehr gewünscht, aber es ist nun einmal so, daß der verantwortliche Mann auch wirklich die Verantwortung trägt, und ich will jetzt auf niemanden die Schuld abschieben, weder auf die Spieler noch auf sonst jemanden, sondern ich habe die Verantwortung für die Mannschaft gehabt und da soll man mich ruhig zum Buhmann machen, ich werde daran sicherlich nicht sterben.

D: Nun, das will ja keiner.. 5. Platz in Argentinien, ich könnte auch sagen, 8. Platz
5 in Argentinien, zwei Tore mehr, eins gegen Holland und eins gegen Österreich, Sie wären im Endspiel, ein Tor weniger, gegen Tunesien und Sie wären nicht mal unter die letzten 8 gekommen. Ist es so ausgeglichen?«

S: (S erzählt daraufhin vom schwachen Niveau in Argentinien, davon, daß es in
6 der ersten Runde zu überleben galt, daß der attraktive Fußball gelitten, warum er 1974 nicht aufgehört habe und daß die WM-Mannschaft von 1978 nicht die Qualität vorangegangener Mannschaften hatte).

D: [...] »Sie sind der erfolgreichste Nationaltrainer der Welt. (Vielleicht etwas
7 ironisch) Ein Beifall für Helmut Schön! Beifall. Sie sind, Sie sind, Sie sind aber

ein Nationaltrainer, der wie in England Zweiter wurde, wenn er nach hervorragenden Spielen in Mexiko Dritter wurde oder hier, 74, Weltmeister wurde, auch noch Europameister mit einer, wie ich meine, einer noch besseren Mannschaft als der 74er Mannschaft. Sie waren nie *der*, dem man gesagt hat, das ist der berühmte Lange, der hat die Weltmeisterschaft geholt, wie es bei vielen Trainern heißt. Der Merkel hat immer selbst die Meisterschaft geholt, nie seine Spieler. Bei Ihnen sagte man, der Beckenbauer, der Breitner, der Hölzenbein, der Berti Vogts, ein Maier, Müller, na, da kann jeder Weltmeister werden. Könnte es sein, daß aus diesem Ungerecht-Behandelt-Werden heraus, bei Ihnen ein ganz klein bißchen der Ehrgeiz da war, ich, Helmut Schön, bin ein so guter Trainer, kann mit gutem Material, ohne diese big stars, mal Weltmeister werden oder Zweiter, und könnte es sein, daß Sie deshalb etwas leichtfertig auf 4,5 echte Cracks verzichtet haben, um die Sie eigentlich hätten kämpfen müssen, denn Sie wollten ja das Beste, nämlich Weltmeister werden.

T: (8) Eine lange Rede, um zu fragen, warum war Beckenbauer nicht dabei!

S: (9) Na ja, ich hab' schon eine Angst gehabt, daß die Frage nicht kommt.
Gelächter beim Studiopublikum, Beifall.

S: (10) Ich hätt' sie ja fast selbst gestellt.

T: (11) Es iss nämlich so heiß hier.

S: Ja, nein, aber es iss so, daß ich, daß es kein blinder Ehrgeiz war, sondern ich
12 habe ganz einfach meine Aufgabe erfüllt, und und es ist ja so, daß, wie in allen Sportarten, allen Lebenslagen, in einem Jahr mal ganz hervorragende Leute dabei sind und in anderen weniger. Das ist das Auf und Ab, und damit muß man sich abfinden, also ich hab das nicht als Abenteuer bezeichnet, eh, um in Argentinien dabei zu sein, sondern wir wollten schon einen guten Platz erringen, ich

T: Darf ich hier mal schnell etwas dazwischensagen? Du hast etwas vergessen,
13 weil du [gemeint ist Drechsel] gefragt hast, warum er 74 nicht Schluß gemacht hat. Es gibt 4 attraktive Posten in der Weltmeisterschaft. Und er hat nur 3 gehabt bis dahin, der vierte fehlte ihm noch, der Platz 4. [...]

T: (14) Deswegen hat er weitergemacht!

S: (15) Ja, aber das ist ganz gewiß nicht der Grund!

T: (16) Auf 5 ist er gekommen!

D: Nein, aber meine Frage ist viel direkter. Ich meine, Helmut Schön hätte, wenn
17 er gewollt hätte und sich auf die Hinterbeine gestellt hätt', Beckenbauer, auch Stielike, auch wahrscheinlich Grabowski, das Gespräch wäre anders gelaufen, wenn die anderen dabeigewesen wären, und wenn er mit Paul Breitner eh vernünftig geredet, was heißt vernünftig, so geredet hätte

S: (18) Na das will ich grad wissen, vernünftig, ne!

D: Nein, eh, Sie hätten sie dabeigehabt. Und ich stelle jetzt nachträglich eh die
19 Frage, wären Sie nicht doch wahrscheinlich dann bis ins Endspiel gekommen, denn so leicht wie diesmal, glaub' ich, kann man nicht sonst ins Endspiel kommen!

S: (20) Sie haben mit Recht das Wort »wahrscheinlich« gebraucht, denn

D: (21) Beweisen kann's keiner

S: Eben, denn hinterher weiß man alles viel viel besser, und wenn man keine Ver-
22 antwortung hat, dann sagt man das ganz besonders gerne. Franz Beckenbauer wäre eh, hätte unserer Mannschaft natürlich gut zu Gesicht gestanden, aber er war eben nicht zu bekommen, man muß die

D: Herr Schön, darf ich, bitte, ich will nicht unhöflich sein, aber, da mal direkt,

23 Sie haben sich dazu noch nicht endgültig geäußert, meinen Sie nicht, daß auch ein Franz Beckenbauer, der Ihre Vorstellungen kennt, der die Truppe kennt, daß Sie ein Franz Beckenbauer auch noch am Tag, ich übertreibe jetzt, in der Woche vor dem Polenspiel in Argentinien ankommt, für Sie immer noch wertvoller gewesen wäre als einige der Spieler, die Sie so enttäuscht haben.

S: Ich hab' mehr Gespräche mit Franz Beckenbauer geführt, als in der Zeitung
24 gestanden hat und hab' mit ihm alles durchgesprochen, der Franz hat mir von vornherein gesagt, Herr Schön, das wird nichts, die geben mich nicht frei, ich bin jetzt die Nummer 1 bei Cosmos, vorher ist es Pélé gewesen, der hat aufgehört, sie haben eine Riesenmenge von Abonnementskarten verkauft, also er war nicht zu bekommen. In der Zeit haben sie eine Menge Punktspiele gehabt, also hier muß man unterscheiden zwischen Willen eh Wollen und Können, und in diesem Fall wäre Franz nicht gekommen, und es wäre auch nicht gut gewesen, trotz allem schlechten Abschneiden, wenn der Franz vielleicht 2,3 Tage vor der Weltmeisterschaft gekommen wäre, dann hätte es in der Mannschaft viel Unruhe, vielleicht noch mehr Unruhe gegeben, als wir ohnehin schon hatten.

D: Herr Schön, eh Beckenbauer sagt, er sagt es mehrfach, er hat's auch in Deutsch-
25 land noch ganz kurz vor der Weltmeisterschaft gesagt

S: (26) Genau

D: Auch zu mir gesagt, auch auf der Bühne, vor Publikum, daß er gekommen wäre,
27 daß sein Verein ihn freigegeben hätte, daß er nur nicht zu dem Zeitpunkt, wo Herr Neuberger es wollte und auch Sie es wollten, zur Verfügung gestanden hätte

S: (28) Fragen Sie . .

D: Daß er aber kurzfristig vorher freigegeben, also für die Zeit unmittelbar vor der
29 Weltmeisterschaft und für die Weltmeisterschaft freigegeben

S: Nein, das stimmt nun gar nicht, denn wir haben über den amerikanischen Ver-
30 band und den Verein selbst alle Anstrengungen gemacht, und der Verein hat uns mitgeteilt, daß es nicht möglich ist, weil sie um diese Zeit die wichtigsten Punktspiele haben. Damit ist das Thema abgegolten. Ich glaube, wir brauchen nix mehr darüber zu reden, so ist die Tatsache, und was Sie sagen, haben Sie irgendwo gelesen und gehört und das stimmt nicht.

D: (31) Nein, Beckenbauer hat mir gesagt

S: Ah ja, aber das, Franz Beckenbauer hat ein paarmal gesagt, ich würde gern
32 kommen. Sie haben vielleicht eh eh das »würde« nicht gehört!

D: Ich wiederhole noch einmal, er hat gesagt: Der Verein gibt mich frei für die Zeit
33 der Weltmeisterschaft, aber nicht für den Zeitraum, den der DFB mich haben möchte.

S: Ja, wir wollten ihn für die Vorbereitungszeit mithaben. Das waren eh die
34 Spiele, die vor der Weltmeisterschaft stattfun ... stattfanden, und da konnte er nicht freigegeben werden. Wir können doch nicht, wenn es mit Franz Beckenbauer eh geklappt hätte, und er wär auf den letzten Drücker gekommen, und es wär schief gegangen, ich möchte wissen, was Sie jetzt mich gefragt hätten? War das überhaupt nötig für soviel Geld jetzt nun noch den Franz Beckenbauer zu holen!?

T: Er hat doch nicht gesehen, wie Franz eingegangen ist, hier gegen Hertha,
35 dreimal hintereinander, glaub' ich, drei null immer.

Lachen und Beifall im Publikum

S: (36) Fishing for compliments

T: Nein, nein, Moment mal, ich kann das ganze Gerede nicht mehr hören, er war
37 nicht mehr so gut, ich meine, er hat den Bayern
Buhrufe
T: (38) Aber Kinder
D: (39) Ich bin der Meinung und ich bin auch
T: Ihr habt keine Ahnung alle, die ihr buht hier. Kuckt euch doch mal so ein
40 Spiel von Cosmos an
D: (41) Mit Kußhand
T: (42) Es ist ja
D: (43) Na gut, das sind zwei verschiedene Biere
S: Also ich kann jetzt nur, um dieses Thema abzu eh eh stellen, kann sagen, daß
44 alles versucht worden ist und daß der Franz noch im Dezember, selbst in
München, wo ich ihn aufgesucht habe, gesagt hat, Herr Schön, Sie können ja
mal einen Brief schreiben, aber das wird nix. Und das ist die Wahrheit und
nichts als die Wahrheit.
Lachen und Beifall
D: Herr Schön, da wir der Meinung sind, ich sage mit »wir« glaub'ich mehr als ich
45 alleine, daß u. a. auch Paul Breitner in Ihr Konzept, in Ihr Fußballkonzept gut
reingepaßt hätte, daß Paul Breitner sich sehr unbequem gezeigt hat in der
Zwischenzeit und auch noch unmittelbar davor, daß aber Sie, ich sage wieder
den Satz, wenn Sie gewollt hätten, Paul Breitner mit wenigen Sätzen dazu
bewegt hätten, mitzuspielen. Können Sie uns also
S: Moment, Moment, Paul Breitner hat nicht gewollt, Paul Breitner hat gesagt,
46 für ihn ist die Nationalmannschaft gestorben, und das ist ein sehr harter
Ausdruck, und er mußte dann auch einmal zur zur in der Öffentlichkeit sagen,
daß es ihm leid tut, das gesagt zu haben, und er würde sehr gern in der
Nationalmannschaft spielen. Das konnte er aber nicht von mir verlangen,
nachdem ich ihm schon einmal gegen den Widerstand vieler, vieler Menschen
geholt hatte, anläßlich der Europameisterschaft, dann mußte er jetzt da davon
eh Abstand nehmen. Ich habe das Gute bei ihm gewollt, ich habe mit Paul
Breitner zwar manchen Strauß ausgefochten, aber wir sind immer wieder eh
klargekommen, ich hätte eh hab' gegen den Spieler Breitner hab' ich überhaupt
nichts, aber er hätte manchen
D: Ich bin nur der Meinung, daß dieser Paul Breitner vielleicht evtl. das Zünglein
47 an der Waage gewesen wäre, ob Sie zu dem Triumph gekommen wären, den wir
Ihnen und unserer Mannschaft alle gegönnt hätten, und ich weiß nicht, wenn
Sie da wahrscheinlich völlig zu recht, als der Ältere, als der, sagen wir das etwas
unschöne Wort, als der Vorgesetzte von Breitner, nicht eh eh diesen Weg
machen wollten. Wär's denn so schlimm gewesen, Sie sind doch
S: Das Wort »Vorgesetzter« gefällt mit überhaupt nicht, er ist ja nicht mein An-
48 gestellter, sondern er ist der Spieler, ein hochbezahlter Profi eines Klubs
gewesen, und er hätte ja auch als Jüngerer mal den Weg finden können und
könnte sagen, tut mit alles leid, ich werde doch gerne wieder in der
Nationalmannschaft spielen. Und wie sehr er die Nationalmannschaft und alles
geschätzt hat, das haben wir ja in einer Artikelserie in einer großen deutschen
Illustrierten ausgiebig gelesen
D: (49) Ich bin nach wie vor und trotzdem der Meinung
S: (50) Das war ironisch gemeint
D: Ich hab' das verstanden. Ich bin nach wie vor der Meinung, daß es überhaupt
51 nicht schlimm gewesen wäre und es Ihnen zusätzliche Meriten gebracht hätte,

wenn Sie die diesen Weg gegangen wären. Paul Breitner fühlte sich
unverstanden, das wissen Sie, Sie haben ihm nach dem Abschiedsspiel, dem
Benefizspiel von Overath gesagt, Paul, ich komm' jetzt auf dich zu, ich kuck'
mir mal das eine oder andere Spiel von dir an, Sie wissen, daß ihm danach in der
Vereinsmannschaft...
S: Lieber Herr Drechsel, Sie lesen manche Zeitungen, aber sie, die stimmen nicht
52 immer, was die schreiben
D: (53) Herr Schön, ich habe bewußt keine Zeitung...
S: (54) Ich nenn' ja auch keine
D: Ich habe mit Breitner, ich habe mit Beckenbauer, ich habe auch mit Uli Stielike
55 gesprochen, um Ihnen nicht Unrecht zu tun, weil ich Sie einfach dazu zu sehr
schätze
S: (56) Man merkt halt deutlich den Berliner — Münchner, jetzt ne...
Lachen
D: (57) Der Stielike lebt in Madrid
S: (58) Ja aber
T: (59) Wieviel Länderspiele hat denn Stielike eigentlich gemacht?
S: [...] Stielike hat 3 Länderspiele gemacht und ist niemals ein Stammspieler ge-
60 wesen
T: (61) Wieviel Tore hat er geschossen?
D: Das weiß ich nicht, aber zu dem Zeitpunkt, im 22er Aufgebot, hätt' er Ihnen
62 doch auch nicht wehgetan?
S: Nein, bei Stielike ist etwas ganz anderes gewesen, Stielike hat das viele Geld,
63 der große Vertrag in Madrid gelockt, und wir haben ihn in Frankfurt, in einer
Besprechung, an wo Herr Neuberger und Herr Baresel vom Deutschen
Fußballbund teilgenommen haben, gesagt und ihn gebeten, er soll doch noch
ein Jahr dableiben, damit er bei uns alle Vorbereitungen für die Nationalmann-
schaft mitmachen kann, er glaubte aber nicht dran, er wollte möglichst hören,
daß er einen Stammplatz in der Nationalmannschaft hat, und auch
S: [...] Ihn lockte das Geld in Madrid, und ich hab' gesagt, ja was sagt denn deine
64 Frau dazu, er sagte, ja die will auch in den warmen Süden, hab' ich gesagt, ja
dann müßder in den warmen Süden gehn, aber dann tust du eventuell auch die
Anwartschaft auf die Nationalmannschaft vergeben, denn wir haben auch in
Deutschland gute Spieler, die dageblieben sind, für genug Geld, aber für
weniger auf jeden Fall als der bekommen hat. Das wäre auch wieder ein Fall
gewesen, wo's Schwierigkeiten gegeben hätte, einen Spieler zu bekommen,
auch wenn es angeblich im Vertrag gestanden hat, aber wenn ein eh Real
Madrid wichtige Punktspiele hat, dann wird man ihn auch nicht
freibekommen, es ist auch eine vage Sache, und es ist jedenfalls viel Unruhe.
Darauf haben wir auf ihn verzichtet, das ist nur eine Sache, die kann sich
durchaus ändern, ich weiß es nicht, wie es weitergehen wird, ich bin ja außer
Dienst jetzt und beobachte die Angelegenheit mit großem Interesse, aber es ist
so und nicht anders, also ich glaube, wir sollen jetzt nicht so lange auf Spielern
herumreden, die nicht dabeiwaren.
D: Herr Schön, das sind aber doch teilweise die Dinge, die Sie um um ihr Glück,
65 oder weiß ich um...
S: (66) Sie Sprechen dauernd von mir, ich bin Betreuer
D: (67) Also noch mehr, also die die anderen Spieler und das andere Aufgebot...
S: Ich entdecke eine große Sympathie in Ihren Worten für mich, aber das ist
68 wirklich nicht nötig, ich bin bin eh kein keiner, der eh eh so eigensüchtig und

egoistisch auf eigene Erfolge schaut, ich hab' meine Aufgabe erfüllt und
D: Na gut, daß Sie's nicht getan haben und für sich den Erfolg also jetzt nicht
69 einheimsen wollen, [...] haben so viel andere nicht weiterkommen können in Argentinien. Die Frage ist ja auch die, daß Sie jetzt nicht nachträglich der Meinung, daß wenn Sie vor ähnliche Situationen gestellt werden würden, und wußten, was dabei rausgekommen ist, gesagt hätten, nun hätt' ich die drei doch mitgenommen, hätte mich starkgemacht, denn aus Ihren Äußerungen kommt ja raus einigermaßen, daß, wenn Sie's für richtig gefunden hätten, daß Sie's doch geschafft hätten, vielleicht nicht in allen...

S: (70) Sie gebrauchen mir das Wort »hätte« soviel

T: (71) Ja, ja,

D: (72) Ja doch, Sie sagen doch

S: Das ist sehr interessant, Sie sagen, hätten Sie doch nicht, hätten Sie doch nicht,
73 nachher weiß ich alles ganz genau

Beifall

S: Das Wort »hätte« das ist ja gerade die Sache, Sie können niemals den Beweis
74 antreten, Sie können niemals den Beweis antreten, wenn ich einen Spieler in der und der Minute ausgewechselt hätte, und hätt' 'n' anderen reingestellt, *hätte,* eh dann eh eh, daß wir dann das Richtige getan haben würden, hätte

Lachen, Beifall

S: (75) Das ist ja hinterher alles so leicht

D: Ja, Sie haben doch das Recht, und es steht Ihnen zu, vielleicht sogar ein bißchen
76 die Pflicht, uns gegenüber zu sagen, eine Entscheidung, die ich getroffen habe, war zu dem Zeitpunkt, von meinem Standpunkt aus, richtig, nachträglich besehen, isses, hat sie sich als falsch rausgestellt. Die Vier, ich halt's ja für'n bißchen arrogant, was der DFB von Zeit zu Zeit auch vorher schon gemacht hat, sozusagen, wenn du ins Ausland gehst, dann bitte, ist es deine persönliche Entscheidung

T: Darf ich für Sie noch was produzieren. Du hast gesagt, nachträglich hat es sich
77 als falsch herausgestellt. Es hat sich eben gar nichts herausgestellt. Das setzt ja voraus, daß Stielike, Breitner, Beckenbauer wirklich also eine Verstärkung gewesen wären, Tore geschossen hätten

D: (78) Grabowski nehm' ich auch noch dazu

T: (79) Ja gut

D: (80) Daß er eine Verstärkung gewesen

S: (81) Grabowski, ja da haben noch andere Dinge

D: (82) Das geben Sie doch zu

S: Mit Grabowski, das geb' ich auf alle Fälle zu, denn ich hätte Grabowski gerne
83 dabei gehabt, da gab es nun innerdeutsche Querelen, die aber nicht in meinem Bereiche standen, und in Sachen Breitner ist es ja so gewesen, daß sein jetziger neuer Präsident, neuer alter Präsident, Herr Neudecker, noch vor nicht allzulanger Zeit als Präsidiumsmitglied des DFB ausdrücklich gesagt hat, daß die neue Einverleibung Breitners in die Nationalmannschaft nur über seine Leiche gehen würde. Ich habe damals gesagt, wir wollen Herrn Neudecker am Leben erhalten und möchten dann den Breitner

Lachen, Beifall

S: (84) Daraufhin hat er aber geglaubt

D: (85) Das war auch ironisch gemeint, oder?

S: Das war ganz ernst gemeint, ja dafür hat er ihn wieder zu seinem Klub
86 geholt

T: (87) Jaha

S: Nun hab' ich ihm auch neulich in einer Sitzung vor der Weltmeisterschaft viel
88 Glück gewünscht

T: Da wir alle Neudecker kennen, wissen wir auch, warum er zuerst gesagt hat,
89 nur über meine Leiche; der wäre eben dann noch teurer geworden, wenn er mitgegangen wäre, so so hat er ihn doch 'n bißchen billiger haben können
Lachen

T: (90) Iss ja 'n großer, iss ja 'n großer Geschäftsführer, das

D: Ich mache einen, mache einen 5. bis 8. Platz keineswegs zu einem nationalen
91 Unglück

T: (92) Mein Gott, das macht er doch die ganze Zeit schon

D: (93) Aber überhaupt nicht

T: (94) Die Sache ist doch vorbei, gegessen

D: (95) Ich bin nur der Meinung, wenn Möglichkeiten vorhanden sind
Einer klatscht

T: (96) Klatscht nochmal

D: Wenn Möglichkeiten vorhanden sind, soll man das beste geben, die besten 22
97 nehmen, und Herrn Schön bricht m. E. kein Zacken aus der Krone, wenn er sagt,4 Spitzenleute, die ich aus persönlichen oder anderen Gründen nicht nehmen konnte oder wollte oder sollte, diese 4 Spitzenleute haben mir, nachträglich besehen, nun doch sehr gefehlt.

S: Ja also, Sie haben jetzt bei dem Gespräch jetzt das Prae, weil Sie ja die Fragen
98 stellen, nicht, eh, ich möchte das jetzt mal ganz einfach sagen, es stand bei Franz Beckenbauer, ist alles versucht worden, es ist bei Grabowski alles versucht worden, ich habe die Gründe, die er hatte, akzeptiert, in Sachen Breitner oder Stielike ist ihnen, dem Stielike nahegelegt worden, er soll noch ein Jahr dableiben, er ist noch jung genug, er kann dann nach eh eh eh Madrid gehen. Und bei Breitner war es so, daß er mal sagen mußte, daß die Nationalmannschaft wieder von den Toten auferstanden hat, die war ja für ihn gestorben. Und en bissel haben wir auch noch Interesse, unsere Nationalmannschaft als etwas Besonderes anzusehen. Dabei bleib ich auch oder bin ich immer geblieben, nicht und eh
Beifall
Ich will die Nationalmannschaft nicht wie en schmutziges Dress in die Ecke werfen, sondern ich zieh den Dress nicht mehr an, das ist mir zu schmutzig, das ist schle sehr schlecht . . .

T: (99) Wie lange sind Sie 'n eigentlich noch Bundestrainer?

S: Ich weiß gar nicht recht, der Vertrag geht noch bis Ende des Jahres, aber ich
100 habe eh eh eh mit einem Spiel gegen Österreich meinen Abschied, d. h. mein letztes Spiel gemacht.

T: (101) Haben Sie ihn vor Wut zerrissen oder was?

S: Nein, ach nein, nein, das war schon festgelegt« (Raisonnement über
102 Vertragstreue, Sportgeist, Professionalismus, was Spieler so verdienen, daß sie zu satt sind, über die Arten des Kämpfens: tapfer, glücklich oder dumm. S beklagt Fehlen der Spielerpersönlichkeiten)

S: »Ich meine, wenn die Mannschaft von 1972, als wir Europameister waren, die
103 wäre sicherlich, »wäre« sage ich wieder, weiter gekommen. Das war eine Bombenmannschaft, und ich wünschte, der Deutsche Fußballbund bekäme noch einmal diese Mannschaft. Genauso wie auch die unsere 74er Mannschaft.

Was gefehlt hat, waren auch auch die Spielerpersönlichkeiten, die das Rad im richtigen Moment herumgerissen haben. Das

T: Um Gotteswillen, jetzt laufen Sie ihm ins Messer. Jetzt fängt er wieder an mit
104 Beckenbauer, Breitner

S: (105) Nein, nein, ja des des

D: Nein, ich helfe Ihnen sogar dabei, die Spielerpersönlichkeiten, des iss erwiesen,
106 aller Mannschaften

T: Herr Finnern, Herr Finnern, gibt's nich' 'n bißchen Kleenex, hier für Herrn
107 Schön

S lacht

T: (108) Für mich auch, wir schwitzen uns nämlich hier tot.

S: (109) Aber das ist nicht, weil er solche Fragen stellt!

T: (110) Nein, nein, das ist der Spargel hier oben, diese Lichtorgel

S: Nein, mit den Spielerpersönlichkeiten kann das Spiel« [...] (Reflexionen über
111 Spielerpersönlichkeiten, Schnelligkeit, Brutalität des Fußballs, Kondition, Bekämpfung des Spielmachers)

Drechsel tupft S mit Kleenex ab

S: »Er ist besser als ich glaubte!« (Schön referiert, daß eine Abordnung des
112 Bundestags in Argentinien sehr optimistische Prognosen gestellt hätte)

D: »Die haben auf der Straße nicht Gefangene gesehen und auch nicht in
113 Hotels!

S: Na, die werden auch nicht unbedingt gezeigt, das ist 1936 auch nicht der Fall
114 gewesen.

T: Seit wann interessierst du dich denn für die Gefangenen in Argentinien,
115 Sammy?

D: (116) Ein paar Tage vor der Weltmeisterschaft schon

T: (117) Ah, ah ja, seitdem in den Zeitungen darüber geschrieben wird

D: Ich sage, ein paar Tage vor der Weltmeisterschaft schon, ein paar Jahre davor,
118 die Regierung in Chile ist auch nicht mein

S: Glaub' ich, die Sache in politischen Händen, und das ist besser, als die Fußballer
119 damit belastet, denn das ist, glaub' ich

Beifall

T: Wenn er, wenn Sie in der ersten Runde ausgeschieden wären, aber vorher brav
120 Amnesty International unterschrieben hätten,würde er jetzt hier sitzen und würde sagen, hätten Sie nicht dafür sorgen können, daß die armen Kerle sich auf den Fußball hätten konzentrieren können, mußten die denn unbedingt noch Politik machen.

S: (121) Ah, das ist auch schon wieder »hätte« und »wenn«, des gibt's nicht

[...]

S: Wir wollen uns im Sport eh auf jeden Fall von der Politik draußen halten, denn
122 in einer Fußballmannschaft sind, sind, sind

D: Herr Schön, das haben Sie jetzt gesagt, ich wollte das Thema Rudel eigentlich
123 nicht, aber da muß ich sagen, würden Sie Rudel als unpolitischen Mann in der Situation in Argentinien bezeichnen, auch da

S: Auch da hatte ich Angst, daß die Frage nicht kommt, denn ich hatte mich
124 vorbereitet, nicht. Ich hab' sogar hier einige Dinge schriftlich, und das möcht ich Ihnen mal sagen, damit dieser Fall endlich einmal ausgeräumt ist.

T: Entschuldigen Sie mal, fragen Sie ihn erst mal, bevor Sie das sagen, was er
125 meint!

S: (126) Ja

T: Wer ist denn Rudel, und wovon ist überhaupt die Rede hier ... Sag doch
127 mal! ... Ja, im Ernst, das ist nämlich

S: (128) Vielleicht weiß er es doch nicht so richtig

T: Wenn Sie jetzt was vorlegen, das versteht nun überhaupt gar keiner, das ist nur
129 die Antwort auf etwas, was er fragt, er hat's ja aber noch gar nicht gefragt!

D: (130) Anwalt, oder?

T: (131) Ein schlauer Hund!
Lachen

S: (132) Was sagst du dazu!

T: (133) Nee, nee

D: (134) Ich bin so überrascht. Ich bin so überrascht

S: Sagen Sie's mal. Jetzt hätt'ich bald »Du« gesagt, wo wir uns doch nur so kurz
135 kennen.
Lachen, Beifall

T: (136) Sagen Sie, hätten Sie ihn denn je in die Nationalmannschaft genommen

D: Eh, ich, eh... als Helmut Schön Bundestrainer wurde, war keine Chance mehr
137 vorhanden.

T: (138) Was, 64 warst du schon zu alt?

S: (139) Er sagt, er hätte kürzlich 3 Tore geschossen.

T: (140) Zwei Abseits

S: (141) Nein eins, ich hab' ihm eins geschenkt

T: (142) Ein Abseitstor

D: Vielen herzlichen Dank! Können wir trotzdem bei Rudel bleiben? Es war doch
143 damit zu rechnen. Sie sind ein politisch sehr gebildeter Mann. Ich mache wirklich Komplimente heute. Die stimmem aber alle.
Wir wissen das, wenn Sie in Argentinien sind, daß die Gefahr oder die Chance da ist, daß Rudel mit seinen Beziehungen zu der Junta und mit seinen Beziehungen überhaupt zu den Militärs drüben, selbstverständlich auch noch als Fußballfan, der er im Krieg ja auch war, Ihr Lager besucht.

T: Erzähl' doch erst mal den Zuschauern, wer ist denn Rudel und worum geht's
144 denn überhaupt hierbei!

D: (145) Also

T: Ja, es gibt doch vielleicht noch ein paar mehr Zuschauer als die, die hier
146 sind!

S: Also ich will das um das . . . Rudel hat also viel Staub aufgewirbelt in in
147 Ascochinga, wo wir waren und und

Ein Mann aus dem Publikum: (148) Aber das ist doch ein Streitgespräch über Fußball

S: (149) Und

Der Mann: (150) Nicht über Politik

S: Also ich bin ganz froh, daß ich hier mal klare Verhältnisse schaffen kann,
151 nachdem ich einen Artikel gelesen hat, der der strotzt von falscher Aussage, und es jetzt kann ich doch mal die Gelegenheit wahrnehmen
(Beifall und Gemurr, etwa gleich verteilt)

S: Mir ist nachgesagt worden, ich wär' ein intimer Freund von Rudel und hätt'en
152 eingeladen, er sollt' zu uns kommen und hätte Ehrenkarte und alles gekriegt, da möcht' ich mal en en en im Herbst hat mir ein Herr Hans-Ulrich Rudel en Brief geschrieben:
Sehr geehrter Herr Schön,
da Sie etwa mein Jahrgang sind, werden Sie vielleicht wissen, wer ich bin.

Gelächter

[...]

Ich war mit Herrn Herberger sehr gut bekannt. Er besorgte mir auch Karten für die Weltmeisterschaft

[...]

Nun hab' ich eine Frage an Sie ...« (jetzt folgt die Frage nach den Karten. Schön will geschrieben haben, daß er die Anfrage an den DFB weitergegeben hat, daß von Ehrenkarten nicht die Rede gewesen sei)

D: (unterbricht die Verlesung): »Herr Schön, ich frage jetzt wirklich nur nach dem
153 Besuch im Lager!

S: (154) Ja, und jetzt kommt das!

D: (155) Es geht mich überhaupt nichts an, ob Sie

T: (156) Hatte der Lagerverbot oder wie war das?

S: Und dann kommt ein Brief wieder, etwa im Februar. Ich hatte 6 Jahre einen
157 Vertrag mit dem der Flugzeugfabrik in Cordoba. Ich bin also wie zuhaus. Cordoba-Ascochinga. Und dann ist er eines schönen Tags eingeladen worden von dem Commodore des unseres unseres eh Lagers, das ist ein Golf-Hotel, das ist ein großes Areal, und er hat ihn zum Mittagessen eingeladen, und Herr Rudel hat diese Gelegenheit wahrgenommen, weil wir unten trainierten zu gleicher Zeit, mal runter zu kommen. Ich hab' ihn kaum erkannt, ich fragte noch Herrn Dr. Gerhardt, sagte, könnte das dort Herr Rudel etwa sein, der grauhaarige Herr mit dem Stock und der Dame noch an dem Herrn, sagt er: ja. Da hab' ich bin ich dann, Herr Rudel, hat das mit den Karten geklappt, ja, hab' ich 5 Minuten gesprochen in meinem Leben, sonst kenn' ich ihn nur von den Kriegswochenschauen, wo er als Held gefeiert worden ist, und er hat auch vielen tausend deutschen Soldaten sicherlich das Leben gerettet. Und ich, wenn einer so höflich anfragt nach Karten, dann werd' ich das weitergeben. Das werd' ich auch möglicherweise machen, wenn ich vom Führer der den kommunistischen Partei gefragt werden, werd ich's auch weitergeben.

T: Nein, nein, die war ja damals zu dieser Zeit, in der Rudel in der Deutschen
158 Reichspartei Reden gehalten hat, war die kommunistische Partei ja verboten. Aber die DRP war eine zugelassene Partei in Deutschland. Worum geht's denn eigentlich. Außerdem sag doch endlich mal, worum 's geht?

D: Ich bin der Meinung, daß wir mit der Bundesrepublik in Argentinien, ich höre
159 jetzt von Helmut Schön, daß er mit der Mannschaft überhaupt nichts damit zu tun hatte

T: (160) Natürlich nicht

D: (161) Gut, die Frage kann ich stellen und die Antwort

T: (162) Die kannst du auch aus Zeitungen erhalten

D: Die kann ich nicht aus Zeitungen erhalten, in der Zeitung hieß es, daß er mit
163 sehr viel Empfehlung ins Lager, als er drin war, eingezogen wurde, was soll's

S: Der Commodore zum Mittagessen eingeladen und hat die Gelegenheit wahr-
164 genommen

D: (165) Die kann doch der Herr Schön beantworten

T: Selbst Joachim Fest schrieb in einem Leitartikel in der FAZ noch, am Ende,
166 man muß sich also fragen, was das bedeutet, wenn ein Mann wie Rudel zuschauen darf beim Training, während ein Mann wie Günter Netzer vor dem Tor draußen bleiben muß.

S: Darf ich den Ausdruck Kokolores be eh gebrauchen, denn der Günter Netzer
167 war mindestens vier, fünfmal bei uns im Lager und hat mit der

Nationalmannschaft gegessen, genauso wie Jürgen Grabowski, also mehr kann ich nun ooch nicht sagen
D: Also mich könnt' ihr nicht angreifen, ich hab' doch nicht behauptet, daß der
168 Günter Netzer nich ins Lager reinkam
[...] Alle durcheinander
T: Aber das ist doch nicht der Kern der Debatte. Joachim Fest ist doch ein Mann,
169 ein Mann, der Bescheid wissen müßte, und es ist auf der ersten Seite der angesehensten Zeitung von Deutschland, Frankfurter Allgemeine, steht sowas, also soviel Falschinformationen gibt's, ne
Ein Mann aus dem Publikum: (170) Und nun zurück zum Fußball
T: (171) Bravo! Jawoll.
Beifall
S: Ich hoffe nur, daß damit der Fall geklärt ist, daß ich weder ein intimer Freund
172 noch sonst etwas bin und daß er seine Karten bezahlt hat bei uns, wie jeder andere
T: Und er hat auch nicht eh 44 mitgespielt in dem letzten deutschen Meister-
173 schaft
S: (174) Nein, weil er ein
T: (175) Dresdner SC
S: (176) ein Bein verloren hat
T: (177) Der Rudel macht alles, der steigt auf 'n 6000 Meter da rum, hab' ich gelesen
Mehrere aus dem Studiopublikum: (178) Fußball, Fußball
S: (179) Also Fußball wieder
D: (180) Der Tremper, der der ist richtig heute Anwalt
T: (181) Das hast du ja auch mir angeboten die Rolle
Publikum: (182) Ab halb sollte gefragt werden, ab halb zwölf
T: (183) Das Publikum soll sich raushalten
S: (184) Ach, ich soll wieder in die Enge getrieben werden
Buhrufe
[...]

An diesem Beispiel soll erst einmal festgestellt werden, daß es sich hier um eine Argumentation besonderer Art handelt. Dadurch, daß dieses Interview ein medialer Text ist, verschiebt sich die Argumentierebene. Drechsel will gar nicht so sehr Schön überzeugen, sondern das Fernsehpublikum, genauso wie es Schön letzten Endes egal ist, was Drechsel oder auch das Studiopublikum von ihm denkt. Deswegen zielt er mit seinen Antworten, genau wie Drechsel mit seinen Fragen, aufs Fernsehpublikum. Der eigentliche Rezipient, der von etwas überzeugt oder zu etwas überredet werden soll, ist also der Fernsehzuschauer. Es wird somit auf zwei Ebenen diskutiert: Formal auf der Ebene der drei Gesprächspartner, in Wirklichkeit auf der Ebene der Zuschauer. Eventuell kann man sogar noch eine dritte Ebene, nämlich die des Studiopublikums, ansetzen, gegen das man ja auch nicht handeln kann, wie etwa die massiven Eingriffe beweisen, als dem Studiopublikum der »Exkurs« zu Rudel zu lang wurde und es lieber wieder etwas über Fußball hören wollte. Aber das soll hier nur am Rande erwähnt werden. Entscheidend ist und bleibt es zu betrachten, welcher Mittel sich Drechsel und Schön bedienen, um, vor allem für das Fernsehpublikum, als Sieger aus der Debatte hervorzugehen. Dabei sind wohl die Rollen so verteilt, daß Schön vor allem klarstellen und dementieren will, zeigen möchte, daß er noch da ist, und das ungebrochen und nicht gramgebeugt, wie es manche von ihm vielleicht hätten erwarten können. Der Hauptvorwurf der Presse war es schon vor der WM, daß man sich nicht genug um die »Ausländer« bzw. Abtrünnigen und freiwillig in Pension Gegangenen bemüht habe. Schön glaubt nun, mit Fakten diesen Vorwurf ein für allemal aus der Welt schaffen zu können, wahrscheinlich weiß er nicht, daß Fakten immer erst interpretiert werden müssen, daß also Fakten allein nichts erklären oder begründen. Daß er dabei noch einige Tatsachen nennt, die man selbst beim besten Willen nicht zu seinen und des DFB Gunsten interpretieren kann, vor allem im Fall Stielike (»wollte schnell ans große Geld und in den warmen Süden«), macht eigentlich den Reiz solcher medialen Texttypen aus, die idealiter gesehen den Auftrag haben, einem Prominenten »sensationelle Bemerkungen« zu entlocken, also Informationen, die den Zuschauer zu einem begründeten Urteil über die Wahrhaftigkeit des Interviewten, der Wahrheit der von ihm gemachten propositionalen Sätze und der Richtigkeit der von ihm vertretenen Handlungsregeln, Normen oder Werte führen können. So gesehen ist hier Drechsel der Mann des Fernsehpublikums, der diesem die genauesten Einsichten und Urteile möglich machen soll, denn das Publikum will wissen, »wie es wirklich war«. Nicht jeder hat die Möglichkeit, mit Schön selbst darüber zu diskutieren, insofern ist es vollkommen konsequent, wenn medial über ein Großereignis (die WM), das nur deswegen dazu werden konnte, weil es medial vermittelt wurde, zu»Gericht gesessen« wird. Urteile über Wahrhaftigkeit aber sind nur möglich, wenn man entweder annimmt, daß Schön kooperativ argumentieren wird, daß er keine Information verschweigt und seine tatsächliche Meinung wiedergibt, was zu erwarten äußerst blauäugig wäre, oder wenn der Interviewer den Interviewten aus der Reserve locken kann, ihm Argumente und Gegenargumente auf den Tisch legen kann, die die Wahrhaftigkeit des Interviewten erschüttern können und die Unrichtigkeit, Zweifelhaftigkeit oder Unangemessenheit der vom Interviewten genannten Fakten und vertretenen normativen Maßstäbe deutlich werden lassen.

Im Prinzip gibt es bei solchen strategischen Argumentationen zwei Positionen, in denen man sich befinden kann, im Angriff oder in der Verteidigung, das wurde bei der Analyse des Interviews Lueg-Wehner hinlänglich deutlich. Manchmal allerdings finden sich auch in strategischen Argumentationen Stellen, die (fast) Diskursqualität haben, wo niemand angreift, um den Anderen auf die Knie zu zwingen, sondern wo tatsächlich einmal in einem bestimmten Punkt ein Konsens gesucht wird. In solchen Situationen gibt man etwas zu bedenken, stellt etwas zur Diskussion und gleicht etwas auf der Beziehungsebene aus, bezweifelt die Wahrheit oder Richtigkeit von Propositionen bzw. Normen (ohne dabei dem Gegenüber ein Mißtrauen auszusprechen). Aber es wird dabei nicht versucht, eine dominierende Stellung über den Anderen zu gewinnen. Selbst in strategischer Argumentation gibt es somit Stellen, an denen der Wettstreit ruht, und das nicht nur, um neue Argumente zu sammeln, neue Lücken des Feindes zu erspähen oder ein paar Gratifikationen zu verteilen, mit dem Zweck, später noch ärger loszuschlagen, sondern ganz einfach, weil strategische Argumentationen letzten Endes nicht geführt werden mit einem Feind, den man vernichten will, sondern mit Menschen, die man prinzipiell für zurechnungsfähig (im Sinne von Habermas 1975, S. 24) hält. Nach »gewonnenen« strategischen Argumentationen treten oft Dissonanzen auf, man hat ein »schlechtes Gewissen«, und das zeigt, daß der Diskurs, die kooperative Argumentation primär ist, daß strategische Argumentationen dagegen parasitär zu kooperativen sind, daß Diskurse zu führen somit das eigentliche Ziel jedes Kommunizierenden darstellt. Ein in Überredungssituationen oft verwandtes Argument, nämlich das argumentum ad hominem, das dem Gegenüber einen Dienst tun soll, wenn auch einen (vielleicht erst einmal) unwillkommenen (vgl. dazu Geach 1976, S. 27) führt in diese Richtung. Aber auch in Überredungssituationen, wo gerade *kein* guter Zweck (und das auch nicht langfristig) für den Kommunikationspartner verfolgt wird, geht selten die Ablehnung des Anderen so weit, daß sie total ist, daß man ihn nur als Objekt ansieht. Soweit die Spekulation.

Das Interview Drechsel-Schön-Tremper unterstützt natürlich die eben geäußerte Ansicht, aber das ist auch selbstverständlich, weil es sich um einen medialen Text handelt. Man kann nämlich getrost davon ausgehen, daß Drechsel als Person lieber mit Schön bei einem Bier über das ganze Problem geredet hätte, denn dann wäre für ihn, Sammy Drechsel, wesentlich mehr dabei herausgekommen. Schön hätte ihm sicher in privater Atmosphäre mehr erzählt als vor den Fernsehkameras. Und genau das weiß Drechsel. Aber er muß nun einmal in die Rolle des Agenten für alle noch wachen Fußballanhänger schlüpfen, die es nach Wahrheit dürstet, und dafür auch das beste, was im Medium Fernsehen zu erreichen ist, tun. Das aber reicht bei weitem nicht hin, denselben Effekt zu erreichen, den er in einer face-to-face-Interaktion ohne Mühe erreicht hätte. Für Drechsel eine fast tragische Situation. Aber genau damit ist die Rolle des Fragestellers im Fernsehen beschrieben und das Dilemma von massenmedialen Sendungen dieses Typs. Der Quantität von Information steht der Mangel, die fehlende Qualität an Vermittlung von Hintergründen gegenüber. Daß das so ist, liegt einerseits darin begründet, daß Fernsehen Einwegkommunikation ist, daß also der Zuschauer direkt keine Nachfragen stellen kann, die etwaige Kommunikations- und Metakommunikationsbedürfnisse befriedigen könnten, andererseits daran, daß einem dispersen, also auch unterschiedlich zusammengesetzten Publikum nur bedingte und bedingt viele »Wahrheiten« zugemutet werden können. Das sind nur zwei Gründe, damit ist das Thema nicht erschöpft, an dieser Stelle jedoch kann man es dabei bewenden lassen.

Zurück zum Interview! Gemäß unserer schon gewonnenen Einsicht kann die erste Frage nur lauten: Wer stellt die Fragen? Wer ist der Angreifer, wer verteidigt, wer bringt zu welchem Zeitpunkt den Anderen in Verlegenheit usw.?

Drechsel, das erkennt auch Schön, stellt die Fragen, vorerst jedenfalls. Zur ersten Frage allerdings braucht er einige Zeit, bis er sie in (3), fast ein bißchen verzagt, stellt. Er deklariert sie als »Frage« oder »Feststellung«. Kann man daraus lesen, daß D es doch ein bißchen peinlich ist, zu fragen, ob S sich als »Buhmann der Nation« fühle? Flotter geht D jedenfalls das von den Lippen, was er sich gewiß vorher zurechtgelegt hatte, daß es nämlich Parallelen zwischen Herberger und S gibt. Von Angriff kann nur formal die Rede sein, hier liegt die niedrigste Stufe des Angriffs vor, nämlich indem D von S etwas wissen will, ihn etwas fragt, ihn um Information bittet.

S reagiert auf den Buhmann beleidigt (4), wie es seine Art ist, und D springt in (5) (Anfang) auch gleich hilfreich hinzu, besänftigt S und stellt wieder eine Allerweltsfrage. S breitet sich auch in (6) genüßlich aus, hier kann er viele seiner Standardsätze loswerden, die denen vom runden Ball und vom Spiel, das 90 Minuten dauert, und die sein Vorgänger so liebte, gleichen. In (7) zieht D an, vielleicht meint er, daß nun die Schonzeit für S vorüber sei, vielleicht meint er auch jetzt den Agenten des kritischen Publikums, das ja durch die Zeitungen schon verwöhnt ist (in puncto Kritik an der Weltmeisterschaft und ihren Akteuren), spielen zu sollen, wahrscheinlich sogar beides, jedenfalls greift er nun härter an, wenn auch unter Beschwichtigungsformeln (»erfolgreichster Tainer der Welt«, »Sie wollten ja das Beste«). T demontiert sofort die Dramaturgie von D, und genau dasselbe tut in (9) und (10) dann S. Selbstverständlich ist die Frage nicht originell und ganz gewiß ist sie zu lang. Aber mit jeder Frage verbunden ist das Problem der Höflichkeit, immer muß man sich fragen, wo, je nach Kontextbedingungen verschieden, also abhängig von der Person, mit der man spricht, von der Situation, in der man sich befindet und der Institution, in der die Interaktion eingebunden ist (hier S, Talkshow, Fernsehen), die Toleranz- oder Beleidigungsgrenze überschritten ist. S, das weiß man, ist ein sehr verletzlicher, schnell eingeschnappter Mann, der dazu noch oft seine eigene Unsicherheit und sein sichtliches Unbehagen in Interviewsituationen (andere Beispiele von Schön-Interviews in Völzing 1979 b) durch barsche ironische und sarkastische Bemerkungen seinen Interviewpartnern gegenüber übertüncht, so wie er es auch ansatzweise in (9) und (10) tut. Wahrscheinlich, um erst einmal keine Gräben auf der Beziehungsebene aufzureißen, handelt D so vorsichtig, wie es die Situation erlaubt und gebietet, betritt aber die zweite Stufe des Angreifens, fragt nicht nur, will nicht nur etwas wissen, sondern bittet um Begründung und/oder Erklärung, bittet, Stellung zu beziehen und gibt etwas zu bedenken. D will, so kann man sagen, in eine Argumentation hereinkommen und versucht es erst einmal kooperativ. Schön reagiert nun in der genannten Art und Weise in (9) und (10) und beantwortet dann D's Frage ausweichend mit Hinweisen auf »Lebenslagen«, »Auf und Ab« und daß »man sich abfinden« muß damit, daß es nun einmal so ist, wie es ist und nicht anders. D hat noch nicht nach der »Schuld« von S gefragt, S fühlt sich auch wahrscheinlich nicht schuldig und kommt so auch nicht auf die Idee, irgendeine Schuld zuzugeben. Das kleine bißchen Ehrgeiz aus (7), das eine moralische Schuld nahelegen würde, weist S in (12) zurück mit der genannten sehr fadenscheinigen Begründung vom Auf und Ab in allen Lebenslagen. Diese »Begründung« akzeptiert D nun nicht, er möchte es genauer wissen, er geht zur dritten Stufe des Angreifens über, er klagt sein Recht auf eine hinreichende Antwort ein und bringt S jetzt direkt in Zugzwang, indem er ihm vorwirft, sich bei 3 Spielern nicht »auf die Hinterbeine gestellt« und mit Breitner nicht »vernünftig geredet« zu haben. Wie schwer D dieser Vorwurf fällt, läßt sich vielleicht am »eh« vor vernünftig und an der sofortigen Relativierung des Ausdrucks »vernünftig geredet« ablesen. D macht als Interviewer oder Fragesteller den Fehler, an seinen eigenen Worten herumzudeuteln, was dem Gegner die Möglichkeit gibt, an dieser Stelle weiterzumachen, und S tut das in (18) auch sofort. Daraufhin insistiert D auf seiner Frage (19), S versucht in (20) noch einmal abzuwiegeln, auf einen Qualifikator im Sinne Toulmins zu verweisen, um sich so aus der Schlinge zu ziehen. In (21) räumt ihm D ein, daß es keinen Beweis für etwas im Fußball gibt, in (22) meint S wohl schon, er könne hier mit seinen Floskeln die Diskussion bestreiten. D insistiert aber auf seinem Angriff, er wiederholt seinen Vorwurf, der vielleicht immer noch kein richtiger ist, vor allem, da er wieder mit einer Höflichkeitsform verbunden wird (»ich will nicht unhöflich sein«), und vielleicht sollte man tatsächlich besser sagen, er wiederholt seine Aufforderung, die Frage so wahrhaftig wie möglich zu beantworten. S hält seine größere Informiertheit dagegen (24), man kann nun schwer abschätzen, ob er das kooperativ tut, indem er (fast) alle Informationen, die er besitzt, zur Abwehr des Vorwurfs aufbietet, daß er also begründet, warum Beckenbauer nicht kommen konnte, indem er Ursachen und Anlässe nennt. S will seine Glaubwürdigkeit und Informiertheit mit der Bemerkung, daß er mehr Gespräche mit Beckenbauer geführt habe als allgemein bekannt ist, untermauern und zählt dann auf, was den Einsatz von Beckenbauer unmöglich machte: keine Freigabe, weil Nummer 1, weil viele Abonnementskarten verkauft wurden und eine Menge Punktspiele waren. Das sind zweifellos gute »Gründe«, die man vorbehaltlos als zwingende akzeptieren kann. Cosmos hätte allerdings für die Monate, die Beckenbauer abwesend gewesen wäre, Cruyff verpflichten können, wenn der DFB die entsprechende Ablösesumme gezahlt hätte, aber darum geht es gar nicht. D will S nicht mit Spekulationen widerlegen, sondern mit der Tatsache, daß Beckenbauer ihm öffentlich gesagt hat, daß er bei genügender Anstrengung des DFB die Freigabe erhalten hätte (25), (27), (29), (31) und (33). D insistiert hier auf seinem Standpunkt, fordert dadurch Schön auf, endlich Stellung zu beziehen oder Tatsachen auf den Tisch zu legen, die erklärungsstärker sind als die gebrachten. Schön blockt aber weiter ab (28), will, daß das Thema gewechselt wird (30), wechselt vom Inhalt zur Form (32) und geht in (34) sogar zum Gegenangriff über (Was wäre, wenn es »schief gegangen« wäre). An diesem Punkt schaltet sich T ein mit einer (für T) typischen Strategie, einer Disqualifizierung. Vom Streitobjekt wird gesagt, daß es den ganzen Streit eigentlich nicht wert sei, und zwar aus den und den Gründen (35), (37) und (40). Eine solche Herabsetzung des Streitobjekts kann mindestens zwei Gründe haben, einen strategischen und einen nicht-strategischen: man kann damit ablenken, kann ein Objekt, das einem lieb und wert ist, damit aus der Schußlinie nehmen, und man kann einen Streit schlichten wollen, wenn man tatsächlich meint, daß es sich hier nicht lohne, weiterzubohren.

Wir haben jetzt also schon zwei Möglichkeiten kennengelernt, wie man in strategischen Argumentationen das Thema wechseln kann: man kann, wie S in (30), sagen, daß das Thema nun wohl ausgereizt sei, daß wir »nix mehr darüber zu reden« brauchen, also ein weiteres Gespräch über ein Thema abblocken, aber auch so wie T in (35), (37) und (40) das Thema als belanglos hinstellen, das Streitobjekt für untauglich erklären, man kann seine Kompetenz bestreiten, indem man etwa sagt, daß der Gegenüber zu diesem Thema jemand anderen als »gerade mich« befragen sollte und auch auf einen anderen verweisen und damit den Fortgang des Gesprächs behindern bzw. einen Themenwechsel provozieren. In (83) wird ein solches Spiel von S mit »innerdeutschen Querelen« und dem Präsident von Bayern München, Neudecker, initiiert. Möglich ist auch noch, seine Kompetenz überzubetonen, sie als sakrosankt hinzustellen und dem Gegenüber die Berechtigung zur Frage in diesem Punkt oder zu Fragen überhaupt abzusprechen. Scott/Lyman 1976, die auch schon auf das Verweisen auf andere hingewiesen hatten (S. 96 f.), nennen das Identitätswechsel. (ebd.) »Du weißt nicht, wer ich bin« oder »Das ist Männersache« wären Topoi, die bei einem solchen Identitätswechsel benutzt werden könnten. Solche Argumente aber stellen gleichzeitig auch einen Angriff auf die Person des Anderen dar, indem dessen Kompetenz bestritten wird. Eine dritte Möglichkeit, die Scott/Lyman nennen, die Mystifikation (»Das ist eine lange Geschichte, die aufzurollen und zu erzählen sehr lange dauern würde«) dient ebenfalls noch dem Themenwechsel. Eine letzte Möglichkeit, ein Thema vom Tisch zu bringen, ist die Drohung mit irgendwelchen, sei es juristischen oder sonstigen Maßnahmen, z. B. solchen, die eine weitere Teilnahme am Gespräch ausschließen. Solche Maßnahmen sind bei Argumentationen in medialen Texten selten oder nie festzustellen, weil in der Regel schon von vornherein, bei der Absprache dessen, was in etwa gefragt werden darf oder was nicht, dieser Punkt geklärt wird. In der Journalistensprache nennt man diesen Vorgang seit Anfang November 1978 »heubln«, nach dem bayerischen Landtagspräsidenten Heubl, der, als ein Fernsehjournalist im Vorgespräch zu einem Interview nicht davon abzubringen war, Heubl nach seinem Verhältnis zu Strauß befragen zu wollen, den Interviewer kraft seiner Eigenschaft als Vorsitzender des Verwaltungsrats des Bayerischen Rundfunks mit Hilfe des Chefredakteurs von seiner Aufgabe entbinden und durch einen Kollegen ersetzen ließ. Verstößt einer der Teilnehmer gegen die Konvention, Unbesprochenes zu fragen, wird es im Medium Fernsehen sehr schwierig, da es kaum die Möglichkeit gibt, auf die vorherige Absprache hinzuweisen. Das gelingt bestenfalls bei sowieso ausgeklammerten, lediglich privaten Angelegenheiten. Auch die Möglichkeit des Abbruchs der Kommunikation ist weitgehend verstellt, da das in medialen Texten dem Image schadet. Aus diesem Grund hat wohl auch ein Journalist des BR die Leitung nicht zurückgegeben, als ihm nach den Landtagswahlen in Bayern 1978 der designierte Ministerpräsident des Landes, Franz-Josef Strauß, keine Fragen, jedenfalls nicht die gestellten, beantworten wollte. Als einzige unauffällige Taktiken bleiben auch hier nur Ausweichen und Themawechsel übrig. Der Interviewte kann allerdings auch direkt darauf hinweisen, daß er sich zu Unrecht zu diesem Thema gefragt fühlt. Dann muß entweder der Interviewer ausweichen, muß bestreiten, daß seine Frage zu diesem Thema war, muß sich entschuldigen oder rechtfertigen oder aber sofort das Thema wechseln bzw. das Gespräch abbrechen. (Vgl. zu einem Fall, in dem ein Beteiligter auf ein ausgeklammertes Thema hinwies, Völzing 1979 b).

Zurück zu unserem Interview:

Nachdem nun S in (44) noch einmal dafür plädiert, das Thema »abzustellen«, seine großen Anstrengungen betont und quasi schwört, wahrhaftig gewesen zu sein, »die Wahrheit und nichts als die Wahrheit« gesagt zu haben, wechselt D das Thema. Aber er tut das geschickt, denn er wechselt eigentlich nur ein Subthema: er tauscht den Namen Beckenbauer gegen den Namen Breitner aus und bleibt beim Generalthema: Hat Schön, hat der DFB alles getan, um die vier genannten Spieler zu holen? Und genau in dieser Frage, genauer: im Wort »alles«, liegt die Kontroverse. Dieses »alles« will nun D bei Breitner ausloten, nachdem es ihm nicht gelungen war, bei Beckenbauer deutlich darauf hinzuweisen, daß hier der DFB Maximalforderungen gestellt hatte, die zu erfüllen waren, und von deren Nicht-Erfüllbarkeit man auf der Seite des DFB sehr wohl wußte. Schöns Gründe (Punktspiele, Abonnementskarte, Nicht-Teilnahme an den Vorbereitungsspielen) sind so gesehen nur gute Gründe innerhalb des Subsystems des vom DFB aufgestellten Bedingungsrahmens. D nimmt gegen diese Gründe zwar mehr oder weniger implizit Stellung (23), aber genau darauf geht S nicht ein, er spricht nur in (24) von der Unruhe, die das gebracht hätte.

Der Fall Breitner nun ist für S noch brisanter, denn während er sich im Fall Beckenbauer noch hinter dem DFB und dessen Forderungen verschanzen konnte, hätte er in diesem Fall selbst handeln können, wenn er nur gewollt hätte, was ihm D in (45) auch vorhält. S kontert sofort, indem er die Schuld von sich auf Breitner schiebt, weist also die Wahrheit der von D geäußerten Proposition zurück. Und da Breitner mit dem Streit angefangen bzw. nicht aufgehört hätte, sei es an jenem gewesen, ihm, Schön, entgegenzukommen. Diese Haltung Schöns ist sicher verständlich, wenn auch nicht ganz leicht begründbar. Im Prinzip muß nicht unbedingt der, der gesagt hat, die Nationalelf sei für ihn gestorben, der Sünder also, wieder den Anfang machen, sondern es ist ebensogut denkbar, daß S auf Breitner hätte zukommen können. Vergebung ist seit dem Neuen Testament auch bei Sündern möglich, die nicht den ersten Schritt tun. D ködert S in (47) mit dem Argument, daß es in seinem Interesse gewesen wäre, Breitner spielen zu lassen, aber S läßt sich nicht von seiner moralisierenden Sichtweise zu einer pragmatistischen bringen. Seine Letztbegründung, auch in diesem Fall, steht in Äußerung (98), nämlich daß die Nationalmannschaft etwas Besonderes sei, und daß er daran immer festgehalten habe. Nur »einwandfreie« Spieler haben da Platz, es genügt nicht nur der gesunde Körper, sondern ein gesunder Geist muß dazukommen. Interessant und letzten Endes entlarvend für S sind die Begründungen, die er gibt oder auch die Berechtigungen bzw. Normen, die hinter den Gründen stehen. S spricht hier sicherlich die »Wahrheit«, ist im Sinne Habermas' wahrhaftig, aber seine Wahrheiten sind kaum konsensfähig: weil Breitner gesagt hatte, daß die Nationalmannschaft für ihn gestorben sei (A) und weil S dadurch sich verletzt fühlte (G), wurde Breitner nicht mehr in die Nationalmannschaft berufen (H). Zweck der Handlung mag gewesen sein, ihn zu strafen, ein Exempel zu statuieren, andere abzuschrecken, wieder für Ruhe und Ordnung in der Fußballnationalmannschaft zu sorgen usw. (B) wäre etwa: wer ausfallend wird und dabei mich, den DFB und/oder die Ehre der Nationalmannschaft verletzt, hat dort nichts mehr zu suchen. (N): Leute, die sich gegen den DFB versündigen, müssen hart bestraft werden. Noch interessanter gestaltet sich die Frage, wie man seine Sünden S, dem DFB und der Nationalmannschaft gegenüber abarbeiten, wie man sich den Ablaßzettel erwerben kann. S hat nun dazu eine unumstößliche Meinung: da Paul Breitner der Initiator des Streits war und da er der Jüngere ist, kann er nur als Heinrich Breitner wieder in die Nationalmannschaft aufgenommen werden. Wiesbaden, Paul-Lazarus-Straße 2, sollte das Canossa Breitners sein, eine andere Möglichkeit war, jedenfalls für S, nicht denkbar. Breitner mußte sich entschuldigen, weil er der Jüngere war (G) und weil er mit dem Streit angefangen hatte (G), um an die Tafel, den runden Tisch des Königs Helmut (Schön) oder des Königs Hermann (Neuberger) zurückkehren zu können. Die zwei angezogenen Vergleiche machen hoffentlich hinlänglich deutlich, daß S in mittelalterlichen Vorstellungen, zumindest in dieser Beziehung, denkt. Vollkommen entlarvt S die letzte Äußerung in (46), daß er gegen den *Spieler* Breitner nichts habe, aber, so müßte man ergänzen, gegen den Menschen. An solchen (Freudschen) Fehlern, solchen »Versprechern« kann man die Fadenscheinigkeit der Argumentation von S erkennen. Hier liegt ein ganz massiver Hinweis dafür vor, daß S Breitner für einen Störenfried und moralisch nicht einwandfreien Charakter hält und daß dieser deshalb in der Nationalmannschaft nichts zu suchen habe, daß er ihn aber als Spieler sehr wohl *gebrauchen* könne. Letzten Endes zeigt S hier, daß er eine Scheinargumentation geführt hat. Nicht weil Breitner nicht gewollt oder er den ersten Schritt nicht gemacht hat (G), durfte er nicht mit nach Argentinien fahren (H), sondern weil man S und den DFB nicht zum zweiten Mal beleidigen darf (G), ohne eine lebenslängliche Strafe davonzutragen.

Wenn man sich verteidigt, so wie es S hier tut, kann man im Prinzip nur zwei Strategien befolgen: man kann ausweichen, und gerade dieses Interview strotzt vor Ausweichmanövern, oder man kann auf die gestellten Fragen, Aufforderungen, gemachten Vorwürfe usw. eingehen. Nun heißt »darauf eingehen« nicht unbedingt, daß man einen Vorwurf z. B. akzeptiert, sondern daß man sich »ernsthaft« damit beschäftigen will, während ein Ausweichmanöver bedeutet, daß man sich eben nicht inhaltlich mit den Argumenten des Gegenüber befassen möchte.

Warum man der Strategie des Ausweichens den Vorzug gibt, ist im Einzelfall selten *definitiv* zu klären, folgende Gründe aber scheinen generell plausibel zu sein:

Man fühlt sich schuldig, aber man will diese Schuld nicht eingestehen, und es fehlen strategische oder tatsächliche Gegenargumente; man findet es am bequemsten auszuweichen; man will seinem Kommunikationspartner für ihn unangenehme Gegenargumente ersparen bzw. vor allem in hierarchischen Situationen, man fürchtet selbst Nachteile, wenn man ein dem Gegenüber unangenehmes Gegenargument bringt; man will das Thema wechseln bzw. nicht in eine noch härtere oder dezidiertere Diskussion über ein bestimmtes Thema einsteigen und versucht etwa durch Verweisung oder Disqualifizierung des Streitobjekts auszuweichen. In Argumentationen etwa, die von der idealen Sprechsituation sehr weit entfernt sind, kann es etwa auch ein Ausweichen aufgrund der Tatsache geben, daß man den Kommunikationspartner nicht (akustisch oder inhaltlich) verstanden hat und sich nicht traut nachzufragen, oder man hat etwas gegen seinen Kommunikationspartner und will ihm keine Antwort geben. Natürlich gibt es auch ein nicht-intentionales »Ausweichen«, das aber vom Kommunikationspartner als intentionales gedeutet werden kann. Wenn man z. B. bestimmte Teile einer Frage nicht beantwortet, weil man sie vergessen hat, kann das von anderen als Ausweichen angesehen werden. In vielen direkten Kommunikationssituationen bleibt die Möglichkeit der Nachfrage, in manchen ist das zumindest erschwert, etwa in Diskussionen mit Rednerliste; in medialen Texten ist sogar eine Nachfrage des Publikums unmöglich, weil normalerweise keine direkte Verbindung der Zuschauer zum Kommunikationsereignis besteht. In der Regel ist der Moderator oder sind eingeladene Journalisten die Stellvertreter des Zuschauers und werden auch dem Fernsehpublikum in dieser Rolle vorgestellt. Daß das eine problematische Gepflogenheit ist, die allerdings auch einige gute Gründe für sich hat, braucht nicht betont zu werden.

Zurück zu unserem Interview: D räumt S in (47) ein, der Norm entsprechend gehandelt zu haben, also richtig im Sinne der geltenden Umgangsformen, hält ihm aber auf der anderen Seite vor, vielleicht doch nicht den eigenen Stolz überwunden und nicht auch einmal eine unkonventionelle Handlung begangen zu haben, nämlich den ersten Schritt auf Breitner hin zu tun. Letzteres aber lehnt S in (48) strikt ab, auf dieser Ebene ist so mit ihm kein Konsens zu erreichen, wahrscheinlich kann er die Kränkungen oder Demütigungen von Breitner zu diesem Zeitpunkt (noch) nicht hintenanstellen. Bezeichnend für den Argumentationsstil Schöns ist wieder die Einleitung seiner (tatsächlichen) Argumente. D hatte sich in (47) die Blöße gegeben, ein Wort zu gebrauchen, das in der Tat nicht das (arbeitsrechtliche) Verhältnis von S zu Breitner abdecken kann. D hatte es auch selbst gemerkt und es als »unschönes Wort« tituliert. Wahrscheinlich war ihm in der Eile gerade kein anderes eingefallen, und er hatte so diesen Begriff einfach als Etikett für das Verhältnis von S zu Breitner genommen. S benutzt in (48) die »Schwäche« D's sogleich, um nicht nur diese Wortverwendung, sondern den ganzen Beitrag abzuqualifizieren. Dasselbe Manöver wiederholt er mit einer anderen Taktik in (50), er hat es in ähnlicher Weise in (20) schon getan und wird es in (70), (73) und (74) wieder tun. Wir haben hier vorzügliche Beispiele für die Möglichkeit vorliegen, durch Verweisung auf die Form vom Inhalt abzulenken. Solche »Argumente« haben noch den weiteren Vorteil, vor allem vor Dritten, wie es hier durch Studio- und Fernsehpublikum der Fall ist, denjenigen, dem falscher, laxer oder unpassender Sprachgebrauch vorgeworfen wird, in einem schlechten Licht erscheinen zu lassen. D's Argumente in (47) und (69) sollen in (48) und (70) außer Kraft gesetzt werden, mehr aber noch soll D als Person gebrandmarkt werden, deren Äußerungen von wenig Relevanz oder so spekulativ sind, daß ein vernünftiger Mensch weder darauf hören muß noch eine Antwort geben kann. Mit einem solchen Argument wird in der Regel also induziert, daß P weder die Äußerung noch die Person von R ernst nimmt, daß er vor allem auch sich als besser oder in einer Hierarchie höher stehend empfindet. In einer strategischen Argumentation an der Ausdrucksweise des Anderen explizit Anstoß zu nehmen, heißt somit, die Kommunikationssituation zu eigenen Gunsten verändern, die eigene Person der anderen gegenüber aufwerten, sich selbst einen dominierenden Platz zuweisen wollen. Befindet man sich in der Defensive, schafft man sich dadurch meistens auf Kosten der Möglichkeit, in Eintracht weiterdiskutieren zu können, einen hervorragenden Ausgangspunkt zum Angriff. In unserem Beispiel (4) wollte auf diese Art und Weise Herbert Wehner das Kommando übernehmen. Lueg zahlte jedoch mit gleicher Münze zurück, indem er Wehners Verwendung von »wir« zum Thema machte.

D tut so, als ob gar nichts gewesen wäre, quittiert die Bemerkung von S in (50) mit »Ich hab' das verstanden« (51) und wiederholt bzw. stellt seine Frage, fügt aber noch die Information dazu, daß S es Breitner versprochen habe, auf ihn zuzukommen. Immer noch befindet sich das Gespräch auf der dritten Ebene des Angreifens, immer noch fordert D S nur auf, Stellung zu beziehen, beschuldigt ihn aber nicht, Unrecht getan zu haben (unterstellt dies aber auch oder gerade für den Zuschauer merkbar), versucht also, das Gespräch auf der Beziehungsebene weiter in einem neutralen Rahmen zu halten. Das scheint überhaupt die Strategie D's gewesen zu sein, denn nur einmal gebraucht er dieselbe Strategie wie S in diesen Fällen, nämlich verbaliter die Person des Kommunikationspartner S anzugreifen, wenn er in (85) S's Bemerkung von Herrn Neudecker, den er am Leben erhalten wollte, mit »Das war auch ironisch gemeint oder?« kommentiert, was wiederum ironisch Schöns Bemerkung in (50) aufnimmt. Systemlinguisten, man erlaube diesen Exkurs, können hier sehen, wie komplex und weitgehend Verweise und Koreferenzen in alltäglichen Texten sind.

Seinen großen Auftritt hat D, als er S körperlich »angreift«, indem er ihm mit einem Tuch den Schweiß von der Stirn wischt. Diese Tat ist nicht ganz leicht zu interpretieren. Sicherlich spielt dabei eine Rolle, daß, nachdem T nach dem Tuch verlangt hatte, auch D S einen Gefallen erweisen, ihm zeigen wollte, daß er keine oder nicht nur böse Absichten gegen ihn hege. Auf der anderen Seite allerdings macht man mit einer solchen Handlung den »Behandelten« lächerlich, stellt ihn als »Baby« oder als »Tattergreis« hin, denen beiden als Eigenschaft zukommt, sich selbst nicht helfen zu können. Hilflosigkeit und mangelnde Selbstinitiative, die D S generell in diesem Interview vorwirft, erscheinen hier dem Fernsehzuschauer noch einmal fast als ein Sinnbild. Auch S war sich dieser Wirkung wohl bewußt, als er mit einem etwas säuerlichen »Er ist besser als ich glaubte!« reagierte. D hatte sich mit seiner Tat zur dominierenden Person aufgeschwungen, zumindest hat er seine Dominanz sichtbar für alle *dargestellt*, S bleibt eben nur wieder die Ironie, um den Schaden für die eigene Person nicht allzu groß werden zu lassen. Äußerung (51), um wieder dem Verlauf des Interviews zu folgen, meinte D wohl als Aufforderung, Stellung zu beziehen. Das aber genau wollte im Falle Breitner S nicht oder nicht mehr, deshalb geht er in den Angriff, indem er, der Frage D's ausweichend, diesem vorwirft, nicht die Wahrheit zu sagen. Das allerdings nicht intentional, sondern weil er (die falschen) Zeitungen lese. D kommt nun in seiner Antwort S insoweit, wohl auch nicht bewußt, entgegen, als daß er den Namen Stielike nennt. Man weiß nicht, ob S überhaupt auf dieses »Angebot« eingegangen wäre, dafür aber tut es sein »Anwalt« T, und zwar sehr geschickt, indem er in einem kleinen Zwischengespräch mit S (59), (60) und (61) deutlich machen will, daß Stielike mit seinen 3 Länderspielen wohl keinen brauchbaren Gegenstand für eine Diskussion abgebe. An diesem Punkt muß man nun D das Kompliment machen, sich nicht geniert zu haben, auch noch dieses Thema zur Sprache bringen zu wollen. Ein schlechter Interviewer hätte vielleicht nach den bisherigen Ergebnissen und all den Abwimmelungsversuchen nicht mehr den Mut gehabt, an diesem Punkt mit Stielike weiterzumachen, zumal durch die Bemerkungen von T und S keine sehr große Chance bestand, dieses Thema erfolgreich zu bearbeiten, denn jemand, der nur 3 Länderspiele gemacht hat, kann wohl kaum genauso notwendig für die Nationalmannschaft sein wie Beckenbauer und Breitner. Nun ist es auch keineswegs so, daß S D das einräumt, aber gerade im Gespräch über Stielike entwischen S Bemerkungen, die seine und die Haltung des DFB deutlich widerspiegeln und die auch noch nachträglich Licht auf die Fälle Beckenbauer und Breitner werfen. Die handlungsleitende Maxime von DFB und S, so scheint in (63) und (64) deutlich zu werden, heißt, »Wer nicht so will wie wir, ist für uns erledigt«, und selbst bei sehr guten Spielern wie Beckenbauer und Breitner wurden keine Ausnahmen gemacht, warum dann bei einem so »kleinen Licht« wie Stielike?

S begründet dessen Nichtbeachtung mit der Tatsache, daß er wegen des großen Geldes in den warmen Süden gegangen ist. Der wahre Grund allerdings dürfte gewesen sein, daß man von seiten des DFB vor der Weltmeisterschaft festsetzte, daß Spieler, die ins Ausland gehen, nicht berücksichtigt werden können, was wohl den Zweck hatte, die Abwanderungsgelüste einiger prominenter Spieler zu durchkreuzen oder zumindest bis nach der WM einzudämmen. Wer diese Regel durchbrechen wollte, hatte die Konsequenzen, die Beckenbauer und Stielike dann auch tatsächlich zu spüren bekamen, angedroht bekommen. Und da die DFB-Spitze sich aus Herren mit Prinzipien zusammensetzt, gab es selbst bei Beckenbauer und natürlich bei Stielike keine Ausnahme. Beiden galt keinerlei Bemühung bzw. nur so viel, um den Schein zu wahren. Daß das so und nicht anders gewesen sein muß, ist nicht nur an der fadenscheinigen Begründung von S in (64) abzulesen, daß, wer für viel Geld ins Ausland geht, mit einer Berufung in die Nationalmannschaft nicht mehr rechnen kann, sondern auch an der Art und Weise, wie S sich äußert. Sie legt die Vermutung nahe, daß S mittlerweise erkannt hat, daß eine so rigide Auslegung eines einmal gefaßten Beschlusses doch wohl nicht ganz sinnvoll war. In (64), am Ende seines Beitrags, drängt er wiederum auf einen Themawechsel. Das mag zwar zeigen, daß S aufrichtig der Meinung ist, daß zum Thema »Spieler, die nicht dabeiwaren« genug Worte gewechselt sind, deutet aber wohl auch an, daß es S schon unangenehm ist, zu einem Thema zu sprechen, bei dem er immer wieder seine Unschuld nicht beweisen kann, im Gegenteil sogar seine Mitschuld implizit offenbar wird und das ihm keine Möglichkeit bietet, in der gewohnten Allgemeinheit zu antworten.

Deswegen reagiert er in (66) regelrecht sauer auf das nochmalige Insistieren von D (65) und wiederum ironisch in (68) auf ein weiteres Festhalten D's am Thema. Hier versucht S seine Person als Streitobjekt aus der Diskussion herauszunehmen. Aber nicht nur diese mehr inhaltliche Taktik verfolgt S, sondern er will auch D und dem Publikum anzeigen, daß er die Fragen von D für deplaziert hält. Seine Äußerung (68) dient also (wieder einmal) nicht zuletzt der Abwertung von D beim Studio- und Fernsehpublikum. Daß das keine Spekulation ist, zeigt sich dann in den schon zitierten Äußerungen (73) und (74), mit denen S sehr deutlich D's Äußerung (69), einem abermaligen Beharren auf der Frage, ausweicht und D in Mißkredit bringen will.

Vielleicht bis hierhin einmal die konsequente Verfolgung jedes einzelnen Schrittes im Interview. Wir haben dabei verschiedene Formen des Angreifens und Sich-Verteidigens kennengelernt, wobei der Angriff eigentlich nie eine Form erreichte, die man mit »beschuldigen« wiedergeben könnte. Aber das ist sicherlich auch Interpretationssache; es steht aber auf jeden Fall fest, daß D die ersten 3 Stufen des Angreifens, nämlich »Fragen stellen«, »kooperative Angebote machen« und »auffordern, Stellung zu beziehen« benutzt hat, um aus S das herauszubringen, was die Zuschauer eigentlich hören wollen: die Wahrheit. Die Verteidigung von S bestand sehr oft darin auszuweichen. Es wurde dabei eine beachtliche Palette von Ausweichmanövern deutlich und analysiert. Auch hier hängt es nicht zuletzt vom Standpunkt des Interpretierenden ab, ob man S, einige Male jedenfalls, zugesteht, sich gerechtfertigt zu haben, was bedeutet, daß er ernsthaft auf die Argumente von D eingegangen ist, oder ob man ihm unterstellt, konstant ausgewichen zu sein und das auf die verschiedensten Arten.

Diese Frage wäre nur eindeutig zu beantworten, wenn festgelegt werden könnte, welche Gründe S bei seinem Handeln gehabt und welche Zwecke er verfolgt hat.

In einem Punkt jedoch scheint S tatsächlich eine Rechtfertigung brennend zu interessieren, nämlich im Falle Rudel. Ihm war nachgesagt worden, ein »intimer Freund von Rudel« zu sein (152), und er will das Problem mit dem Verlesen eines Briefes aus der Welt schaffen, der beweist, daß S Rudel nicht kennt und daß er ihn so behandelt hat wie jeden anderen Bittsteller auch. Das gilt allerdings nicht für den »Führer« der »kommunistischen Partei«, dem er zwar die gleichen Rechte einräumen will, aber versehen mit dem Qualifikator »möglicherweise«. Dieses Wort verrät die wahre Meinung von S, nämlich daß er den »Führer der kommunistischen Partei« kaum für wert erachtet, Karten von oder über ihn oder durch seine Vermittlung zu bekommen. Rudel dagegen schon, denn immerhin ist dieser im Krieg »als Held gefeiert worden« (G) und »hat auch vielen tausend deutschen Soldaten [...] das Leben gerettet« (G). Das Gespräch über Rudel wäre sicher viel kürzer gewesen, wenn S und D sich allein unterhalten hätten. Aber schon sehr früh greift hier T ein, und man wird, betrachtet man seine Äußerungen, den Gedanken nicht los, daß er selbst ein Interesse daran hat, Rudel reinzuwaschen. Für uns formal interessant ist bei der Argumentation T's, daß er nicht die Strategien gebraucht, die D (und auch S) bisher verfolgt haben. T, und das gilt für alle seine Wortmeldungen, greift nie als Gefragter ein, er befindet sich nie in der Defensive. Seine

Strategie ist der Angriff oder in einigen Fällen auch die Verteidigung von S. Letzteres tut T eigentlich immer durch einen Gegenangriff auf D. In der Rudel-Passage benutzt T dabei eine besondere Form des Gegenangriffs. Er versucht, die Frage(n) von D zu verhindern, indem er diesen um Auskunft darüber auffordert, wer denn Rudel überhaupt ist, was D mit seiner Frage überhaupt meint (125), (127) und (144). Man kann also die Scheinheiligkeit von Fragen entlarven, man kann aber auch Fragen bzw. das Weiterkommen von Diskussionen verhindern, indem man (scheinbar) metakommuniziert, indem man anfängt, über Selbstverständlichkeiten diskutieren zu wollen. Jedes Gespräch zeichnet sich durch ein gemeinsam geteiltes vorausgesetztes und gegenseitig erwartbares und erwartetes Wissen um Tatsachen, Tatbestände, Normen usw. aus. Diese pragmatischen Präsuppositionen, die *jeder* in einer Kommunikation machen muß, können nun selbstverständlich auch Thema des Gesprächs werden, in manchen Fällen müssen sie das sogar sein, um den Erfolg der Interaktion nicht zu gefährden. Andererseits aber kann man auch durch (permanente) Fragen nach den Grundvoraussetzungen ein Gespräch behindern, ja es sogar unmöglich machen, indem man es gar nicht in Gang kommen läßt bzw. sein Fortlaufen blockiert. T schlägt hier eine solche Strategie ein, denn jeder Interessierte weiß doch, wer Rudel ist, und um welchen Fall es sich bei der Frage D's dreht. Nun gibt es zweifelsohne auch solche, die dieses Wissen nicht haben, und denen klar zu machen, wer Rudel ist, wäre sicherlich ein Desiderat, aber es ist kaum anzunehmen, daß T, der sonst mit dem Publikum rüde umspringt (»Das Publikum soll den Mund halten«), dessen Interesse verfolgt. Sein Interesse ist es, von D eine langwierige und langweilige Erklärung zu bekommen, wer Rudel ist, oder noch viel direkter: T will D mit dieser Frage in Verlegenheit bringen, weil D auch nicht so viel von Rudel weiß, daß er hier viel verdeutlichen könnte. Vor allem aber will T hier D vor den Zuschauern in Nöte bringen. Durch die Fragen von T wird das Gespräch außerdem so zäh, daß der Einwand (148) aus dem Publikum nicht verwundert. Für T sind die beiden Äußerungen des Publikums ein Erfolg, denn damit ist dokumentiert, daß das Studiopublikum das »Abschweifen« in politische Gefilde nicht tolerieren will. Selbst als S, auf dessen Seite die Zuschauer im Studio emotional stehen, deutlich macht, daß er gerne die Fragen D's zum Komplex Rudel beantworten will, murrt noch etwa die Hälfte (151). Auf jeden Fall aber ist mit den Einwänden T's D die Rolle des Aggressors zugefallen, und das ist, wie schon beschrieben, eine von der Wirkung auf Dritte her gesehen äußerst ungünstige Position. Wer Streit anfängt, muß schon im Verlauf des Streitgesprächs sehr gründlich und überzeugend demonstrieren können, warum er das getan hat, wenn er als emotionaler Sieger bei Dritten aus diesem Streit hervorgehen will. Nur wer deutlich machen kann, daß er keine andere Wahl hatte oder daß er zum Besten aller und auch nicht (nur) im eigenen Interesse den Streit begonnen hat, wird nicht negativ sanktioniert. D kann diesen Beweis nicht antreten, denn er hätte dieses Thema auch auslassen können, und das Publikum verlangte es auch nachgerade. T sieht diese Schwierigkeit wohl, in der D steckt und stellt deshalb gerade am Anfang die Berechtigung, die D zu politisch orientierten Fragen hat, vor dem Publikum in Zweifel. In einem geradezu klassisch zu nennenden argumentum ad personam in (115) bzw. auch in (117) wirft er D vor, solche Fragen nicht zu Recht zu stellen. Man könnte sagen, daß er ihn fast bedroht, mit Fakten aus der gemeinsamen Kommunikationsgeschichte von T und D zu kommen, die D nicht in einem positiven Licht in bezug auf diese Frage, auf seine moralische Integrität, erscheinen lassen könnten. Das Fatale für D ist, daß der Verdacht, den T mit einer solchen Äußerung bei den Fernsehzuschauern erweckt, der Mißkredit, in den T ihn bringt, nicht durch Argumente auszuräumen ist, denn jede Rechtfertigung läßt vermuten, daß D sie nötig habe. Der zeitliche Druck, unter dem ein solches Interview stattfindet, aber nicht nur dieser, läßt keinen Platz für Argumentationen über solche Gegenstände, deshalb kann D nur wieder Boden gewinnen, indem er seine Glaubwürdigkeit und moralische Integrität darstellt, sie etwa in einer affirmativen oder zumindest ausbalancierenden Frage an S unter Beweis stellt. Genau das tut D dann in (123), wo er einen verbalen Rückzieher insofern macht, als er behauptet, daß er das Thema Rudel bzw. Sport und Politik eigentlich nicht aufs Tapet bringen wollte. Nur dadurch, daß S darauf anspringt, daß er seinen mitgebrachten Brief nur zu gern verlesen möchte, weil er ihn entlastet und ihm Zeit bringt, kommt es überhaupt, trotz der Einwände T's, zur Diskussion dieses Themas.

— Die fünf Stufen offensiven Argumentierens

Was kann man aus dieser umfangreichen Analyse eines Beispiels strategischer Argumentationen lernen?

Als erstes ganz gewiß, daß man in strategischen Argumentationen so tun muß, als argumentiere man kooperativ. In dem Moment, wo eine strategische Argumentation als solche entlarvt wird, verliert sie ihren Sinn.

Das wurde bis jetzt nur theoretisch postuliert. Das analysierte Beispiel aber dürfte gezeigt haben, daß Strategie da erkannt werden kann, wo offensichtlich die Unwahrheit oder nur halbe Wahrheiten gesagt werden und das da, wo alles zu stimmen scheint, alles belegt wurde, ein Verdacht des Manipulierens erst einmal nicht aufkommt. Der Rudel-Brief beweist geradezu Schöns Unschuld. Hypothetisch könnte man einmal annehmen, daß er gefälscht ist, in dieser Form gar nicht existiert, sondern daß ihn der Schriftsteller T vor der Sendung geschrieben hat. Wenn dem so wäre, dann wäre S die Manipulation des Zuschauers in diesem Punkt sehr gut gelungen, weil gerade hier seine Wahrhaftigkeit am unbezweifelbarsten ist, denn er liest nicht nur einen Brief vor, der immerhin ein nachprüfbares Dokument ist und dessen Fälschung, wenn es so wäre, S jegliche Glaubwürdigkeit und Ehre nähme; nein, S versteht auch beim Thema Rudel seine Wahrhaftigkeit am überzeugendsten darzustellen, bzw. dadurch, daß er hier wohl die

Wahrheit sagt, wirkt er auch in dieser Passage am überzeugendsten. Strategische Argumentation ist also immer da am wirksamsten, wo die (Darstellung der) Wahrhaftigkeit am überzeugendsten erscheint.

Als eine besondere Form strategischen Argumentierens sind noch Verhandlungen zwischen Interessengruppen anzusprechen. Im Prinzip weiß hier jede Partei von der anderen, daß sie strategisch zu ihrem Nutzen argumentiert. Es bleibt aber dabei, daß die Argumente beider Parteien in bezug auf (N) oder (RF) nie egoistischen Charakter haben, sondern immer, zumindest zum Schein, das Allgemeinwohl reflektieren müssen.

Zweitens war bei der vorgenommenen Analyse zu erkennen, daß es zwei Möglichkeiten oder Notwendigkeiten des (strategischen) Argumentierens gibt: offensives und defensives Argumentieren. Dabei war in diesem Interview, bedingt auch durch die Person Schöns, die Initiative sehr oft auf der Seite von D. S begnügte sich in der Regel damit, den Fragen von D auszuweichen und nur gelegentlich durch Aufgreifen der Form der Äußerung aus der Defensive herauszugehen und einen Gegenangriff, allerdings nur auf die Person des Gegenüber bezogen, anzudeuten. Wie nun D die Initiative ergreift, ist mehrmals erwähnt worden, aber es soll noch einmal festgehalten werden, daß seine Angriffe in keinem Fall totaler Natur sind. Nie z. B. richten sie sich (bloß) gegen die Person von S, nie will er ihn durch ein argumentum ad personam z. B. vor den Zuschauern in Mißkredit bringen, nur um seine Intentionen durchsetzen zu können. Auch die Art der Offensive kann man nur als moderat bezeichnen.

Unterscheidet man nämlich fünf Stufen der Offensive, wobei diese Zahl eventuell zu erweitern ist, zeigt sich, daß in diesem Interview nicht alle 5 Stufen vertreten sind, daß sich D mit Vorliebe auf der dritten aufhielt, oft sogar »nur« die zweite oder erste Stufe benutzte.

Ein Raster der 5 Stufen hat in etwa folgendes Aussehen:

1. fragen	— fragen — wissen wollen — um Information bitten
2. kooperative Angebote	— um Begründung bitten — um Erklärung bitten — etwas zu bedenken geben — bitten, Stellung zu beziehen
3. auffordern:	— etwas einklagen — auffordern, Stellung zu beziehen — jemanden in Zugzwang bringen — sein Recht fordern — jemanden bedrängen, die Wahrheit zu sagen
4. vorwerfen/beschuldigen:	— vorwerfen — beschuldigen — jemanden belasten — sich beschweren — vorhalten

— jemanden tadeln
— jemanden bezichtigen, die Unwahrheit gesagt zu haben

5. anklagen: — anklagen

Alle 5 Stufen stehen neutral zu ihrem Objekt, d. h. daß direkt durch keine der genannten Arten die Person des Angegriffenen selbst Gegenstand ist. Daß innerhalb eines Gesprächs durch einen Vorwurf etwa bestimmte Positionen entstehen, wird dadurch nicht affiziert. Wer dem Anderen etwas vorwirft, rückt sich im Prinzip immer in ein besseres Licht als der, dem dieser Vorwurf gilt. Daß der Angreifende aber auch als Aggressor empfunden werden kann, wurde bereits ausgeführt.

Direkt auf die Person des Angegriffenen sind dagegen Kategorien wie »bedrohen«, »schmeicheln« oder »beschimpfen« gerichtet. Beschimpft man jemanden, setzt man ihn herab, gestattet man sich selbst quasi ein Verfügungsrecht über einen anderen. Aus demselben Grund, aber mit einem anderen Effekt, schmeichelt man seinem Gegenüber. Auch beim Schmeicheln nimmt man seinen Kommunikationspartner nicht ernst, sondern meint, ihn zur Disposition stellen zu können. Dabei allerdings setzt man ihn nicht herab, sondern erhebt ihn, zumindest scheinbar, in an und für sich nicht verdiente Sphären. Unterscheiden muß man dabei allerdings zwischen der Wirkung, die man auf R ausüben und der Wirkung, die man vor Dritten erreichen will. Wenn man jemanden beschuldigt, gemeinsame Sache mit einem Mann wie Rudel gemacht zu haben, will man den Anderen damit primär vielleicht nicht in ein schlechtes Licht setzen, sondern Aufklärung zu diesem Thema verlangen. In einer längeren Sequenz aber und vor allem vor Publikum gehört sicherlich eine Beschuldigung nicht zu den Dingen, die *beide* Kommunikationspartner auf der Beziehungsebene nicht irgendwie spüren. Das ist auch genau der Grund, warum D bei S mit Beschuldigungen sehr vorsichtig ist. Bei S besteht nämlich die Gefahr, und das Gespräch zeigt das auch immer wieder, daß er auch bei der leisesten Attacke einschnappt. S sanktioniert also evtl. eine Beschuldigung negativ, so daß das Gespräch in seinem Fortgang behindert wird, was nicht im Interesse von D liegen kann. Wie sich das Publikum oder die Fernsehzuschauer dagegen verhält/verhalten, ist schwerer zu ergründen.

Einerseits bringt sich der Aggressor bei den Zuschauern oft selbst in eine negative Position, vor allem dann, wenn die Frage gegen die emotionale Grundhaltung des Publikums ist, wenn ihr Sinn dem Publikum verborgen bleibt, wenn der Fragende beim Publikum nicht beliebt oder weniger beliebt als der Gefragte ist, wenn die moralische Integrität des Fragenden in Zweifel steht, wenn das Publikum meint, daß die Aggressionshandlung nur Alibi-Funktion hat, z. B. also, daß jemand den Anderen beschuldigt, nur um von eigenen Fehlern abzulenken, und auch, wenn das R vorgeworfene Verhalten im Sinne des Publikums war, wenn das Publikum in einem solchen Fall genauso gehandelt hätte wie R. Einige hier aufgeführten Punkte werden noch deutlicher, wenn man die im letzten Abschnitt behandelten Prinzipien von Karlins und Abelson noch einmal Revue passieren läßt.

Andererseits hat der Angreifer den Vorteil, das Thema bestimmen zu können, das verhandelt wird. Das ist schon allein insofern ein großes Plus, als man von vornherein unangenehme Themen auslassen kann, sei es, weil der eigene Informationsstand zu gering ist oder man selbst Schuldgefühle verspürt oder sei es, daß man negative Reaktionen seitens R oder des Publikums befürchtet. Doch auch wenn man die gerade angeführten Gründe umdreht, die dafür verantwortlich sind, daß der Angreifer von den Zuschauern negativ bewertet wird, kann man sehen, daß Angreifen nicht auf jeden Fall als unberechtigte und zu verwerfende Aggression gewertet wird. Das Studio- und Fernsehpublikum rechnet es nämlich zu den Verdiensten des Interviewenden oder Fragenden P, wenn die Frage der emotionalen Grundhaltung dieses Publikums entspricht, wenn es sich durch diese Frage Aufklärung über eigene Probleme oder Füllung von Wissenslücken erhofft, wenn P beim Publikum beliebt ist oder zumindest beliebter als der Gefragte R, wenn die moralische Integrität von P unbezweifelt ist und wenn das Publikum die Schuld von R so sieht wie P, also Interesse an der Aufdeckung der »wahren Hintergründe« hat.

— Ausweichmanöver als Strategien defensiven Argumentierens

Man sieht also, daß, um auch in den Augen Dritter Sieger zu sein, vieles zu beachten ist. Hier wurde die Analyse exemplarisch an der Sprechhandlung »beschuldigen« oder »vorwerfen« gemacht, man kann sich vorstellen, daß eine Analyse von »um Begründung bitten« anders aussähe und erst recht die von »bedrohen«, »beschimpfen« und »schmeicheln«. Gerade bei »schmeicheln« kommt es darauf an, dem Publikum etwa deutlich zu machen, daß man dem Gegenüber schmeichelt, während das der Kommunikationspartner nicht merken darf. Er muß die Schmeicheleien als Lob, Ehrfurcht oder Unterwürfigkeitsgesten ansehen. Insofern kann das Interview D — S geradezu als ein Lehrstück zur Interpretation dafür gelten, ob nun D S schmeichelt oder ob er ihm tatsächlich Respekt und Achtung entgegenbringt. Die Wahrheit mag hier in der Mitte liegen. Festzuhalten bleibt, daß es immer wieder eine Kunst darstellt, sowohl die den Kontextbedingungen entsprechende »richtige« Form des Argumentierens zu wählen als auch die wahre Intention herauszuinterpretieren. »Schmeicheln« ist auch insofern noch eine untersuchenswerte Art und Weise zu argumentieren, als daß hier nicht so ohne weiteres ausgemacht werden kann, ob es zu den offensiven oder defensiven Handlungen gehört. In unserem Beispiel wird es von D in der Offensive eingesetzt. Man braucht aber nicht lange zu überlegen, um Beispiele dafür zu finden, daß man auch in der Defensive durch Schmeichelei bestimmte Strategien verfolgen kann, vor allem den Fragen des Gegenüber auszuweichen.

Defensives Argumentieren kann also so betrieben werden, daß man den Argumenten bzw. Angriffen des Gegenüber ausweicht, auf sie eingeht, sie versucht zu widerlegen oder abzuschwächen, daß man sich herausredet oder einen Gegenangriff andeutet, so tut, als hätte man ausreichend Munition, um vor allem ad personam die Berechtigung, eine solche Frage zu stellen, anzweifeln und ad absurdum führen zu können.

Besonders auf dem Gebiet des Ausweichens gibt es eine große Fülle von Möglichkeiten. Es seien daher nur die wichtigsten genannt. Auch darf man sich nicht vorstellen, daß Ausweichmanöver nur auf die eine oder andere Art möglich sind, denn man kann sehr wohl verschiedene Strategien miteinander verbinden. Insofern könnten auch einige der hier genannten Strategien als übergeordnete oder untergeordnete Punkte zu einem anderen auftauchen.

Die Strategie des Ausweichens wurde auch schon einmal am Beispiel der Möglichkeit, einen Themenwechsel zu inszenieren, dargestellt. Nur sind natürlich die Taktiken, einer Frage auszuweichen, vielfältiger als die, einen Wechsel des Themas zu provozieren oder selbst einzuleiten und durchzuführen. Einige der schon bei der Analyse von Strategien zum Themawechsel aufgetauchten Kategorien werden also hier wiederzufinden sein. Ausweichen ist die Strategie des in die Enge Getriebenen, des (vermeintlich) Schwächeren, der entweder keine Argumente gegen die Angriffe seines Gegenüber hat oder der keine (weiteren) Argumente einsetzen will, sei es, um seinen Kommunikationspartner nicht zu verärgern, sei es, um Argumente für eine spätere Situation aufzusparen, den Anderen in Sicherheit zu wiegen oder desjenigen, der sich nicht sicher ist, ob ein Gegenargument in dieser Situation »ziehen« und nicht etwa das Ganze noch verschlimmern würde.

Folgende Strategien des *Ausweichens* seien genannt:
— disqualifizieren (eine Sache herunterspielen): »Wieviel Länderspiele hat Stielike denn eigentlich gemacht?«
— mystifizieren (sich hinter einer geheimnisvollen und schwierigen Angelegenheit verstecken): »Das ist eine lange Geschichte« oder »Da müssen Sie sich erst einmal solange wissenschaftlich mit diesem Thema auseinandergesetzt haben wie ich«
— verweisen (Kompetenz bzw. Verantwortlichkeit weitergeben): »Das weiß ich nicht, da müssen Sie meine Frau fragen«, »Nicht nur ich habe geglaubt, daß Bonhof endlich zu seiner Form findet« oder »Sie dürfen nicht weggehen. Sie sind ja verhaftet.« »Es sieht so aus«, sagte K. »Und warum denn«, fragte er dann. *»Wir sind nicht dazu bestellt, Ihnen das zu sagen...«* (Kafka, Der Prozeß).
— Kompetenz aufbauen (sich als über allem stehend darstellen): »Schließlich bin ich der verantwortliche Mann für die Nationalelf«
— Kompetenz negieren (sich nicht als der hinstellen, den der Andere eigentlich in einem vermutet; seine Identität verleugnen (vgl.

Scott/Lyman: Identitätswechsel): »Auch ich bin nur ein Mensch« oder »Auch ein *berühmter* Trainer kann mal irren«.

— vom Inhalt zur Form übergehen (nicht inhaltlich auf die Frage eingehen, sondern, die Form aufgreifend, versuchen auszuweichen; zwei Strategien sind hier möglich, man kann a) den syntaktisch-semantischen und b) den pragmatischen Teil der Äußerung thematisieren):

a) »Ich höre immer nur »hätte«, »wäre« und »sollte««, »Alle Ihre wenn sich wenn sich wenn sich einberechnet« oder
»Martha: Wenn ich an ihn denke... mir ihn und mich als Liebespaar vorstelle ... komm ich mir vor wie ein Voyeur...
Nick: Eine Voyeuse...!
Martha: Schulmeister! Was haben Sauereien mit Grammatik zu tun?« (Albee, Virginia Woolf). Mit diesem Text haben wir auch gleich ein Beispiel dafür gefunden, wie man diesem Hervorheben der Form begegnet. Allerdings ist das in der Praxis nicht ganz einfach, denn es heißt, auf einen groben Klotz einen noch groberen Keil zu setzen.

b) »Wie reden Sie eigentlich mit mir« oder »Sie fordern da etwas, worum Sie eigentlich nur bitten dürften«.

— psychologische Tricks (verwandt z. T. mit der Katogerie b) des vorangegangenen Punktes): »Warum schauen Sie immer nur mich an«, »Das erlauben Sie sich auch nur, weil ich eine Frau bin« oder »Werden Sie nicht ungeduldig«

— den Anderen bezichtigen, die Unwahrheit gesagt zu haben (ähnlich dem argumentum ad personam der Rhetorik): »Bringen Sie mir Beweise oder Zeugen für Ihre Aussage« oder »Aber Herr Nagel, wie kann man nur so unaufrichtig sein?«

— schweigen (sicherlich die schlechtstmögliche Art und Weise auszuweichen, bedeutet sie doch normalerweise ein Eingeständnis der Schuld): »---«

— etwas bewußt mißverstehen (eine Äußerung des Gegenüber so verstehen, daß es dem eigenen Interesse auszuweichen dient): »Sie sagen ja selbst, Herr N., daß B. nicht mehr der ist, der er einmal war und das ist ja auch meine Rede« oder »Ich bin ganz Ihrer Meinung in der Einschätzung dieses Problems, und meine Partei hat das schon in ihrem Programm von 1947 gesagt«

— eine Frage abblocken/sich weigern, auf eine Frage des Kommunikationspartners einzugehen (hier sind zwei Taktiken möglich: entweder (ad personam) die Frageberechtigung des Gegenüber negieren oder die Sachkompetenz des Anderen bezweifeln): »Das kann ja jeder sagen«, »Da könnte ja jeder kommen«, »Das wäre ja noch schöner, wenn ich hierauf Antwort geben würde (müßte)« oder »Wo hören Sie, wenn Sie gleichzeitig fortgesetzt Leute interviewen, Informationen, die mehr sind als ich sie haben kann« und »Wenn ich auf jede Frage antworten müßte, bräuchte ich sonst nichts anderes zu tun«

— Frage oder einzelne Wörter wiederholen lassen, um Zeit zu gewinnen oder den anderen unsicher zu machen (jede [strategische] Argumentation steht unter einem gewissen Zeitdruck, so daß Wiederholen- oder Präzisieren-Lassen oft nützliche Zeit zum Überlegen schafft. Außerdem verliert dadurch P Zeit für andere Fragen): »Wie bitte, sagen Sie das nochmal« oder »Könnten Sie bitte Ihre Frage wiederholen?«

— etwas zeitlich hinauszögern, etwas auf nachher bzw. etwas ins Unendliche verschieben (quasi die übergeordnete Kategorie zur vorangegangenen Strategie; hier geht es um *allgemeine* Taktiken, Zeit zu gewinnen. Dabei ist die erste zu erwähnende Strategie, etwas zu tun, was einer verbalen Antwort zuwiderläuft, etwa »eine Zigarette anzünden«): »Ich glaube, zu diesem Punkt werden wir lt. Plan noch nachher kommen« oder »Dazu liegen noch keine gesicherten Informationen vor, so daß wir hier und jetzt diesen gewiß wichtigen Punkt nicht verhandeln sollten«

— etwas wörtlich nehmen (verwandt mit »bewußt mißverstehen« und »vom Inhalt zur Form übergehen«; hier aber geht es mehr darum, möglicherweise mehrdeutig verstehbare Ausdrücke des Gegenüber im eigenen Interesse oder jedenfalls gegen das Interesse des Kommunikationspartners ausnutzen; die besten Beispiele dafür sind Eulenspiegeleien)

— witzig werden (ein sehr beliebtes Ausweichmanöver, das z.T. so gehandhabt wird, daß man eine Äußerung oder Teile einer Äußerung von P ins Witzige/Lächerliche zieht oder auch, daß man statt einer Antwort eine witzige Anekdote erzählt oder eine witzige Bemerkung macht, die mit der Frage zwar irgend etwas gemeinsam hat, sie aber nicht beantwortet):
Ein Beispiel für die letzte Kategorie findet sich im Interview D - S in Äußerung (52): »Man merkt halt deutlich den Berliner-Münchner« oder (83) »Ich habe damals gesagt, wir wollen Herrn Neudecker am Leben erhalten«

— eine Frage/ein Argument des Anderen übergehen (auch eine sehr beliebte Strategie, die vor allem dann zum Tragen kommt, wenn mehr als eine Frage gestellt wurde oder es sich um einen Komplex von Argumenten des Gegenüber handelt. Die Frage hierbei ist allerdings immer, inwiefern die Handlung des Nicht-Eingehens auf die Frage intentional war, also ein Übergehen darstellt; verwandt mit »eine Frage abblocken«): "Wer sind Sie?« fragte K. und saß gleich halb aufrecht im Bett. Der Mann aber ging über die Frage hinweg, als müsse man seine Erscheinung hinnehmen, und sagte bloß seinerseits: »Sie haben geläutet?" (Kafka, Der Prozeß)

— vom Thema ablenken (auch diese Kategorie ist verwandt mit einigen schon genannten und eignet sich vorzüglich als dominante Kategorie zu »witzig werden«, »etwas wörtlich nehmen« und »die Frage wiederholen lassen«. Sie wird hier nur der Deutlichkeit halber angeführt, weil es oft Strategie ist, vom Thema abzulenken, ohne dabei witzig zu werden oder etwas wörtlich zu nehmen und ohne zu mystifizieren): »Ihre Frage steht hier nicht zur Debatte« oder »Das ist nicht das Thema unseres Abends«

— einschnappen (zeigen, daß einen eine Frage emotional gekränkt hat, ist eine beliebte Taktik, den Gegenüber von weiteren Fragen in dieselbe Richtung abzuhalten. Wer in einem solchen Fall weiterfragt, riskiert einen Gesprächsabbruch bzw. daß das Gespräch nicht mehr im besten Einvernehmen, sondern nur noch in einem frostigen Stil fortgesetzt werden kann. Ist der Gefragte gekränkt, ist das für den Fragenden meistens ein Anlaß, vorsichtiger mit bohrenden Fragen umzugehen. Man sieht gerade im Interview D - S, wie D immer wieder einem Einschnappen vorbeugt bzw. dem gekränkten S dann wieder mit Schmeicheleien bzw. Lobreden auf die Beine hilft): Beispiele dafür, wie man dem Einschnappen vorbeugen will, sind: D in (23): »Herr Schön, darf ich, bitte, ich will nicht unhöflich sein« oder in (43): »ob Sie zu dem Triumph gekommen wären, den wir Ihnen [...] gegönnt hätten«. Beispiele für Lobreden des Fragenden als Aufbaumittel nach dem Einschnappen sind (91): »Ich mache einen [...] 5. bis 6. Platz keineswegs zu einem nationalen Unglück« oder vielleicht (5): »Nun, das will ja keiner...«

— Verweis auf Sachzwänge (dabei überträgt man den Angriff von der eigenen Person auf eine vom Offendenten nicht so leicht einsehbare und einklagbare Sachlage, an deren Zustandekommen wiederum auch andere oder ganz andere als der Defendent mitgewirkt haben): »Durch den Weggang von Beckenbauer nach Amerika mußte eine vollkommen neue Abwehr geschaffen werden« oder "'Sie dürfen nicht weggehen, Sie sind verhaftet.' 'Es sieht so aus', sagte K. 'Und warum denn', fragte er dann. 'Wir sind nicht dazu bestellt, Ihnen das zu sagen. Gehen Sie in Ihr Zimmer und warten Sie. *Das Verfahren ist nun einmal eingeleitet, und Sie werden alles zur richtigen Zeit erfahren.*'" (Kafka, Der Prozeß)

— Verweis auf Dinge, die Konsequenzen eines in der Frage angesprochenen Tuns wären oder den in der Frage gemeinten Zustand angehen (hier sind Vergleiche mit »früheren Zeiten« oder der Zukunft gemeint): »Ja, früher war alles ganz anders«, »Es gibt Schlimmeres« oder »In hundert Jahren ist sowieso alles vorbei«

— etwas vorschieben (auch ein sehr beliebtes Mittel. Man kann z. B. übergroße Beschäftigung mit anderen Dingen, Krankheit oder Zeitmangel vorschützen): »Hab' gerade keine Zeit, mir darüber Gedanken zu machen« oder »Mein Auto wieder ganz zu kriegen ist mir im Moment wichtiger als über die Nützlichkeit von Büchern über Argumentation zu argumentieren.«

- scheinbar darauf eingehen, dann aber mit irgendeiner Strategie ausweichen (diese Strategie dient vor allem dazu, den Kommunikationspartner emotional zu besänftigen, ihm dafür aber inhaltlich aus dem Weg zu gehen bzw. Paroli zu bieten): »Ich bin ganz deiner Meinung, nur hast du schon einmal daran gedacht...« oder »Vollkommen einverstanden, nur...«
- endloses Aufzählen von Fakten (dient zum Zeitgewinn und erweckt den Anschein, als gehe man auf die Einwürfe des Gegenüber ein)
- name-dropping (verstecken hinter großen Namen; Autoritäten als Zeugen anrufen): »Schon Aristoteles hat das gesagt« oder »Herr Senator Biallas, spricht eh von einem Regisseur, der da immer außerhalb probiert. *Es handelt sich um Peter Zadek,* der seine Wintermärchen-Inszenierung eben genau unter den Bedingungen herstellt, unter denen er seine Othello-Inszenierung vor zwei Jahren hergestellt hat...«
- Verweis auf (scheinbar) bereits Ausdiskutiertes:
  »Aber dazu möchte ich jetzt nichts mehr sagen«
- sich die Bedeutung oder die Art und Weise des Gebrauchs eines vom Angreifer verwendeten Ausdrucks erklären lassen (beliebtes Mittel, um von der Verteidigung in den Angriff zu kommen):
  S: »Eine Führungs-diskussion«
  D: »Was verstehen Sie darunter?« (Vgl. S. 206)
- Rückzugsgefechte (eine möglicherweise dominante Kategorie für viele genannte Ausweichmanöver, die z. T. aber auch nicht zu den Argumentations*strategien* gehört: so sind z. B. Entschuldigungen ambivalent. Auf der einen Seite können sie als seriöse Aufarbeitungen kooperativen Stils gelten, auf der anderen aber kann man sich auch strategisch entschuldigen, wenn man sich aus einem umkämpften und unangenehm Gebiet zurückziehen will)
- ein Beispiel verlangen (dient vor allem dazu, Zeit zu gewinnen)
- Themawechsel (Strategien, die man benötigt, um Themenwechsel zu inszenieren, wurden schon diskutiert. An dieser Stelle soll die Strategie des Themenwechsels als Ausweichmanöver nur noch einmal genannt werden)
- Nicht-Akzeptieren eines Angebotes zum Sprecherwechsel (turn-taking) (vor allem in Diskussionen mit mehreren Beteiligten, besonders mit hierarchischer Struktur, etwa in Schulstunden und Seminaren, wird durch Nicht-Aufnahme des Blickkontaktes oft der Sprecherwechsel verhindert. In strategischen oder taktischen Argumentationen kann eine Nicht-Akzeptierung des turn-taking auch Zeichen der Mißachtung des Gegners, genauso allerdings wie eigene Verlegenheit, signalisieren; verwandt mit »eine Frage... des Anderen übergehen«): V fordert in Beispiel (16) in Äußerung (023) ein turn-taking und will dadurch U in Verlegenheit bringen, T biegt aber ab, weil sie das verhindern will
- Entwertung »der Selbstdefinition des anderen« (vgl. Watzlawick et

al. S. 85) (vor allem durch Nichtbeachtung des Anderen; durch Signalisieren, daß man ihn nicht ernst nimmt, etwa indem man nur in Floskeln oder Stereotypen antwortet oder immer Komplimente macht (vgl. Watzlawick et al. S. 87), kann man sowohl ausweichen als auch dem Gegenüber auf der Beziehungsebene deutlich machen, daß man ihn und seine Fragen nicht schätzt; verwandt mit »sich die Bedeutung... eines Ausdrucks erklären lassen« und »vom Inhalt zur Form übergehen«):
Drechsels Schweißabtrocknen bei Schön kann einen solchen Akt der Entwertung für den Zuschauer signalisieren, ganz gleich, ob es D so gemeint hat oder nicht, aber auch die Äußerung »Leider muß ich in 5 Minuten gehen, da meine Tochter Geburtstag hat und ich ihr noch ein Geschenk kaufen muß«

— ins Allgemeine ausweichen (Stereotypen, Floskeln bringen, um vom wahren Kern der Sache abzulenken):
»Wie ich vorhin schon sagte...« oder »Die Sache ist nicht so einfach, wie wir sie uns vorstellen«
— auf widrige Umstände verweisen (von der eigenen Schuld ablenken, das Schicksal bemühen, Schuld auf andere schieben): »Der Rasen, Ball, Schiedsrichter, das Wetter usw. war schuld, daß wir nicht Weltmeister geworden sind«

Das sind, zugegebenermaßen nicht wenige Ausweichmanöver, und mancher wird sagen, daß sich einige nicht unerheblich ähneln, und dem ist wenig entgegenzusetzen, außer daß letzten Endes nur an konkreten Fällen festgemacht werden kann, welches Ausweichmanöver vorliegt. Aus diesem Grunde wurden eher mehr als zu wenig aufgeführt. Wahrscheinlich lassen sich diese Strategien auf sechs oder sieben *Grundformen* kürzen wie etwa:
— Zeit gewinnen
— den Gegner verunsichern
— vom Thema ablenken
— sich hinter Worten verschanzen
— die ganze Sache als nicht der Rede wert darstellen
— Vergangenheit oder Zukunft bemühen
— Rückzugsgefechte

Diese Kategorien aber sind so allgemein, daß konkret mit ihnen nicht zu arbeiten ist. Insofern rechtfertigt sich die Aufstellung so vieler Kategorien, von denen man sehen kann, daß sich einige in zwei oder sogar mehrere der Grundformen einordnen lassen, manche allerdings gar nicht oder nur sehr schwer.

Kurz eingegangen sei auch noch auf sprachliche Merkmale oder Erkennungszeichen von Ausweichmanövern, die wiederum, um es noch einmal zu sagen, nicht objektiv als solche faßbar sind, sondern nur in einem Interpretationsvorgang. Es gibt, ohne Anspruch auf Vollzähligkeit oder Garantie des Zutreffens in allen Situationen, »Ausweichpartikeln« wie: »freilich«, »prinzipiell«, »sozusagen«, »sicher«, »gewiß«, »wahrscheinlich«, »manchmal«, »gänzlich«, »vielleicht«, »eventuell«, »in der Regel«, »mei-

stens«, usw.« usw. Untersucht man die Beispieltexte vor allem der mündlichen Kommunikation auf diese Ausweichpartikeln, kann man von ihnen manchmal geradezu als »Signale« für Ausweichmanöver sprechen. Sie dienen oft als Mittel der intellektuellen Redlichkeit, dann nämlich, wenn sich P darüber im klaren ist, daß seine These nicht in allen Fällen zu verifizieren ist, aber doch starke Tendenzen hinsichtlich des beschriebenen Inhalts aufzeigt. So gesehen ist jeder Text, und dieser selbstverständlich auch, ein Kompromiß zwischen redlichem und unredlichem Ausweichen. Scheuerle (S. 280) weist noch auf eine andere Kategorie oft in unredlicher Weise gebrauchter Ausweichpartikeln hin, die er Superlative nennt, als da sind:
»durchaus«, »entschieden«, »zweifellos«, »in keiner Weise«, »in keinster Weise«, »selbstverständlich«, »selbstredend«, »natürlich«, »davon kann keine Rede sein«, »kommt gar nicht in Frage«. Scheuerle (ebd.) will festgestellt haben, und wahrscheinlich hat er gar nicht so unrecht, daß überall da, wo diese Partikeln oder Redewendungen auftauchen, »der neuralgische Punkt« sitzt, daß hier etwas als selbstverständlich, gegeben und sicher dargestellt wird, was gerade nicht zutrifft. Man könnte also hier von einem (prophylaktischen) Ausweichen oder Ablenken von den Schwachpunkten sprechen.

Weiterhin zweifelhaft dürfte auch noch sein, ob alle genannten Kategorien wirklich der Verteidigung zuzuordnen sind. Auch darüber läßt sich lange streiten. Letztendlich ist diese Frage wohl nur in der konkreten Situation, im Text selbst, klärbar. Insofern soll als letzte Kategorie des Ausweichens der Gegenangriff genannt werden. Das klingt sicherlich etwas seltsam, scheinen doch Gegenangriffe zu den Angriffen zu gehören. Betrachtet man aber nicht einzelne Äußerungen, sondern Handlungssequenzen, fällt auf, daß Defendenten oft Äußerungen produzieren, die die Form von Angriffen haben, in Wirklichkeit aber keine Angriffe sind, sondern nur vorgetäuschte Angriffe, d. h., daß nach der Äußerung eines scheinbar einen Angriff anzeigenden Satzes kein offensives Vorgehen folgt, weil keine Chance zur Offensive vorhanden ist oder überhaupt Argumente für den weiteren Angriff fehlen. Man bleibt also in der Defensive, bricht oft die Äußerung erst einmal ab, um die Reaktion des Gegenüber abzuwarten. S benutzt eine solche typische Formulierung in (98), als er sagt: »Ja also, Sie haben jetzt bei dem Gespräch jetzt das Prae, weil Sie ja die Fragen stellen«, und dann fortfährt, sich zu verteidigen: »Ich möchte das jetzt mal ganz einfach sagen, es stand bei Franz Beckenbauer, ist alles versucht worden...«. Auch die Attacke von T in (115): »Seit wann interessierst du dich denn für die Gefangenen in Argentinien, Sammy?« ist nichts anderes als ein solcher Gegenangriff als Störfeuer, denn T will ja auf keinen Fall mit D in eine Argumentation über die Gefangenen in Argentinien oder gar über Rudel eintreten, sondern sich nur vor diesem Thema verwahren.

Insofern geraten auch die Einwürfe Wehners gegen Lueg »Alle Ihre wenn sich wenn sich wenn sich« in die Nähe eines solchen Gegenangriffs auf die

Person des Interviewers. Denn auch Wehner verteidigt sich nach dieser Äußerung: »Wir haben unsere Stellung behauptet«, und genau deswegen ist er auch in dieser Sequenz wieder leichter angreifbar. Lueg geht nämlich klugerweise zuerst nicht auf Wehners »wenn sich - Argument« ein, sondern demontiert dessen »wir«, um sich erst später, wenn die Wirkung von Wehners Gegenangriff verpufft ist, wieder den darin zurückgewiesenen Sachverhalten zuzuwenden.

Soviel vorläufig zu den verschiedenen Strategien des Ausweichens. Festgehalten werden soll noch einmal, daß in strategischen Argumentationen das Ausweichen eine der beiden klassischen Möglichkeiten darstellt. Seinen Sinn hat es für den so Taktierenden darin, daß es argumentative Kraft spart, oft verfahrenstechnisch einfacher zu realisieren ist als langwieriges inhaltliches Eingehen auf die Argumente des Gegners.

— Zurückweisen, entschuldigen und rechtfertigen als Grundkategorien problemorientierter Verteidigung.

Dieses inhaltliche Eingehen ist nun die zweite Art und Weise, sich zu verteidigen. Inhaltlich auf etwas eingehen muß allerdings in strategischen Argumentationssituationen zweifellos als die diffizilere Art und Weise, einen Angriff abzuwehren, bezeichnet werden, dafür aber, wenn diese Abwehr gelingt, als die weitaus wirksamste. Solche Fälle allerdings stellen im täglichen Leben nicht die Mehrzahl dar, denn einen Gegner zu überzeugen, bringt nicht nur die Schwierigkeit mit sich, daß oft gerade normative Fragen überhaupt nur sehr schwer zu entscheiden sind, sondern auch, daß, vor allem vor Dritten, das Ansehen der Person, die überzeugt würde, Schaden erleidet, so daß man sich also nicht überzeugen lassen will und darf. Dieses Phänomen macht einerseits ein Eingehen auf die Argumentation des Gegners oft zu einem fruchtlosen Unterfangen, andererseits aber entsteht oft durch ein Eingehen (bei Dritten wiederum) der Eindruck, daß der Defendent wohl seinen Grund dazu habe, daß er in gewisser Weise der Argumentation seines Gegners zustimmt. Der alte Topos »Qui s'excuse, s'accuse« oder auf deutsch »Wer sich entschuldigt, klagt sich an« spricht in dieser Beziehung Bände. Und in einer Verteidigungssituation deutlich zu machen, daß man sich nicht entschuldigt, sondern gerechtfertigt habe, dürfte nicht immer jedem der Zuschauer deutlich zu machen sein. Deswegen herrschen in Interviews mit Politikern in der Wahlnacht neben Ausweichmanövern Zurückweisungen der »Unterstellungen« der Fragenden vor, selten wird sich gerechtfertigt und nie sich entschuldigt. Ein Prototyp solchen Verhaltens liegt in einem Interview vor, das Gerhard Schult mit Alfred Dregger am 8. 10. 78, etwa um 18.30 Uhr, also kurz nachdem das Ergebnis der Nachfrage und die erste Hochrechnung vom Ausgang der hessischen Landtagswahl bekannt war, führte. An ihm seien noch einmal Formen des Angriffs und der Verteidigung durchexerziert. Zuerst aber soll theoretisch geklärt werden, welche Formen des defensiven Eingehens auf Argumente des Gegners möglich sind.

Mögliche Taktiken sind:
— zurückweisen das offensive Gegenstück dazu ist: insistieren
— rechtfertigen
— entschuldigen
— um Verzeihung bitten

Dabei muß betont werden, daß die ersten drei Kategorien eigentlich dem kooperativen Argumentieren zugehören. Aber gemäß unserer Erkenntnis, daß strategische Argumentationen an der Oberfläche kooperativen gleichen müssen, können wir auch annehmen, daß man sich in strategischen Argumentationen (scheinbar) rechtfertigen, daß man selbstverständlich Vorwürfe zurückweisen und auch durch Entschuldigungen von seiner Schuld und durch Bitten um Verzeihung von der eigentlich verdienten Strafe loskommen kann.

Definieren wir zuerst den Begriff des Zurückweisens, und sehen wir uns die möglichen Taktiken an.

Zuerst einmal muß geklärt werden, inwiefern »zurückweisen« unter »auf die Vorwürfe eingehen« abgehandelt werden kann. Es war zu sehen, daß beim Ausweichen das eigentliche Argument des Gegners nicht aufgegriffen wurde. Weicht man aus, ignoriert man entweder offiziell das, was der Andere gesagt hat, man gibt ihm einen anderen Dreh, tut so, als hätte der Gegenüber etwas ganz anderes gesagt oder man schiebt die Argumente des Kommunikationspartners entweder zeitlich oder inhaltlich auf eine eigentlich diesen nicht gebührende Ebene. Vor allem aber sieht man immer zu, daß die Person des Gegners nicht ungeschoren davonkommt. Das ist bei der Taktik des Darauf-Eingehens nicht der Fall: sowohl die Person des Gegenüber bleibt frei von Angriffen auf der Beziehungsebene, und auch an den Argumenten des Anderen wird nicht gedeutelt, sondern eigene Handlungen und Argumente werden so interpretiert, daß mit ihnen der Beweis für das Nicht-Zutreffen des gegnerischen Vorwurfs erbracht werden kann.

Man kann ein Argument, etwa eine Frage, eine Aufforderung, Stellung zu beziehen, einen Vorwurf oder eine Anklage, dadurch zurückweisen, daß man diesen Angriff als nicht wahr, nicht den Tatsachen entsprechend oder als nicht gerechtfertigt, zutreffend oder evident bezeichnet und ihm somit jegliche Berechtigung in diesem konkreten Fall abspricht.

Beschuldigt also P R, einen Mord begangen zu haben, kann R ganz gleich, ob er den Mord begangen hat oder nicht, diese Beschuldigung zurückweisen. Kriminalromane und -filme leben von dieser Möglichkeit. Danach muß erst einmal in eine Argumentation darüber eingetreten werden, ob nun die Beschuldigung oder die Zurückweisung haltbar ist, ob R überhaupt für die besagte Handlung in Frage kommt. Jeder gute Anwalt wird erst einmal mit Zähnen und Klauen darum kämpfen, seinen Mandanten von der Anklage, die Tat begangen zu haben, freizubekommen. In Abwandlung des von Struck 1974 und Huth 1975 zitierten Beispiels vom Korb, den der Beschuldigte nie ausgeliehen hatte, schon kaputt bekam und dazu noch ganz zurückgab, wird in einem Mordfall der Verteidiger erst einmal so argumentieren, daß R den Ermorderten X nie gesehen hat, nie mit ihm in Berührung gekommen ist, daß X zweitens schon tot war, als R an den Tatort kam und daß drittens zwei Tage nach der vermeintlichen Mordtat X noch in einer Gastwirtschaft beim Bier sitzend angetroffen wurde. Der wahre Kern dieses Witzes liegt darin, daß man tatsächlich und am wirkungsvollsten erst einmal bestreitet bzw. zurückweist, daß man mit der Tat überhaupt etwas zu tun habe. Werden dagegen erdrückende Beweise vorgebracht, ist etwa der Tote der Bruder des Angeklagten oder kann durch Zeugen bewiesen werden, daß R am Tage vor der Tat mit X im Wald spazierengegangen ist oder sogar am Tatort gesehen wurde, muß sich der Verteidiger dem konkreten Fall, also z. B. Zeit und Ort des Geschehens zuwenden. Er muß deutlich machen, daß R auf keinen Fall zur Mordzeit, sondern entweder zuvor oder danach am Tatort war.

Das Bonmot von Scheuerle 1971, S. 242, daß dem Angeklagten als strafmildernd zugutezuhalten war, »daß nicht ganz sicher festgestellt werden konnte, ob er die Tat wirklich begangen hat«, bezieht seinen Witz gerade aus der Tatsache, daß ein Beweis der Täterschaft nicht immer leicht ist, daß dieser Beweis aber hieb- und stichfest sein muß, bevor weitere Schritte, wie etwa Schuldzuschreibung oder Bestrafung vorgenommen werden können. Nachdem man also nicht widerlegen kann, daß R mit dem Tod von X etwas zu tun gehabt hat, daß R ihn mit (hoher) Sicherheit verursacht hat, kann der Verteidiger seine Argumentation an der Handlungsmäßigkeit der Tat festmachen. Er kann z. B. zurückweisen, daß die Tat seines Mandanten eine Handlung gewesen ist und behaupten, daß X stolperte und in die Schlucht fiel oder daß R stolperte und dadurch X anrempelte, so daß dieser in die Schlucht fiel und sich dabei den Schädel einschlug. Weiterhin könnte der Anwalt Naturgewalten oder außerirdische Lebewesen für die Tat verantwortlich machen.

Wenn nun geklärt ist, ob R die in Frage stehende Handlung zugeschrieben werden kann, und wenn R die Tat intentional getan hat, ist es für R immer noch möglich zu argumentieren, daß er zwar die Handlung selbst intentional getan habe, daß er aber auf keinen Fall das Handlungsziel verfolgt (beabsichtigt) habe, das eingetretene Resultat zu verwirklichen. Juristisch gesprochen: er weist die Tatbestandsmäßigkeit der Handlung zurück. Das kann man auf mindestens zwei Arten bei vorsätzlichen Handlungen tun: man weist zurück, wie gerade angesprochen, daß man das eingetretene Ergebnis beabsichtigt habe, oder man bestreitet, von der Möglichkeit eines solchen Resultats der vorgenommenen Handlung gewußt zu haben: entweder man sagt, daß man den Abhang bzw. die Schlucht nicht gesehen habe oder daß man X zwar einen Schubs verpassen wollte, aber auf keinen Fall beabsichtigt habe, ihn in die Schlucht zu stürzen.

Etwas komplexer sieht die Analyse der Tatbestandsmäßigkeit bei Unterlassungen aus, die ja auch Handlungen in einem bestimmten Sinne darstellen: so sind sie z. B. intentional, denn nur wenn man etwas bewußt und gewollt nicht tut, kann man von einer Unterlassung sprechen. In diesem Augenblick unterlassen wir z. B. *nicht*, einen Ertrinkenden aus der Nordsee zu retten, weil wir nur hypothetisch wissen können, daß ein solcher Fall vorliegt und wir auch nur hypothetisch diesen Mann retten wollen können. Es fehlt uns also die Möglichkeit einzugreifen, etwas zu tun, was das Ergebnis einer Handlung, eines Ereignisses oder eines Vorgangs in der Natur oder im Alltagsleben verhindern könnte. Soviel zur Möglichkeit von Zurückweisungen, daß überhaupt eine Handlung vorgelegen hat und daß der Erfolg der in Frage stehenden Handlung mit Vorsatz geplant oder nicht verhindert wurde.

Ist alles das erfolglos, kann dem Beschuldigten oder Angeklagten nachgewiesen werden, daß seine Handlung intentional war und daß er mit seiner Handlung genau das dem Ergebnis entsprechende Ziel verfolgte, bleibt dem Defendenten nur, sich zu rechtfertigen oder zu entschuldigen, d. h. darzulegen, daß man keine zu sanktionierende Handlung ausgeführt, daß man nicht gegen eine Norm, Regel oder Konvention verstoßen, sondern unter Beachtung etwa übergeordneter, die in Frage stehende Norm brechender Gesetze gehandelt habe.

Man gibt zu, daß man X in die Schlucht gestoßen habe, sagt aber aus, in Notwehr gehandelt zu haben. Damit wehrt man sich gegen die Zuschreibung von Rechtswidrigkeit. Der Tatbestand der Tötung bleibt zwar bestehen, nur bestreitet man, indem man argumentiert, daß man die Handlung ausgeführt habe, weil einem der Andere an die Gurgel wollte, daß man unrechtmäßig gehandelt habe. Man rechtfertigt sich, um zu demonstrieren, daß man im Recht und nicht im Unrecht war, als man in der besagten Art und Weise gehandelt hat. Die letzte Möglichkleit von gesellschaftlichen Sanktionen herunterzukommen, stellt die Entschuldigung dar. Wem keine Schuld zugeschrieben werden kann, der kann auch für eine begangene Handlung nicht bestraft werden (nulla poena sine culpa). Voraussetzung für Schuld aber ist, daß die Handlung tatbestandsmäßig und rechtswidrig war. Nur wem tatbestandsmäßiges und rechtswidriges Handeln vorzuwerfen bzw. nachzuweisen ist, kann schuldig sein. Was hier so hochgestochen klingt und nur für die Juristerei zutreffen mag, gilt aber tatsächlich auch für die banalsten Handlungen des alltäglichen Lebens. Nur wer eine Handlung gewollt hat, sie intentional vollzogen hat, kann für sie verantwortlich gemacht werden. Man wird also in der Regel nicht aktiv, wenn ein Kind bei Tisch ein Glas umwirft, weil es der Mutter Kartoffeln auf den Teller geben wollte. Auch wer durch einen unglücklichen Zufall ein anderes Ergebnis als eigentlich beabsichtigt erreicht, wird in der Regel keine größeren Vorwürfe auszuhalten haben. Allerdings wird er sich fragen lassen müssen, wie im juristischen Sektor auch, ob er alle Maßnahmen getroffen und alle Eventualitäten bedacht habe, um ein solch negatives Ergebnis nach bestem Wissen und Gewissen zu verhindern.

Und daß es auch im Alltag übergeordnete Normen und Regeln gibt, die in bestimmten Fällen ein ansonsten gegen eine Regel verstoßendes Handeln erlauben, braucht nicht eigens betont zu werden. Selbst streng erzogene Kinder dürfen Weihnachten länger aufbleiben, im Urlaub darf auch einmal Geld für Dinge ausgegeben werden, für die sonst keins da ist, und für einen guten Zweck, etwa um das Brüderchen nicht zu verraten, darf ein Kind auch schon einmal lügen. Und einem armen Kranken, der meint, ein Hund zu sein, wird es selbst der Briefträger nicht verübeln, wenn jener ihn ins Bein beißt, weil man in einem solchen Fall von fehlendem Schuldbewußtsein sprechen kann.

Allerdings, und das soll nicht unerwähnt bleiben, hat der Begriff »Entschuldigung« in der Alltagssprache oft eine andere Bedeutung als die juristische. Während im strengen juristischen Sinne Entschuldigungen von der Schuld ausschließen bzw. eine »so starke Herabsetzung des Unrechts- und Schuldgehalts der Tat« bewirken, »daß die untere Grenze der Strafwürdigkeit nicht mehr erreicht wird« (Wessels 1976, S. 75), bringen im Alltag Entschuldigungen wohl oft eine Reduzierung des Maßes an Schuld, selten aber volle Schuldlosigkeit oder Freiheit von Sanktionen. Es ist schon so wie Austin festgestellt hat, daß uns die Durchschnittsentschuldigung »nur aus der Traufe in den Regen« bringt, »aber der Regen ist halt immer noch naß«. (Austin 1975, S. 180; im Original [Austin 1970, S. 177] heißt es, daß uns die Durchschnittsentschuldigung vom Feuer [fire] in die Bratpfanne [frying-pan] bringt). In aller Regel entschuldigt man also mit Unwissen, Ungeschicklichkeit, Gedankenlosigkeit usw. eine Handlung, von der man gerne bereit ist, zuzugeben, daß sie schlecht war; denn mit einer Entschuldigung gibt man zu, einen Fehler begangen zu haben, nur nimmt man nicht die volle Verantwortung auf sich. Im Gegensatz dazu akzeptiert man in einer Rechtfertigung die Verantwortung, verneint aber, daß die Handlung rechtswidrig ist. (Vgl. dazu Austin 1970/1975, S. 176/178 f.) Schauen wir uns nun an, wie man sich entschuldigt und rechtfertigt, und wir werden sehen, daß das in einer uns wohlbekannten Form geschieht, die wir schon bei den kooperativen Argumentationsformen ausgiebig betrachtet haben.

Nimmt man das Beispiel mit dem Kind an Weihnachten, das länger aufbleiben darf, so kann man durch eine Umformulierung deutlich machen, daß Weihnachten der Anlaß dafür ist, länger aufbleiben zu dürfen. Würde man das Kind fragen, warum es noch zu so später Stunde wach sei, könnte es antworten: »weil heute Weihnachten ist« bzw. »damit mein Bruder keine Schläge bekommt«, wenn man wissen will, warum es lüge.

Auch das Eingehen auf die Fragen, Vorwürfe, Beschuldigungen des Gegners in strategischen Argumentationen geschieht, indem man Gründe oder Zwecke angibt. Vor allem Entschuldigungen und Rechtfertigungen sind nur so denkbar. In Rechtfertigungen, das ging aus dem entworfenen Argumentationsschema hervor, wird einer Handlung zugeschrieben, ob sie gut oder schlecht, falsch oder richtig ist. Werte und Normen, Topoi und

Gründe stützen dann den Schritt von der Rechtfertigung zur Handlung oder umgekehrt.

Wie man sieht, sind Entschuldigungen und Rechtfertigungen verhältnismäßig komplexe Sprechhandlungen. Man könnte sich also vorstellen, daß man sich nicht gleich oder nicht sehr oft rechtfertigt oder entschuldigt, wobei mit »entschuldigen« nicht die quasi ritualisierte Form des Entschuldigens im Sinne von »Entschuldigen Sie bitte, wie komme ich zur Feldheimer Straße 4« gemeint ist. Entschuldigungen liegen, sieht man sich das Argumentationsschema an, sogar noch jenseits der Rechtfertigungen, denn eine Entschuldigung wird erst dann nötig, wenn sozusagen von beiden Seiten die Rechtswidrigkeit der Handlung anerkannt ist. Der Schritt von der Rechtfertigung zur Entschuldigung stellt im Alltagsleben die Stufe von der allgemeinen Bewertung der Handlung (ob richtig oder falsch, gut oder schlecht) zur subjektiven Übernahme von Verantwortlichkeit dar. Jenseits der Kategorie der Verantwortlichkeit liegt wiederum die der Verzeihbarkeit. In einer Entschuldigung geht es uns darum, ein Stück Verantwortlichkeit (evtl. sogar die volle Verantwortung) loszuwerden, wollen wir dagegen eine Handlung verziehen haben, sollen also seitens des Kommunikationspartners keine der »eigentlichen Sachlage« angemessenen Konsequenzen gezogen werden (im juristischen Bereich ist das die Strafe für ein Delikt), akzeptieren wir die volle Verantwortung, bringen aber Gründe vor, die gegen oder zumindest nicht für diese Konsequenzen sprechen. »Sie können doch keine alleinstehende Frau mit vier Kindern ins Gefängnis stecken« wäre vor Gericht etwa eine Bitte um Verzeihung. Man erkennt Schuld und Gerechtigkeit des Strafmaßes an, führt aber (Sonder-) Bedingungen ins Feld, die an und für sich nichts mit Tat, Schuldzuschreibung und Strafmaß zu tun haben, die aber aufzeigen, daß es im allgemeinen Interesse oder gegen das Prinzip der Gleichheit sein könnte, hier mit der normalen Elle zu messen. Genau hier liegt der Einzugsbereich von Verzeihungs-, Vergebungs- und Verzichtgründen.

Unser Argumentationsmodell könnte also folgendermaßen ergänzt werden:

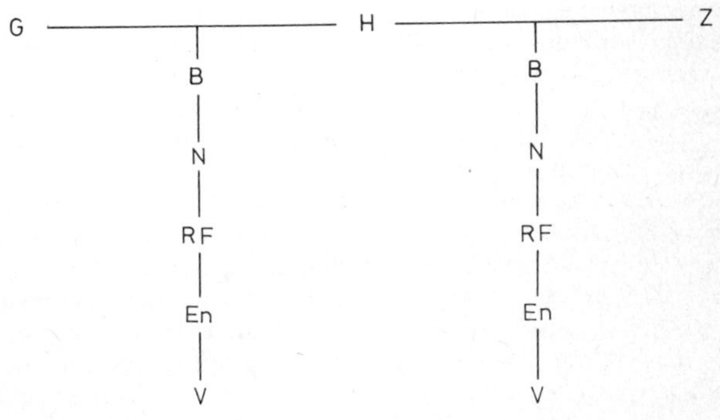

Wenn wir (in idealer Form) argumentieren, geben wir zuerst einen Grund (G) für eine Handlung (H) an, dann suchen wir einen Satz, der den Grund mit der Handlung verknüpft, später eine Norm, der wir diesen Satz unterordnen können, und gegebenenfalls rechtfertigen und entschuldigen wir unsere Handlung. Erst wenn das alles vergeblich oder unmöglich war, bitten wir um Verzeihung oder Vergebung. Gelingt auch das nicht, stehen wir im Regen, um in der Terminologie Austins zu bleiben. Wir müssen dann voll die Konsequenzen unserer Handlungsweise tragen. Nachdem es uns nicht gelungen ist zu beweisen, daß keine Handlung unsererseits vorlag, dann diese Handlung nicht rechtswidrig war und wir dann die volle Verantwortung bzw. ganze Schuld akzeptieren mußten, kann uns nur eine Amnestie oder eine Vergebung aus besonders schwerwiegenden Gründen vor der Strafe retten. (Vgl. dazu Maihofer 1953, S. 8.) Doch noch einmal zurück zum Vorkommen von Rechtfertigungen und Entschuldigungen in Handlungssequenzen, in Argumentationen. Es wurde gerade gesagt, daß es sozusagen eine Hierarchie der verschiedenen Kategorien des Argumentationsschemas gibt, und es wurde eine Liste von Möglichkeiten offensiver Einwirkung auf den Kommunikationspartner aufgestellt, die ebenfalls in einer bestimmten Art und Weise abgestuft war. Die Konsequenz daraus wäre, daß diese Abstufungen miteinander etwas zu tun haben. Und in der Tat scheint es so zu sein, daß man sowohl seinen Angriff nicht gleich mit der höchsten Stufe beginnt als auch sich nicht gleich mit Kategorien verteidigt, die am unteren Ende unseres Argumentationsschemas zu finden sind, und genau das zeigt etwa auch das Interview D - S. Nun sind die Möglichkeiten offensiven Handelns sicher nicht ganz genau auf die Kategorien des Argumentationsschemas zu projizieren, aber es dürfte doch hinreichend deutlich sein, daß handlungsbeschreibende Verben bzw. Ausdrücke wie »vorwerfen«, »auffordern, Stellung zu beziehen«, »beschuldigen«, »sich beschweren«, »tadeln« oder »jemanden einer Handlung bezichtigen« den Bereich RF - En, also den von Rechtswidrigkeit, Unrecht und Schuld thematisieren. Andererseits wird niemand auf bloße Fragen oder auf kooperative Angebote mit Entschuldigungen und Rechtfertigungen reagieren, es sei denn, er interpretiert diese Fragen als Einleitung zu kommenden Vorwürfen und Beschuldigungen und will gleich reinen Tisch machen, oder es liegt eine hochgradig asymmetrische Kommunikationssituation vor, in der zumindest einer der Kommunikationspartner glaubt, sich schon auf bloßes Fragen hin rechtfertigen oder entschuldigen zu müssen. Wenn man sich fragt, wie solche Zuordnungen von offensiven und defensiven Strategien zustandekommen, wird man auf zwei Lösungsmöglichkeiten stoßen: einerseits scheint es konventional geregelt zu sein, daß man sich auf Beschuldigungen rechtfertigt oder entschuldigt, während man das auf Fragen hin nicht tut, sondern vielleicht einen Grund unter vielen Gründen angibt, andererseits muß wohl der Gebrauch solcher Verben wie »anklagen«, »beschuldigen«, »vorwerfen« oder »tadeln« etwas implizieren, was etwa Rechtfertigungen notwendig macht. Und noch einmal von der anderen Seite gesehen: wenn man sich rechtfertigt, muß vom Gegenüber etwas getan worden sein, was diese Art und Weise des Handelns provoziert hat. Beide Beschreibungsarten sind nur heuristisch voneinander trennbar, in Wirklichkeit bildet sich für den einzelnen Kommunikationsteilnehmer die Bedeutung etwa von »beschuldigen« durch den Gebrauch dieses Wortes oder adäquater Umschreibungen, genauso wie durch die (Ahnung der) Bedeutung der Gebrauch bestimmt wird. Man reagiert also in der besagten Art und Weise auf Beschuldigungen, man tut das aber nur, weil man (unbewußt) gelernt hat, daß P mit einer Beschuldigung behauptet, daß eine Handlung (H) von R nach der *Überzeugung* von P schlecht sei, daß R mit dieser Handlung oder mit dem Ergebnis einer Handlung P (oder vielen bzw. allen anderen) Schaden zugefügt hat. In einem solchen Fall *beschuldigt* P R, vorausgesetzt der konkrete Fall hat für P eine gewisse Bedeutung und/oder man ist in der Argumentation schon fortgeschritten, hat also schon Fragen gestellt und um Begründung gebeten. Daß P der Überzeugung ist, daß (H) schlecht sei, reicht aber noch nicht aus, um das Zustandekommen von Argumentationen (und den darin vorkommenden Beschuldigungen) zu erklären. P muß auch glauben, daß durch das Zur-Sprache-Bringen des in Frage stehenden Sachverhalts ein Einfluß auf R ausgeübt werden kann. P versucht also, R durch eine Argumentation eine Überzeugung zu vermitteln, die seiner Überzeugung entspricht oder ähnlich ist, vor allem dann, wenn es sich um den Fall einer Umkehrung handelt. Jemanden überzeugen (genauso ist es in diesem Fall mit überreden) heißt, jemanden in einer bestimmten Situation Informationen, also Wissen, Emotionen, Wünsche und Meinungen zu vermitteln, die Ausgangspunkt zukünftiger Handlungen im Sinne des Überzeugenden darstellen. P kann demzufolge R von der Wahrheit einer Proposition oder der Richtigkeit einer Norm überzeugen, wenn P R Wissen, Emotionen, Wünsche und Meinungen als wahr, falsch, richtig, unrichtig, echt, aufgesetzt, praktisch, angemessen, vernünftig, nützlich usw. induziert, das bzw. die das weitere Handeln R's im Sinne von P regelt(n). Der Unterschied von »überzeugen« und »überreden« besteht dabei nur darin, daß bei »überzeugen« P von der Vernünftigkeit seiner Ansichten (für alle) überzeugt ist, also nach bestem Wissen und Gewissen handelt, während P bei »überreden« nur von sich ausgeht, also meint, daß es (vor allem) ihm nutze, wenn R im Sinne von P handelt. Nun gibt es in der Umgangssprache den Ausdruck »jemanden zu seinem eigenen Glück überreden«, aber auch die Redewendung, daß man jemanden durch die geballte Faust von der Notwendigkeit einer Handlung »überzeugen« kann. Beide Beispiele zeigen eine Verwendung der beiden Begriffe, die nicht mit der hier gemachten Unterscheidung übereinstimmt. Das leitet sich her aus einer gewissen Metaphorik, mit der in beiden Fällen gesprochen wird. Zumindest der letzte Fall löst sich dadurch, daß man non-verbal niemand »überreden« kann, weil in diesem Wort eben »reden« steckt, obwohl eine praktische Handlung durchaus denselben Stellenwert wie »überreden«

haben kann. »Jemanden zu seinem eigenen Glück überreden« impliziert dagegen, daß viel *geredet* werden mußte, um diesen »Jemand« zu einer alle zufriedenstellenden Handlung oder Meinung zu bringen. Daß man zu einer allgemeinen anerkannten und richtigen Handlung überredet werden kann, bezieht sich oft auf die Art und Weise, wie man das tut, z. B. mit Argumenten ad hominem und nicht ad rem, was ja weiter oben schon diskutiert wurde. Und ob man jemanden überredet oder überzeugt, hängt auch tatsächlich nicht »direkt von der Wahrheit dessen ab, was Gegenstand« der »Redetätigkeit« ist (Huth 1975, S. 82), genauso wenig wie von der Richtigkeit der in Frage stehenden Meinung, dafür aber davon, was P für wahr oder richtig hält. Die Definition von Okun 1974, daß eine Überzeugung immer dann vorliegt, »wenn ein Individuum gewillt oder bereit ist, nach erworbenem Wissen in Maßgabe gegebener Bedingungen und Voraussetzungen zu handeln« (S. 858) stimmt zwar, sagt aber nichts darüber aus, was passiert, wenn zwei Überzeugungen aufeinanderprallen, wenn also argumentativ geklärt werden muß, welche Überzeugung etwa vernünftiger ist.

— Die beiden Argumentationstypen und die Möglichkeit von Angriff und Verteidigung

Die brisanten Fälle im Alltagsleben sind nämlich gerade die, in denen festgefügte Überzeugungen gegeneinander stehen. Man konnte das gut im Interview D — S verfolgen, auch bei der Untersuchung zur Sauberkeitserziehung von kleinen Kindern, im Beispiel von den Wahlen (11), den zu hart gekochten Eiern (14) und Karrys Ansichten über die Vollbeschäftigung (17 und 18). Genau dann geht es nicht mehr mit Fragen, Antworten, Verdeutlichungen und Angaben von Gründen und Zwecken ab, sondern an diesem Punkt wird tiefer geschürft, um die Möglichkeit oder Notwendigkeit solcher Überzeugungen zu überprüfen. In solchen Situationen, vor allem wenn sie noch dazu gesellschaftlich (äußerst) relevant sind, werden in Argumentationen durch die dezidiertere Aufarbeitung der Probleme auch Rechtfertigungen (und bei Aufarbeitung der Schuldfrage Entschuldigungen) verlangt, genauso wie Vorwürfe, Bezichtigungen usw. laut werden und es zu Beschuldigungen kommt. In Beschuldigungen, Beschwerden, Vorwürfen u. a. behauptet also P, daß eine Handlung (H) von R oder ein bestimmter Zustand der Welt (den oft R verursacht hat) schlecht sei. In Argumentationen versucht P, R darauf hinzuweisen und dann entweder kooperativ oder strategisch das Problem zu erörtern, um dadurch evtl. Abhilfe zu schaffen, nämlich dann, wenn entweder einer der beiden Kommunikationspartner die Überzeugung des anderen *akzeptiert* hat oder beide zusammen einen Konsens gefunden haben, der nicht unbedingt in der Meinung des einen oder anderen schon vorformuliert gewesen sein muß. Aber auch durch einen Kompromiß, nämlich dann, wenn feststeht, daß beide Meinungen nicht auf eine beidseitig anerkannte reduziert werden können und man unter einem bestimmten Druck steht, zu einer Einigung zu kommen, kann eine Entscheidung herbeigeführt werden. In Argumentationssequenzen, die Vorwürfe, Beschuldigungen und Rechtfertigungen enthalten, geht es dabei immer darum, Handlungsnormen zu bewerten, also darzulegen, warum oder warum man so nicht gehandelt habe, welcher Handlungsnorm man dabei gefolgt sei und warum man diese Norm als richtig oder unhaltbar empfindet. Eine strategische Argumentation, die alle diese Stadien durchläuft, ist die zwischen Professor Unrat und seinem Schüler Lohmann, in einem Etablissement, in dem die »Künstlerin« Rosa Fröhlich auftritt. Lohmann und Unrat sind Konkurrenten um die Gunst Rosas, zumindest Unrat sieht in seinem Schüler einen Rivalen.

(20) Ausschnitt aus Heinrich Mann: Professor Unrat

U: »Was ist denn nun aber mit Ihnen, Lohmann? Da sitzen Sie und rauchen —
1 immer mal wieder — eine Zigarette, und heute morgen in der Klasse haben Sie gefehlt?«
2 »Ich war nicht disponiert, Herr Professor.«
3 »Aber zum Besuch des Blauen Engels sind Sie — traun fürwahr — stets disponiert.«
4 »Das ist etwas anderes, Herr Professor. Ich hatte heute morgen Migräne. Der Arzt hat mir geistige Anstrengungen verboten und mir Zerstreuung verordnet.«
5 »So. Sei dem, wie ihm wolle...«
Unrat schnappte erst ein paarmal. Dann hatte er's.
6 »Da sitzen Sie nun und rauchen,« wiederholte er. »Schickt sich das denn nun für den Schüler in Gegenwart des Lehrers?«
7 Und da Lohmann nichts tat, als ihn hinter halb gesenkten Lidern hervor mit müder Neugier ansehn, brauste Unrat auf:
8 »Werfen Sie die Zigarette weg!« schrie er dumpf.
9 Lohmann ließ eine Weile verstreichen. [...]
10 »Wie denn! Vorwärts nun also!«
11 »Die Zigarette«, versetzte Lohmann, »gehört zur Situation. Die Situation ist ungewöhnlich — für uns beide, Herr Professor.«
Unrat, erschrocken über den Widerstand, mit unterirdischem Beben:
12 »Die Zigarette wegwerfen, sage ich!«
13 »Bedaure,« sagte Lohmann
14 »Sie sollten es wagen...! Bursche!...«
15 Lohmann machte nur noch eine vornehm ablehnende Bewegung mit seiner spitzen Hand.
Da fuhr Unrat, gepackt von Schwindel des bedrohten Tyrannen, vom Stuhl auf.
16 »Sie werfen sie weg, oder ich hemme Sie in Ihrer Laufbahn! Ich zerschmettere Sie! Ich bin nicht gesonnen — !«
Lohmann hob die Schultern.
17 »Wie bedauerlich, Herr Professor. Das alles ist ja vorüber. Daß Sie die Umstände so mißverstehen können.«
[...]
Unrat in seinem Angstkrampf, ließ es sich [...] einfallen zu drohen:
18 »Wenn Sie nicht augenblicklich die Zigarette fortwerfen, begleite ich Sie stehenden Fußes zu Ihrem Vater!« [...]

19 »Kommen Sie mit!« rief Unrat. »Ich befehle Ihnen, Sekundaner Lohmann, mit mir zu kommen!«

20 Lohmann ließ ungeduldig die Zigarette fallen. Darauf sank Unrat befriedigt auf seinen Sitz.

21 »Sehen Sie! Freilich nun wohl. So ziemt es sich für einen Schüler, der sich um den Lehrer wohlverdient machen möchte, ... Sie, Lohmann, entschuldigt der Lehrer, denn Sie sind — immer mal wieder — als mente captus zu bezeichnen. Haben Sie doch eine unglückliche Liebe.«

Sprecher	Handlungstyp	Strategie	In-Frage-stehende Handlung, Thema	Grund	Zweck, Interesse, Ziel, Absicht
1 U	Angriff (An)	Vorwurf/ Beschuldigung, Vorhaltung	Schulschwänzen, Lokalbesuch	Ärger über Nebenbuhler	L's Verlassen des Lokals
2 L	Verteidigung (V)	Ausweichen (Au), Krankheit vortäuschen	Krankheit	Abhängigkeit von U	Abwiegeln
3 U	An	Insistieren/Vorwerfen	Lokalbesuch Schulschwänzen	Ärger	Verlassen des Lokals
4 L	V	Darauf eingehen RF als Ausrede	Krankheit	Abhängigkeit von U	Will U nicht verärgern/ selbst Gesicht nicht verlieren
5 U	Retardierendes Moment, Phase der Sammlung/ Verlegenheit	./.	./.	Verlegenheit	./.
6 U	An	Vorwurf	Rauchen	Ärger über Nebenbuhler	Will L demütigen vor Rosa/ daß L nicht raucht
7 L	V	Au: Schweigen, Weigerung	./.	Benötigt Zeit zum Nachdenken	Will keine Eskalation
8 U	An	Bedrohung/ Beschimpfung	Zigarette wegwerfen	Wut	s. 6
9 L	V	Au: Schweigen, Weigerung	./.	s. 7	s. 7

10	U	An	Aufforderung/ Befehl	s. 8	s. 8	s. 8
11	L	An	Drohung	Hinweis auf kompromitierende Situation für beide	Haß/Verletztes Ehrgefühl	Will Eskalation/Will U ärgern/sich ehrenvoll aus der Affäre ziehen/Rosa und den Kameraden imponieren/U einen Dämpfer verpassen
12	U	An	Befehl	s. 10	s. 8	Will L demütigen/sein Gesicht nicht verlieren/Rosa imponieren/ L klein kriegen
13	L	An	Bedauern, Herabsetzen/ Beleidigen	./.	Haß	Abwiegeln od.: Kränken/Bloßstellen von U, ansonsten s. 11
14	U	An	Drohung	Unbotmäßigkeit von L	s. 8	s. 12
15	L	V	Zurückweisung	Zigarette	s. 11	s. 11
16	U	An	Drohung	Laufbahn L's, Konsequenzen für L	s. 8	Will Vernichtung L's/ seine ganze Macht ausspielen/ Rosa imponieren/auf jeden Fall gegen L nicht unterliegen
17	L	V	Au: Disqualifizieren	Definition der Handlungssituation	Angst vor U/ vor Konsequenzen	Will abwiegeln/retten, was zu retten ist/keine weitere Eskalation oder: s. 11 u. 13
18	U	An	Drohung	Einschaltung des Vaters	Hält Vater für Respektsperson, Wut	Will auf keinen Fall unterliegen

19 U	An	Drohung/ Befehl	s. 18 noch akuter	s. 18	s. 18
20 L		Nachgeben	./.	Angst, Vorsicht	s. 17
21 U	An Kommentar	Bespötteln, Lächerlich machen des Gegners, Selbstbeweihräucherung	Argumentation von 1-21	Triumph, Vorsicht	Will L kränken/demütigen/vor Rosa bloßstellen/ sich selbst als gnädig herausstellen/Konsequenzen von L verhindern, z. B. daß dieser anderen von diesem »Auftritt« erzählt

Nun wäre Heinrich Manns »Professor Unrat« kein Stück Literatur, wenn man die Handlungen, Gründe und Ziele der Beteiligten nicht auch anders sehen könnte. So ist evtl. L mehr Initiative zuzubiligen, z. B. sein zweimaliges Schweigen mag ohne weiteres anders zu interpretieren sein. Aber darauf kam es hier gar nicht an. Es sollte nur an einem argumentativen Dialog gezeigt werden, wie Angriff und Verteidigung ineinander übergreifen, wie die verschiedensten Ziele — dabei oft einige parallel — verfolgt werden, und wie aus dem Glauben heraus, daß mit dem Sprechbeitrag ein wesentlicher Schritt zur Erreichung des Zieles getan ist, ein Sprecherwechsel stattfindet, wie also die Beiträge miteinander verwoben sind. Da werden Themen nur solange verfolgt, wie sie aussichtsreich zur Verfolgung des Kommunikationsziels erscheinen, da eskaliert bei U die Angriffsweise, allerdings noch nicht einmal so sehr inhaltlich, obwohl seine Drohungen immer massiver werden, sondern vor allem in der Art und Weise, wie sie vorgebracht werden. U schreitet also vom Vorwurf einer bestimmten Handlung in (1), möglicherweise ist es eine Vorhaltung oder Beschuldigung, zu ganz massiven Drohungen fort, verbunden mit immer größerer Lautstärke, um seine Ziele zu erreichen, die er, wie er wohl meint, mit weniger massiven Mitteln nicht hätte erreichen können. Als in (20) das Ergebnis seiner Bemühungen erreicht ist, ändert sich bei U auch sofort die Zielprojektion. Mit anderen Strategien versucht er noch einmal, seinen Triumph darzustellen, signalisiert aber andererseits wieder (scheinbare) Verständigungsbereitschaft, um diese letzten Endes auch für ihn unliebsame Affäre aus der Welt zu schaffen. Vielleicht sollte man sich noch einmal fragen, wie es U anfängt, L dahin zu bringen, wo er ihn haben will, wie er ihn in Zugzwang bringt.

Der erste »Zwang« entsteht dadurch, daß in (1) U überhaupt erst einmal eine Frage stellt. Das tut U reichlich massiv, aber ganz sicher der Situation und dem damaligen Verhältnis von Lehrer und Schüler angemessen. Durch (2) und (4), also Verteidigungshandlungen, die zwar abwiegeln sollen, aber auch dazu dienen (4), das eigene Gesicht nicht zu verlieren, kommt nun auch U in Zugzwang. Entweder er gibt sein Ziel auf — und blamiert sich dann, wie er es empfindet, vor seinen Schülern und Rosa — oder er setzt weitere Mittel ein, das Ziel zu erreichen. Er entscheidet sich für die Fortführung des Gespräches und könnte das nun auf zwei Arten tun: kooperativ oder strategisch. Auf den ersten Blick sieht man schon, daß eine kooperative Weiterführung kaum Aussichten hat. U und L müßten dann über die Gesundheitsgefährdung durch Rauchen und das Problem des Besuches von zweifelhaften Etablissements reden, dazu noch über die Richtigkeit der Norm, daß Schüler im Beisein ihrer Lehrer das Rauchen von Zigaretten zu unterlassen haben. U entscheidet sich für die Strategie und damit für die Eskalation. In (8) steigert er den Angriff durch die Form seines »Arguments«. In (11) hält L inhaltlich dagegen, was U um so mehr reizt und ihn nun auch dazu zwingt, »inhaltlich« zu argumentieren. Das tut er in (16) und (18), um L zu beeindrucken, ihn dadurch zu zwingen, klein beizugeben. L tut das dann auch, zumindest nach außen sichtbar, nach der Äußerung (18), die L aber nicht so trifft, wie sich das U vorstellt oder vorgestellt hat, sondern die aus einem anderen Grund wirkte, weil nämlich Dora Breetpoot zu Gast im Lohmannschen Haus war, »eine dreißigjährige Frau«, die »/e/r liebte«.

Man kann den Kommunikationspartner, wie man sieht, in Bedrängnis bringen, indem man angreift. Wer antworten, sich dabei noch verteidigen muß, gerät in einen bestimmten Zugzwang, nämlich den, die Angriffe seines Gegenübers parieren, auf alle Einwendungen eine Antwort geben, Argumente mit besseren Argumenten widerlegen, evtl. sie zurückweisen oder ausweichen zu müssen. Gesteigert wird der Zugzwang, in dem sich der Kommunikationspartner befindet, dadurch, daß entweder immer dezidiertere Begründungen oder Erklärungen von ihm verlangt werden, daß man in unserem Argumentationsschema nach unten vorrückt oder daß man ihn persönlich stärker angreift, etwa so wie es U mit L tut, wenn der Tonfall aggressiver wird.

Aber auch die Gründe oder Zwecke, die man anerkennt oder nicht, tragen das Ihre zur Eskalation von Argumentationen bei. U und L hätten ihre Argumentation sicher auch in beidseitigem Einvernehmen nach (4) abbrechen können, und wahrscheinlich hätte L nichts dagegen gehabt, er wäre dann der heimliche Sieger gewesen, denn die Abarbeitung der Dissonanz hätte dann bei U gelegen. Dieser hätte dann nämlich die Rechtfertigung von L akzeptiert und damit vor allen anderen »eingestanden«, daß er wohl zu forciert angegriffen habe, was dem in Frage stehenden Gegenstand nicht adäquat gewesen sei.

Deshalb ist nicht nur der im Zugzwang, der gefragt, beschuldigt usw. wird, sondern auch derjenige, der angreift, weil er beweisen muß, daß er nicht zu Unrecht offensiv geworden ist.

Insofern entlastet eine von vornherein auf Konsens angelegte Argumentation die Kommunikationspartner. Dissonanzen entstehen erst gar nicht, weil niemand etwas gewinnen will oder zu gewinnen hat, sondern jeder Beitrag an einer kooperativen Verständigungsbereitschaft ausgerichtet ist. Nur ist es in der Praxis leider so, daß von Anfang an Dissonanzen vorzufinden sind, die dann auch argumentativ abgearbeitet werden müssen.

Wir haben bis jetzt folgende Typen von Argumentation kennengelernt, die sich vor allem durch den Zweck, zu dem sie geführt werden, unterscheiden:

— *kooperative Argumentationen*, die der Findung eines wahren Konsens dienen, in denen jeder nach bestem Wissen und Gewissen das, was er meint, fühlt und wünscht, beiträgt. Ziel ist es, den Anderen zu *überzeugen.*

— *strategische Argumentationen*, in denen alle Kommunikationsteilnehmer so tun, als ob sie sich in einer kooperativen befänden, in Wirklichkeit verfolgt aber jeder sein Ziel, das vor allem ihm nützt, dem anderen aber evtl. sogar schadet. Ziel ist es, den Gegenüber zu *überreden.*

Und dazu als Sonderfall strategischen Argumentierens

— *taktische Argumentationen*, in denen einer den anderen, egal mit welchen Mitteln, ausschalten will. Solche taktischen Argumentationen kommen fast nur in face-to-face-Interaktionen vor, weil eine massive Bedrohung des Gegners von Dritten, etwa von Fernsehzuschauern nicht goutiert würde. Der »Sieger« könnte dann ganz leicht der Verlierer in den Augen Dritter werden, weil seine Mittel, mit denen er sein Ziel verfolgte, Anstoß oder sogar Abscheu erregen. Ziel der taktischen Argumentation ist es, den Gegner zu *überwinden*, Sieger zu sein, selbst auf Kosten der völligen Zerstörung des Gegners. Während bei strategischen Argumentationen der Gegenüber immerhin noch als selbständig Handelnder erhalten bleibt, der zwar im Idealfall das tun soll, zu dem ihn der Andere überredet hat, darf der Verlierer einer taktischen Argumentation ruhig erkennen, daß er von seinem Gegner in seiner Handlungsfreiheit beeinflußt, beschränkt oder vollkommen gehindert worden ist, die Hauptsache bleibt, daß er ausschließlich im Sinne von P handelt. Entscheidend ist hier, daß R weiß, daß er so handelt wie P will, während nach erfolgreichen strategischen Argumentationen R meint, er handele wie er selbst, R, wolle.

— Die taktische Argumentation als Sonderfall strategischen Argumentierens

Ein gutes Beispiel für eine taktische Argumentation ist außer Beispiel (20) auch das schon längst versprochene Interview Schult-Dregger.

Dabei ist festzuhalten, daß nicht im gesamten Interview taktisch argumentiert wird, sondern nur an einer Stelle. Ansonsten herrscht hier strategisches Argumentieren vor, wie man sich nach den eingangs gemachten Ausführungen zu den Kontextbedingungen dieses Interviews denken kann. So wie Schön, Zewe und Wehner, muß auch Dregger vor allem die Enttäuschungen seiner Anhänger in Grenzen halten, ihnen »Abflußkanäle« verschaffen und aufzeigen, daß es doch die beste aller Möglichkeiten war und bleibt, CDU zu wählen. Es wäre also töricht, als Zuschauer von Dregger (wie auch von Wehner, Zewe und Schön) zu erwarten, daß er hier seine Niederlage zugibt und Gründe bei der eigenen Partei dafür anführt, sie etwa sogar bei sich selbst sucht. So etwas stellt zwar idealiter gesehen das Ziel eines solchen Interviews dar, in praxi aber wird auch hier nicht der Konsens angestrebt, sondern bestenfalls der Kompromiß, in der Regel die Beeinflussung des Gegenüber im strategischen Sinn, und genau das tut Dregger:

(21) Interview Schult-Dregger

St: (beginnt mit einer Frage nach dem Erreichen des Wahlziels)

D: »In der Tat haben wir unser Wahlziel nicht erreicht. Ich halte nichts von denen,
1 die aus jedem Ergebnis einen Sieg herausinterpretieren. Wir sind nicht die strahlenden Sieger. Allerdings haben wir ein Wahlziel nicht erreicht, das noch niemand vor uns erreicht hat. Es ist bei unserem Wahlsystem noch nie gelungen, aus der Opposition heraus allein die Mehrheit der Mandate zu erhalten. Aber daß wir kein Mandat verloren haben, daß wir absolut Stimmen gewonnen haben, denn sonst wäre das bei der erhöhten Wahlbeteiligung nicht möglich gewesen, zeigt doch, daß ich allen Anlaß habe, erstens den Wählern zu danken, die für uns votiert haben. Ich habe noch nie so viel Sympathie und menschliche Zuneigung verspürt wie in diesem Wahlkampf. Dann denen zu danken, die uns geholfen haben, an der Spitze unserem Bundesvorsitzenden Helmut Kohl und allen Unionspolitikern, die hier in Hessen waren und schließlich dieser hessischen Partei selbst, von der ich nach wie vor behaupte, das ist das Beste, was auf dem Markt ist.

St: Ja, Herr Dr. Dregger, bleiben wir bei Ihnen, Sie haben sich zum dritten Mal
2 um das Amt des Ministerpräsidenten beworben, Sie haben zum dritten Mal ein Scheitern hinnehmen müssen, eh haben Sie Fehler gemacht?

D: Wissen Sie, Scheitern... Als ich, sechs 1970 die erste Landtagswahl machte,
3 hatte ich 26% der Stimmen, ich bin angewachsen dann auf 39%, ich weiß nicht, ob das ein Scheitern ist, und dann bin ich beim nächsten Mal von 39% auf 47% gestiegen, ich weiß nicht, ob das ein Scheitern ist. Jetzt haben wir den für Hessen ganz ungewöhnlich hohen Stand behauptet, ich weiß nicht, ob das ein Scheitern ist!?

St: Ja, aber jedes positive Ergebnis ist, kommt einer Niederlage gleich, solange es
4 Ihnen nicht die absolute Mehrheit gebracht

D: (fällt ihm ins Wort): Das ist eine Frage der Interpretation, ich kann den Be-
5 griff »Niederlage« nicht übernehmen. Ich habe zu Beginn gesagt, wir haben unser Wahlziel nicht erreicht. Wir sind nicht die strahlenden Sieger. Aber eine Partei, die die meisten Mandate erobert und die stärkste Partei ist, als die Verliererin zu bezeichnen, ist eine sehr gewaltsame Interpretation, Herr Dr. Schult.

St: (6) Es bleibt: das Wahlziel ist nicht erreicht, Herr Dr. Dregger,
D: (7) Eben
St: (8) das politische Leben geht weiter, werden
D: (9) So ist es!
St: (10) Sie's in vier Jahren noch einmal versuchen?
D: Das ist eine Frage, die die hessische Partei zu gegebener Zeit in vollem Einver-
11 nehmen entscheiden wird. Vorher haben wir andere Aufgaben. Wir müssen erst unseren Kommunalwahlsieg von 1977 ausbauen. Die Basis ist jetzt noch wichtiger. Wir müssen zweitens dafür sorgen, daß wir eine leistungsfähige Opposition im Landtag behalten. Wir müssen drittens die Europawahl des nächsten Jahres vorbereiten. Wir müssen viertens die Bundestagswahl 1980 vorbereiten. Sie sehen, an Aufgaben wird es nicht fehlen, und Sie können sich darauf verlassen, die hessische CDU bleibt Spitze.
St: Sie ham eben auf die Beschlüsse Ihrer Partei hingewiesen, die kommen werden,
12 könnte es sein, daß dieser Tag eine Führungsdiskussion in der hessischen CDU auslöst
D: (13) (schnell, St ins Wort fallend): Was für'n Ding?
St: (14) Eine Führungs-diskussion
D: (15) (schnell): Was verstehen Sie darunter?
St: (16) Eine (kleine Pause) die Frage der Ablösung des Ersten Vorsitzenden
D: (schnell, St ins Wort fallend): Ach ja, hat da schon etwa ein Mitglied die Frage
17 an Sie herangetragen?
St: (18) (schnell): In keiner Weise
D: (19) (schnell): Oder sind Sie selbst Mitglied?
St: (20) Nein
D: Ah ja (lacht laut, indem er gleichzeitig seinen Kopf von St wegdreht und in die
21 Kamera, d. h. zum Zuschauer, blickt) Ich glaube, das ist eh sehr theoretisch!
St: Herr Dr. Dregger, könnte dieser Tag auch Auswirkungen auf die Bundes-CDU
22 haben? Sie wissen, was ich damit meine, ich spreche an die Diskussion um eine vierte Partei.
D: Ja, der Begriff »Vierte Partei« hängt eben mit der Tatsache zusammen, daß
23 unser Drei-Parteien-System nicht mehr funktionsfähig ist, weil die FDP ja nicht mehr echt dritte Partei ist, sie hat sich fest überall an die SPD gebunden, und sie wird das heute abend noch als eine Bestätigung empfinden und damit, ich hab' vorhin schon gesagt, daß es noch nie gelungen ist, aus der Opposition die absolute Mehrheit zu bekommen. Das ist also ein objektives Problem, das kann man gar nicht wegleugnen. Wie es gelöst werden soll, das muß in aller Solidarität und mit aller Kühle des Verstandes geprüft werden, und ich möchte nur hinzufügen: Die Einheit der Union ist ein großer Wert, der darf nicht leichtfertig auf's Spiel gesetzt werden.
St: Viele Dank, Herr Dr. Dregger, für dieses erste Gespräch, wir werden uns heute
24 noch mehrfach sehen...

In (1) arbeitet D, nachdem er Ehrlichkeit dargestellt hat, als er davon spricht, nicht das Wahlziel erreicht zu haben und nicht der strahlende Sieger zu sein, die Enttäuschungen seiner Parteigenossen und Anhänger ab, indem er das Wahlsystem (und damit implizit die FDP, vgl. Äußerung [23]) zum eigentlich Schuldigen erklärt. Dann aber geht er sofort zum Lob seiner Wähler und seiner Partei über. Schults Frage, ob er Fehler gemacht habe (2), weicht D (3) aus. Er geht nicht darauf ein, ob er Fehler gemacht habe, sondern pickt sich ein Wort aus der Frage heraus, das ihm … Selbstdarstellung gibt: Scheitern. Fehler gemacht zu haben, … Grund für das Scheitern sein. D sucht aber nicht kooperativ mit … einem Grund für sein Scheitern, sondern weicht aus, indem er Fakt… aufzählt. Gleichzeitig aber weist er damit den ihm unterstellten Sachverhalt des Scheiterns zurück. Damit sperrt er sich von vornherein einer argumentativen Aufarbeitung der Wahl, denn wenn schon nicht nach den Gründen für die Niederlage der CDU gesucht werden kann, was bleibt dann noch übrig? D weist also klugerweise zurück, daß diese Wahl eine Niederlage oder ein Scheitern für die CDU bedeute, er hält die Beschreibung von St für den vorliegenden Sachverhalt für eine »gewaltsame Interpretation« (5). Nachdem nun schon der Partei Dreggers kein Mangel angetragen werden darf, versucht es St mit der Person von D (11). An diesem Punkt aber zeigt D St ganz deutlich, wie weit dieser mit seinen Bitten, Stellung zu beziehen, gehen darf. In einer taktischen Argumentation macht D klar, daß er das Thema »Führungsdiskussion« hier und mit St nicht diskutieren will. Er hat damit Erfolg, bleibt zumindest St gegenüber Sieger. Auf den Fernsehzuschauer wirkt er m. E. kalt und zynisch. In (13) und (15) zieht D alle Register strategischen Ausweichens, wenn er um Wiederholung eines Ausdrucks und um dessen Erklärung bittet. St wird dadurch unsicher, gerät in die Defensive, wirkt in (20) geradezu lächerlich und hilflos. Der Angriff D's, beginnend in (13), hat hier voll seine Wirkung gezeigt. Interessant ist, wie D von der Verteidigung in den Angriff kommt. In (13) bittet er (scheinbar) um Wiederholung eines Ausdrucks, das neutralisiert die Argumentation. In (15) bittet er um Erklärung eben dieses Ausdrucks, womit schon eine erste oder zweite Stufe des Angriffs erreicht ist, und in (17) und (19) schlägt er zu. Was in (17) noch wie eine Informationsfrage aussieht, bereitet letzten Endes nur das argumentum ad personam in (19) vor, denn D wußte sehr wohl, ob St Mitglied der CDU ist oder nicht. D hat in dieser Sequenz seinen Gegner St bloßgestellt, herabgesetzt und lächerlich gemacht. Allerdings gehört damit wohl die Sympathie des Fernsehzuschauers, wie schon gesagt, St. Deswegen wendet sich D noch im Augenblick seines Triumphs über St wieder der sachlichen Auseinandersetzung zu (21). St, der seine Niederlage vor den Fernsehzuschauern sicher als peinlich empfindet, nimmt dieses Friedensangebot auch sofort an und geht zusammen mit Dregger zur Diskussion um die FDP und einer vierten Partei über. D hat eigentlich, was er will: seine Parteifreunde und seine Wähler bei der Stange gehalten, die Diskussion um ein Scheitern der CDU und um eigene Fehler abgebogen bzw. übergangen, ganz zu schweigen davon, daß etwa nach Gründen für ein Scheitern der CDU in den eigenen Reihen gesucht worden wäre. Für dieses »Scheitern« oder besser: für diesen Wahlausgang hat D nun auch noch Sündenböcke nennen dürfen, was natürlich für die eigenen Anhänger ein ganz besonderer Trost ist, weil es sie erst recht reinwäscht, viel mehr, als es die nach Waschmittelwerbung klingenden Sprüche vom Besten auf dem

schen CDU, die Spitze bleibt (11), vermögen. Wo
bjektive Tatsachen wie FDP und Wahlsystem im
gen sich die CDU-Anhänger mit D trösten, da kann
annschaft etwas ausrichten.

al etwas zu Begründungen und Erklärungen

em Sinn von Handlungen gefragt wird, geben wir
b... und Erklärungen. In Kap. 1 wurde dieses Problem ausführlich er... Dabei wurde behauptet, daß Gründe und Zwecke zu einer Handlung gehören, daß sie ihr nicht äußerlich sind, und das soll auch weiterhin Gültigkeit behalten. Nur hat wohl die Praxis, die Beschäftigung mit argumentativen Texten bewiesen, daß mit allen möglichen Arten von Gründen Handlungen begründet werden und daß dabei Gründe der Art, wie sie in Kap. 1 vorgestellt wurden, *nicht* die Hauptrolle spielen. Wie wird also tatsächlich begründet, welche Variationsbreite ist in konkreten Fällen möglich und vielleicht auch, was kann man als Rezipient oder Analysierender daraus ersehen, daß P diesen oder jenen Typ von Gründen zur Begründung verwendet?

1. Begründung durch ein *Motiv:* »Ich versprach ihr zu kommen, weil ich sie gerne mag«
2. Begründung durch Angabe einer *Tatsache:* »Ich kaufe für sie ein, weil sie blind ist«
3. Begründung durch Angabe einer *Obligation:* »Ich ging hin, weil ich es ihr versprochen hatte«
4. Begründung durch Berufung auf eine *Regel, Norm, Konvention* usw.: »Ich hörte die neueste LP von »Colosseum« über Kopfhörer, weil man um 2 Uhr nachts keinen Lärm mehr macht«
5. Begründung unter Berufung auf einen *Wert:* »Ich lasse keine Klausuren schreiben, weil ich es als *falsch empfinde,* Leute, die bald selbständig vor einer Schulklasse stehen, so zu behandeln als seien sie selbst Schüler«
6. Begründung durch Berufung auf *eigene moralische Ansichten:* »Ich warnte ihn, weil ich es für meine Pflicht hielt« oder »Ich gab mein Amt zurück, weil ich es nicht für ehrenhaft halte, diese beiden Ämter in Personalunion zu verwalten«
7. Begründung durch Angabe einer *Ursache:* »Er fiel hin, weil auch er den Gesetzen der Schwerkraft unterworfen ist«
8. Begründung durch Angabe eines *Sachverhalts:*
   a) Meinung
   »Ich kaufte mir die neueste LP von »Colosseum«, weil ich meine, daß das z. Z. die beste Band ist«
   b) Wunsch
   »Ich kaufte ihr dieses Parfüm, weil es schon immer mein Wunsch war, ihr diese Freude zu machen«
   c) Gefühl

»Ich warnte ihn, weil ich das Gefühl hatte, daß ihm Gefahr droht«
d) Wissen
»Ich habe ihr Gummibärchen mitgebracht, weil ich weiß, daß sie sie gerne ißt«
Alle in (8) vorkommenden Begründungen kommen meist ohne den Zusatz von »weil ich meine« oder »weil ich weiß« vor, also in folgender Form: »Ich habe ihr Gummibärchen mitgebracht, weil sie sie gerne ißt«. Bei b) kann man sich darüber streiten, ob hier nicht ein Handlungsziel angegeben wird und kein Grund. Die Entscheidung dieser Frage hängt wohl auch davon ab, wie man den Akzent setzt, wie man diese Handlung beschreibt, ob man betont, daß es »mein Wunsch war« (Grund) oder ob es darum geht, »diese Freude zu machen« (Ziel).

9. Begründung unter Berufung auf *andere* oder *alle:* »Ich habe das getan, weil es Hans auch getan hat« oder »Warum hast du das getan? Das machen doch alle!«
10. Begründung unter Berufung auf eine *bestimmte Situation* bzw. *eine Notwendigkeit:* »Ich habe es getan, weil es die Situation erforderte«
11. Begründung durch Angabe einer vorangegangenen *Handlung:* »Du brauchst morgen nicht zu kommen, weil ich heute die ganze Arbeit schon gemacht habe«
12. Begründung durch Angabe eines den Fall affizierenden Ereignisses: »Wir müssen Hilfe holen, weil er sterben wird« (Aus: Let it bleed. Die Rolling Stones in Altamont. München 1970, S. 9) oder »Du solltest morgen kommen, weil ich mein Auto zu Schrott gefahren habe«
13. Begründung durch die zu begründende Sache selbst: »Wir sind sozusagen schizophren. Manchmal will ich die Leute verändern und manchmal will ich einfach die Musik spielen, *weil* ich die Musik spielen will. (David Cohen, Country Joe and the Fish) (Aus: Let it bleed, S. 125)
14. Begründung unter Berufung auf das gerade Gegebene: » . . . sie hatten Marschverpflegung bekommen und seltsamerweise ein Pfund Mandeln, weil Mandeln gerade da waren« (Wolfgang Koeppen, Der Tod in Rom) oder »ich lebe weils nichts besseres gibt« (dieter rot, gesammelte werke, bd. 15, köln u. a., o. J., S. 197)

Um noch einmal darauf hinzuweisen: hier geht es nicht um eine Typologie von Gründen, also um eine exakte Aufstellung von Begründungsmöglichkeiten, sondern darum zu zeigen, welche Typen von Gründen in alltäglichen Argumentationen vorkommen. Ganz sicher ist, daß einige Begründungstypen in anderen aufgehen können. So sind etwa in (8) bei einigem Straffungswillen (aber auch unter Verlust dezidierterer Beschreibungsmöglichkeiten) (2), (11) oder (12) unterzubringen. Zu erwähnen wäre auch noch die Angabe eines Zweckes als Grund »Ich habe das aus dem Grund getan, weil ich dir helfen wollte«. Solche Fälle aber sollen weiterhin nicht unter der Rubrik »Begründung« sondern »Erklärung« abgehandelt werden.

Festzuhalten bleibt, daß dem Kommunikationsteilnehmer eine ganze Palette von Begründungsmöglichkeiten zur Verfügung steht und daß es vor allem auf den Kontext ankommt, zu welchen Begründungstypen man greift. Deutlich sichtbar wird auch, daß einige Begründungstypen als Begründungsmöglichkeiten für kooperative Argumentationen von vornherein ausscheiden, so z. B. (9) und wohl auch (10) und (13). Vor allem aber stehen die Begründungstypen (1)-(8) quer zu denen von (9)-(14). (1)-(8) betonen eher die formale, (9)-(14) stärker die inhaltliche Seite. Logisch gesehen gehen also (9)-(14) möglicherweise in (1)-(8) auf. Worauf es mir ankommt, ist nicht das logische Zurückführen von Begründungen auf ihre Minimalkategorien (etwa Motiv, Tatsache, Sachverhalt, evtl. noch Obligation), sondern aufzuzeigen, daß man *unter Angabe der* genannten Möglichkeiten eine Handlung begründen kann. Noch einmal: letztendlich sind alle Begründungen unter den im Argumentationsschema genannten Kategorien (G), (B), (N) und (RF) zu subsumieren ([4] und [5] etwa sind dort sogar direkt angesprochen), es sollte nur demonstriert werden, daß diese Kategorien inhaltlich verschieden gefüllt werden können. Wird man um eine Begründung gebeten, zu einer solchen aufgefordert oder sogar eines Vergehens beschuldigt und muß deshalb Gründe für eine Handlung angeben, steht die vorgestellte Palette von Begründungsmöglichkeiten (und sicher noch einige mehr) zur Verfügung.

Je nachdem, wie man nun die Situation einschätzt, je nachdem, ob man kooperativ, strategisch oder taktisch argumentieren will und welche Strategie man dabei verfolgt, kann man nun unter den verschiedenen Begründungstypen auswählen. Dem Defendenten ist eine gewisse strategische Variationsbreite gegeben, obwohl die Variationsbreite, durch die Art und Weise des Offendenten anzugreifen, wieder eingeschränkt wird und auch der sonstige Kontext, also Situation und Institution, bestimmte Einflüsse auf die Begründungsmöglichkeiten nimmt.

Letztlich sind das alles Umschreibungen für die Perspektive, unter der man Handlungen vornimmt und/oder beschreibt. Man kann dieselbe Handlung beschreiben mit »Klavier spielen« oder »sich für ein Klavierkonzert vorbereiten« (vgl. White 1973, S. 13) bzw. »Zettel verteilen«, »Flugblätter verteilen«, »mit Flugblättern gegen den § 218 protestieren« oder »die Bevölkerung zur Abschaffung des § 218 aufrufen« (vgl. Rehbein 1977, S. 98). Eine Handlung unter einer bestimmten Perspektive sehen heißt, sie in einem bestimmten Kontext einem bestimmten Handlungsziel zuordnen. Von jemandem, von dem man weiß, daß er jeden Samstag für 50 DM Entgelt »Zettel verteilt«, ganz gleich für wen, ob für den ortsansässigen Supermarkt oder eine politische Gruppierung, wird man nicht behaupten, er rufe die Bevölkerung zur Abschaffung des § 218 auf. Dieses Phänomen schlägt auch auf eine eventuelle (rechtliche) Beurteilung einer Handlung durch. Verteilt diese Person nämlich einmal »Zettel«, deren Inhalt strafrechtlich relevant ist, wird bei der Frage nach der Schuld, spätestens aber der Strafzumessung, ihr Handlungsziel bedeutsam. Wer nachweisen kann, daß er regelmäßig samstags Zettel austeilt, ganz gleich von wem und mit welchem Inhalt, kann in der Schuldfrage zumindest mildernde Umstände für sich geltend machen, wenn es sich einmal herausstellen sollte, daß auf einer bestimmten Anzahl der von ihm verteilten Zettel zum Diebstahl von Lebensmitteln (für Brot für die Welt) aufgerufen wurde. Der Zweck der Handlung oder das Handlungsziel gehört also, wie auch dieses Beispiel zeigt, genau wie der Grund der Handlung zur Handlung selbst. Ohne Interpretation des Grundes und Zieles einer Handlung lassen sich Handlungen nicht beschreiben. Und diese theoretische Einsicht heißt praktisch für Argumentationen, daß R eine Handlung von P nicht konstatieren kann, wenn R sich nicht Gedanken über Gründe und Ziele dieser Handlung gemacht hat, wenn er nicht, von bestimmten Annahmen über diese Gründe und Ziele ausgehend, seine Argumentation beginnt. Macht man einen Film über eine Fraueninitiative zum § 218, wäre es sehr töricht, eine Frau, die Handzettel oder Flugblätter zur Abschaffung des § 218 verteilt, zu fragen, ob ihr die Verteilung von bedrucktem Papier Spaß mache. Da für den Interviewer und den Fernsehzuschauer nur interessant ist, von einem Grund zu erfahren, der ein Motiv, einen Sachverhalt, eine Norm oder einen Wert nennt bzw. der eine bestimmte Situation thematisiert, muß der »Offendent« auch so fragen, daß der »Defendentin« eine entsprechende Antwort möglich ist, also ob sie mit diesen Flugblättern die Bevölkerung zur Abschaffung des § 218 aufrufen, überreden, bekehren, zwingen usw. wolle, warum sie das tue und ob sie dieses Mittel oder den in dem Flugblatt vertretenen Inhalt als der Sache adäquat empfinde. Mit der Angabe von Handlungszielen verhält es sich ebenso wie mit der Angabe von Gründen. Auch hier können Tatsachen, Sachverhalte, Obligationen, Normen, Werte, Situationen, moralische Ansichten, Andere oder Alle, Handlungen, Ereignisse, die Sache selbst oder die normative Kraft des Faktischen thematisch sein.

An einem einfachen, aber m. E. sehr instruktiven Beispiel soll noch einmal die Notwendigkeit der Miteinbeziehung von Gründen und Zielen bei der Interpretation von Handlungen aufgezeigt werden.

Gesetzt den Fall, man sieht einen Studenten mit einem Buch, das die Signatur der Universitätsbibliothek trägt, aus dem Lesesaal kommen und vor das Bibliotheksgebäude treten. Welche Handlung, so lautet die Frage, hat er vollzogen und wie ist diese Handlung zu bewerten? Oder umgekehrt: beginnt man nun eine Argumentation mit diesem Studenten, was alles könnte er antworten, um sich zu verteidigen?

Hier soll nun nicht all das noch einmal aufgerollt werden, was in den Abschnitten über kooperative, strategische und taktische Argumentationen gesagt worden ist, sondern nur noch einmal in kurzen Zügen einige der wichtigsten Möglichkeiten und ihre Hintergründe erläutert werden.

Lassen wir hier nun einmal alle Möglichkeiten des Ausweichens und des Zurückweisens (der Frageberechtigung etwa) beiseite und wenden uns den Möglichkeiten zu, die dieser Student ansonsten noch zu seiner Verteidigung hat, ohne Gedanken darauf zu verwenden, ob das, was er sagt, wahr ist oder nicht, er also kooperativ oder strategisch vorgeht.

Als erstes könnte der Student die Intentionalität seiner »Handlung« verneinen: »Um Gotteswillen, ich hab ja ganz vergessen, das Buch auszuleihen. Daß das aber dem Zerberus nicht aufgefallen ist?« Oder »Aber das Buch ist doch mir!« (Irrtum über die wahren Besitzverhältnisse).

Zweitens könnte er sich rechtfertigen und sagen: »Warum, das ist doch erlaubt, Bücher mitzunehmen!« Das aber würde ihn in diesem Fall erst einmal nicht retten. Er müßte dann schon weitere Argumente bringen.

Drittens könnte er sich auf eine Notlage berufen: »Ich brauche das Buch dringend für die Vorbereitung der Biochemie-Klausur von übermorgen, und man darf sich doch dieses Buch nicht entleihen«. Das würde dem Studenten sicherlich mildernde Umstände einbringen, seine Handlung wäre zumindest zu einem Teil entschuldigt, der Tatbestand des Diebstahls aber noch nicht aus dem Wege geräumt, der laut Strafgesetzbuch § 242 in etwa so definiert ist: »Unter Diebstahl versteht man die Wegnahme einer fremden beweglichen Sache in Zueignungsabsicht. Auch der Versuch ist strafbar.« Klar an diesem Fall ist, daß der Student, Intentionalität der Handlung vorausgesetzt, eine fremde bewegliche Sache mitgenommen hat. Entscheidend aber ist das Handlungsziel, nämlich ob er sich das Buch aneignen wollte oder nicht. Wenn der Student das Buch seiner Freundin schenken, es einem Antiquariat verkaufen oder es seinem eigenen Bücherschatz eingliedern wollte, liegt Diebstahl im Sinne des § 242 vor. Dagegen kann nicht auf Diebstahl erkannt werden, wenn der Student nur die kommende Nacht in diesem Buch lesen und es dann wieder zurückstellen wollte, weil dann ja die Zueignungsabsicht nicht gegeben ist.

Handlungen werden also nach den in ihnen enthaltenen Gründen und Zwecken interpretiert und bewertet. Und Handlungen bzw. Handlungssequenzen richten sich nach der »Verwirklichung« dieser Gründe und Zwecke. Wer in einer realen Situation handelt, wählt die Handlungsweise, die seinen Gründen und Zielen adäquat ist, die er (moralisch) am ehesten begründen kann, egal ob vor sich selber oder für andere, und durch die er am besten seine Handlungsziele verwirklichen kann, wobei am besten heißen kann »am effektivsten« und/oder »am rechtlich und/oder moralisch saubersten«.

Richards hat dieser Verfolgung von Zwecken große Aufmerksamkeit gewidmet und einige Prinzipien für die rationale Wahl (rational choice) aufgestellt, die theoretisch beschreiben sollen, wie man am besten seine Handlungsziele verfolgt. Allerdings gelten Richards' Prinzipien der rationalen Wahl nur für strategische Handlungen, also Handlungen mit egoistischen Zielen und Zwecken (self-regarding ends). (Vgl. Richards 1971, S. 41) Handelt man also strategisch, so wählt man die Handlung, von der man annimmt, daß sie am besten/ehesten/sichersten/schnellsten/unproblematischsten/effektivsten das anvisierte Ergebnis zeitigt. Ein solches Dominanz-Prinzip läßt sich natürlich auch für Argumentationen angeben.

Muß man eine Handlung begründen oder erklären, wählt man, argumentiert man strategisch, die Begründungs- oder Erklärungsstrategie, die einen am besten, ehesten usw. zu dem gewünschten Ziel führt. Da in einer strategischen Argumentation beide Partner diese Taktik einschlagen, ist nicht immer der kürzeste Weg der beste, was heißen soll, daß nicht die Strategie die beste ist, die objektiv gesehen, also bei einem Kommunikationspartner, der kooperativ argumentieren *würde*, die beste *wäre*, sondern die, die unter der Berücksichtigung, daß auch der andere bestimmte (egoistische) Strategien verfolgt, und unter deren Voraus- und Vorwegnahme, die günstigste ist. Entscheidend dabei ist eventuell auch, welcher Plan die meisten Handlungsziele verwirklichen kann (bei der geringsten Anzahl von aufzugebenden Zielen) oder von den besten Gründen gestützt wird und den wenigsten bzw. am wenigsten Dissonanzen verursachenden Einstellungen zuwiderläuft. Vor allem aber ist in der Praxis das Problem zu beachten, daß eine Handlung oft überhaupt nicht das anvisierte Ergebnis bringt, daß man oft die Handlung oder das Argument wählen muß, die/das noch am ehesten Aussicht hat, das gewünschte Ergebnis herbeizuführen bzw. das gewünschte Ergebnis am annäherndsten zu erreichen. Richards stellt sogar eine Matrix dafür auf (S. 48), nach welchen Prinzipien und in welcher Reihenfolge dieser Prinzipien strategische Handlungen, also Handlungen mit »self-regarding ends«, durchzuführen sind, wobei hier strategisch nicht negativ besetzt sein muß, genauso wenig, wie das oben erwähnte Wort »egoistisch«. Wer plant, einen See zu durchschwimmen, dabei Teichrosen zu pflücken und Fische zu beobachten, macht sich einen Plan, legt sich eine Strategie zurecht, handelt also strategisch, wenn er beschließt, die Teichrosen zuletzt zu pflücken, weil sie ihn, wenn er sie am Anfang pflückt, beim Schwimmen und Tauchen hindern. Und gegen eine solche Strategie ist sicherlich (moralisch) nichts einzuwenden.

Wenden wir uns zum Schluß dieses Abschnitts noch der immer wieder gestellten Frage zu, ob denn nun Gründe oder Zwecke in Handlungen die Präferenz haben. Diese Frage ist natürlich nicht eindeutig oder endgültig zu beantworten, es läßt sich aber vielleicht an den verschiedenen Handlungs- bzw. Argumentationstypen aufzeigen, in welcher Situation das eine oder andere dominant ist.

Ganz sicher läßt sich sagen, daß in taktischen Argumentationen die Erfüllung des Handlungszieles dominiert, und das gilt auch, wenngleich weniger radikal, für strategische Argumentationen, in denen man z. B. jemanden zu seinem Besten überreden kann. Aber in dieser Situation gilt auch, daß der Zweck nicht sämtliche Mittel heiligt, sondern daß die Zwecksetzung stark von der Möglichkeit der Begründbarkeit dieses Handelns abhängt.

Für kooperative Argumentationen scheint das zuzutreffen, was Baier von der Relation zwischen Zwecken und Gründen behauptet, nämlich daß nicht »unsere Zwecke bestimmen, was ein Grund für eine bestimmte Handlungsweise ist, sondern [. . .] Gründe bestimmen, was wir anstreben müssen [. . .]. Was ein Grund für diese oder gegen jene Handlungsweise ist, ist unabhängig davon, was dieser oder jener Mensch tatsächlich bezweckt. Die beste Handlungsweise ist nicht die, die am schnellsten, leichtesten, billigsten usw. zum Erreichen unserer Ziele dient, sondern *die Handlungsweise, die die besten Gründe für sich hat.«* (1958, S. 88; 1974, S. 88)

Ganz deutlich zu sehen ist, daß Baiers Theorie nicht für »self-regarding ends«, sondern (nur) für »other-regarding ends« im Sinne von Richards gilt. Man kann das ganze jetzt auch noch etwas durcheinandermischen, indem man Handlungen mit guten Gründen für schlechte Zwecke und solche mit schlechten Gründen für gute Zwecke betrachtet und weiter auch noch Handlungen, deren Handlungsziel bzw. Ergebnis mehrere Personen unterschiedlich betrifft.

Ein Beispiel für die letzte Konstellation wäre folgendes:

(22) Zwei Jungen (B und C) lieben ein Mädchen (A). B schenkt dem Mädchen A einen Blumenstrauß, sehr zum Ärger von C, seinem Konkurrenten. Nun hat B ganz sicher einen guten Grund, A einen Blumenstrauß zu schenken, denn er liebt ja dieses Mädchen. Er verfolgt auch zumindest ein edles Handlungsziel mit seiner Handlung (H), wenn er ihr mit dem Blumenstrauß eine Freude machen will.

Andererseits ärgert er mit dieser Handlung C, er weiß das auch und nimmt es billigend in Kauf, ist also moralisch für den Schaden, den er bei C anrichtet, verantwortlich. Vor allem aber kann man B bei seiner Handlung unterstellen, daß er auch mit (H) einen Zweck verfolgen könnte, der weniger edel als der vorhin genannte ist, nämlich durch (H) A C ausspannen zu wollen. Moralisch gehandelt wäre es also von B, C vorher über die geplante Handlung (H) zu informieren und jenem vorzuschlagen, auch einen Blumenstrauß oder eine Schachtel Pralinen zu kaufen, sofern bekannt ist, daß A Pralinen Blumen gegenüber nicht bevorzugt und umgekehrt.

Handeln aber B und C immer so moralisch, wird A zwar immer von beiden (gleichmäßig) geliebt bleiben, aber niemals von einem zu Ungunsten des anderen für sich gewonnen werden. A bliebe also alleinstehend oder müßte in wilder Ehe mit beiden leben. Ersteres wäre eine Möglichkeit, letzteres (nach heute noch geltenden Normen) unmoralisch (nicht ungesetzlich). Man sieht also, daß auch kooperatives und permanent moralisches Handeln, wenn man es auf die Spitze treibt, unmoralisch bzw. unkooperativ sein kann, denn unter der dauernden Kooperation der Jungen leidet natürlich das Mädchen, das aufgrund der gleichen Behandlung von beiden Seiten nur durch einen Gewaltakt, durch Losen, Würfeln oder blindes Zugreifen die Entscheidung für B oder C herbeiführen kann.

Das, was hier etwas scherzhaft gesagt wurde und vielleicht auch ein bißchen lächerlich klingt, hat aber durchaus einen ernsten Hintergrund. In der Theorie klingt zwar Habermas' Satz gut, der besagt, daß prinzipiell alle an einem Diskurs teilnehmen können, daß jedenfalls alle zugelassen sein müssen, die Praxis sieht jedoch bestenfalls so aus, daß Probleme durch Konsens in einer bestimmten Gruppe gelöst werden. Dabei passiert es mehr als oft, daß durch eine Entscheidung bestimmte andere Gruppen oder Individuen benachteiligt werden. Solche Entscheidungen sind in der Praxis unumgänglich und oft auch beim besten Willen nicht vermeidbar. Sieht man es pessimistisch, könnte man sogar sagen, daß bei jeder Handlung, jeder Entscheidung für das eine oder andere, sofern sich diese Handlung oder Entscheidung nicht nur auf die handelnde Person selbst bezieht (Beispiel: See durchschwimmen und Teichrosen pflücken), Nachteile oder Beeinträchtigungen für andere entstehen. Ganz sicher gibt es ein gesellschaftlich in etwa definiertes Maß, inwiefern durch Handlungen andere benachteiligt werden dürfen, — das Strafgesetzbuch z. B. bestimmt in gewisser Beziehung die Bandbreite menschlichen Handelns —, aber gerade in einem Buch über »Argumentieren« braucht nicht verschwiegen zu werden, daß ein solches Maß nicht gesetzt oder gottgegeben ist, sondern, daß es immer wieder der Diskussion über Toleranzen in der Beurteilung und Auslegung von Normen, Gesetzen usw. bedarf.

Es bleibt also als ernstes Problem unserer Erörterungen des Falles (22) übrig, daß man selbst bei größter kooperativer Handlungs- und Argumentationsweise Schaden anrichten kann, oder anders: daß selbst bei der Verfolgung von Handlungen mit den hehrsten Gründen (und daß B A liebt, ist ein guter Grund für die genannte Handlungsweise) und besten Zwecken (und das ist, jemandem eine Freude zu machen), Konsequenzen oder Folgen auftreten können, die zwar nicht, nur zum Teil oder nur vage beabsichtigt bzw. ins Auge gefaßt waren, die aber (nachträglich) eine bestimmte Handlung als (äußerst) problematisch erscheinen lassen.

Daß man auch bei Handlungen mit guten Gründen schlechte Zwecke und mit schlechten Gründen gute Zwecke verfolgen kann, ganz gleich, ob das Ergebnis dem anvisierten Handlungsziel entspricht, ist schon bei der Analyse von (22) angeklungen. Daß man mit einem guten Grund (Aufrechterhaltung von Recht und Ordnung; Beachtung des geltenden Rechts) schlechte Zwecke verfolgen kann (seinen Nachbarn ärgern), wird klar, wenn man sich vorstellt, daß man seinem Nachbarn, der nach 22 Uhr oder 24 Uhr noch eine etwas laute Party feiert, aus diesen guten Gründen und mit diesem schlechten Handlungsziel die Polizei auf den Hals hetzt. (Vgl. dazu Völzing 1979) Daß natürlich auch diese Handlung gute Konsequenzen haben kann, braucht nicht betont zu werden, können doch nach dem Eingreifen der Polizei endlich alle anderen Nachbarn in Ruhe schlafen.

Gründe und Zwecke gehören zur Handlung, sie müssen sich nicht immer ergänzen. Fast kann man sagen, daß sie das nur in idealen Situationen tun, sich aber im alltäglichen Handeln oft gegenseitig beeinträchtigen, daß sie, und das gilt ganz besonders für Handlungsziele, oft nicht vollständig im Handeln realisiert werden können, so daß das anvisierte Ergebnis nicht oder nur unvollständig zustandekommt. Daß außerdem Handlungen noch Konsequenzen haben können, die überhaupt nicht geplant waren, also nicht innerhalb der Handlung geortet werden können, hat das letzte Beispiel gezeigt. Daß man aber, etwa in einer Argumentation, auch für die Konsequenzen und Folgen seines Handelns, also die nicht-gewollten und auch nicht geplanten Auswirkungen seines Tuns zur Rechenschaft gezogen werden kann, zeigt uns die Praxis. Der Begriff des »Billigend-In-Kauf-Nehmens«, der in diesem Abschnitt eingeführt wurde, das Strafrecht kennt ihn auch unter dem Namen »dolus eventualis«, zeigt, daß man auch im Alltag die Konsequenzen seines Tuns beachten muß. (Vgl. dazu Völzing 1976/79). Nicht nur das, wofür man einen Grund gehabt hat, und nicht nur das, was man bezweckte, kann Gegenstand einer Argumentation sein, sondern letzten Endes alles, was mit einer Handlung eines Individuums zusammenzuhängen scheint. Man kann demzufolge nicht über die Sonne argumentieren, sehr wohl aber darüber, wie man am besten die Sonne von der Haut fernhält. Und man kann nicht über den Begriff »§ 218« diskutieren, sondern nur darüber, ob in unserer Gesellschaft dieser § 218 noch sinnvoll ist. Die Sinnfrage zu stellen ist nur möglich bei Sachverhalten, die durch menschliches Handeln herbeigeführt worden sind und durch menschliches Handeln auch wieder geändert werden können. Nur menschliches Handeln kann einen Grund und einen Zweck haben, und man argumentiert mit Gründen und Zwecken, das aber kann man auch, wenn man über Folgen und Konsequenzen, also nicht nur Ergebnisse und Resultate, argumentiert. Das tut man aber dann so, indem man versucht, dem Handelnden zu unterstellen, daß in seinem Handlungsplan die Handlungskonsequenzen als mögliche Konsequenzen des tatsächlichen Handelns hätten in Erwägung gezogen werden müssen bzw. sogar beabsichtigt waren. Insofern darf das vorhin zitierte Beispiel der Diebstahlshandlung nicht so interpretiert werden, daß der Handelnde nur für das, was ihm (tatsächlich) als Handlungsziel vorschwebte, zur Rechenschaft gezogen werden kann. Deswegen kennt das Recht das Prinzip der Fahrlässigkeit oder des dolus eventualis, und die Sanktionsmöglichkeiten im Alltagsleben, auf der moralischen Ebene etwa, sind wesentlich vielfältiger, oft rigider und in ihren Ergebnissen und Konsequenzen für den Betroffenen schwerer zu (er-)tragen. Viele Argumentationen, etwa auch die Beispiele (3), (16) und (21), drehen sich daher (auch) um Konsequenzen oder auf der Ebene der Begründung um Anlässe und deren Bedeutung für die in Frage stehende Handlung. Immer aber verteidigt man sich mit Begründungen und Erklärungen, jedenfalls solange man kooperativ argumentiert. Welche Möglichkeiten in einer strategischen bzw. taktischen Argumentation gegeben sind, wurde im vorigen Abschnitt ausführlich besprochen, so daß nun wohl alle Möglichkeiten anzugreifen und sich zu verteidigen zumindest rudimentär behandelt worden sind.

2.5 Argumentationen und ihre sprachliche Umsetzung

Nach all dem, was bisher gesagt wurde, verwundert es sicher nicht, wenn behauptet wird, daß Argumentationen dialogisch sind, daß es *ein* Anzeichen für das Vorliegen einer Argumentation ist, daß ein Sprecherwechsel stattfindet. Ein Fernsehzuschauer kann demzufolge nicht mit dem Moderator einer Sendung argumentieren, weil genau dieser genannte Sprecherwechsel nicht stattfinden kann. Nun wissen wir aber, daß es Leute gibt, die während der Fernsehsendung mit den dort Agierenden kommunizieren, Kommentare zu bestimmten Aussagen geben oder dem Moderator Parteilichkeit vorwerfen usw. Vor allem bei fiktionalen Sendetypen ist es gang und gäbe, daß sich der Zuschauer in einen der im Film Handelnden versetzt und mit ihm nicht nur mit den anderen Schauspielern kommuniziert, sondern speziell auch argumentiert. Auch die bisher benutzten Beispiele sind nicht alle dialogischer Art. Das hängt z. T. daran, daß nicht immer an diesen Beispielen aufgezeigt werden sollte, wie argumentiert, sondern wie eine Handlung begründet wird, wie Gründe und/oder Zwecke kollidieren können oder wie praktische Schlüsse beschaffen sind bzw. sein müssen. Trotzdem bleibt der Verdacht, etwa wenn man sich Beispiel (17) ansieht, daß man auch argumentieren kann, wenn kein direkter Kontakt zum Kommunikationspartner gegeben ist. Dabei ist nicht gemeint, daß man *in* einem Text argumentiert, etwa mit Rede und Gegenrede wie Platon, sondern daß man *mit* einem monologischen Text argumentiert, auch in bezug auf einen gar nicht unmittelbar vorhandenen Rezipienten. Schon hier wird deutlich, daß man Argumentationen bzw. den Begriff »dialogisch« nicht ganz so schematisch definieren kann, wie es oben erfolgt ist. Schließlich unterscheidet eine Rede auf dem Parteitag vor Publikum nicht sehr viel von demselben, in einer Zeitung veröffentlichten Text. Und eine solche Rede oder ein solcher Text kann durchaus argumentativ sein, wenn sie/er etwa bestimmte Mißstände anprangert und dazu aufruft, diese im Sinne des Redners zu verändern. Karrys Rede wurde dann auch von seinen Hörern und/oder Lesern als Initialzündung für eine argumentative Auseinandersetzung aufgefaßt, wenn auch die Reaktionen anläßlich der bevorstehenden hessischen Landtagswahl äußerst spärlich und schwach blieben. Wir können also festhalten, daß Argumentationen (im Prinzip) dialogisch sein müssen, daß zumindest in der Einbildung mit einem Kommunikationspartner kommuniziert werden und daß dabei nicht unbedingt eine direkte Interaktionssituation vorliegen muß. Man kann aber auch sagen, daß die Anwesenheit des Kommunikationspartners im Prinzip erst eine Argumentation ausmacht und daß alle anderen denkbaren Argumentationssituationen diese ideale Situation irgendwie voraussetzen oder simulieren.

Kommen wir nun zu der Frage, was Argumentationen sprachlich noch auszeichnet außer dem Sprecherwechsel bzw. Angeboten an den Anderen, die Sprecherrolle zu ergreifen, und den in den einzelnen Sprechbeiträgen vertretenen Angriffen bzw. Verteidigungen. Gerade zum letzteren, zu »angreifen« und »verteidigen«, wurden eine Anzahl von Ausdrücken aufgeführt, die einen Angriff oder eine Verteidigung darstellen können. Auch durch welche sprachlichen Zeichen bzw. Anzeichen Gründe und Zwecke gekennzeichnet sind, wurde in Abschnitt 1.1.3 ausgeführt. Jetzt soll es darum gehen aufzuzeigen, wie man an »objektiven« Gegebenheiten, wie es auf dem Papier stehende oder auf dem Tonband konservierte Wörter oder Ausdrücke nun einmal sind, erkennen kann, in welchem Typ von Argumentation man sich befindet oder weniger anspruchsvoll, wie durch Wörter auf bestimmte Ansichten und Meinungen des Sprechenden geschlossen werden kann. Wie über so vieles, hat schon Lichtenberg über dieses Thema nachgedacht, und sein Aphorismus zeigt eigentlich ganz deutlich die Notwendigkeit einer eingehenden Betrachtung dieses Problems auf.

»Daß die Menschen so oft falsche Urteile fällen, rührt gewiß nicht allein aus einem Mangel an Einsicht und Ideen her, sondern hauptsächlich davon, daß sie nicht jeden Punkt im Satz unter das Mikroskop bringen, und bedenken.« (F864, Promies)

Unsere Aufgabe wird es nun sein, wenigstens ansatzweise herauszufinden, welche sprachlichen (An-)Zeichen etwa auf eine Persuasionsstrategie hinweisen bzw. auf ein Gefühl der Inferiorität oder Unsicherheit seitens des Sprechenden.

Dabei soll von vornherein nicht der Eindruck erweckt werden, daß es objektive sprachliche Merkmale gäbe, an denen mit Sicherheit nachgewiesen werden könnte, welche Art von Sprechhandlung oder Argumentation vorliegt. Das spiegelt auch genau unsere Erfahrung in Argumentationssituationen wieder, denn in der Situation selbst sind wir uns oft nicht darüber im klaren, was denn nun von der Gegenseite gespielt, ob zum Beispiel kooperativ oder strategisch argumentiert wird. Sprachliche Anzeichen lassen also nicht unbedingt auf einen bestimmten Typ von Argumentation schließen, und umgekehrt ist es auch so, daß das Fehlen von Anzeichen, die eine strategische Argumentation signalisieren können, leider noch lange keine Garantie für die Unversehrtheit der Kommunikationssituation darstellt.

Um ein ganz einfaches Beispiel zu nehmen: Wenn jemand sich bei der Äußerung eines Satzes verhaspelt, so kann das ein Hinweis darauf sein, daß der Betreffende lügt, daß er krampfhaft nach einer Ausrede sucht und dabei eine wenig perfekte Äußerung produziert. Das muß aber nicht so sein wie wir alle wissen, z. B. kann P auch Angst oder übergroßen Respekt vor H haben und deswegen so reden. Und selbstverständlich kann eine solche verunglückte Äußerung auch reiner Zufall sein. Die letzte Interpretation ist allerdings weitgehend dadurch ausgeschaltet, daß sich Zufälle in einem längeren Gespräch nicht oft wiederholen.

Aber vielleicht genug der Theorie, verlassen wir die hypothetischen Beispiele und wenden wir uns Texten zu. Nehmen wir als erstes einige Sequenzen aus Beispiel (16), so z. B. die wiederholte Verwendung des Worts »irgendwie« in (039), eine m.E. typische Wiederholung eines Worts in einer Situation, in der man nicht weiß, was man genau sagen soll. Die Frage ist nur, welchen geistigen Zustand oder welche Strategie eine solche Wiederholung in dieser Situation anzeigen könnte. Erst einmal ist in (039) die Frage sehr schwer zu beantworten, ob M hier kooperieren oder strategisch handeln will. Feststehen dagegen dürfte wohl, daß M in der ersten Sequenz angreift, indem sie ihrem Mann vorwirft, »auch mal dann wieder von sich aus kommen« zu können. Dann aber gerät sie oder bringt sich selbst in eine Verteidigungsposition, indem sie sich rechtfertigt »jetzt hab ich gestern Abend halt noch mal angefangen«, was schon fast nach Entschuldigung klingt und was sie folgerichtig in der nächsten Sequenz auch tut. Implizit gibt sie nämlich mit »Und da hab ich irgendwie, ich hab des irgendwie, des Fernseh war laut, und da hab des irgendwie, hat er das mißverstanden« zu, daß *sie* tatsächlich in der von ihm monierten Art und Weise, ein Gespräch vorzubereiten und zu führen, mit ihm geredet hat oder das zumindest jetzt glaubt. Zu ergänzen nach »irgendwie« ist immer »zu laut gesprochen« bzw. »nicht gewollt« und »zu laut gesagt«. Sie gibt auch gleich die Begründung dafür an, warum sie zu laut gesprochen habe, nämlich, daß »des Fernseh« laut war. Indem sie also implizit die Schuld auf sich nimmt, in einem zu lauten Ton mit ihrem Mann gesprochen zu haben, verschlechtert sie ihre Position V gegenüber, der dadurch ja in einem Punkt recht bekommt. Auch mit »Aber ich hab das wirklich gar net so gemeint« (039) gibt sie zu, daß sie laut geredet hat, weist aber auch darauf hin, daß sie die Konsequenzen, die ihr Mann zog, als nicht richtig empfindet. Die Wiederholung von »irgendwie« bzw. einer Äußerung wie »da hab ich des irgendwie« signalisiert in diesem konkreten Fall das »Schuldbewußtsein« der Frau. (039) ist insofern ein Plädoyer für Vergebung oder Begnadigung, als damit ein Eingeständnis der Schuld gegeben wird. Vielleicht mag das M nun doch nicht als die richtige oder überhaupt als eine mögliche Strategie vorgekommen sein, deshalb bricht sie in allen drei Fällen ihre Äußerung ab. Das »irgendwie«, das eine übergeordnete Macht vertreten sollte, hat M ersetzt durch »des Fernseh war laut« und damit den Grund für ihren »barschen« Ton angeführt. Sie hat diesen Ton nicht gewollt, will sie sagen, V auf keinen Fall anfahren wollen, aber sie gibt damit zu, sich, wie und warum auch immer, im Ton vergriffen zu haben, liefert ihm einen Anlaß, berechtigterweise so reagiert zu haben. Andererseits kann man mit »irgendwie« auch dafür plädieren, nicht gehandelt, also nicht intentional bzw. ohne Absicht die in Frage gestellte Tat begangen zu haben. Mir scheint, daß das in diesem Fall M tun will. Allerdings nicht, daß sie ihre Handlung als nicht intentional hinstellen will, sondern als nicht beabsichtigt im Hinblick auf das Ergebnis. Ihr Handlungsziel war es also nicht, V zu reizen oder auch nur den geringsten Anlaß zu einer negativen Reaktion zu geben, sondern nur, ihn zu bitten (oder evtl. aufzufordern), mit ihr über den morgigen Tag zu sprechen. Auf der einen Seite gibt sie zu, objektiv laut gesprochen und damit in einem bestimmten Sinn auch »Schuld« auf sich geladen zu haben, auf der anderen Seite will sie durch die Erzählung, wie es zum Streit gekommen ist, erreichen, daß sowohl T als auch V einsehen, daß es nicht in ihrer Absicht lag, V zu kränken. Auch in (043) zeigt sie das noch einmal deutlich. (039) und die mit »irgendwie« eingeleiteten Äußerungen können also so interpretiert werden, daß M sich gegen den impliziten oder drohenden Vorwurf, Streit gesucht zu haben, verteidigt, indem sie ein Stück Schuld auf sich nimmt, nämlich zu laut gesprochen zu haben, und daß M insofern ein kooperatives Angebot macht, nämlich den Streit zu vergessen, indem sie V zugesteht, nicht ganz zu Unrecht beleidigt gewesen zu sein. Für die weitere Argumentation hätte die Annahme dieses Angebots zur Folge, daß eine Basis zur Kooperation gefunden wäre.

Andererseits klagt M in gewisser Weise V auch an, und das wäre die zweite Interpretationsmöglichkeit, wobei sich die beiden Interpretationsmöglichkeiten nicht unbedingt ausschließen, nicht auf sie eingegangen zu sein bzw. generell nicht auf sie einzugehen. M würde somit die Strategie verfolgen, V vor T dazu zu zwingen zuzugeben, daß er *Schuld an der Eskalation* hat.

Das allerdings würde, vor allem weil die Interaktion vor T stattfindet, Gräben aufreißen, V verärgern und ihn von einer möglichen Kooperation abbringen. V muß dann fast auf seinem Recht bestehen (so wie er es sieht) und weitere Angriffe seinerseits starten.

Eine ähnliche Funktion wie Wiederholungen können in argumentativen Texten Füllwörter wie »eh« haben. Sehen wir uns die Sequenz von (499) bis (558) an, läßt sich fast an der Verwendung von »eh«, »äh« oder »ähm« ablesen, wo strategisch argumentiert wird. Genauer heißt das, daß an diesen Punkten gelogen oder eine Formulierung gesucht wird, die dem Anderen nicht mit der Deutlichkeit, mit der es nach Meinung von P eigentlich sein müßte, würde man sich die »Wahrheit« sagen, die eigene Einstellung übermittelt wird. In (506) will V keine »äh . . . kleine Pause« erreichen, sondern zumindest einen längeren Zeitraum, wenn nicht gar durch Verschleppung Einstellung der Gespräche. Das aber kann er T nicht sagen, zumindest meint er es, nicht tun zu können. Lüge oder Strategie ist hier nicht trennbar, sicherlich sagt V hier absichtlich die Unwahrheit und ebenso sicher verfolgt er damit die Strategie, T eher und leichter loszuwerden.

In (512) wird durch das »äh« keine Lüge kaschiert, sondern wahrscheinlich nur ein Wort gesucht. In (530) dagegen steht wieder die Strategie im Vordergrund genauso wie in (532), wobei eingeräumt werden muß, daß auch möglicherweise nach einem oder dem besten Ausdruck in dieser Situation gesucht wird. Strategie steht aber ohne Zweifel in (538) im Vordergrund. Auf jeden Fall wird hier durch das »ähm« etwas angezeigt, was eigentlich nicht für die anderen bestimmt ist. Wahrscheinlich unterdrückt V einen Vorwurf, von dem er meint, daß er in dieser Situation, in der er mehr »auf Verständigung macht«, unangebracht wäre. In dieser letzten Sequenz spielt V die Rolle des besorgten Ehemanns und ist dadurch sehr vorsichtig im Gebrauch des Personalpronomens »ich«, das ihn als Tyrannen charakterisieren würde. Seine Strategie ist es, sich vor allem mit Hilfe von M aus der Affäre zu ziehen, einen weiteren Termin nicht zu vereinbaren.

Diese »verräterische« Funktion von »eh« findet sich auch nicht nur bei sprachlich bzw. kommunikativ weniger versierten Leuten, sondern, wie man im folgenden Beispieltext sehen kann, auch bei Personen, deren Aufgabe es geradezu ist, durch Worte zu überzeugen und die sich in dieser Kunst Tag für Tag üben und beweisen müssen, z. B. beim ehemaligen Senator für Wissenschaft und Kunst in Hamburg, Prof. Dr. Dieter Biallas (B), dem Intendanten des Deutschen Schauspielhauses Hamburg, Ivan Nagel (N) und dem Journalisten Walter Schmieding (Sc), alle drei eloquente, in harten Diskussionen erprobte Akteure. Schauen wir uns eine Sequenz an, in der B N vorwirft, zuviel Geld auszugeben und daß er aus diesem Grund eine Geschäftsanweisung erlassen habe, nach der N ihn immer dann informieren muß, wenn er Entscheidungen trifft, die das Schauspielhaus ins Defizit bringen (können), was immer das auch heißen mag:

(23) Interview Schmieding — Biallas — Nagel.

B: Es geht darum, daß ich, »wenn Sie eine Entscheidung treffen, die dazu führt, daß
1 die Ausgabenansätze überschritten werden können, davon Kenntnis erhalte, und das geht nur dann, wenn der Verwaltungsdirektor in der Lage ist, rechtzeitig den Finger zu heben, wenn er sagt, wie z. B. das jetzt geschieht oder geschehen ist: die Verpflichtung des Gastspiels »Hamlet« mit Zadek aus Bochum kostet 30.000 Mark aus dem Etat des Schauspielhauses. Dieses Geld haben wir nicht, Herr Nagel, ich warne Sie. Wenn Sie sich dann mit dem Verwaltungsdirektor nicht verständigen, dann, so sagt die Geschäftsanweisung, bin ich zu unterrichten, dann kommt es zwischen uns zu einem Gespräch. Sie sind dann immer noch frei, aber ich, der ich ihre Politik am Hause und meinen Einfluß auf Ihr Haus vor dem Parlament zu verantworten habe, muß wenigstens die Chance haben, mit Ihnen über solche Entscheidungen zu treffen, zu sprechen, die das Haus ins Defizit bringen. Das ist meine Pflicht als Aufsichtsratsvorsitzender und meine Pflicht als verantwortlicher Senator hier in Hamburg. Nur darum geht es, und es geht überhaupt nicht um lächerliche Taxifahrten. Sie sollten nicht versuchen, n, mich als einen solchen Esel hinzustellen. Ich halte dies schlicht für eine Unverschämtheit!

Sc: Herr Senator, ich hatte, als wir dieses Gespräch begannen, oder diese Sendung
2 konzipierten, hatte ich die Hoffnung, Fernsehjournalisten haben *manchmal* diese Hoffnung, daß es uns *vielleicht* gelingen würde, *eh* eine Fernsehbrücke *sozusagen* zu schlagen und auf diesem diffizilen Gebiet der Kulturpolitik *vielleicht* eine Verständigung herbeizuführen, nun ist diese Hoffnung *nicht gänzlich* erloschen, aber etwas kleiner geworden. Eine Frage, Herr Senator Biallas, *eh, prinzipiell* ist es doch richtig, bin ich doch *eh wahrscheinlich* nicht auf dem falschen Weg, wenn ich unterstelle, daß Sie einem Intendanten, der von, der in Hamburg gewählt ist oder in jeder anderen Stadt oder in jedem anderen Staat gewählt wird, *prinzipiell* größtmögliche künstlerische und geschäftliche Freiheit einräumen wollen?

B: Dies hab ich eh über die vergangenen Jahre weiß Gott getan. Herr Nagel hat in
3 künstlerischen Dingen völlig frei entschieden eh entscheiden können. Er hat politisch eh viele Angriffe über sich ergehen lassen müssen, gegen die hab ich ihn sämtlich in Schutz genommen, es hat bisher Einmischung bisher überhaupt nicht gegeben. [...]

N: [...] Wir haben es immer geschafft, am Ende des Jahres weniger schlecht da-

4 zustehen, als man uns Anfang des Jahres Jahr für Jahr durch einen falsch konstruierten Wirtschaftsplan hat dastehen lassen. Aber das eh dazu möcht' ich jetzt nichts mehr sagen, ich möchte nur eines sagen: eh, Herr Senator Biallas spricht eh von einem Regisseur, der da immer außerhalb probiert. Es handelt sich um Peter Zadek [...] Sieben Jahre hat das Schauspielhaus von mit Noelte, mit Zadek, mit Strehler, mit Savary und ähnlichen Regisseuren gearbeitet dank des Umstands, daß in der Kulturbehörden, bei den Wirtschaftsprüfer in allen Instanzen ein Zusammenspiel da war. Die Voraussetzung dieser Arbeit war, daß wir am Ende des Jahres ein geringeres Defizit haben, als es uns am Anfang des Jahres durch die Überhöhung des Einnahmesolls eingebaut wurde. Seit zwei Jahren nehmen Sie das auf eine eh eh nicht ganz klare interpretatorische Weise auseinander, und es wird behauptet, zu den bisherigen Behauptungen, politischen auch gegen das Schauspielhaus, zuzüglich noch, daß es deutliche Mehrausgaben sind. Das ist nicht der Fall.

B: (5) Aber Herr Nagel, wie kann man nur so unaufrichtig sein.

N: Herr Senator, Sie kennen wirklich die Wirtsch den Wirtschaftsplan der
6 nächsten Spielzeit nicht, eh wir einen eh eine halbe Million überhöhtes Einnahmesoll und auch die nächste Spielzeit wird dieses Einnahmesoll um 250.000 Mark erhöhen.

B: (7) Ich rede nicht von den Einnahmen, ich rede die ganze Zeit von den Ausgaben.«

Biallas, der fast in perfekter Diktion spricht und von dem man den Eindruck hat, daß er argumentativ nicht zu schlagen ist, der auch in diesem Gespräch die handfesteren Argumente auf seiner Seite hat, macht eigentlich nur einen sprachlichen »Fehler« in der Offensive. Der aber ereignet sich genau vor der Passage, in der er N am stärksten angreift, in (1), was den Schluß nahelegt, daß B hier für einen Augenblick das passende Wort zur einzuschlagenden oder eingeschlagenen Strategie gesucht hat. B macht hier eine kleine Pause, verbunden mit einem »n«. Wir haben damit eine dritte Kategorie, die Pause, eingeführt, die ebenfalls, so wie auch Wiederholungen und Partikeln wie »äh« dazu dienen kann, Zeit zu gewinnen, wobei das P oft gar nicht bewußt ist. Was aber besagt diese kleine Pause, dieses »n« in der vorliegenden konkreten Situation? B hatte sehr scharf gesagt, daß es überhaupt nicht um lächerliche Taxifahrten gehe (N hatte vorher behauptet, daß er sogar jede Taxifahrt nun vom Senator genehmigen lassen müsse). Schon die energische Betonung dieser Aussage signalisiert nun Sc und N, daß B nicht bereit ist, auch nur einen Schritt nachzugeben. Mit dem, was am Ende von (1) gesagt wird, bringt B nun endgültig N in die Defensive, indem er ihm »Unverschämtheit« vorwirft. N trifft dieser Vorwurf voll, er ist hier, wie auch in seinen späteren Antworten, vollkommen konsterniert, geht kaum inhaltlich auf die Vorwürfe und Beschuldigungen B's ein und erweckt vor allem allein schon von seinem Auftreten her den Anschein des ertappten Sünders. Er redet von diesem Zeitpunkt an auch nicht mehr zum Zuschauer, also mit dem Gesicht in die Fernsehkamera, was dem Zuschauer suggerieren würde, daß er ein gutes Gewissen habe und daß er deswegen ihn und seinen Gegner B auch offen anblicken kann, sondern er spricht in sich zusammengekrümmt mit dem Blick zu Sc, als wäre Sc derjenige, vor dem er sich zu verteidigen hätte. N stellt also nicht den souveränen, zu Unrecht von den Vorwürfen B's getroffenen Intendanten des Schauspielhauses Hamburg dar, sondern eben einen sich windenden, im Unrecht befindlichen Angeklagten. Von der Sache her wird wohl jeder Zuschauer allein schon durch seine optischen Eindrücke zum Schluß gekommen sein, daß N zu Recht angegangen wird. Lediglich auf emotionalem Gebiet mag N ein Plus behalten, denn im Gegensatz zu dem sehr forschen, selbstsicheren, aber auch aggressiven B dürfte N als »getretene und geschundene Kreatur« dem Durchschnittszuschauer mehr Identifikationsmöglichkeiten bieten. Konkret gesagt: man kann in dieser Situation Mitleid für N bekommen und empfinden.

Mitleid und Takt hat und beweist auch Sc, dazu noch einiges (journalistisches) Gespür, als er N nicht direkt auf (1) antworten läßt, sondern ihm Zeit zum Luftholen verschafft, indem *er* erst einmal den Angriff von B auffängt. Das aber geschieht in einer Art und Weise, die uns wieder interessieren muß, denn dieses Zu-Hilfe-Eilen von Sc geht sprachlich keineswegs glatt über die Bühne. Dem Beitrag von Sc sieht man an, daß auch er nicht ohne emotionale Bewegung zustandegekommen ist. Sc war ganz sicher auch geschockt von dem Frontalangriff B's, den er ganz gewiß in dieser Schärfe nicht erwartet hat und der tatsächlich seinen Absichten nicht dienen kann. In (2) müßten demzufolge, wenn die bisher vertretene Theorie Anspruch auf Gültigkeit haben will, einige Partikeln vorhanden sein, die auf diesen emotionalen Zustand von Sc hindeuten, die Unsicherheit von Sc demonstrieren. Unserer bisherigen Theorie entspricht vor allem das »eh« vor »Fernsehbrücke« und die beiden »eh« vor »prinzipiell ist es doch richtig« und »wahrscheinlich nicht auf dem falschen Weg«. Sie zeigen an, wie Sc um eine richtige Formulierung ringt, um ja nicht etwas Falsches zu sagen, B auf keinen Fall die Möglichkeit zu geben, den Streit noch auszuweiten. Auch die Wiederholungen von »ich hatte«, »hatte ich« und »Hoffnung« am Anfang von (2) weisen in die gleiche Richtung.

Besonders interessant aber dürfte hier die Verwendung solcher Wörter wie »manchmal«, »vielleicht«, »sozusagen«, »nicht gänzlich«, »prinzipiell« und »wahrscheinlich« sein, die in einer bestimmten Art und Weise Ausweichmanöver kennzeichnen, indem sie nämlich den Inhalt der Äußerung oder des Ausdruckes, auf die/den sie sich beziehen, relativieren und diese(n) damit schwerer angreifbar machen sollen. Sc versucht, B eine möglichst kleine Angriffsfläche zu bieten und taktiert dementsprechend vorsichtig. Daß er dabei noch eine Frage stellt, die eigentlich inhaltlich hier nicht hinpaßt, die also erst einmal vom Angriff B's ablenkt und einen kleinen Entlastungsangriff darstellt, spricht für seine Klasse als Interviewer. Eine andere Strategie in einem solchen Moment wäre ein möglichst selbstsicherer (Gegen-)Auftritt, der B einschüchtern oder zumindest Achtung einflößen könnte. Eine solche Rede müßte dann von Superlativen, wie sie Scheuerle nennt, nur so strotzen, also von Wörtern oder Redewendungen wie »durchaus«, »entschieden«, »in keiner (oder keinster) Weise«, »selbstverständlich«, »selbstredend«, »natürlich«, »davon kann keine Rede sein« oder »kommt nicht in Frage«. (Vgl. Scheuerle S. 280) Wo »zweifellos« und »ähnliches Zeug steht« (so Scheuerle, ebd.), kann man immer vermuten, daß hier eine Unsicherheit, ein Nicht-Wissen o. ä. verdeckt wird. Das ist vielleicht übertrieben, Scheuerle hat es wahrscheinlich auch nicht so wörtlich gemeint, aber es ist in gewissen Situationen ganz bestimmt nicht unwahr. Es kann auch Strategie sein, durch möglichst selbstbewußtes Auftreten und durch Darstellung von unumstößlich »wahren« Inhalten den Anderen von der Wahrheit und Richtigkeit der vertretenen Argumente zu »überzeugen«. Gerade in Massenmedien, wo dem Kommunikationspartner direkte Einflußmöglichkeiten, wie etwa direkte Nachfrage oder Beobachtung des Auftretens der ganzen Person fehlen, kommt einer solchen Art und Weise der Präsentation von Inhalten und Einstellungen eine große Bedeutung zu.

Da die Verwendung von »eigentlich«, »prinzipiell« etc. weitgehend unbewußt vor sich geht, während Redewendungen wie »in keinster Weise« mehr oder weniger bewußt eingesetzt werden, kann durchaus der Fall eintreten, daß beide Typen nebeneinander erscheinen. Dann ist zumindest ein Hinweis dafür gegeben, daß eine strategische Verwendung solcher Partikeln der Selbstsicherheit vorliegt. Daß das nicht so sein *muß*, wurde am Anfang dieses Abschnitts erklärt. In jedem Text, auch oder vielleicht gerade in diesem, in dem es um die Diskussion von Dingen geht, die nicht selbstverständlich sind, die sich nicht (restlos) beweisen lassen und die vor allem gewissen Interpretationsmöglichkeiten breiten Raum lassen, gehören gerade Beschwichtigungsformeln zum ständigen Inventar. Das mag ein Ausdruck der Unsicherheit sein, es gehört aber (auch) zur intellektuellen und wissenschaftlichen Redlichkeit, darauf hinzuweisen, daß es zwar Anzeichen oder sogar deutliche Hinweise für die Wahrheit oder Richtigkeit einer Aussage oder Meinung gibt, daß aber Zweifel möglich sind. Gerade in der Interpretation solcher Beispiele wie (4), (16), (21) oder (23) weichen die Meinungen oft bis zur vollkommenen Gegensätzlichkeit voneinander ab. So bestehen etwa zwischen den beiden Schreibenden, dem, der diesen Text handschriftlich und derjenigen, die ihn mit der Maschine geschrieben hat, Differenzen in der Interpretation von Beispiel (21), ohne daß das allerdings das gute Einvernehmen und den Fortgang des Schreibens negativ beeinflußt hätte. Weiterhin erlebt der Autor z. Z. die dritte Seminardiskussion von Beispieltext (4), und es ist das dritte Mal, daß die Schuldfrage, ob also M oder V am Ehekrach schuld ist, vollkommen kontrovers diskutiert wird. Dabei sind es nicht nur männliche Studenten, die V im Recht sehen und umgekehrt weibliche, die meinen, daß er sich im Unrecht befindet. Zu den kontroversen Punkten gehört dabei auch, ob V in (032) Friedensangebote macht oder das Gespräch an sich reißen will, um M Vorwürfe zu machen (das etwa wäre die Interpretation Frankenbergs, die auch die meine ist). Wenn nun in solch grundsätzlichen Punkten wie in der Sieger- oder Schuldfrage Uneinigkeit besteht, kann man sich gut vorstellen, daß dann auch über die Interpretation solcher sprachlichen Partikeln, wie sie hier Thema sind, gestritten werden kann. Andererseits aber, und das haben die Seminardiskussionen immer wieder bewiesen, läßt sich gerade durch den Hinweis auf solche Partikeln manche Interpretation erschüttern oder zumindest Nachdenken erzeugen. Auf bestimmte Strategien oder auch anders: auf Wahrhaftigkeit und Richtigkeit läßt sich nur schließen, indem man das Gesagte sprachlich und kommunikativ analysiert. Diese etwas befremdlich klingende Trennung von »sprachlich« und »kommunikativ«, die so in ihrer Radikalität in der Praxis auch nicht aufrechterhalten werden kann, soll besagen, daß eine Analyse von Texten sowohl kommunikativ verläuft, daß man etwa die Stimmigkeit aller von S vorgebrachten Argumente überprüft oder daß man von den Kontextbedingungen auf den Sinn des Geäußerten schließt, als auch sprachlich, was heißen soll, daß man anhand geäußerter Wörter, Ausdrücke oder Redewendungen den eigentlichen Sinn des Gesagten zu rekonstruieren versucht.

Als sprachliche Anzeichen für bestimmte Persuasionsstrategien bzw. emotionale Zustände wurden bisher genannt:
— Pausen
— eh, äh, n, hm u.ä.
— Beschwichtigungswörter und -formeln wie »eigentlich« u. a.
— Superlative wie »sicher« u.a.

— Wiederholungen

Dazu könnte man noch Partikeln wie »doch«, »ja« u. ä. nehmen, könnte sich fragen, was es bedeutet, wenn ein Wort nicht ganz ausgesprochen und durch ein anderes ersetzt wird, was grammatikalische Fehler, was Versprecher signalisieren, die man ja dann, wenn man meint, daß sie die wahren Absichten von P verraten, Freudsche Versprecher nennt, kurz: man kann alle »Fehler«, die in mündlicher Kommunikation vorkommen, auf ihre Beziehung zur Absicht von P hin untersuchen. Daß das seine Probleme mit sich bringt, wurde aufgezeigt und sicher auch in der Diskussion der Beispieltexte deutlich, schließlich macht man grammatikalische Fehler auch aus Unwissenheit oder unter dem Zeitdruck, einigermaßen fließende Äußerungen zu produzieren. M. a. W.: auch in kooperativen Argumentationen, im Diskurs, wird es »eh«, Pausen, Beschwichtigungsformeln oder wiederholte Verwendung von Sprachhülsen (Stereotypen) geben.

Eine andere und noch weitergehende Frage, bei der sich »sprachlich« und »kommunikativ« wieder vermischen, ist die, ob bestimmte Äußerungsformen, etwa indem man jemanden beschimpft oder, wie Dregger es tut, jemanden aussteigen läßt oder sogar lächerlich macht, nicht Rückschlüsse auf eigene Unsicherheit, Unzufriedenheit oder Enttäuschung von P liefern können. Dregger, so könnte man interpretieren, ging es in der Passage mit Schult, als er diesen fragte, ob er Parteimitglied sei, gar nicht einmal darum, diesen lächerlich zu machen oder zu beleidigen, sondern D steigt genau in diesem Moment aus dem Texttyp »Interview« aus, spielt nicht mehr die von ihm verlangte Rolle, also den Sieger, sondern läßt, wie jeder Verlierer, falls er Gelegenheit dazu hat, seiner Enttäuschung oder Wut freien Lauf. Daß dabei auch einmal ein anderer getroffen wird, wie hier St, ist dann nur akzessorisch, liegt nicht im Sinne des Offendenten. Für diese Interpretation spricht, daß sich D sofort wieder fängt, daß er sofort wieder kooperativ Probleme mit St erörtert.

Die Analyse solcher sprachlichen oder kommunikativen Strategien hat noch nicht begonnen oder steckt noch in den Kinderschuhen und ist zugleich ein dankbares und undankbares Gebiet. Dankbar deshalb, weil es ein Bestreben jedes Menschen ist, die »wahren« Absichten des Anderen zu erkennen und insofern Sprachwissenschaft einen nicht unerheblichen Beitrag zu diesem Problem der Praxis liefern könnte. Undankbar deswegen, weil ein Beweis nicht möglich ist und man sich ziemlich ungeschützt ins Kreuzfeuer von Kritikern begibt.

Am intensivsten wurden bisher Abtönungspartikeln wie »ja« und »doch« erforscht, die als »zustimmungserheischend« interpretiert werden. Settekorn gibt dabei eine Matrix für »ja« und »doch«, für die sich ganz sicher zutreffende Fälle in der Praxis finden lassen, genauso sicher aber auch solche, die nicht in diese Matrix hineinpassen:

»1) Der Sprecher behauptet, daß p.
2) Der Sprecher gibt zu erkennen, daß *daß p* als zutreffend/anerkannt/be-

kannt/sicher angesehen wird.
(Charakterisierung des Gültigkeitsanspruchs)

3) Der Sprecher gibt zu erkennen, daß er sich die Charakterisierung des Gültigkeitsanspruchs zueigen macht.
(Charakterisierung der Sprechereinschätzung der Proposition)

4) Der Sprecher gibt zu erkennen, daß er davon ausgeht, der Hörer teile seine Einschätzung der Proposition.
(Charakterisierung der vom Hörer erwarteten Einschätzung)

5) Der Sprecher gibt zu erkennen, daß er davon ausgeht, daß der Hörer bereit ist, der Behauptung, *daß p* zuzustimmen und der von ihm erwarteten Einschätzung durch Zustimmung bestätigend Ausdruck zu verleihen.
(Charakterisierung der vom Hörer erwarteten Bestätigungshandlung).

Für *doch* gilt zusätzlich:

6) Der Sprecher gibt zu erkennen, daß er es für möglich hält, daß andere seine Einschätzung nicht teilen.
(Anerkennung möglicher Opponenten)

7) Der Sprecher gibt zu erkennen, daß er mögliche Einwände gegen seine Einschätzung für nicht gerechtfertigt/unzutreffend/nicht akzeptierbar hält.
(Zurückweisung möglicher Einwände)«

(Settekorn 1977, S. 395)

Wo bringt man »Du bist ja verrrückt« in dieser Matrix unter, wo »Gib doch endlich zu, daß p«. Beide Beispiele konfligieren m. E. eklatant mit Punkt (4) der Matrix. In beiden Beispielen spielt es gar keine Rolle, ob R die Einschätzung der Proposition p teilt, sondern R eine solche Einschätzung nahezubringen ist gerade das Thema. Auch daß »ja« und »doch« durch (6) und (7) so voneinander abgehoben sind, dürfte zu großen Schwierigkeiten führen. Auf jeden Fall aber bleibt es ein Verdienst, auf die kommunikative Funktion solcher Abtönungspartikeln hingewiesen zu haben, weil aus solchen »Läusen im Pelz der Sprache« (Settekorn S. 392) mancherlei Schlüsse folgen können, selbst wenn sie nicht hundertprozentig abgesichert sind. Die Untersuchung sprachlicher Umsetzung von Strategien, aber auch von Intentionen und Absichten überhaupt, bleibt also nach wie vor ein Desiderat. Zum Abschluß dieses Kapitels soll daher noch ein weiterer Schritt in diese Richtung getan werden, indem nicht an sprachlichen »Fehlern« aufgezeigt werden soll, wo vielleicht die Absicht der Äußerung lag, sondern es soll an einer uns in der Regel normal erscheinenden Verwendung von Sprache, wie es auch schon bei »ja« und »doch« war, aufgezeigt werden, daß die Manipulationskraft von Sprache überall da relevant wird, wo der Andere mit in die Äußerung einbezogen wird.

Exemplarisch dafür soll allerdings nur ein »Fall« untersucht werden, die Verwendung des Personalpronomens »wir«.

2.6 Das Problem des Gebrauchs von »wir«

In jüngster Zeit haben die beiden Päpste Johannes Paul auch dadurch auf sich aufmerksam gemacht, daß sie den pluralis majestatis (zu seiner Definition vgl. etwa Wahrig, Deutsches Wörterbuch) abschaffen wollen bzw. abgeschafft haben. Die Absicht dabei war wohl, daß man die Gläubigen als Person ernst nehmen und nicht einfach in der bestimmenden Form des »das wollen wir nicht« oder »das halten wir für richtig«, wobei sich hinter dem »wir« notfalls nur der Papst verbarg, erwachsene Menschen bevormunden wollte. So sehr das von einer moralischen Integrität und Aufrichtigkeit der beiden Päpste zeugt, so deutlich zeigt es auch an, in welch eklatantem Maße die Kirche den Kontakt zu ihren Mitgliedern verloren hat. Die Gläubigen tragen nicht mehr die Kirche, das spüren sogar selbst die Päpste, sondern sie werden, falls sie das überhaupt noch zulassen, von diesen Päpsten regiert. Von einem Miteinander, einem »wir«, so jedenfalls scheinen bzw. schienen es die beiden Päpste zu fühlen, ist keine Rede mehr. Es muß ganz behutsam erst wiederhergestellt werden.

Ein Mann wie Mick Jagger, seines Zeichens Leadsänger der »Rolling Stones«, hat eines gemeinsam mit dem jeweiligen Papst: er muß durch seine Selbstdarstellung dafür sorgen, daß seine Anhänger von ihm überzeugt bleiben, er muß diesen Willen zur Identifikation bei einigen neu herstellen, bei anderen bestätigen und bekräftigen. Ganz sicher unterscheiden sich Papst und Jagger in ihrer Methode, aber auf eines können beide nicht verzichten, eben auf die Identifikationsleistung ihrer Anhänger und darauf, sich selbst auch mit diesen in einer bestimmten Art und Weise zu identifizieren. Papst wie Jagger müssen bei jedem Auftritt ihr Publikum zufriedenstellen, überzeugen oder überreden. Das ist nur möglich, wenn man das Publikum in seine Rede, seinen Auftritt miteinbezieht, wenn zumindest das Publikum meint, von P, ganz gleich, ob das nun als Kürzel für Sprecher oder Sänger steht, gemeint zu sein, wenn es angesprochen wird. Beide müssen im Publikum ein Gefühl entstehen lassen, daß man zusammengehöre und daß es gut und richtig sei, daß man zusammengehöre. Wenn man so will: beide müssen im Publikum Liebe erzeugen, zumindest aber die Bereitschaft, einen Teil des eigenen Ich zugunsten der anderen Person (bzw. beim Papst auch der Institution, die er vertritt) aufzugeben.

Ist dieser Zustand der (teilweisen oder vollkommenen) Identifikation mit dem Anderen gegeben, kann von beiden Seiten das Personalpronomen »wir« benutzt werden, ohne daß dabei der Andere in seiner eigenen Persönlichkeit, seinen Ansichten und Einstellungen vergewaltigt würde. »Wir wollen beten« ist im Gottesdienst eine durchaus erlaubte Formel, denn man kann von Menschen, die einen Gottesdienst besuchen, erwarten, daß sie auch zum Beten gekommen sind. Wenn Giovanni Agnelli dagegen »in einem Interview mit der Mailänder Zeitung »Il Giorno«, einschneidende Beschränkungen im privaten Konsum und eine fühlbare Senkung des

Lebensstandards *für alle*« voraussagt, so eine Pressemeldung der Frankfurter Rundschau, dann scheint mir jedenfalls das »wir« nicht erlaubt. Mag sein, daß seit 1974 sich auch Agnelli einschränken mußte, aber diese Einschränkung hat doch einen anderen Stellenwert als die der am meisten von der Arbeitslosigkeit (und Wirtschaftskrise) Betroffenen. Wenn Agnelli also gesagt hat: »Wir alle werden uns einschränken müssen« oder »Wir alle werden in naher Zukunft finanziell etwas kürzer treten müssen«, so sind das »wirs« der Manipulation, denn er schließt sich selbst aus, ist schon allein dadurch von den anderen separiert, daß ihm Einschränkungen nichts ausmachen, ganz gleich, ob er nun 1975 bis 1980 sich selbst einschränkte oder es jedenfalls 1974 wollte oder nicht.

Diese fast schon institutionell zu nennende Separation ist aber *das* Problem der herausragenden Persönlichkeit, eines Vorgesetzten gleich welcher Art und letzten Endes des Sprechers ganz allgemein. Mit einem Sprechakt separiert man sich von den anderen schon allein dadurch, daß man das Wort ergreift und im Falle eines »wir« für die anderen spricht. Nur wer jetzt wirklich der Mann oder die Frau der Gruppe ist, kann das »wir« mit gutem Gewissen gebrauchen. Die beiden Päpste scheinen gefühlt zu haben, daß sie nicht mehr oder jedenfalls nicht mehr ganz ihre Gläubigen repräsentieren, daß dem Papsttum und der katholischen Kirche überhaupt, auch von seiten der Gläubigen, immer mehr Kritik und sogar Ablehnung entgegengebracht werden, daß ihre Identifikationsbotschaften immer kritischer aufgenommen werden und daß sie sich auch selbst nicht mehr mit allen identifizieren können, die nominell zu der von ihnen vertretenen Gruppe, der Kirche, gehören, ganz zu schweigen von jenseits der Gruppe Stehenden. Und Jagger? Wie sieht er seine Fans, die für ihn ins Fegefeuer gehen würden, die ihm bei jedem Auftritt alles zu geben bereit sind? Darf er im »wir« von sich und seinen Fans sprechen?

Jagger selbst sieht es wohl so, was der folgende Beispieltext beweist:

(24) Interviewer: »Haben Sie sich je schuldig gefühlt, wenn Sie auf eine Bühne gehen und sich an diese kleinen Mädchen wenden und singen, 'Everybody Needs Somebody [To Love]' und Sie sie in Wirklichkeit gar nicht alle wollen?
Mick Jagger: Aber natürlich will ich sie alle.«
(Aus: Let it bleed, S. 115)

Jagger hat es einfacher als der Papst, ihm wird direkter Liebe bzw. Sympathie entgegengebracht, und er darf seine Liebe auch direkter weitergeben. Der Kontakt mit seiner Basis ist für ihn unmittelbarer, und daher fällt es ihm auch leichter, sich mit seinen Fans zu identifizieren und damit auch das Personalpronomen »wir« zu gebrauchen oder auch das »du«, was ganz direkt den Rezipienten anspricht. Es gibt fast keinen Text von Jagger/Richard, in dem das, was gesagt wird, nicht in der »ich«, »du« und »wir«-Form abläuft, nur ganz selten wird eine Story in der »er«-Form erzählt, in einem auktorialen Stil. (Nachzulesen im Songbook: The Rolling Stones. Frankfurt 1977)

Das Personalpronomen »wir« kann also einen Zustand der Identifikation, des Einklangs von P und R oder von P und anderen, für die er spricht, gegenüber oder auch mit R bzw. der von R vertretenen Gruppe bezeichnen, es kann aber auch dazu eingesetzt werden, einen Zustand des Einklangs da zu suggerieren, wo er nicht gegeben ist. Auch in den verwandten Beispieltexten ist zumindest ein eklatanter Fall manipulatorischer Verwendung des Personalpronomens »wir« vorgekommen, nämlich in Text (10). Wir wollen ein einheitliches Bild erreichen, fordert Herr Meurer, deshalb soll adidas-Sportkleidung auf dem Trainer-Kongreß in Saarbrücken getragen werden. Das »wir« steht zwar für eine Gruppe, aber es steht auf wackligen Füßen, wenn Meurer gleichzeitig allen Abweichlern drohen muß, sie von der Belieferung mit adidas-Gütern auszusperren. »Wir«, das heißt hier nicht »alle Fußball-Lehrer«, sondern dahinter stehen »Meurer, der von ihm repräsentierte Vorstand des Bundes Deutscher Fußball-Lehrer und adidas«.

Auch an Beispiel (16) kann man gewisse Interaktionsstrategien sehr schön am Gebrauch des »wir« aufzeigen. Am Anfang benutzt es vor allem T, sie will dem Ehepaar Gemeinsamkeit suggerieren. Im Verlauf der Argumentation tritt das »wir« in den Hintergrund, M und V sind bei der Aufarbeitung ihrer Probleme, am Ende steht wieder eine verstärkte strategische Verwendung des »wir« seitens V, der den verständigen und kooperationsbereiten Ehemann spielt, selbst aber den nächsten Termin platzen lassen will, weil ihm vielleicht an der Aufarbeitung der Eheprobleme nicht gelegen ist und er von seiner Frau weiß, daß auch sie für eine Verschiebung oder Einstellung des Termins bzw. der Gespräche ist. Vor T will er sich allerdings nicht als derjenige decouvrieren, der für eine Vertagung plädiert, sondern schiebt den Schwarzen Peter seiner Frau zu.

Doch wenden wir uns einem m. E. gravierenden Fall von Manipulation durch »wir« zu, der etwa in der Mitte des Textes, in (346) zu finden ist. V spielt hier die Rolle des Paschas, gönnerhaft räumt er ein, daß er gern mit sich reden lasse, wenn nur der Takt gewahrt bleibe. Inhaltlich ist man bei dem Thema, das sich schon in (032) ankündigte. Jetzt werden die verschiedensten Vorwurfsmöglichkeiten zum wiederholten Male durchprobiert, und dabei ist V auf eine gute Idee gekommen: er versucht M gegen T auszuspielen, indem er die Solidarität T's anruft, T vielleicht auch aufgrund einer selbst bei Psychotherapeuten vorhandenen Eitelkeit an sich binden will, wenn er behauptet: »Ich mein hier unterhalten wir uns auch.« Diese Äußerung ist wohl nicht an M, sondern an T gerichtet, denn V macht schon im nächsten Satz seiner Frau den Vorwurf, daß sie ihm immer vorwerfe, dauernd selbst zu reden. Indem er T hochlobt, beschuldigt er M, eben nicht höflich und freundlich zu sein und untermauert seine Ansicht, daß man nur in einem bestimmten Ton miteinander reden kann und daß seine Frau unfähig ist, diesen Ton zu treffen. Das zur Inhaltsebene. Auf der Beziehungsebene trifft V M noch viel mehr durch dieses Kompliment oder diese Schmeichelei. Verbal wird hier das Band zwischen V und M zerschnitten. M ist damit desavouiert, wenn T ihr nicht zu Hilfe kommt, sie wird mit dieser Äußerung auf ein Abstellgleis geschoben. T verhält sich nun in (347) äußerst ungeschickt. Fast scheint es so, daß ihr das Kompliment geschmeckt hätte, denn in ihrer einzigen Äußerung auf (346) bestätigt sie V, drängt M noch stärker ins Abseits, die sich nicht anders zu helfen weiß, als in (349) mit Bestreiten des Sachverhalts zu reagieren. Das »wir« in (346) hat seine Wirkung getan, es scheint, als hätte es eine einstweilige Solidarisierung von V und T zur Folge gehabt.

V hat danach emotional Oberwasser, so viel (eingebildete) Dominanz auf der Beziehungsebene, daß er sich auch nicht geniert zu behaupten, er hätte in (358) recht gehabt, wenn er das Gespräch nach dem »Tatort«, den zwei Flaschen Bier und den drei Cognacs abgelehnt habe. Dieses Miteinbeziehen des Dritten durch ein »wir« eröffnet fast schon den Blick auf die Funktion des »wir« in medialen Texten, denn gerade in ihnen wird das »wir« von P an die Adresse des Publikums zum fast einzigen *sprachlichen* Instrument, Identifikation auszudrücken und Solidarität darzustellen. Da gibt es keine Unterhaltungssendung, die nicht mit »Wir begrüßen Sie zu unserer heutigen xten Sendung von ...« anfängt und auch in Informationssendungen sind sich Moderatoren und Politiker sehr wohl der magischen Wirkung des »wir« auf den Zuschauer bewußt. Dregger sagt: »In der Tat haben wir unser Wahlziel nicht erreicht«, »Wir sind nicht die strahlenden Sieger«, »Wir/haben/ein Wahlziel nicht erreicht, das noch niemand vor uns erreicht hat«, »bei unserem Wahlsystem«, »wir/haben/kein Mandat verloren«, »wir/haben/absolut Stimmen gewonnen«, »ich [...] habe [...] den Wählern zu danken, die für uns votiert haben«, »die uns geholfen haben«, St darauf: »bleiben wir bei Ihnen«. D dagegen: »wir/haben/den für Hessen ganz ungewöhnlich hohen Stand behauptet«, »wir haben andere Aufgaben«, »wir müssen erst unseren Kommunalwahlsieg von 1977 ausbauen«, »wir müssen [...] dafür sorgen, daß wir eine leistungsfähige Opposition im Landtag behalten« usw. Was die vielen »wir« hier nun alle bedeuten, mag der Analyse des Lesers überlassen sein, festzustellen bleibt nur, daß auch hier wiederum »wir« nicht nur Dregger, seine Parteifreunde, die CDU o. ä. bezeichnet, sondern vor allem auch die Fernsehzuschauer. Das »wir« in einem solchen Zusammenhang dient der Förderung von Solidarität, der enttäuschte CDU-Wähler, genauso wie in Beispiel (4) der enttäuschte SPD-Wähler, wird scheinbar in den Kreis der Prominenten durch das »wir« aufgenommen. Der kleine Fernsehzuschauer und CDU- bzw. SPD-Wähler tröstet sich durch ein solches »wir« im Kreis, in den Armen der Parteigrößen über das Ärgste hinweg und wird dadurch von den Politikern bei der Stange gehalten. Fast ist man erinnert an Claus Bremers Gedicht »wir« (In: Anlaesse, Neuwied und Berlin 1970, S. 89), in dem viele kleine »ichs« zu einem großen »wir« zusammengefaßt werden. In den Termini der Sozialpsychologie gesprochen dienen solche Reden der Politiker und dient dabei auch die Verwendung des Personalpronomens »wir« dazu, die Einstellungen, seien es Meinungen, Gefühle, Wünsche oder sei es das Wissen der Fernsehzuschauer, zu bestätigen und zu bekräftigen, in Ausnahmefällen auch einmal neu zu bilden. Gar nicht dagegen dienen solche Interviews und Statements der Umkehrung von Einstellungen. Auf die Wähler der anderen Partei wirken solche Äußerungen nämlich nur insofern, als daß sie die Argumentation des Politikers der Gegenpartei, der bzw. die ihres Erachtens nach verloren hat, lächerlich, weit hergeholt, verkrampft oder bemüht finden.

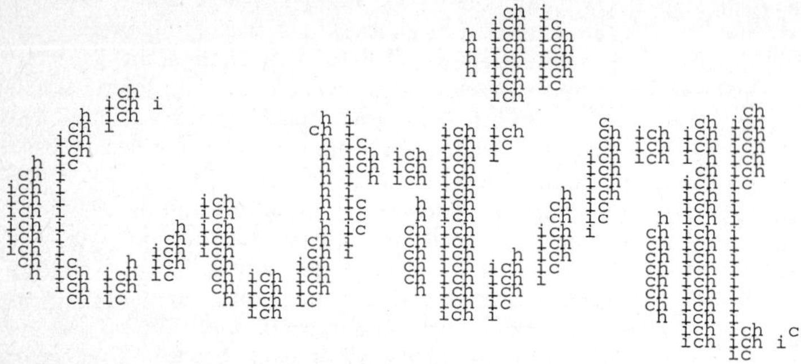

In medialen Texten, das sei noch einmal deutlich gesagt, besteht keine Chance für P und auch keine für R, also den Fernsehzuschauer, den Sinn des Gesagten argumentativ mit R bzw. P aufzuarbeiten. Anstelle von Argumentation über Kommunikationsinhalte tritt die Darstellung und die zustimmende oder ablehnende Rezeption dieser Inhalte. Das Medium Fernsehen eignet sich eher dazu, Information oder Meinung darzustellen, zu verbreiten, als diese Informationen kritisch aufzuarbeiten, d. h. über diese Information mit den Zuschauern in einen Reflexionsprozeß einzutreten. Das wäre möglich, wenn alle Zuschauer gleich wären, über denselben Bildungsstand, dieselben kommunikativen Kapazitäten usw. verfügen würden. Da dem aber nicht so ist und auch nie sein wird, kann es per definitionem durch ein so geartetes Medium nie zu der Ausbildung einer vernünftigen Identität auf seiten von R kommen, da aufgrund der Unterschiedlichkeit der Rezipienten kein in die Tiefe, sondern nur ein in die Breite gehendes Informations- und Identifikationsangebot vom Massenmedium Fernsehen gemacht werden kann. Diese Crux leitet sich allerdings nicht nur aus der Unterschiedlichkeit der Rezipienten ab, sondern auch aus dem medialen Zwang, nur das Zeigbare zeigen zu können. Hintergrund- und Sinnfragen dagegen entziehen sich weitgehend der Visualisierung und sind dem Medium Fernsehen schon allein oder auch aus diesem Grund fremd.

Das »Wir«-Gefühl, das der Fernsehzuschauer erlebt, ist insofern ein trügerisches. Weder Wim Thoelke noch Rudi Carell meinen mit »wir« sich selbst *und* die Zuschauer (so wie es der Papst auch ohne pluralis majestatis sicherlich meint), sondern sie meinen nur sich selbst oder die Zuschauer und nehmen sie als ihre Objekte, die ihnen die notwendigen Einschaltquoten bringen müssen. Wegen dieser Einschaltquoten und dabei »zugunsten« der Fernsehzuschauer wird alles in Bewegung gesetzt, von dem man meint, es könne R bei der Stange halten. Der Zuschauer glaubt nun, tatsächlich einen Vertrauten vor sich zu haben, zu dem man in einer »Du« bzw. »Wir«-Beziehung steht. Man hat zu diesen Fernsehprominenten eine Beziehung aufgebaut, die man ansonsten nur in direkter Interaktion mit sehr guten Freunden kennt. Oft tritt sogar die Beziehung zu einem Star anstelle von Beziehungen in der Alltagswelt, es findet bei nicht wenigen Fernsehzuschauern eine Hinwendung zu den Fernsehprominenten als Flucht vor der Wirklichkeit statt. (Mehr dazu bei Horton/Wohl und Huth/Völzing)

Fassen wir zusammen: Es bleibt festzuhalten, daß der Gebrauch von »wir« nur statthaft ist in einer übertragenen Situation im Sinne von »Fassen wir zusammen« oder wenn mit dem »wir« tatsächlich die repräsentierten und angesprochenen »ichs« mitvertreten werden. Der Gebrauch von »wir« ist dann manipulativ, wenn letzteres nicht der Fall ist, wenn also die hinter dem »wir« stehenden und mit ihm gemeinten Individuen nur als Staffage für das »wir« dienen und P eigentlich »ich« sagen müßte. »Wir wollen am Ende des Semesters eine Klausur schreiben« muß also folgerichtig heißen »ich will (bzw. die Studienordnung schreibt vor), daß Sie am Ende des Semesters eine Klausur schreiben«, während »Dieser Übungsraum ist ja randvoll. Wir wollen/laßt uns einen neuen Raum suchen« so stehen bleiben kann. Hier wird »wir« bzw. »uns« zu Recht und im Sinne aller benutzt. Ausnahmen sind denkbar.

In jedem Text sollte der strategischen Verwendung von »wir«, »uns«, »du« etc. größte Aufmerksamkeit geschenkt werden. Gerade durch solche nebensächlich erscheinenden grammatischen Einzelheiten oder Feinheiten offenbart sich oft der tatsächliche Sinn des Gesagten.

2.7 Argumentationen als Texte

Bisher wurde stillschweigend vorausgesetzt, daß Argumentationen Textform haben. Sieht man sich die Beispieltexte an, wird deutlich, daß die Erscheinungsform von Argumentationen der Text ist. Trotzdem ist es möglich, einzelne Teile aus diesen Texten zu lösen und sie daraufhin zu überprüfen, ob in und mit ihnen argumentiert wird oder nicht. Prinzipiell sind Argumentationen dialogisch, das wurde schon gesagt, und sie haben Textcharakter, sind also idealiter dialogische Texte. Trotzdem finden wir überall Reduktionsformen, die eben nicht dialogisch sind und etwa nur aus einem Satz bestehen können. Nun einmal ganz davon abgesehen, daß auch ein Satz ein Text sein kann, ist es durchaus möglich, daß durch gesellschaftlich zu definierende Umstände bestimmte Argumentationsweisen so selbstverständlich sind, daß ein bloßes Antippen ganze Argumentationsketten ersetzen kann. Wenn P sagt »Morgen kommt ihr alle zu mir, ich hab' nämlich Geburtstag«, wobei das Geburtstag-Haben die Begründung für die auszuführende Handlung ist, erübrigt sich normalerweise jegliche Argumentation. In unserer Gesellschaft ist in einem solchen Fall alles so klar, daß man ohne weitere Überlegung diese Äußerung als Einladung erkennt, die zudem noch sehr gut begründet wurde. Nun stellt eine Begründung oder Erklärung zweifelsohne keine Argumentation dar, beide sind lediglich Teile von Argumentationen, in solchen Fällen aber stehen sie *stellvertretend* für Argumentationen oder sind *vorwegnehmende rudimentäre* Argumentationen.

Gerade im angeführten Fall erspart die Begründung eine Argumentation oder vielleicht sollte man besser sagen: eine weitergehende Argumentation über die in Frage stehende Handlung, denn auf die Äußerung »Morgen kommt ihr alle zu mir!« folgt mit Sicherheit die Frage nach dem Warum, vorausgesetzt, daß nicht als selbstverständlich vorausgesetzt werden kann, warum diese Äußerung getan wurde. An diesem Punkt ist auch deutlich erkennbar, wie sehr die Interpretation einer Sprechhandlung davon abhängt, welchen Sinn wir ihr in einem bestimmten Kontext zumessen. Zuerst wurde wie selbstverständlich behauptet, daß es sich bei der angeführten Sprechhandlung um eine Einladung handele. Kennt man die Sprechakttheorie Searles, weiß man, daß man sich, vollzieht man einen Sprechakt, an bestimmte Regeln halten muß. In den Abschnitten 1.2.1 und 1.2.1.1 wurde diese Theorie z. T. aufgearbeitet. Wie man es aber macht, sich an diesen Regeln zu orientieren und vor allem wie man dazu kommt, es zu tun, warum man es also tut, darüber sagt Searle nichts. Auch nicht, warum man z. B. die vorliegende Äußerung als Einladung interpretiert oder jedenfalls interpretieren kann, denn P könnte mit dieser Äußerung ja auch eine Aufforderung oder einen Befehl ausgedrückt haben; auch Rat, Warnung oder Empfehlung u. v. a. m. wären denkbar. Nicht nur semantische Regeln wie die von Searle legen nämlich die Verwendung von Äußerungen fest (wenn sie es überhaupt tun), sondern gesellschaftlich geregelte Interpretationsmuster, man kann sie auch Konventionen oder Normen nennen, die nun aber nicht so funktionieren wie die von Lewis und Grice, sondern nur historisch erklärbar sind und durch Sozialisierung erworben werden können. Nur Wissen um den normativen Hintergrund (wenn man so will, um die Kontextbedingungen) des Geäußerten läßt Schlüsse auf das Gemeinte zu. Vor diesen Kontextbedingungen müssen sich Argumentationen nicht wie ideale Argumentationen abspielen. Das angeführte Beispiel dürfte hinreichend geklärt und gezeigt haben, daß unter der Annahme bestimmter gesellschaftlicher Gegebenheiten gewisse sprachliche Ausführungen unterbleiben können. Argumentationen sind idealiter dialogische Texte, brauchen es aber in der Praxis nicht zu sein. Die Kohärenz oder Koreferenz, die sie als Texte haben müssen, muß sich nicht unbedingt auf tatsächliche Textvorkommen stützen, sondern kann auch in den gesellschaftlichen Kontext ausgelagert werden. Ein Text benötigt zur Kohärenz nicht Vorkommen von Koreferenzen im Kotext, sondern es genügt zur Textkohärenz, wenn Schlüsse aus einer Proposition oder Voraussetzungen einer Proposition von einer anderen, notfalls sogar impliziten Proposition aus, also einem anderen Schluß oder einer anderen Voraussetzung, gezogen werden können. (Zu einer genaueren Definition von »Text« vgl. Völzing 1976/79) Vielleicht etwas weniger abstrakt: um einen Text als Text zu empfinden, müssen wir nicht *in* diesem Text Teile finden, die sich aufeinander beziehen (»*Julia* ißt einen Apfel. *Sie* hat großen Hunger«),sondern dieser Text oder Teile dieses Textes können sich auf etwas außerhalb dieses Textes Liegendes beziehen. Das können Schlußfolgerungen sein, die P bzw. R aus diesem Text ziehen können, oder Voraussetzungen, die man bei der Äußerung des Textes macht. Insofern sind »Argumentationen« denkbar, die Schlußfolgerungen oder Voraussetzungen thematisieren, Dinge also, die bisher noch nicht auf dem Tapet waren, von denen man aber gar nicht einmal sagen könnte, daß der, der sie zuerst verbalisiert, sie auch zuerst in die Debatte gebracht hätte. In der Alltagssprache redet man in solchen Fällen etwa von Annahmen oder Unterstellungen, die dann endlich einmal argumentativ aufgegriffen wurden, sofern nichtgeteilte Voraussetzungen zum Thema geworden sind. Eine vorzügliche Argumentationsstrategie ist es daher, dem Anderen Dinge zu unterstellen, die dieser nicht merkt, aber für Dritte offensichtlich sind und zu einer negativen Bewertung des Argumentationsgegners führen. Eine andere Art der Unterstellung ist es, dem Kommunikationspartner Einstellungen oder Handlungen nachzusagen, die entweder von vornherein desavouierend sind und/oder gegen die er sich nicht verteidigen kann. Wenn P und R über den Radikalenerlaß diskutieren, etwa vor einem Fernsehpublikum, und R meint, die Zuschauer seien für die Aussetzung dieses Erlasses, P ihn in diesem Glauben läßt und ihm suggeriert, kooperativ über das Problem des Radikalenerlasses diskutieren zu wollen, also von den gleichen Voraussetzungen auszugehen wie R, P aber weiß, daß das Fernsehpublikum gegen die Abschaffung des Radikalenerlasses ist und somit vor dem Publikum Punkte sammelt, weil R in bezug auf das Publikum falsch taktiert, »entscheidet« sich die Argumentation durch die falschen Annahmen, die R sowohl in bezug auf P als auch auf das Publikum trifft. Die Wirkung von P auf das Publikum dürfte ungleich größer sein als die von R. Das klingt etwas theoretisch und ist es auch, aber wenn man sich etwa Diskussionen der Parteigrößen vor dem Wahlkampf ins Gedächtnis zurückruft, kann man deutlich sehen, welche Rolle Annahmen und Voraussetzungen, die die Kommunikationspartner haben bzw. zugrundelegen, bei der Diskussion spielen. Jemand, der vom Grundsatz Freiheit statt Sozialismus ausgeht, hat andere Annahmen in bezug auf sein Publikum und macht bei diesem Publikum andere Voraussetzungen als ein anderer, der den Topos Freiheit und Sozialismus oder durch Sozialismus als Ausgangsbasis seines Denkens und Argumentierens benutzt.

Argumentationen haben Textcharakter, und das heißt auch, daß es nicht einen Sprechakt bzw. illokutiven Akt »Argumentieren« gibt, so wie es

Searle vorschlägt. (Vgl. Searle 1969/1971, S. 25/42 und Schecker 1977, S. 75) Argumentationen setzen sich aus den verschiedensten Sprechhandlungen zusammen, »begründen« und »erklären« stehen dabei auf der einen Seite. Nun können Argumentationen auch fast jeden beliebigen anderen Sprechakt enthalten, vor allem die, die Habermas unter seine pragmatischen Universalien einreiht, von den Kommunikativa bis zu den Regulativa. Diese Sprechakte treten aber nicht als selbständige in Argumentationen auf, sondern sind ihnen entweder untergeordnet, dienen also zur Begründung oder Erklärung oder aber sie befinden sich in einem Passus, in dem das eigentliche Argumentieren zugunsten der Einbringung neuer Ansichten oder Fakten aufgehoben ist.

Besonders strategische Argumentationen zeichnen sich dadurch aus, daß in ihnen oft sprachlich gehandelt und gerade nicht begründet oder erklärt wird, sondern wie beschrieben, aufgefordert, vorgeworfen, beschuldigt usw. Ein solches Auffordern, Vorwerfen und Beschuldigen kann man allerdings deswegen als einen Teil des Argumentierens bezeichnen, weil man mit diesen Termini die Art und Weise, Fragen zu stellen oder anzugreifen bezeichnet, genau wie »entschuldigen« und »rechtfertigen« bestimmte Formen der Verteidigung darstellen.

Schwieriger wird die Einordnung der verschiedenen Ausweichmanöver, doch auch hier kann man von argumentieren sprechen, da vor allem bestimmte Ausweichmanöver nur unter dem Deckmantel eigentlichen Begründens oder Erklärens bzw. deren Unmöglichkeit (zu dem bestimmten Zeitpunkt) möglich sind. Dazu gehören z. B. »mystifizieren«, »Kompetenz negieren« oder »etwas zeitlich hinauszögern«.

Andere Ausweichmanöver betreffen den bisherigen Verlauf der Diskussion oder deren mögliches Ende, also formale Angelegenheiten, die zwar inhaltlich keine Argumente sind, die aber dafür formal definieren, ob man überhaupt argumentiert, die Argumentation fortsetzen, abbrechen usw. will oder nicht. Beispiele dafür sind etwa »Themawechsel« oder »eine Frage übergehen«. Vor allem die Ausweichmanöver, die einen Angriff auf die Person des Gegners bedeuten, gehören zu dieser Gruppe, denn mit ihnen wird dem Gegenüber bedeutet, nahegelegt oder zu verstehen gegeben, daß man an einer Argumentation mit ihm über das Thema nicht interessiert sei, weil man ihn für inkompetent im weitesten Sinne hält. Zu diesen persönlichen Angriffen, die natürlich nicht als solche vom Offendenten gegenüber dem Defendenten gekennzeichnet werden, gehören etwa die Strategien »vom Inhalt zur Form übergehen«, »disqualifizieren«, auch »witzig werden«, wenn es dazu dienen soll, den Anderen lächerlich zu machen oder »sich die Bedeutung oder die Art und Weise des Gebrauchs eines vom Angreifer verwendeten Ausdrucks erklären lassen«.

Argumentationen als dialogische Texte müssen, das soll jetzt noch einmal mit aller Deutlichkeit herausgestellt werden, auch als solche analysiert werden. Das heißt, daß sowohl die verschiedenen Möglichkeiten oder Strategien des Angreifens als auch des Verteidigens in die Betrachtung eingehen müssen. Bisher waren in der Wissenschaft vor allem, wenn nicht überhaupt, nur bestimmte Vorkommensweisen des Verteidigens thematisch, z. B. entschuldigen, rechtfertigen, begründen. Diese dominierende Rolle der Analyse von Formen der Verteidigung ist insofern verständlich, als diese durch einen größeren Variantenreichtum ausgezeichnet ist, letztendlich garantiert aber nur eine Betrachtungsweise, die Angriff und Verteidigung als voneinander abhängig und einander bedingend interpretiert, befriedigende und dem Gegenstand angemessene Ergebnisse.

Das allerdings ändert nichts daran, daß auch monologische Vorkommen von Argumentationen möglich sind. Gerade bei ihnen aber muß man fragen, wie sie sich zu ihrem Kontext verhalten, wie sie z. B. als Texttyp historisch einzuschätzen sind, wie sie als Texttyp bestimmte Handlungsmöglichkeiten eröffnen, aber auch bestimmte Handlungsgrenzen haben. Die in ihrer Vorkommensweise monologische Argumentationsform »Leserbrief« (in Wirklichkeit dominiert hier nicht der Monolog, sondern der Dialog, denn ein Leserbrief ist eine Antwort auf einen anderen oder einen Artikel der Zeitung, zu dem man eine kontroverse oder auch zustimmende Meinung vertritt) unterliegt gewissen Spielregeln, eröffnet nur bestimmte, gesellschaftlich, etwa durch das Presserecht definierte Handlungsmöglichkeiten.

Insofern sind solche monologischen Vorkommen entweder in einem größeren, also dialogischen Rahmen zu sehen, was gewisse Tücken hat, denn ein Leserbrief muß nicht unbedingt argumentativ auf etwas reagieren, sondern kann eine Argumentation initiieren wollen, ohne daß je ein anderer diesen Ball aufnimmt, oder man muß eben in der Interpretation alles das berücksichtigen, was an Kontextbedingungen in diesen Text eingegangen ist, inwiefern er also einen Dialog in einem bestimmten Kontext provozieren wollte, wie in ihm der Gegenüber angegriffen wurde, wie bestimmte Veteidigungsmöglichkeiten schon antizipatorisch aufgebaut wurden, wie von den Möglichkeiten des Texttyps Gebrauch gemacht wurde usw.

Zusammenfassend sei noch einmal gesagt, daß Argumentationen zwar dialogische Texte sind, daß sie aber nicht immer als dialogische vorkommen und auch nicht immer als dialogische rezipiert werden müssen. Allerdings ist selbst bei monologischer Vorkommensweise argumentativer Texte eine Betrachtungsweise notwendig, die den gesellschaftlich-historischen Kontext einschließt und damit auch den Anderen als Bezugspunkt von P.

Zu analysieren, in welchem Texttyp, gegenüber welcher Person, in welcher Situation und Institution argumentiert wird, ist das mindeste an Grundvoraussetzungen, um die Sinnfrage beantworten, um überhaupt kritisch den Text einordnen und mit ihm umgehen zu können.

2.8 Wenn strategische Argumentationen ihr Ziel verfehlen

Das Problem der strategischen Argumentationen wurde bisher vor allem unter dem Aspekt gesehen, wie solche Argumentationen aufgebaut sind und wie sie auf andere wirken bzw. wirken sollen. Dabei wurde analysiert, welche Struktur strategische Argumentationen haben und auch, welcher Mittel man sich in bestimmten Fällen bedienen kann, um die gewünschte Wirkung, sei es »Überzeugung« des Anderen oder Verschleppung des Gesprächs zu erreichen.

Nun ist uns aus unserem Alltagswissen her wohlbekannt, daß nicht alle Argumentationen, vielleicht sogar nur die wenigsten, ihr Ziel erreichen. Oft steht am Ende einer Argumentation nämlich nicht die Überzeugung oder auch die Bekräftigung, Abschwächung, Neubildung oder Bestätigung von Einstellungen des Kommunikationspartners, sondern ein Vertagen des Problems, ein Ausweichen oder sogar ein völliges Unberührt-Sein des Gegenüber. Die Frage, die sich dabei erhebt, lautet: Auf welcher Ebene wurde entschieden, welche Wirkung zustandekam? Am einfachsten ist der Fall zu entscheiden, bei dem der Fehler auf der Ebene der Verständlichkeit liegt. Hört R eine Sendung von Radio Peking, in der auf chinesisch dazu aufgefordert wird, mehr Lebensmittel zu produzieren, kann diese Aufforderung dann keine Wirkung auf R haben, wenn R kein Chinesisch versteht. Alle anderen Fälle auf dem Gebiet der Verständlichkeit sind ähnlich gelagert und sollen deshalb hier nicht diskutiert werden.

Was passiert oder was ist passiert, wenn durch Zweifel an der Wahrhaftigkeit des Gegenüber nicht die intendierte Wirkung zustandekommt?

Diese Frage ist schon wesentlich schwieriger zu beantworten. Im Gegensatz zum vorigen Fall kommt dabei nämlich eine Wirkung zustande, nur deckt diese sich nicht mit der Wirkungsabsicht, dem anvisierten Handlungsziel von P. Wenn R ärgerlich wird, weil er meint, P habe ihn belogen, P aber eigentlich R zum Autokauf überreden wollte, liegt ein solcher Fall vor.

R hat in irgendeiner Art und Weise, vielleicht nicht komplett und mit allen Hintergründen, verstanden, was P von ihm wollte, hat aber (gute) Gründe dafür, das Ansinnen von P abzulehnen bzw. ihm nicht zu entsprechen. Legt man als Matrix der Rezeption folgende Stufen zugrunde, entsteht die Diskussion, auf welcher Stufe jeweils die intendierte Wirkung nicht erreicht wurde (vgl. dazu Völzing 1979 a):

— Wahrnehmumg
— Verstehen/Verständlichkeit (sprachlich)
— Verstehen (inhaltlich)
— Sinnverstehen
— Akzeptieren (Übernehmen)
— Handeln

Über *Wahrnehmung* als intentionalem Akt und *sprachlichem Verstehen* braucht hier vielleicht nichts (mehr) gesagt zu werden, unter *inhaltlichem Verstehen* ist gemeint, daß R die von P geäußerten Sprechakte in ihrer Bedeutung verstanden hat. Nur heuristisch davon zu trennen ist die Ebene des *Sinnverstehens*, da Kommunikation nur unter gleichzeitiger (nicht unbedingt verbalisierter) Metakommunikation (Habermas 1971, S. 106; 1971 a, S. 213) möglich ist. Sinnverstehen heißt also begreifen, warum der in Frage stehende Sprechakt geäußert wurde. Auf dieser Ebene geht es um die Einordnung des Textes in die eigene Kommunikationsgeschichte und in die Kommunikationsgeschichte mit dem Gegenüber. Aber auch Erfahrungen, die man in gleichen oder ähnlichen Situationen mit gleichen oder ähnlichen Sprechhandlungen (Illokutionen, Perlokutionen und Propositionen) gemacht hat, spielen eine große Rolle. Eigene Erfahrungen, Einstellungen und Erwartungen filtern den rezipierten Text in bezug auf seine Brauchbarkeit für bestimmte Handlungsziele.

Auf der Stufe des *Übernehmens* gehen zumindest Teile der geäußerten Sprechhandlungen in die eigenen Handlungsgrundlagen, in Erfahrungen, Einstellungen und Erwartungen ein, indem sie als positiv, gut, befolgenswert oder nützlich bewertet werden. Übernehmen heißt aber noch lange nicht *danach handeln.* Gerade in der amerikanischen Sozialpsychologie beschäftig(t)en sich viele Forscher mit diesem Problem. So dürfte als ziemlich sicher feststehen, daß eine erworbene positive Einstellung zu einem Problem dann oft nicht in Handlungen umgesetzt wird, wenn die Umwelt diese (neu erworbene) Einstellung nicht teilt. Auch Attraktivität der Person, die die Einstellungsänderung hervorgerufen hat, und Wichtigkeit des Problems, auf das sich die Einstellungsänderung bezieht, spielen eine dominierende Rolle auf dieser Ebene. (Vgl. dazu etwa Brehm 1960; Carlsmith 1968; Fishbein 1966; Rokeach 1966 und Wicker 1976)

Wenn also nun dadurch, daß an der Wahrhaftigkeit des Kommunikationspartners Zweifel bestehen, die von diesem gewünschte Wirkung nicht erreicht wird, kommt das durch einen »Defekt« auf irgendeiner Stufe der Rezeptionsmatrix.

Ganz sicher wird eine solche Äußerung des Kommunikationspartners wahrgenommen und akustisch und inhaltlich verstanden. Auf der Stufe des Sinnverstehens dagegen und auch auf der des Übernehmens bzw. Akzeptierens dürften die Bedenken gegen den Beitrag von P aufgetaucht sein. Vielleicht paßt die Äußerung nicht zu den Erfahrungen und Annahmen, die man mit oder von P hat, oder R meint, daß das von P angestrebte Handlungsziel diesem eher zum Vorteil wäre als ihm, jedenfalls hält der Beitrag von P einer argumentativen Betrachtung nicht stand und kann deshalb auch nicht akzeptiert bzw. nicht Teil aktiven Handelns werden. Interessant sind aber gar nicht einmal die Fälle, bei denen aufgrund eines »Defektes«, in der Art und Weise von P zu kommunizieren, keine Wirkung bzw. nicht die gewünschte zustandekommt, sondern die, bei denen es an R liegt, daß der angestrebte Effekt nicht erreicht wird.

Dabei dürfte es nicht schwer sein einzusehen, daß der »Defekt« bei R in allen genannten Stufen auftreten kann. R kann also die Äußerung von P nicht wahrgenommen, akustisch, inhaltlich oder ihrem Sinn nach nicht verstanden haben, so daß er sie aus irgendwelchen Gründen nicht akzeptieren und (deswegen) auch nicht danach handeln konnte. Nun setzt natürlich die Frage ein, warum solche »Defekte« eingetreten sind. Mit einer Vorkommensweise haben wir uns gerade beschäftigt, nämlich, daß es an P liegt, daß R eine andere Wirkung als die gewünschte zeigte.

Auf »Defekte« in den drei unteren Stufen soll auch nicht weiter eingegangen werden (vgl. dazu Öhlschläger und Schwitalla 1977), sie sind nicht einmal selten, ja sogar ganze Wissenschaften oder Wissenschaftszweige leben von ihnen und bestimmt nicht zu Unrecht. Gerade die Soziolinguistik hat lange Zeit nur zum Thema geforscht, ob und wie Angehörige der Unterschicht die Sprache der Mittelschicht (inhaltlich) verstehen können.

Auf der Stufe der Wahrnehmung kann schon die Kommunikation unterbrochen werden, weil R gerade woanders hingehört hat, und auf der zweiten Stufe sind immer wieder schon allein deshalb »Defekte« möglich, weil P eine andere Sprache als R spricht oder weil irgendein Störfaktor den Beitrag von P für R nicht dekodierbar gemacht hat.

Auf der Ebene des Sinnverstehens wird es schon schwieriger, solch eindeutige und einleuchtende Beispiele zu finden. Warum etwa wich Helmut Schön oft den Fragen Sammy Drechsels aus? Hatte er deren Sinn nicht verstanden? Oder warum antwortet Wehner anders als Lueg es sich eigentlich wünscht? Oder hat Dregger das gesagt, was man als Handlungsziel von Schult bezeichnen könnte? Nun soll hier gar nicht fälschlicherweise der Anschein erweckt werden, daß Drechsel, Lueg und Schult je geglaubt hätten, ihr eigentliches Handlungsziel verwirklichen zu können, nämlich ihre Interviewpartner zu sensationellen Äußerungen und Eingeständnissen zu veranlassen. Bleibt man realistisch, kann dieses Ziel in so gearteten Situationen bei medienerfahrenen Interviewern nicht vorgelegen haben, allerdings hätten Drechsel u. a. ein solches Ergebnis »billigend-in-Kauf genommen«. Deshalb ist auch die Frage legitim, auf welcher Stufe bei Schön, Wehner und Dregger die Überzeugung von der größeren Akzeptabilität der Handlungsziele Drechsels, Luegs und Schults verhindert wurde. Mit dem Wortlaut der Frage wurde schon ein deutlicher Hinweis auf ihre Lösung gegeben, wenn von »Akzeptabilität der Handlungsziele« gesprochen wurde. Man hätte auch sagen können, daß für Dregger u. a. der Sinn der von Schult u. a. anvisierten Handlungsziele nicht einsehbar war, und damit wären dann die Stufen des Sinnverstehens und Akzeptierens genannt, auf denen die »Defekte« liegen.

Wehner u. a. hatten sehr wohl den Sinn der Fragen verstanden, konnten sich aber mit diesem Sinn nicht identifizieren, konnten bestimmte Ziele und Zwecke nicht akzeptieren und sorgten somit durch ihre Antworten für Widerspruch gegen die Einstellungen der Interviewer und für Erwartungsstabilisierung auf seiten der ihnen zuschauenden Parteifreunde und Wähler. Das Auseinanderklaffen der gegenseitigen Ansichten über den Sinn eines bestimmten Handelns führte zu einem ebenfalls gegenseitigen Nicht-Akzeptieren des angebotenen Sinnmaterials und das wiederum zu einer direkt und offiziell demonstrierten Handlungsweise, die nicht von den Argumenten des Gegenüber affiziert wurde. Gerade Politiker wie Dregger und Wehner, und für Schön gilt das ebenso, müssen sich vorsehen, verbal gewisse Argumente des Gegners zurückzuweisen, aber gegenständlich-praktisch im Sinne der gegnerischen Argumente zu handeln. Die andere Variationsmöglichkeit wird von Prominenten der öffentlichen Meinung eher und lieber benutzt, nämlich verbal gewisse Beteuerungen (für eine bestimmte Handlungsweise) abzugeben, praktisch aber *nicht* danach zu handeln. Das Problem der Wahlgeschenke ist genau auf diesem Gebiet angesiedelt.

Was läuft nun genau bei der Zurückweisung von Argumenten des Gegners auf der Ebene des Sinns bzw. des Akzeptierens ab? Warum kann man bestimmte Argumente oder Ansichten des Gegners nicht akzeptieren? Erst einmal bleibt festzuhalten, daß man vernünftigerweise nur das akzeptieren kann, was man in Argumentationen oder zumindest Protoargumentationen als sinnvoll erkannt zu haben glaubt. (Vgl. auch Schwitalla 1977, S. 32)

Einstellungen, von denen man glaubt, daß sie in bestimmten Situationen keinen Sinn haben, wird man nicht übernehmen, man wird sie nicht zur eigenen Handlungsgrundlage machen.

Wenn die in den Propositionen des Gegenüber zutage tretende Information dem eigenen Wissensstand zuwiderläuft, wird man diese Information nicht in das eigene Wissen übernehmen. Das, was man in einer solchen Situation tun kann, ist eine argumentative Überprüfung der beiden Wissensstände, man kann aber auch den Beitrag des Gegenüber als unwahr, falsch, nicht zutreffend oder der Wahrheit nicht entsprechend einstufen, so daß keine Überzeugung von der Wahrheit der in Frage stehenden Propositionen stattfindet.

Ebenso wie man eine Information als falsch einstufen kann, kann man eine Meinung als nicht richtig, ein Gefühl, das der Kommunikationspartner ausgedrückt hat, als unecht oder einen Wunsch als unrealistisch und nicht erfüllbar ansehen. Immer dann findet keine Überzeugung statt, immer dann würde in einer idealen Sprechsituation erst einmal in eine Argumentation einzutreten sein, die die gegenteiligen oder zumindest verschiedenen Standpunkte einander anzugleichen hätte, deutlicher: deren Aufgabe es wäre, Wahrheit und Richtigkeit der unterschiedlichen Einstellungen zu überprüfen und per Konsens die ideale Handlungsgrundlage zu finden.

Was sich so leicht anhört, ist in der Praxis äußerst schwer zu erreichen, man denke nur daran, wie z. B. die Meinungen über die Sauberkeitserziehung bei Kleinkindern differieren und wie schwierig es ist, etwa auf dem

Gebiet des § 218, der Verjährung von »Völkermord« oder der Todesstrafe, einen tragfähigen Kompromiß zu finden, von einem Konsens ganz zu schweigen.

Wenden wir uns zum Schluß dieses Abschnitts noch dem Problem zu, daß es gar nicht allzu selten ist, gegen die eigentliche(n) Einstellung(en) zu handeln.

Wir kennen alle Fälle, in denen jemand ganz anders handelt, als wir es von ihm erwartet haben. Das mag daran liegen, daß wir uns in unseren Erwartungen getäuscht haben. Es kann aber auch sein, daß dieser Jemand tatsächlich konträr zu seinen Einstellungen und früheren Handlungsweisen handelt, nach denen wir ihn eingeschätzt haben. Auch das kann wiederum mindestens zwei Gründe haben: entweder P hat nun eine andere Einstellung gegenüber der in Frage stehenden Handlungsweise, oder P handelt tatsächlich entgegen seinem Wissen, seinen Meinungen, Gefühlen und Wünschen. Tut er letzteres, gibt es viele Möglichkeiten der Erklärung: P kann unter Zwang, nicht mit Absicht handeln, es mag sein, daß er Geld dafür bekommt und deswegen so handelt oder daß P einmal probeweise so, konträr zu seinen Einstellungen, agiert. Alle hier aufgeworfenen Möglichkeiten wurden in der (amerikanischen) Sozialpsychologie schon untersucht. Die bekannteste und vielleicht auch interessanteste Untersuchung ist dabei die von Festinger und Carlsmith, die von vielen anderen in mehrerlei Variationen wiederholt wurde. In ihr geht es darum, wie sich Versuchspersonen verhalten, die etwas gegen ihren Willen tun müssen, dafür aber belohnt werden.

Behalten wir jetzt unsere Fragestellung im Auge, läßt sich als erstes feststellen, daß Handlungen unter Zwang am wenigsten oder gar nicht die Einstellungen berühren. (Vgl. Carlsmith 1968, S. 803) Das zeigt ganz deutlich noch einmal die Notwendigkeit, in einer komplexen Gesellschaft argumentativ zu verfahren. Nur was man als begründet einsieht, *kann* zur (freiwilligen) Handlungsgrundlage werden. Ob dieses Wissen oder diese Meinung usw. wirklich immer begründet ist oder sein kann, die Frage nach der Ideologie, soll hier beiseite gelassen werden.

Etwas anders stellt sich der Fall dar, wenn Geld oder überhaupt irgendeine Belohnung auf das Handeln eingewirkt hat. Ist die Belohnung hoch, wird die Dissonanz zugunsten dieser Belohnung abgebaut, und es entsteht keine Motivation dazu, die eigene Einstellung zu ändern. Ist dagegen die Belohnung wenig attraktiv, entsteht eine größere Dissonanz und daher eher die Notwendigkeit zur Änderung des Einstellungsgefüges. (Vgl. dazu Festinger/Carlsmith 1959 und Festinger/Aronson 1972).

Brehm 1960 faßt das bisher Diskutierte so zusammen:

1. Verhalten entgegen Einstellungen tendiert dazu, kognitive und/oder affektive Veränderungen in bezug auf die Konsistenz des Verhaltens hervorzubringen.
2. Je größer der Zwang ist, mit dem von den eigenen Einstellungen abwei-

chendes Verhalten erzeugt wird, desto geringer sind die Einstellungsänderungen.

3. Je mehr das Verhalten von den Einstellungen abweicht, desto größer die Einstellungsänderungen.
4. Je größer der Widerstand gegen ein bestimmtes Verhalten ist, desto größer die Einstellungsänderungen bei oder nach vollzogener Handlung. (Vgl. Brehm S. 184 f.)

Handelt man strategisch, muß man nun alle aufgeführten Möglichkeiten und noch viele andere mehr beachten, um zum Ziel der Handlung zu kommen. Das wichtigste dabei ist, daß R möglichst noch nicht einmal ahnt, daß mit ihm nicht kooperativ gehandelt oder argumentiert wird. Besonders deutlich wird das noch einmal durch die mittlerweile wohl empirisch als gesichert geltend könnende Tatsache, daß durch Zwang keine freiwillige Verhaltensänderung zu erreichen ist. Wenn für alle sichtbar der Bereich der Kooperation verlassen ist, gehen Verhaltensänderungen, wenn überhaupt, nur sehr schleppend und langfristig vor sich. Strategische Argumentationen müssen also das Ziel haben, R zu suggerieren, daß es für ihn das beste sei, freiwillig das zu tun, was von ihm verlangt wird, sie müssen unter dem Deckmantel der Kooperation wirken können, andernfalls sinkt ihr Wert beträchtlich. Umgekehrt muß es demzufolge Aufgabe einer kritischen Argumentationstheorie sein, Kriterien herauszuarbeiten, die auf das Vorliegen einer strategischen Argumentation schließen lassen. Dabei gibt es selbstverständlich keine Patentrezepte, wie schon bei der Erörterung der sprachlichen Umsetzung, des Gebrauchs von »wir« und der vielen Möglichkeiten anzugreifen, sich zu verteidigen und vor allem auszuweichen, deutlich wurde.

3. Zur Ontogenese argumentativer Fähigkeiten

In diesem letzten Kapitel soll versucht werden, durch einen Blick auf die Ontogenese argumentativer Fähigkeiten Klarheit darüber zu bekommen, welche Argumentationsstrukturen primär sind und welche anderen auf ihnen aufbauen.

In Kap. 1. wurde wiederholt behauptet, daß ideale Argumentationen den Bewertungsmaßstab für alle anderen Argumentationsformen in konkreten Fällen abgeben. Man weiß nur deshalb, daß es in einer bestimmten Situation moralisch verwerflich ist zu lügen, obwohl vielleicht strategisch günstig, weil man eine Vorstellung davon hat, wie man eigentlich in dieser Situation zu argumentieren hätte, wenn man nicht (nur) auf seinen eigenen Vorteil aus wäre. Die Betrachtung der Ontogenese argumentativer Fähigkeiten erhärtet die Theorie der Dominanz kooperativen Argumentierens. Dabei muß sie den Nachteil aller historischen Betrachtungsweisen in Kauf nehmen, nicht hundertprozentig sichere Beweise liefern zu können. Daß es immer so war, beweist nicht unbedingt, daß es heute noch so sein muß und daß das Kind mit kooperativen Argumentationsweisen beginnt, muß noch lange nicht der Beweis dafür sein, daß strategische Argumentationen parasitär oder zumindest sekundär zu kooperativen sind. Andererseits kann man argumentieren, daß es paradox wäre, daß Kinder zuerst kooperativ argumentieren lernten, wenn solche kooperativen Argumentationen strategische voraussetzten, also schwerer als diese zu erlernen wären.

Dabei könnte es allerdings erst einmal strittig sein, ob Kinder am Anfang überhaupt kooperativ oder strategisch argumentieren. Dazu ist zu sagen, daß Kinder zuerst keineswegs strategisch argumentieren, weil sie nie daran interessiert sind, den Kommunikationspartner über die eigenen Absichten im Unklaren zu lassen. Andererseits argumentieren sie aber auch nicht kooperativ, weil ihnen das »Ich« des Kommunikationspartners nichts bedeutet. Kleine Kinder sind bis zu einem gewissen Alter nicht in der Lage, Einstellungen des Gegenüber zu antizipieren, also die Rolle des Gegenüber zu übernehmen, sondern nur darauf aus, eigene Interessen zu befriedigen. Das zweite Entwicklungsstadium beginnt, wenn Kinder (zumindest rudimentär) zur Empathie fähig sind, was heißt, daß sie im Anderen sich sehen. Das Kind schreibt dem Gegenüber die gleichen Einstellungen und Handlungsweisen zu wie sich selbst.

Ein drittes Stadium ist dann erreicht, wenn Kinder dem Gegenüber ein anderes Ich zubilligen können als sich selbst, wenn sie vom Anderen denken und erwarten können, in einer Situation (aufgrund seiner anderen Voraussetzungen) anders zu denken und zu handeln als sie es selbst tun. Dieses Stadium des role-taking kann nur erreicht werden, wenn sich das Kind schon bestimmte argumentative Fähigkeiten erworben hat, denn nur durch das Verstehen des Sinns von Handlungen des Gegenüber kann ein solches Stadium erreicht bzw. aufrechterhalten werden.

Das vierte Entwicklungsstadium besteht darin, daß Kinder über einen Generalnenner zu verfügen lernen, mit dem sie die Handlungen anderer einschätzen. Während sie im dritten Stadium noch wertneutral und an die Person gebunden Handlungen betrachteten, geht mit dem Erwerb eines Über-Ichs oder einer Internalisierung von Handlungsnormen das Stadium permanenter Unschuld zu Ende. Kinder lernen hier Abweichungen festzustellen und zu bewerten. Dabei sind diese Handlungsregeln für uns oft lächerlich, weil sie an Regeln fixiert sind, die nicht die unsrigen sind. Was jetzt noch an Entwicklungsstadien folgt, ist durch die Forschungen von Piaget und Kohlberg, um nur zwei der prominentesten Namen zu nennen, hinlänglich bekannt. Ab dem vierten Stadium beginnt das Kind moralisch zu urteilen bzw. zu handeln. Während es zuerst nur personengebunden handeln und urteilen konnte, kommt mit der Ablösung von der Person die Möglichkeit der Bewertung von Handlungen in den Blickpunkt. Im vierten Stadium ist alles gut, was der Regel entspricht, dann werden die Regeln stärker universalisiert, bis zum Schluß nach Letztbegründungen wie etwa dem Rawlsschen Fairneßprinzip gehandelt bzw. geurteilt werden *kann.*

Mit der Ausbildung differenzierter Bewertungsmöglichkeiten geht auch eine Änderung in der Einschätzung von Schuld und Strafe einher, wie man aus dem in Kap. 1. dargestellten leicht ableiten kann und wie Kohlberg und Piaget es für das Kind auch nachgewiesen haben. Wie sehen nun Argumentationen in den verschiedenen Entwicklungsstadien aus bzw. kann man bei Kindern in den ersten Stadien überhaupt von argumentativen Fähigkeiten sprechen? Das sind zwei Fragen, die sich geradezu aufdrängen und von deren Beantwortung das weitere Vorgehen abhängt.

Zuerst zur letzten: selbstverständlich können Kinder in den ersten beiden Entwicklungsstadien noch nicht argumentieren. Das zu behaupten wäre allein deshalb schon Unsinn, weil Kinder in diesem Alter nicht zum Dialog fähig sind, d. h., sie sind nicht in der Lage, auf die Einwände des Gegenüber differenziert einzugehen. Wer sich nicht in das Ich des Anderen versetzen kann, kann auch nicht auf dessen Meinungen reagieren. Nichtsdestotrotz sind Kinder in diesem Alter in der Lage, Gründe und Zwecke für ihre Handlungen angeben zu können und das heißt, daß sie dabei sind, argumentative Fähigkeiten zu entwickeln.

Daß das so sein muß, verwundert nicht, wenn man Habermas' hier schon öfter zitierte Behauptung erst nimmt, daß sprachliche Kommunikation an Metakommunikation gebunden ist. Metakommunikation heißt bei Habermas, über den Sinn von Kommunikation zu reflektieren. Kommt diese Metakommunikation als sprachlich realisiertes Element vor, kann man sie Argumentation in unserem Sinne nennen. Ein Kind im dritten Stadium, das den Sinn von Handlungen anderer versteht bzw. zumindest verstehen kann, wenn diese Handlungen im Erfahrungsbereich des Kindes liegen, muß, wie schon gesagt, gewisse argumentative Fähigkeiten besitzen, um sich Gedanken über den Sinn einer Handlung machen zu können.

Metakommunikation, also »Verständigung auf der Ebene der Intersubjetivität über den pragmatischen Sinn der Kommunikation« (Habermas 1971 a, S. 213), und Kommunikation verhalten sich dabei nicht wie Objekt- und Metabereich zueinander (vgl. Schnädelbach 1977, S. 140), sondern bedingen sich wechselseitig, so daß man von einer »Doppelstruktur umgangssprachlicher Kommunikation« (Habermas 1971, S. 105) sprechen kann. Nur dadurch, daß beide Bereiche immer gemeinsam realisiert werden, daß die Ebene der Metakommunikation zumindest latent vorhanden ist, kommt überhaupt Verständigung zustande.

In Äußerungen von Kindern der ersten Entwicklungsstufe müßten also metakommunikative bzw. argumentative Teile aufzufinden sein, die die Richtigkeit der Postulate von Habermas beweisen.

Wenden wir uns nun der ersten Frage zu, wie Argumentationen in den verschiedenen Entwicklungsstadien aussehen. Am Beispiel der Kinder Christina (15.4.1975) und Julia (3.6.1975) soll die Entwicklung argumentativer Fähigkeiten demonstriert und dabei eine Einordnung der Äußerungen in die verschiedenen Stadien der Entwicklung versucht werden.

Beide Kinder, sowohl Christina als auch Julia, fangen mit Äußerungen an, die zeigen, daß sie schon gelernt haben, Dinge oder Zustände miteinander zu vergleichen und vor allem zu erkennen, welcher von zwei Zuständen für sie der bessere oder vorteilhaftere ist. So gesehen kann man schon vom Vorhandensein eines rudimentären Wertsystems sprechen, das allerdings nicht an allgemeinen und verallgemeinerbaren Normen und Werten ausgerichtet ist, sondern in einem egoistisch definierten Prinzip des größeren (momentanen) Nutzens.

(25) P liegt auf dem Rücken, Julia rutscht über die angewinkelten Beine bäuchlings. Vor einer neuen Rutschpartie hält sie ein.
J: Papa so (stellt die Beine in einen steileren Winkel), Duja besser lutschen kann (23. 6. 77)

(26) Christina äußerte zur selben Zeit:
C: Ina Schuhe aus, Ina besser laufen kann

Beide Äußerungen sind (Proto-) Argumentationen des ersten Entwicklungsstadiums. In beiden Äußerungen geht es nicht darum, ob das eine gut oder böse, erlaubt oder nicht erlaubt ist, das hätte auch beide Kinder zu dieser Zeit überhaupt nicht interessiert, sondern um egoistische Nutzenoptimierung. Beide haben schon erkannt, daß es erstrebenswerte Zustände oder Handlungsziele gibt und daß man durch (sprachliches) Handeln ein solches Ziel herbeiführen kann.

C und J geben also kommentierend zu ihren Handlungen den Zweck ihres Handelns an, das wäre die minimale Definition dessen, was sie tun. Die Äußerungen von C und J stellten somit eine Art Begleitmusik zu ihren gegenständlich-praktischen Handlungen des Schuh-Ausziehens bzw. Rutschens dar. Dagegen spricht, daß C und J nicht Gründe, sondern Zwecke für ihr Handeln angeben.

Für C und J sind die Schuhe bzw. die »falsch« angewinkelten Beine das Problem, mit dem sie sich zum Zeitpunkt der Äußerung von (25) und (26) auseinanderzusetzen haben, und vor allem Julias Problem ist deswegen so diffizil, weil seine Lösung nur in Kooperation mit dem Kommunikationspartner gefunden werden kann (C dagegen kann sich die Schuhe notfalls allein ausziehen). J muß somit zur Nutzenoptimierung P genau klarmachen, warum sie die Beine in einem bestimmten Winkel haben will. J denkt also nicht nur laut, sondern ihr schweben schon Handlungsziele vor, die es zu erreichen gilt, sie ist schon jenseits des Stadiums des autistischen Denkens, von dem das gerade nicht gilt. (Wygotski 1972, S. 21) Schwieriger ist die Frage zu beantworten, ob nicht doch schon von Empathie gesprochen werden kann, denn immerhin schätzt sie ja P daraufhin ein, ob er den gewünschten Zustand herstellen kann und will. Das aber nur als Hinweis auf ein Problem, denn es sollen aus diesem Fall keine weiteren Schlußfolgerungen gezogen werden, um dieses Beispiel nicht mehr zu strapazieren als notwendig.

Ein gutes Beispiel für das zweite Entwicklungsstadium, dem fast nichts mehr hinzuzufügen ist, ist (27):

(27) M, P und J fahren mit dem Auto in Italien übers Land und es riecht gewaltig nach Landluft
J: Puzza! — (das hat sie mittlerweile schon gelernt, die Eltern haben diesen Ausdruck immer benutzt, um Julia nicht immer wieder auf die Tatsache aufmerksam zu machen, daß sie in die Windel gemacht hat; »puzza« heißt auf deutsch »es stinkt«)
— Mama Häufchen machd?
(10. 8. 1977)

Julia ist schon soweit, selbst zu merken, ob sie Häufchen gemacht hat oder nicht, aber es liegt noch jenseits ihres Wissens und ihrer Erfahrung, Menschen klassifizieren zu können in solche, die noch in ihre Windeln machen und andere, die das nicht tun. Sie sieht also sich in anderen, meint, daß alle anderen genauso handeln müßten, genau dieselben Probleme hätten wie sie. Ein weiteres Beispiel für diese Sichtweise ist (28), wozu erklärend gesagt werden muß, daß J ein »Mamakind« ist, daß bei ihr fast nichts ohne die »Mama« geht, ihr also die Begründung, die sie im folgenden Beispiel gibt, sehr nahe liegt:

(28) J liegt in der Badewanne. P sitzt am Rande:
J: Hoich, Ina weint [Horch, Ina (= Christina) weint]
P: Warum weint Ina?
J: Juja Ina pezzd hadd (Juja = Julia, pezzd = gepetzt, gezwickt, gekniffen, hadd = hat)
ca. 10 Sekunden Pause
J: Nein, Oddi nich da iss (Oddi = Otti, Mutter von Christina)
(28. 9. 1977)

Zur Erklärung der Situation muß noch gesagt werden, daß Julia mit ihren Eltern in einem Zweifamilienhaus über Christina und ihren Eltern wohnt.

Das Bad befindet sich direkt über dem Zimmer von C. Auch an diesem Beispiel kann man wieder sehr deutlich sehen, daß das Kind sich im Anderen sieht. Erst sieht es sich sogar als Verursacher des Ereignisses. Als ihm das aber als zu unwahrscheinlich in diesem Moment vorkommt, findet es einen Grund, der *ihm* bis jetzt immer ein guter Grund war, so zu reagieren.

Knapp zwei Monate später (18. 11. 1977) liegt eine Äußerung Julias, die zu zeigen scheint, daß sie hier bereits das dritte Stadium erreicht hat:

(29) C hat einen Wasserball, J will auch damit spielen. P hat ihn einmal C abgenommen und J gegeben, dann wieder J abgenommen und C gegeben. J zetert jetzt, um den Ball zu bekommen, C will ihn nicht hergeben:
J: Juja will Juja Ball
C: Nein, Ina Ball
Otti: Der Ball ist nicht Julia, der Ball gehört Ina.
J: Juja haben
C: Nein, Ina
J: Ina spielt auch mit Juja Ball (Juja Ball bzw. Ina Ball = Julias bzw. Inas Ball)

In dieser kleinen Argumentation kann nicht mehr von der vermeintlichen Identität des kindlichen »Ich« mit dem seines Gegenüber gesprochen werden, erst recht gibt es hier keine handlungsbegleitenden oder -kommentierenden Äußerungen mehr. Hier liegt ein Streitfall vor, also auch ein echter Anlaß zur Argumentation, der von Julias Seite aus nur verbal geklärt werden kann, denn die beiden Erwachsenen hätten es kaum zugelassen, daß J C den Ball einfach wegnimmt (J ist die Stärkere von beiden). »Juja haben« ist dabei sehr schwer zu interpretieren. Es kann eine Wiederholung eines vorangegangenen Arguments sein (»Juja will Juja Ball«), es kann auch eine »Trotzreaktion« auf Ottis Äußerung sein, etwa der Form »das ist mir egal, wem dieser Ball gehört, ich will ihn trotzdem haben«. Wichtig aber ist Julias letzte Äußerung, mit der sie versucht, Ottis Einwand zu entkräften. Fast scheint es so, als hätte sie eingesehen, daß »Juja haben« zu schwach ist, um hier zu stechen, so daß sie deswegen nach einem Ausweg oder Argument, wie man es auch immer nennen will, gesucht hat. Dabei ist ihr eine Begründung für ihren Anspruch eingefallen, die Ottis Argument tatsächlich glatt aussticht, die selbst auf höheren Entwicklungsstufen einsetzbar wäre. Allerdings ist Julia bestimmt in keiner Weise bewußt gewesen, daß ihr Argument eine Norm vertritt, die eher den genannten Letztbegründungen entspricht als das von Otti, die mit ihrem Beitrag natürlich eine andere Absicht verfolgte, als ein hieb- und stichfestes Argument zu geben.

Kann man jetzt sagen, daß J den Sinn des Arguments von Otti verstanden hat? Oder daß sie ihrem Gegenüber ein anderes Ich zubilligt und unterstellt, daß sie also schon über Fähigkeiten zur Rollenübernahme verfügt? An einzelnen Beispielen sind solche Fragen immer sehr schwer zu beantworten, selbstverständlich beweisen auch mehrere Vorkommen nichts endgültig. Zumindest aber läßt sich sagen, daß an solchen Stellen der Verdacht aufkommt, daß Kinder in diesem Alter auf dem Gebiet der Produktion von Äußerungen Fähigkeiten entwickelt haben, die ihnen bisher die Sprachwissenschaft bzw. Entwicklungspsychologie noch nicht zugebilligt hat, weil vor allem in mehr oder weniger künstlichen Situationen kindliche Äußerungen provoziert und dann klassifiziert wurden. Wenn z. B. Piaget Kindern in diesem Alter egozentrische Sprache unterstellt, die »bloße 'Begleitmusik' egozentischen Denkens« (so Luckmann 1972, S. XXI) ist, dann scheinen zumindest die bisher aufgeführten Beispiele dem zu widersprechen. Damit soll nicht geleugnet werden, daß Kinder oft eine egozentrische Sprache handlungsbegleitend einsetzen, andererseits soll aber deutlich gesagt werden, daß das schon in diesem Alter nicht mehr Normalzustand ist. Kindern egozentrisches Denken und egozentrische Sprache zu unterstellen, ist dabei sowieso nicht ganz unbedenklich, zeigt es doch ganz deutlich, daß hier Kategorien, in denen man die Sprache oder das Denken von Erwachsenen einordnen könnte, auf Befunde bei Kindern angewendet werden. Ganz gewiß gibt es Momente egozentrischen Sprechens und Denkens beim Kinde, andererseits wäre aber unerklärlich, warum Kinder, die sich von Tierkindern dadurch abheben, daß sie am längsten und intensivsten die Pflege und Anleitung von Erwachsenen nötig haben, von der Natur so schlecht für ihre ersten Jahre ausgerüstet sind. Vom biologischen Standpunkt aus gesehen scheint zwar die Annahme einer kindlichen Egozentrik einiges für sich zu haben, um Lebens- und Überlebensprozesse auf jeden Fall aufrechtzuerhalten, auf der anderen Seite wäre es doch aber eine schlechte Erbausstattung, wenn das Kind nur auf sich fixiert wäre. Das Gegenteil ist nämlich bei Kleinkindern der Fall, sie sind auf ihre Bezugsperson fixiert und nehmen alles gierig in sich auf, was von dieser Bezugsperson kommt, sei es nun in ihrem Interesse oder nicht. Dagegen sind sie anderen Personen gegenüber absolut nicht oder doch nur in sehr geringem Maße lernfähig. Insofern scheint mir Wygotskis Theorie, daß »Kindersprache von vornherein sozial, obwohl in den frühen Phasen noch nicht 'rational'« (Luckmann, S. XX) sei, weitreichender zu sein. Wenn aber Sprache schon »von vornherein sozial« angelegt ist, dann ist auch role-taking eine normale Angelegenheit. Meine These wäre, daß mit der Lösung von der primären Bezugsperson, normalerweise der Mutter, im Kind die Fähigkeit zum role-taking wächst. Angelegt war sie schon und wurde auch in der rudimentären Form auf Stufe 2 (Empathie) geübt.

Dabei ist noch zur Erklärung zu sagen, daß die Stufen nicht hermetisch voneinander abgeriegelt sind, daß man nicht die eine komplett durchlaufen muß, um zur anderen gelangen zu können. Eine Annahme von mehreren Entwicklungsstufen ist lediglich eine theoretische Beschreibungshilfe, um bestimmte Äußerungen des Kindes zu klassifizieren. Diese Klassifikation richtet sich weniger nach dem temporalen Verlauf der kindlichen Sprachentwicklung, sondern nach der Wertskala, die wir vom Standpunkt des Erwachsenen, sicher nicht zu Unrecht, an die Sprach- und Denkentwicklung anlegen. Dabei darf nur nicht vergessen werden, daß das Argumentieren und Denken von Erwachsenen sich ebenfalls auf den ersten beiden Stufen bewegen kann, ja daß es sogar Situationen gibt, in denen wir alle das als normal empfinden. Ein Fan einer Fußballmannschaft oder eines Rockstars kann, wenn er bei einem Spiel oder Auftritt Fan sein und bleiben will, sicher nicht in anderen Kategorien denken und argumentieren als in bzw. mit solchen, die sich auf den ersten beiden Stufen bewegen.

Im übrigen fällt es jedem Erwachsenen in allen möglichen Situationen nicht ganz leicht, von sich zu abstrahieren. Deutlicher ausgedrückt: in jedem Interpretationsprozeß spielt die eigene Geschichte eine dominante Rolle. Verstehensprozesse laufen selektiv ab, und gerade Einstellungen haben einen großen Einfluß darauf, wie man etwas einordnet, z. B. ob man es für möglich, wahr oder richtig hält. (Vgl. dazu auch Völzing 1979 a und c)

Ein erhellendes Beispiel dafür, daß die Entwicklungsstadien sich gegenseitig durchdringen, daß man zu bestimmten Zeiten nur von der Dominanz des einen oder anderen Stadiums sprechen kann, ist Beispiel (30), in dem die Fähigkeit kleiner Kinder zum role-taking deutlich wird:

(30) Francesca ist ein Kind, das J am Strand von Peschici (Apulien) kennengelernt hat. Beide Kinder sind mit ihren Eltern im Meer, haben Schwimmflügel an und sollen im etwas tieferen Wasser ein bißchen schwimmen. Francesca hat Angst und brüllt aus Leibeskräften.
P: Julia, warum weint Francesca?
J: (keine Antwort)
P: Warum weint die Francesca?
J: Anst hat, Papa (Anst = Angst)
(4. 8. 1977)

Warum, so muß man sich fragen, gibt Julia diese Begründung? Weil sie selbst Angst hat? Diese Erklärungsmöglichkeit fällt aus, denn sie hat überhaupt keine Angst vor dem Wasser, man kann dagegen sagen, daß sie sich im Wasser richtig wohl fühlt. Warum sagt sie nicht, »weil Francesca böse ist« oder »weil es Francesca zu kalt oder zu warm ist«, warum nicht, daß Francesca ein Eis oder etwas zu trinken haben will und deshalb aus Leibeskräften brüllt? Alles das wären Gefühle, die Julia in dieser Situation erheblich näher lägen. Selbst die Angabe eines unmittelbaren Zwecks wie »weil Francesca raus« oder »zu ihrer Mama« will (gerade letzteres wäre »typisch« Julia) wäre eher zu erwarten gewesen.

Nun könnte man noch vermuten, daß J durch eine sprachliche Äußerung, die diese Situation begleitete, zu dieser Antwort gekommen ist, aber auch das ist ausgeschlossen. Die Eltern Francescas waren Neapolitaner und sprachen nicht ein Wort Deutsch, und M und P hätten sich gehütet, in dieser Situation den Begriff »Angst« zu benutzen, um J, die eher ein ängstliches als ein couragiertes Kind ist, keine Angst vor dem Wasser zu machen. Insofern zielte P's Frage auch ganz gewiß nicht darauf, diese

Antwort zu bekommen. Sie war mehr deswegen gestellt worden, um auszuprobieren, ob J etwas mit dem Begriff »warum« anfangen kann, und es war wohl auch die erste Warum-Frage, die J beantwortete, so wie es auch eine der ersten Warum-Fragen überhaupt war, die P ihr wissentlich und gezielt stellte. Insofern dürfte ihr Zögern auf die erste Frage eher dem »Warum« gegolten haben als dem Nachdenken darüber, warum Francesca weint. Julia, die z. B. in Panik gerät, wenn man sie an die frische Luft setzt, wenn man, wenn sie »bös« war, sie entweder aus dem Zimmer trägt und die Tür zuhält oder selbst aus dem Zimmer geht und die Türe zuhält, muß aus eigenen Erfahrungen gelernt haben, daß man, (nur) wenn man Angst hat, so brüllt wie Francesca. M. a. W.: J und damit mit großer Wahrscheinlichkeit jedes Kind, denn J ist keineswegs geistig außergewöhnlich entwickelt, sie lernte gar nicht einmal früh sprechen und ist z. B. heute (mit 3;6 Jahren) im Gegensatz zu C nicht in der Lage, »r« in bestimmten Kombinationen zu verwenden, so sagt sie heute noch »geschlochen« statt »gesprochen« oder singt »Flau Tlatzefuß (oder Klatzefuß)« statt »Kratzefuß« im bekannten Kinderlied »Die Vögel wollten Hochzeit machen«. Auch wurde ihr *nie* ein Sprachtraining verordnet, von einigen, vielleicht verfrühten »Warum-Fragen« einmal abgesehen, und es wurde auch weitestgehend vermieden, sie implizit zu verbessern, weil sie von vornherein in einer normalen Kommunikationssituation aufwachsen soll. Wenn Julia also sagt: »Julia Bimbiedl an, Julia besser schwimmen kann« (4. 8. 77), das nur noch einmal als Beispiel dafür, wie sich die verschiedenen Stufen vermischen, wird in aller Regel nicht mit: »Wir ziehen dir jetzt die Schwimmflügel an, weil du dann besser schwimmen kannst« gekontert, sondern zur Tagesordnung übergegangen, so wie man es auf eine Äußerung eines Erwachsenen auch tut. Man holt dann die Schwimmflügel, bläst sie auf, lobt das Kind vielleicht auch, weil es an die Schwimmflügel gedacht hat usw.

Vielleicht sollte man abschließend noch die Frage nach dem Aufkommen der ersten strategischen Argumentation stellen, denn man könnte die Hypothese wagen, daß in dem Moment, in dem das Sinnverstehen einsetzt und man dem Gegenüber ein anderes »Ich« unterstellt, erste strategische Gehversuche stattfinden müßten. Eventuell kann man (29) schon so sehen, vielleicht auch (31):

(31) J hat C gebissen, C weint.
P (böse): Du sollst Ina nicht beißen, Julia, ich sag' dir's heut' zum letzten Mal
J: Das macht die Miau so
(1. 2. 1978)

Nun weiß man nicht, ob J die Rolle der Katze, die sie gespielt hatte und die sie öfter spielt (C ist immer der Hund), so verinnerlicht hatte, daß das Beißen tatsächlich »notwendig« war oder ob sie sich nachträglich mit dieser Katzenrolle herausreden will. Feststeht jedenfalls eins, daß sie nämlich eine solche Antwort als situationsädaquat angesehen hat, sie sie P überhaupt zumutet, m. a. W. nicht glaubt, daß P durch sie noch mehr in Rage gerät.

Aber selbst hierbei ist nicht mit Sicherheit möglich zu entscheiden, ob J in dieser für sie brenzligen Situation »ganz einfach« bei der Wahrheit bleiben wollte oder ob sie schon genau weiß, daß eine solche Antwort das Schlimmste verhütet, weil man irgendwie (und sei es im tiefsten Innersten) dabei lachen muß. Ebenso schwer ist (32) zu bewerten:

(32) J und P haben in der Eisdiele 3 Eis gekauft und steigen ins Auto. J will das Eis von M haben, die nicht dabei ist und der beide ihr Eis mitbringen wollen. Im Rückspiegel sieht P J einmal an ihrem und dann an M's Eis lecken:
P: Du Schdlolch, du leckst ja an Mamas Eis! (Schdlolch = Strolch)
J: Daß nicht lunterdlopft, Paulos!
(8. 5. 1978)

War es jetzt Wahrhaftigkeit, die J in ihrem Handeln bestimmte oder Strategie, ist ihre Erklärung also wahr oder nur vorgeschützt? Zum ersten Mal ganz deutlich wird Strategie in (33):

(33) J: Mama, hast du deinen Zahn immer noch gezogen?
M: Ja, der ist gezogen und bleibt gezogen. Der ist jetzt nicht mehr da.
J: Tut dir dein Zahn noch weh?
M: Nein, das tut nicht mehr weh jetzt!
J: Dann kannst du auch wieder Hampelmann machen!
(14. 10. 1978)

Zur Erklärung muß gesagt werden, daß M mit C und J etwa 14 Tage vorher ein Lied vom Hampelmann, der sich anzieht, gesungen hatte und daß beim Refrain alle wie Hampelmann im Zimmer herumspringen mußten. C und J hatte das sehr gut gefallen, sie wünschten sich dieses Lied immer wieder, M konnte aber dem Wunsch genau dann nicht mehr entsprechen, als ihr ein Zahn gezogen wurde. C und J hatten immer wieder einmal gefragt, waren aber von M abschlägig beschieden worden wegen der immer noch anhaltenden Schmerzen. J hatte sicherlich nun diese Strategie nicht vom Anfang an im Auge, wie überhaupt auch dieses Beispiel nicht unbedingt als strategische Argumentation interpretiert werden *muß*, aber das Vorkommen ähnlicher Beispiele läßt doch einen Schluß in diese Richtung zu, dafür spricht auch (34):

(34) C und J haben in C's Zimmer totale Unordnung gemacht, alle Bücher liegen auf dem Boden.
Otti: Wenn ihr nicht aufräumt, tu ich alle Bücher weg, dann könnt ihr keine Bücher mehr lesen.
C und J reagieren überhaupt nicht in Ottis Sinn, sondern laufen zur Tür hinaus und fahren »Motorrad« (Dreirad). Otti schließt alle Bücher weg und räumt auf.
Eine halbe Stunde später. C und J kommen von draußen herein, C sieht die Ordnung und keine Bücher und fängt an aus Leibeskräften zu weinen.
J: Dlauchst nicht zu tlüllen, Ina, Julia hat ja noch ihre Bücher, da

kommst du eben hoch, und da lesen wir die Bücher bei mir.
(15. 9. 1978)

Genauso schwer ist es festzumachen, ob ein Ausweichmanöver vorliegt, das ja auf eine strategische Argumentation hindeuten würde. Aber hier bleibt immer die Frage, ob solche als Ausweichmanöver definierbaren Argumente nicht doch ernstgemeint sind, dem augenblicklichen Stand des Wissens und der Erfahrung des Kindes entsprechen.

Typisch für dieses Dilemma ist Beispiel (35):

(35) J und P holen Apfelsaft aus dem Keller. C steht an der Korridortür, geht mit.
J (beim Hochgehen): Ich kann ja kaum laufen, weil ich die Flasche tlagen muß!
C: Und ich kann dir nicht helfen, weil ich den Lippenstift in der Hand hab'.
(C hat einen einem richtigen Lippenstift täuschend ähnlichen aus Brause in der Hand und lutscht ab und zu daran) (24. 9. 78)

Frappierend an diesem Beispiel dürfte erst einmal sein, daß C in J's Äußerung einen indirekten Sprechakt verstanden hat, J's Bemerkung nicht nur als eine Aussage über die Schwierigkeit des Transports von vollen Apfelsaftflaschen in den 1. Stock interpretierte, sondern als eine Aufforderung zu helfen. Ob aber C zur Strategie, zu einem Ausweichmanöver greift, oder ob ihr ihre eigene Handlung tatsächlich so wichtig ist, daß ihr zu einer anderen, nämlich der Unterstützung J's keine Möglichkeit oder Zeit bleibt, muß offen bleiben. Bewiesen aber sollte damit sein, daß Kinder schon sehr früh in der Lage sind zu argumentieren, zumindest aber Handlungen zu begründen und zu erklären, also gewisse Vorstufen bzw. Teile von Argumentationen zu beherrschen.

Die Leistung der Kinder ist dabei, im Prinzip grundverschiedene Dinge miteinander zu kombinieren, denn was hat ein Lippenstift (eine Lutschstange) schon mit (dem Tragen) einer Apfelsaftflasche zu tun? C hätte auch sagen können, daß es heute regnet und damit dann keine Begründung für ihre Unterlassung von Hilfe gegeben. In den anderen Beispielen liegt der angegebene Grund oder das genannte Handlungsziel zwar immer näher bei der in Frage stehenden Handlung, nichtsdestotrotz muß aber auch hier von nicht zu unterschätzenden kognitiven Leistungen gesprochen werden, deren Kinder in diesem Alter schon fähig sind.

Gerade dieses Phänomen aber erhärtet die These, daß die Suche nach Sinn, nach Begründung oder Erklärung einer Handlung, für den Menschen eine Notwendigkeit darstellt, die schon von Anfang an gegeben ist und in den Beispielen (25) — (35) deutlich geworden sein dürfte. Habermas' These von der Gleichzeitigkeit von Kommunikation und Metakommunikation dürfte daher durch die Betrachtung der Ontogenese argumentativer Fähigkeiten eine Stützung erfahren haben. Allerdings ist die Ontogenese argumentativer Fähigkeiten ein so unerforschtes Gebiet, daß alle gezogenen Schlüsse erst einmal vorläufigen Charakter haben müssen und nur durch weitere Untersuchungen die hier thesenhaft vorgetragenen Behauptungen erhärtet werden können.

Literatur

Augst, Gerhard (1977): Empirische Untersuchungen zum Wortschatz eines Schulanfängers. In: Augst, G. et al.: Grundwortschatz und Ideolekt. Tübingen, S. 2-98

Austin, John L. (1972): Zur Theorie der Sprechakte. Stuttgart (engl.: How to do Things with Words. Oxford [2]1976 [[1]1962])

Ders. (1975): Ein Plädoyer für Entschuldigungen. In: Ders.: Wort und Bedeutung. München, S. 177-212 (engl.: A Plea for Excuses. In: Ders.: Philosophical Papers. Oxford 1961, S. 175-204)

Baier, Kurt (1974): Der Standpunkt der Moral. Düsseldorf (engl.: The Moral Point of View. Ithaca/London 1958)

Brehm, Jack W. (1960): A Dissonance Analysis of Attitude-Discrepant Behavior. In: Rosenberg, Milton J. et al. (eds.): Attitude Organization and Change. New Haven/London, S. 164-197

Bühler, Karl (1965): Sprachtheorie. Stuttgart ([1]1934)

Carlsmith, J. Merrill (1968): Varieties of Counterattitudinal Behavior. In: Abelson, Robert P. et al. (eds.): Theories of Cognitive Consistency. Chicago, S. 803-809

Coser, Lewis A. (1972): Theorie sozialer Konflikte. Neuwied/Berlin (1965) (engl.: The Functions of Social Conflict. Glencoe 1956)

Craemer-Ruegenberg, Ingrid (1975): Moralsprache und Moralität. Freiburg/München

Davidson, Donald D. (1975): Handlungen, Gründe und Ursachen. In: Ritsert, Jürgen (Hg.): Gründe und Ursachen gesellschaftlichen Handelns. Frankfurt/New York, S. 108-128 (engl.: Action, Reasons and Causes. In: Journal of Philosophy 60, 1963, S. 685-700; auch in: White (ed.), S. 79-94

Festinger, Leon (1957): A Theory of Cognitive Dissonance. Stanford.

Festinger, Leon/Elliot Aronson (1972): Stiftung und Minderung von Dissonanz in sozialen Situationen. In: Rohr, S. 125-148 (engl.: Arousal and Reduction of Dissonance in Social Contexts. In: Cartwright, Dorwin/A. Zander (eds.): Group Dynamics. Evanston [2]1960, S. 214-231)

Festinger, Leon/J. Merrill Carlsmith (1959): Cognitive Consequences of Forced Compliance. In: Journal of Abnormal and Social Psychology 58, S. 203-210

Fishbein, Martin (1966): The Relationship between Beliefs, Attitudes and Behavior. In: Feldman, Shel (ed.): Cognitive Consistency. New York/London 1966, S. 199-223

Frankenberg, Hartwig (1975): Vorwerfen und Rechtfertigen als verbale Teilstrategien der innerfamilialen Interaktion. Phil. Diss. Düsseldorf

Ders.: (1979): Gestörte Kommunikation als Reproduktion einer Beziehungsstörung in der Ehetherapie. In: Flader, Dieter/Ruth Wodak-Leodolter (Hgg.): Psychotherapeutische Kommunikation. Kronberg, S. -

Geach, Peter T. (1976): Reason and Argument. Oxford

Gipper, Helmut (1978): Sprachwissenschaftliche Grundbegriffe und Forschungsrichtungen. München

Göttert, Karl-Heinz (1978): Argumentation. Tübingen

Grice, Herbert Paul (1969): Utterer's Meaning and Intentions. In: The Philosophical Review 78, S. 147-177

Ders. (1975): Logic and Conversation. In: Cole, Peter/Morgan, Jerry L. (eds.): Syntax and Semantics, Vol. 3: Speech Acts. New York,San Francisco, London, S. 41-58 (Teil bzw. verkürzte Fassung von: Logic and Conversation 1967. William James Lectures, Harvard [mimeo])

Habermas, Jürgen (1971): Vorbereitende Bemerkungen zu einer Theorie der kommunikativen Kompetenz. In: Habermas/Luhmann, S. 101-141
Ders. (1971 a): Theorie der Gesellschaft oder Sozialtechnologie? In: Habermas/ Luhmann, S. 142-290
Ders. (1973): Wahrheitstheorien. In: Wirklichkeit und Reflexion. FS für Walter Schulz zum 60. Geburtstag. Hg. von Helmut Fahrenbach. Pfullingen, S. 211-265
Ders. (1975): Zur Entwicklung der Interaktionskompetenz. Frankfurt (Raubdruck)
Ders. (1976): Was heißt Universalpragmatik? In: Apel, Karl-Otto (Hg.) Sprachpragmatik und Philosophie. Frankfurt, S. 174-272
Ders./Niklas Luhmann (1971): Theorie der Gesellschaft oder Sozialtechnologie — Was leistet die Systemforschung? Frankfurt
Hare, Richard M. (1972): Die Sprache der Moral. Frankfurt (engl.: The Language of Morals. Oxford 1975 [1952])
Hart, H. L. A. (1948/49): The Ascription of Responsibility and Rights. In: Proceedings of the Aristotelian Society 49, S. 171-194
Höffe, Otfried (1975): Strategien der Humanität. Freiburg/München
Ders. (1975 a): Einleitung zu: Ders.: Einführung in die utilitaristische Ethik. München, S. 7-34
Hoerster, Norbert (1971): Utilitaristische Ethik und Verallgemeinerung. Freiburg/ München
Horton, Donald/R. Richard, Wohl (1956): Mass Communication and Para-Social Interaction. In: Psychiatry 19, S. 215-229
Hovland, Carl I. (1972): Über die Vereinbarkeit widersprechender Ergebnisse aus der massenmedialen und experimentellen Wirkungsforschung. In: Badura, Bernhard/Klaus Gloy (Hgg.): Soziologie der Kommunikation. Stuttgart-Bad Cannstatt, S. 57-77 (engl.: Reconciling Conflicting Results... In: The American Psychologist 14, 1, 1959, S. 8-17 und in: Warren/Jahoda, S. 345-363)
Hudson, W. D. (ed.): The Is/Ought Question. London 1969
Huth, Lutz (1975): Argumentationstheorie und Textanalyse. In: Der Deutschunterricht 27, 6, S. 80-111
Ders. (1979): Die Institution als Dialogpartner. In: Huth/Völzing
Ders./Paul-Ludwig Völzing (1979): Interaktion auf dem Bildschirm. Düsseldorf
Jakobson, Roman (1971): Linguistik und Poetik. In: Ihwe, Jens (Hg.): Literaturwissenschaft und Linguistik. Bd. II/1, Frankfurt, S. 142-178 (engl.: Linguistics and Poetics. In: Sebeok, Thomas A. (ed.): Style in Language. Cambridge/Mass. 1960, S. 350-377
Karlins, Marvin/Herbert I. Abelson (1970): Persuasion. New York 1959
Keller, Rudi (1977): Verstehen wir, was ein Sprecher meint, oder was ein Ausdruck bedeutet? In: Baumgärtner, Klaus (Hg.): Sprachliches Handeln. Heidelberg, S. 1-27 (überarbeitete Fassung von: Keller, Rudi: Handlungen verstehen. In: Zeitschrift für germanistische linguistik 4, 1, 1976, S. 1-16)
Kohlberg, Lawrence (1974): Zur kognitiven Entwicklung des Kindes. Frankfurt
Kopperschmidt, Josef (1973): Allgemeine Rhetorik. Stuttgart u.a.
Krysmanski, Hans Jürgen (1971): Soziologie des Konflikts. Reinbek
Lausberg, Heinrich (1960): Handbuch der literarischen Rhetorik. München
Lewis, David K. (1975): Konventionen. Berlin (engl.: Convention. Cambridge/Mass. 1969)
Luckmann, Thomas (1972): Einleitung zu: Wygotski, S. IX-XXI
Luhmann, Niklas (1969): Legitimation durch Verfahren. Darmstadt/Neuwied
Ders. (1972): Rechtssoziologie. 2 Bde. Reinbek

Ders. (1973): Vertrauen. Stuttgart ([1]1968)
Maas, Utz/Dieter Wunderlich (1972): Pragmatik und sprachliches Handeln. Frankfurt
Maccoby, Eleanor E. et al. (1972): Soziale Verstärkung bei der Veränderung von Einstellungen. In: Rohr, S. 149-164 (engl.: Social Reinforcement in Attitude Change. In: Journal of Abnormal and Social Psychology 1961, 63, S. 109-115)
Maihofer, Werner (1953): Der Handlungsbegriff im Verbrechenssystem. Tübingen
Martin, Josef (1974): Antike Rhetorik. München
Öhlschläger, Günther (1977): Über das Argumentieren. In: Schecker, S. 11-25
Okun, Bernd (1974): Zum Begriff »Überzeugung«. In: Deutsche Zeitschrift für Philosophie 22, 7, S. 842-861
Perelman, Chaim/Lucie Olbrechts-Tyteca (1971): The New Rhetoric. Notre Dame/London (frz.: La Nouvelle Rhétorique. Presses Universitaires de France 1958)
Piaget, Jean (1972): Sprechen und Denken des Kindes. Düsseldorf (frz.: Le Langage et la Pensée chez l'Enfant. Neuchâtel 1923)
Plett, Heinrich F. (1973): Einführung in die rhetorische Textanalyse. Hamburg
Rapoport, S. M. (1975): Medizinische Biochemie. Berlin ([1]1962)
Rawls, John (1975): Eine Theorie der Gerechtigkeit. Frankfurt (engl.: A Theory of Justice. London, Oxford et al. 1976 ([1]1972)
Rehbein, Jochen (1977): Komplexes Handeln. Stuttgart
Richards, David A. J. (1971): A Theory of Reasons for Action. Oxford
Rodingen, Hubert (1977): Pragmatik der juristischen Argumentation. Freiburg/München
Rokeach, Milton (1966): Attitude Change and Behavioral Change. In: Public Opinion Quarterly 30, 4, S. 529-550
Schecker, Michael (1977): Argumentationen als allokutionäre Sprechakte. In: Ders. (Hg.), S. 75-138
Schecker, Michael (Hg.): Theorie der Argumentation. Tübingen 1977
Scheuerle, Wilhelm (1971): Juristische Evidenzen. In: Zeitschrift für Zivilprozeß 84, 3, S. 241-297
Schlüter, Hermann (1977): Grundkurs der Rhetorik. München ([1]1974)
Schnädelbach, Herbert (1977): Reflexion und Diskurs. Frankfurt
Schütz, Alfred (1974): Der sinnhafte Aufbau der sozialen Welt. Frankfurt ([1]1932)
Schwitalla, Johannes (1976): Zur Einführung in die Argumentationstheorie. In: Der Deutschunterricht 28, 4, S. 22-36
Ders. (1977): Über Formen des argumentativen Widerspruchs. In: Schecker, S. 27-53
Scott, Marvin B./Stanford M. Lyman (1976): Praktische Erklärungen. In: Auwärter, Manfred et al. (Hgg.): Seminar: Kommunikation, Interaktion, Identität. Frankfurt, S. 73-114 (engl.: Accounts. In: American Sociological Review 33, 1968, S. 46-62)
Searle, John R. (1971): Sprechakte. Frankfurt (engl.: Speech Acts. Cambridge 1969)
Segeth, Wolfgang (1974): Aufforderung als Denkform. Berlin
Settekorn, Wolfgang (1977): Minimale Argumentationsformen. In: Schecker, S. 391-415
Singer, Marcus George (1975): Verallgemeinerung in der Ethik. Frankfurt (engl.: Generalization in Ethics. New York 1961)
Skirbekk, Gunnar (Hg.): Wahrheitstheorien. Frankfurt 1977
Smelser, Neil J. (1972): Theorie des kollektiven Verhaltens. Köln (engl.: Theory of

Collective Behavior. London 1962)
Struck, Gerhard (1974): Zur Bedeutung von Widersprüchen. Diskussionsvorlage zur IVR-Tagung Okt. 1974, Mainz
Toulmin, Stephen E. (1975): Der Gebrauch von Argumenten. Kronberg (engl.: The Uses of Argument. Cambridge 1974 [[1]1958])
Ders. (1976): Knowing and Acting. New York/London
Viehweg, Theodor (1974): Topik und Jurisprudenz. München ([1]1953)
Völzing, Paul-Ludwig (1976): Gebrauchstexte, Linguistik und perlokutive Akte. In: Fischer, Ludwig et al. (Hgg.): Gebrauchsliteratur. Stuttgart, S. 99-113
Ders. (1976): Text und Handlung. Phil. Diss. Gießen (jetzt auch: Frankfurt 1979)
Ders. (1978): Zur Struktur von Argumentationen. In: Sprache im Kontext. Akten des 12. Linguistischen Kolloquiums, Pavia 1977, Bd. 2. Hgg. von Conte, Maria-Elisabeth et al. Tübingen, S. 119-129
Ders.: (1979): Zu Funktion und Struktur von Argumentationen. In: Archiv für Rechts- und Sozialphilosophie LV, 2, S. 1-26
Ders. (1979 a): Zur Wirkung des Massenmediums »Fernsehen«. In: Huth/Völzing
Ders. (1979 b): Sportsendungen. In: Huth/Völzing
Ders. (1979 c): Zur Ontogenese argumentativer Fähigkeiten. Erscheint in den Akten des 13. Linguistischen Kolloquiums, Gent. Bd. 1. Tübingen, S. 305-316
Warren, Neil/Marie Jahoda (eds.): Attitudes. Harmondsworth 1976 ([1]1966)
Watzlawick, Paul et al. (1974): Menschliche Kommunikation. Bern u. a. 1969 (engl.: Pragmatics of Human Communication. New York 1967)
Wessels, Johannes (1976): Strafrecht. Allgemeiner Teil. Karlsruhe/Heidelberg ([1]1970)
White, Alan R. (1973): Introduction zu: White (ed.), S. 1-18
White, Alan R. (ed.): The Philosophy of Action. Oxford 1973 ([1]1968)
Wicker, Allan W. (1976): Attitudes v. Actions. In: Warren/Jahoda (eds.), S. 167-194 (zuerst in: Journal of Social Issues 25, 1969, S. 41-78)
von Wright, Georg Henrik (1974): Erklären und Verstehen. Frankfurt (engl.: Explanation and Understanding. Ithaca/New York 1971)
Wunderlich, Dieter (1972): Sprechakte. In: Maas/Wunderlich, S. 69-188
Ders. (1974): Grundlagen der Linguistik. Reinbek
Wygotski, Lew Semjonowitsch (1972): Denken und Sprechen. Frankfurt (russ.: 1934)

Sachregister

Namenregister